人と文化の探究⑭

演技する道化 サダキチ・ハートマン伝

東と西の精神誌

田野勲著

ミネルヴァ書房

演技する道化　サダキチ・ハートマン伝——東と西の精神誌

目次

終章 演技する道化の最期

序章　サダキチ・ハートマンとは何者なのか？

1　波乱万丈の人生

ハートマンとの出会い

この数十年間二〇世紀のアメリカ文化に関する様々な文献を読んできたが、その過程でしばしば思いがけない文脈で、サダキチ・ハートマンという名前に出会ってきた。最初はアルフレッド・スティーグリッツ(1)が発行していた『カメラ・ワーク』においてであった。その頃私は写真論を計画していて、『カメラ・ワーク』にあたって、そのための資料を収集していた。これはとても有名な写真誌であったが、ページを捲っていくと、ハートマンが頻繁に登場してきては、写真や絵画について熱っぽく語っていたのである。それはとても印象的であり、日本人として大いに興味をそそられることになった。彼は一九一〇年代前後に、この有名な写真誌で、スティーグリッツやエドワード・スタイケン(2)らと対等に堂々と力強く写真と絵画について議論を展開していたのだ。サダキチ・ハートマンとは一体何者なのだろうか？　強く好奇心を掻き立てられた。だがこれだけではなかったのである。

さらにアナーキストのエマ・ゴールドマン(3)の伝記を読むことがあったが、その時にも数箇所でハートマンの名前を発見することになった。たとえば、あの大逆事件に関連してハートマンが登場していた。一九一〇年に大逆事件が発生した。幸徳秋水らが明治天皇の暗殺を計画したとの理由で大逆罪に問われ、不当に逮捕され、翌年の一九一一年には大審院で特別裁判が開かれて、最初は二四名が大逆罪によって死刑を宣告された。翌日には天皇による恩赦によって十二名が無期懲役に減刑されたが、残った幸徳秋水や管野須賀子ら十二名は直ちに絞首刑に処せられてしまったのである。この報を受けてアメリカのアナーキストたちが反対運動を展開して、日本政府に対して抗議声明を出したが、ここで注目すべきは、この時ハートマンがエマ・ゴールドマンやアレクサンダー・バークマンらと共にこの声明文に署名していただけではなくて、彼が同志たちを代表してこの抗議の声明文を起草していたことである。そればかりではない。彼はさらに彼個人の抗議文も書いて日本大使館に送付していたのだ。ハートマンはこのような過激で反米的な思想の信奉者でもあったのである。

周知のように、一九一〇年代のアメリカ文化を語る時、グイド・ブルーノの存在を看過することはできない。彼はワシントン・スクェアの近くに「ブルーノの屋根裏部屋」という集会所を開設して、ここを拠点にして実に多彩な活動を繰り広げたのである。彼は複数の雑誌を発行し、無名の芸術家たちのために「屋根裏部屋」の一番広い部屋を開放して、展覧会や、詩の朗読会や、講演会などを開催したのだ。ブルーノは一九一五年には雑誌『グリニッチ・ヴィレッジ』でハートマン特集を組んでそれまでの業績を紹介してくれたのだが、その彼が最初にハートマンに「ボヘミアンの王」という称号を冠したのだ。我がハートマンは「ボヘミアンの王」なのであり、「ボヘミアンの王」としてアメリカの一九一〇年代の文化史に名を残すことになったのである。

日独の血を引き継ぎ、出島で生まれる

それにしてもサダキチ・ハートマンとは何者なのだろうか。彼の人生に関しては次章以下で詳しく紹介する予定なのでここでは簡単に彼の経歴だけを辿っておくことにする。

ハートマンは明治維新の一年前の一八六七年十一月八日に長崎の出島で生まれた。父親はドイツ人の貿易商人オスカー・ハルトマン（英語読みではハートマン）であり、母親は日本人のオサダである。つまり、彼は日独の血を引き継ぐ混血児であった。母親のオサダは出産後一年もしないうちに病に倒れて死去したが、彼にとって幸運だったのは、

父親のオスカーが無責任に見捨てることなく、生家があったドイツのハンブルグに連れて帰ってくれたことである。オスカーはハンブルグの教会で受洗させて、正当な嫡子として認知して、学校に通わせて正規の教育を受けさせてくれた。

追放されるように、アメリカへ移住する

ところが、一八八二年、十四歳の時に、深刻な家庭の内紛もあって、彼はまるで追放されるようにアメリカに移住することになった。これは彼にとって不幸な出来事だったに違いないが、その結果、彼は全く新しい世界に踏み込んでいって、波乱万丈の人生を送ることになるのである。

彼は叔父を頼ってフィラデルフィアに行って新生活を開始した。そんなある日、彼はアメリカを代表する詩人であるウォルト・ホイットマン(4)が近郊の町キャムデンに住んでいることを知って早速訪問することになった。この時ホイットマンは六五歳であり、ハートマンは弱冠十七歳であった。このようにして七年にわたる二人の交流が始まったが、この間にハートマンはホイットマンから、人間としても、芸術家としても、大きな影響を受けることになるのである。

さらに彼はホイットマンと交流していた一八八五年（十八歳）から一八九二年（二五歳）の間に四回ヨーロッパを訪れているが、この間に多くの芸術家たちに会っている。小説家のパウル・ハイゼ(5)、詩人のステファヌ・マラルメ(6)、ポール・ヴェルレーヌ(7)、画家のマクニール・ホイッスラー(8)、ロセッティー兄弟(9)らと会って話し合っているのだ。

ハートマンはその間に一八八七年から一八八九年にかけて主にボストンを拠点にして「若きライオン」として活動を展開した。彼は講演会や朗読会やコンサートを企画して開催したり、ジャーナリストとして様々な新聞や雑誌に記事を投稿したりしていたが、そのような多彩な活動を通じてジェイムズ・ローウェル(10)やジョン・ホイッティア(11)やオリヴァー・ホームズ(12)などのボストンの文学者たちと知り合いになって交際するようになった。

その後彼は一八八九年から一八九一年にかけて拠点をニューヨークに移してボヘミアンとして作家活動を継続した。

ここでも新聞や雑誌に記事を投稿したり、デルサルト式体操(13)を教えたり、その教え子に失恋して自殺未遂の事件を起こしたりした。一八九一年には彼はベティーと結婚して、その後彼女を連れてパリへ行ったが、そこで多くの文学者や美術家たちに会って見聞を広めることになった。だがこれが最後の訪欧になって、それ以降再びヨーロッパを訪れることはなかった。

多彩なる活動と業績

その後もボストンやニューヨークを中心に放浪者のような生活を続けながら、若き芸術家として多彩な活動を展開することになって多くの画期的な業績を残している。一八九三年には戯曲『キリスト』を出版し、芸術雑誌『アート・クリティック』を単独で編集して発行した。一八九四年にはパステル画の個展を開催して、一八九五年には『ウォルト・ホイットマンとの会話』を出版してボストンの文学者の間で物議を醸した。一八九八年にはスティーグリッツに要請されて初めて写真論を書いた。一九〇一年には六〇〇ページを超える大著『アメリカ美術史』を発表し、さらに一九〇三年には先駆的な『日本の美術』を出版した。一九〇六年頃から積極的に講演会を開催するようになったが、この年には初めて講演旅行を敢行し中西部の大都市を歴訪して、アメリカの美術や日本の美術やポーやホイットマンや写真に関して熱弁を振るった。一九一〇年にはジャポニスムを基盤にして画期的な『ホイッスラー・ブック』を出版した。一九一一年から一九一四年にかけては各地を訪れてドラマ・リーディングを行ったが、同時に、彼は様々な病に罹ったために本来の仕事を休止することを強いられることになった。一九一四年には『短歌と俳諧――日本の詩歌』を出版し、一九一五年には「永遠の平和――それは夢なのか」を発表したが、これは第一次世界大戦中に書かれた反戦論だったので、彼はそれ以降危険人物としてマークされることになった。このようにハートマンは一八九三年以降ボヘミアン的な放浪生活を続けながら多彩な作家生活を送っていたのである。

ハートマンは一九一六年に生活の拠点を西海岸に移して、一九二〇年代には映画の都としてめざましく発展しつつあったハリウッドに出没するようになった。そして彼はチャールズ・チャップリンと知り合いになり、そのチャップリンを介して、当時絶大なる人気を誇っていた俳優ダグラス・フェアバンクスとも交際するようになった。そのような経緯を経て彼は一九二四年にフェアバンクスが主演製作した『バグダッドの盗賊』に魔術師として出演することになった。これは豪奢で贅沢な映画であって、九〇年を経た今日でも大いに楽しみながら鑑賞することができる。(14)

その後、第二次世界大戦が始まると、ハートマンは日独の血を継ぐ者として、日独のスパイではないかなどという要らぬ疑惑をかけられてＦＢＩに付け回されるようになった。実際これはかなり深刻な事態だったらしく、彼は自分の母親は日本人ではなくて朝鮮人であると公言したりした。これは明らかに事実に反するものであるが、これから想像できるように、彼は晩年には日独の血を引く混血児として苦悩に満ちた屈辱的な生活を余儀なくされていたのである。彼は一九四四年にフロリダに住んでいた本妻との間に生まれた長女ドロシアを訪ねたが、到着後に急死して七七年にわたる波乱の人生の幕を降ろすことになったのである。

私達はこれまで長崎の出島を起点とするハートマンの波乱に満ちた人生の軌跡を辿ってきたが、これを見れば彼がなぜ「ボヘミアンの王」と呼ばれるようになったのかを了解することができるだろう。確かに彼は稀代の「ボヘミアンの王」であった。だがここで重大な問題が出てくる。私達は彼を「ボヘミアンの王」として素直に称賛することも敬愛することもできないのである。

2　稀代のトラブル・メーカー

問題児ハートマン

このようにハートマンは十九世紀の後半から二〇世紀の初頭にかけて、日本とアメリカとヨーロッパを駆け抜けてきたのであり、その間に、ウォルト・ホイットマン、アルフレッド・スティーグリッツ、エマ・ゴールドマン、ステファヌ・マラルメ、マクニール・ホイッスラー、チャールズ・チャップリンといった各界の一流の人物たちと親しく交流してきたのである。そして、そのような貴重な体験を糧にして、彼自身も、詩を、小説を、戯曲を書き、美術評論家として絵画や写真について論陣を張り、日本の美術論を発表し、芝居の演出をして、話題の映画に出演してきたのである。だがこのような多方面にわたる画期的な業績はこれまでは正当に評価されなかった、というか、そもそも研究の対象として取り上げられることはなかったのである。そして、先述したように、私達は人間的にも彼を「ボヘミアンの王」として称賛することも敬愛することもできないのである。なぜそのようなことになってしまったのだろうか。そこには様々な理由があったに違いないが、ここで確認すべきなのは、そうした事態を招いた最大の原因が実はハートマン自身にあったことである。

「サダキチのための十四箇条」

ハートマンは一九一九年に「サダキチのための十四箇条」という文章を書いている。彼はこの年に五二歳の誕生日を迎えたが、これはその時にメモ書き風に書き留めたものである。これを読めば、彼がこの時点で自分をどのように考えていたのかを窺い知ることができるので少し長くなるが引用しておく。

①　彼は世間の目で見れば大なる罪人であった。
②　日本の暦によれば、彼は一九一九年の十一月に五〇歳の誕生日を迎えた。
③　彼は経験豊かな美術評論家であり、アメリカ美術の擁護者である。
④　彼は最初のアメリカ美術史を書いた。
⑤　彼は正真正銘の優れた文才を商品化して売り出したことはなかった。
⑥　彼は多くの下手な絵を描いてきたが、それをしっかりと認識している。
⑦　彼は微々たるものであれ才能を発見した時はそれをきちんと識別した。
⑧　彼は外国文学と東洋芸術の認識における先駆者であった。
⑨　彼はかつてのボヘミアンの王であり、今日でも愛すべき放浪者である。

⑩　彼はこれまでいかなるクラブにも、協会にも、流派にも属したことはなかったし、どのような出版物にも名前を貸したこともなかった。
⑪　彼は写真について世界中の誰よりも見事に書いてきた。
⑫　彼は頑強な反禁酒論者であり、偶像破壊者であり、すべての虚偽と偽善と闘う者である。
⑬　彼はこれまで芸術のための芸術や、人類のための芸術ではなくて、少数者による少数者のための芸術に対する信念に忠実だった。
⑭　彼は愛する人々、あるいは、立派だと考える人々に対して特別に誠実だった。(15)

ここでハートマンは十四箇条を列挙しながら自らについて語っているので、これを参考にしながら彼が抱えていた問題を、そして、彼がどのような人生を送ることになったかを検証しておこう。彼は①で自分は大なる罪人であると述べている。彼は法的には二回罪人として逮捕されて投獄されている。最初は一八九三年で、この時彼は『キリスト』という戯曲を出版したが、これがマサチューセッツ州法に抵触してしまって、その作者として猥褻罪に問われて逮捕され投獄されることになったのである。二回目は一九一八年で、この時には彼はサンマテオの町の酒場で陸軍の将校に向かってアメリカ人兵士の戦場での残虐行為を非難してしまい、そのために施行されたばかりの煽動罪に問われて逮捕されることになったのである。彼が正式に罪人になったのはこの二回だけだったが、おそらく少年時代以降に彼は数多の犯罪まがいの事件を起こしてきたものと思われる。さらに⑫で彼は自ら「偶像破壊者」であり、「虚偽」と「偽善」と闘ってきたと述べている。これは彼の思想に関わるものであり、たとえば、一時期エマ・ゴールドマンらのアナーキストたちと共闘したことがあったが、それは「偶像破壊者」として「虚偽」と「偽善」と闘うことであった。この①と⑫から想像できるように、彼は七七年の人生において様々な破天荒で道義を踏み躙るような問題を引き起こして、そのためにその関係者たちに疑われ、嫌われ、嘲笑され、非難され、罵倒され、その結果として、不名誉なことに、奇人、変人、気取り屋、たかり屋、掏摸《すり》、ペテン師、詐欺師、変節漢、道化師などと呼ばれてきたのである。彼はまさにトラブルとスキャンダルに満ちた人生を送ったのだが、これから彼が実際にどのようなことを行ったのかを具体例を挙げて紹介しておく。

借金の常習犯

ハートマンは基本的にはジャーナリストであり、作家であり、評論家であって、若い時から、新聞や雑誌のために原稿を書き殴り、その間にボヘミアンとしての稀有な経験をネタにして講演会や朗読会を開催することによって生計を立てていた。だが、現実にはそれだけでは不十分であり家族を養っていくことはできなかった。その結果、彼は周囲の人々に借金をすることになったが、しばしばそれを返済できずに踏み倒すこともあった。その犠牲者がスティーグリッツであり、ジーン・ファウラーであった[16]。彼はまた原稿料を露骨に吊り上げることがあったし、時には同じ原稿を何度も提供することもあったらしく、おそらくそのためだったが、複数のペンネームを使い回していた。このように彼は文筆家として無節操で破廉恥な人物だったのである。

猥褻罪で逮捕される

彼は一八九三年にボストンで戯曲『キリスト』を出版したが、これが深刻な問題を引き起こすことになった。主人公のジェシュアはイエスを連想させる人物であるが、彼は巡礼者であるハンナを愛するようになり、彼女に向かって「肉体は魂と同じように聖なるものになる」と語る。つまり、彼にとって「肉体と肉体の結合」は「魂と魂の結合」と同様に「神聖」なものなのである。さらに、東方の女王であるゼノビアが横恋慕してジェシュアに愛を告白するのだが、その時彼女は「私はあなたのものなのだから」と言いながら、着ている衣服を引き裂いて、眩いばかりの裸体を露出しながらジェシュアを誘惑するのである。ハートマンは基本的に「表現の自由」を信じていたので、このような刺激的な場面を設定したのだが、現実にはこれらがマサチューセッツの州法に抵触することになって、一八九三年の十二月二一日に猥褻罪で逮捕されて、翌年の一月二日まで収監されることになったのである。

ホイットマンをめぐる争い

先述したように、彼は一八八四年から一八九二年にかけて頻繁にホイットマンの家に出入りしていたが、その時の経験をまとめて一八九五年に発表したのが『ウォルト・ホイットマンとの会話』[17]である。ハートマンはホイットマンが同時代の文人であるラルフ・エマソンや、ホームズや、リチャード・ストッダード[18]や、ホイッティアや、エドマンド・ステッドマン[19]について批判的に語ったことを記事にして公表した。彼らはそれに抗議してホイットマンを批判した。すると、それを受けてホイットマンは自分がそう言ったことを否定して、ハートマンが勝手にでっち上げたことだと釈明したのである。これはハートマンにとってショッキングなことだったが、それを甘受して引き下がることなく、逆に反撃に出ることになった。彼はこの『ウォルト・ホイットマンとの会話』の中で、このようなホイットマンをめぐる醜い中傷合戦を洗い浚い暴露してしまったのである。断るまでもないが、彼はホイットマンの信奉者たちから轟々たる非難を浴びせられることになった。

「芳香コンサート」を企画

彼はアイディアに富んだ起業家でもあって、一九〇二年にはニューヨークで「芳香コンサート」を企画して挙行した。これは「十六分の日本旅行」というタイトルのついたショーで、芳香によって観客を魅惑の日本へ誘うはずのものであった。彼はそのために二台の大きな扇風機を設置したし、さらにショーを盛り上げるためにカンカン踊りのダンサーであるメレディス姉妹と芸者たちを準備した。先ずサダキチが挨拶し、次いでメレディス姉妹と芸者たちが登場して踊り始める。すると、扇風機に吹かれて薔薇の香りが漂ってくる。一斉に拍手が鳴り響くが、同時に、後ろの席から床を踏み鳴らす音が聞こえてくる。香りが届かないので抗議しているのだ。場内は騒然として、ある者はくだらないと非難し、ある者は呆れて立ち去っていく。そのような混乱の中でハートマンも誤算を認めて会場から逃走してしまった。メレディス姉妹はカンカン踊りを続け、芸者たちは腰を振りながら踊ったが、何の効果もなかった。かくして前代未聞の「芳香コンサート」は完全に失敗したのである。ここで注意すべきは、ハートマンがこの失敗に懲りずにその後も度々「芳香コンサート」を開催していることである。おそらく彼は嗅覚の芸術に大いなる可能性ありと考えていたのである。

スティーグリッツとの確執

一九〇四年には彼は二つの事件を起こしている。ひとつは写真に関わるものである。その頃写真界ではスティーグリッツとカーチス・ベルが写真界の盟主たるべく激しく覇権を争っていた。ハートマンはスティーグリッツを支持して活動していたが、突然恩あるスティーグリッツを裏切って、カーチス・ベル側に寝返ってしまったのである。その原因はスティーグリッツがハートマンのストレート・フォトグラフィーの意義を認めながら、スタイケンらのピクトリアル・フォトグラフィー[20]を切り捨てられずにその路線を踏襲し続けたところにあった。彼はスティーグリッツのどっちつかずの曖昧な折衷主義が許せなかったのだ。彼は追及の手を緩めずに、さらに『大審問官制度』という記事を書いてスティーグリッツとその仲間たちを批判した。彼によれば、スティーグリッツは現代の大審問官トルケマーダなのであって、彼の全知全能を認めない者がいれば、弾圧して従属させ、それでも服従しない者がいれば、異端者として破門に処するのだ。ハートマンはその犠牲者だったということになる。ところが、ハートマンは四年後の一九〇八年にスティーグリッツに詫びを入れて再び『カメラ・ワーク』に記事を寄稿するようになるのである。なぜこのようなことが可能だったのだろうか。スティーグリッツはおそらくこの時点で決断を下してストレート・フォトグラフィーの路線を選択したのであり、その結果、二人の間で暗黙の裡に和解が成立したからであった。

セントルイス万国博批判

もうひとつはセントルイス万国博に関わるものである。一九〇四年にセントルイスでルイジアナ購入一〇〇周年を記念して万国博が開催されたが、ハートマンはそれに関連して記念講演に招聘された。ところが、彼は予想外の行動に出て、「この町は汚い、商売はしたたかだが、美術はひよわで、枯れたユリの花のようだ」といった趣旨の演説をして、セントルイスを辛辣に嘲笑し攻撃してしまったのである。彼は演壇から引き摺り下ろされて町から追放されることになったが、それは当然の報いだった。このような事例から、ハートマンがいかなる人物であったかを窺い知ることができるだろう。

偽善と欺瞞との闘い

彼はニューヨークでも多くの事件を起こしている。彼は著名なる美術評論家でもあったので、ある日鉄鋼王ヘンリー・フリックの自慢の美術コレクションを見せてもらうことになった。ところが、なにか気に障ることがあって、フリックを成り上がり者と決め付けて罵ってしまったために追い出されてしまった。だがそれでは得心がいかなかったらしく、執事に入れ歯を忘れたと嘘をついて再び邸内に入り込んで、フリックを見つけると、先程言いそびれてしまったことを語り始めたのである。彼は鉄鋼王のフリックに向かって、昔の貧乏人どもは自分を偉大なる人間だと思い込んでいるが、できれば泥棒男爵の実態を書いて、それに『コークス炉の一寸法師』というタイトルをつけて出版すべきだと侮辱したのである。彼はフリックの屋敷から永久に追放されることになった。ところでフリックが一九一三年にこの大邸宅を改築改修したのがフリック美術館であり、私たちは現在そこでフェルメールの作品を含めて多数の西洋絵画の名作を鑑賞することができる。

ある日、モーリス・ローゼンタールがカーネギー・ホールでピアノの演奏会を開催した。彼はリストの愛弟子で、著名なピアニストであり、まるでその超絶技巧を見せびらかすかのようにリストの『ハンガリー狂詩曲』を演奏していた。するとハートマンがその最中に手をメガホンのように口に当てて「こんなものは必要なのか」と罵声を浴びせて、会場を大混乱に陥れてしまったのである。彼は近くの出口から退場させられたが、その際に「私は必要な人間だが、望まれる人間ではないのだ」と嘯いたそうだが、この発言からすれば、彼が彼なりに確信して意図した通りに行動していたことがわかる。彼は強烈な反骨精神の持ち主なのである。

ある年の冬、彼はロング・アイランドにある億万長者の別邸で一週間過ごすことになった。それは耐え難いほど寒い日だった。すると彼は応接間のエドワード調の階段の手摺の小柱を一本置きに取り外して暖炉で燃料として燃やしてしまった。この暴挙を知った時、家主は怒って警察と相談して、彼を家財の破壊罪で告訴した。彼はこの仕打ちに我慢ならずに報復を企てた。彼はその億万長者がヨーロッパに出掛けて留守になるのを待って、その邸宅に忍び込んで、すべてのブラインドと雨戸を閉めきって、家中の電灯を点火して、「光あれ」というメモを残して退散したのである。この家のすべての電灯が冬の間中つけっぱなしの状態で放置されることになったのは言うまでもない。

悲喜劇的な女性遍歴

そうした事情は女性関係においても変わらなかった。彼は長身で、エキゾチックな容貌をしていて、知的で、情熱的な男であり、数多の女性たちと出会い、熱烈に恋し愛し、そして、別れてきた。彼は二四歳の時に、女優志願の十六歳のジェネヴィーヴに恋したが、親の反対もあって失恋してしまった。彼は絶望して発作的にガラスの破片で手首を切ったが、死に切れずに自殺未遂に終わった。ところが、この手首の傷が化膿してしまったので病院に駆け込んだ。その時に優しく対応してくれたのが看護婦のエリザベス・ブランシュ・ウォルシュ、通称ベティーだったが、彼は彼女に一目惚れしてしまって強引に口説いて、一八九一年に結婚することになった。彼はベティーとの間に五人の子供をもうけたが、父親として幸せな家庭を築くことはできなかった。彼は根っからのボヘミアンなのであって、相変わらず、家庭におさまることなく、勝手気儘な放浪生活を続けていたからである。

その後、一八九八年に、彼は女流詩人で、女性解放運動家のマーサと知り合い、愛し合うようになった。ここで銘記すべきは、彼らが当初から愛がすべてでありそれ以外はなにも要求しないと合意していたことである。すぐに男の子が生まれたのだが、これが彼女に微妙な変化を引き起こすことになった。マーサは息子には家族が必要であり、そのために結婚して父親になってくれと請願してきたのだ。だがハートマンは当初の合意事項を盾にして非情にも彼女の要求を突っ撥ねてしまったのだ。その挙句に二人は非難合戦に突入することになって、マーサはハートマンを「女たらし」とか「下司野郎」などと口汚く罵るようになってしまった。かくして二人の恋愛至上主義に基づいた理想の男女関係は無惨にも破綻することになったのである。

ハートマンは一九〇七年にニューヨーク州のイースト・オーロラにあるライクロフト館で講演会を開いたが、その時に女流画家のリリアン・ボーナムと出会って親しく付き合うようになって、一九一一年からは二人は同棲することになった。その後一九一六年にハートマンはサンフランシスコに移住したが、すぐにリリアンと二人の娘を呼び寄せて家庭生活（?）を継続した。彼らは正式に結婚することはなかったが、二人の間には複数の（七人という説もある）子供が生まれた。付言すれば、ハートマンは晩年をロサンゼルス郊外の町バニングで過ごしたが、その時彼の世話をしたのは長女のウィステリアであった。これまでハートマンと三人の女性との関係を紹介してきたが、これはあくまでもほんの一部にすぎないのであって、これ以外にも、多くの女性たちとめぐり逢って浮名を流し続けたのである。

プロ並みの掏摸の腕前

一九一六年以来、彼は主にサンフランシスコやロサンゼルスを拠点にして活動していたが、一九二二年に一時ニューヨークに戻って再起を期したことがあった。その間に、彼はジョン・デッカー(21)に出会って、様々な事件を引き起こすことになった。ハートマンは自分の掏摸の腕前は本職以上だと自慢していたので、デッカーがそれに付け込んで腕前の程を証明してくれと煽動した。彼はその犠牲者として老婦人を選んだ。さっと老婦人からハンドバッグを奪って、オーバーコートの中に入れて、素早く財布を抜き取ってしまった。老婦人はハンドバッグを盗まれたことに気づいて辺りを見回していた。彼がどうしたのですかと尋ねると、彼女はハンドバッグを盗まれたと言った。すると、彼はハンドバッグを渡しながら、道路に落ちていましたと説明した。彼女は感謝してお礼をするためにハンドバッグを開けると、財布がなくなっていた。彼がいくら入っていたのか尋ねると、四ドルだと答えた。彼は自分の三ドルに、デッカーから借りた一ドルを足して渡した。老婦人は断るが、彼は魔法をかけるようにしてそのお金を受け取らせたのである。老婦人が立ち去った後で財布を開けてみると、そこにはたった一ドル七五セントしか入っていなかった。デッカーは彼が脳卒中でも起こすのではないかと心配したと述べている。これは滑稽譚として楽しめばいいのだろうが、それにしても、ハートマンの掏摸の腕前が相当なものだったことは事実として認めねばならないだろう。

ハリウッド映画に出演

ハートマンは一九二二年に幻滅してニューヨークから戻ると、今度はハリウッドに姿を現した。そして彼はそこでチャップリンと出会うのだが、そのチャップリンが人気俳優のダグラス・フェアバンクスに紹介してくれて、それがきっかけとなって、あの『バグダッドの盗賊』に出演することになったのである。ここでもハートマンはいかにも彼らしい事件を起こしている。この頃チャップリンはすでにハリウッドを代表する俳優になっていて、あの話題の映画『黄金狂時代』を撮影していた。ある日チャップリンがトーガをまとって皇帝シーザーになりきってやってきた。それを見てハートマンは「シーザーの秘書だろう」と皮肉を込めて揶揄してしまった。チャップリンはプライドを傷つけられて絶交を申し渡し、さらにフェアバンクスにこの映画からハートマンを排除するよう要請したのだ。いい大人たちが子供じみたことをといった印象を禁じえないが、これにはさらなる後日談があったのである。チャップリンの要請にも拘わらず、フェアバンクスはハートマンを俳優として高く評価していたのでそのまま使い続けた。しかしながらハートマンはこのフェアバンクスに恩を仇で返すことになるのである。彼は撮影中にダグラスはケチだから安い酒ばかりを出すと難癖をつけて批判していたが、それだけでは済まなかった。彼は映画の撮影の方法そのものに疑問を懐いていたし、実際に撮影の現場でも様々な非合理的で不愉快な経験を無理強いされて不満と怒りを積もらせていたのである。彼は準主役のモンゴルの王子を演じていたのだが、ある日突然仕事を無断で放棄してサンフランシスコへ逃亡して行方をくらましてしまったのだ。そのために撮影が大幅に遅れることになって、フェアバンクスは三〇万ドルもの損害を蒙ることになったのである。その結果、幸運なことに、モンゴルの王子役を射止めたのが日本人の俳優上山草人(22)であった。それにしてもこの一連の行為はいかにも非常識で迷惑千万な話だが、こうした事態はいつも金欠病に苦しんでいたハートマンにとっても大いなる打撃であったに違いないのだ。しかしながら、彼はどうしてもそれを制止することはできなかった。ハートマンとはこのようにプライドの高い、だが自制心を欠いていて暴走してしまうような人間だったのである。

これまで彼の数々のネガティヴな言動を箇条書き風に列挙してきたが、これでわかるように、彼は終生トラブルとスキャンダルに満ちた無節操で放縦無頼な人生を送ってきたのだ。そしてその当然の報いとして、彼の存在そのものが、つまり、彼のジャンル横断的な多彩で貴重な業績が、無視され、否定され、破壊され、廃棄されることになってしまったのである。これが実態であり、ハートマンに非があったのだが、それにしても、これはいかにも不当で不幸な仕打ちであったと断じざるをえないのである。

3　現代芸術の先駆者

美術評論家として活躍

私達はこれまでハートマンのネガティヴな言動を検証してきた。だがこれがハートマンのすべてではないのであって、これからは彼のポジティヴな業績を取り上げて検討することによって彼の全体像を提示していきたいと思う。これが私達の最終的な目標である。そのために再び「サダキチのための十四箇条」に戻ってここから改めて議論を始めることにしよう。彼はここでいくつか重要な事実を提起してくれている。

彼は経験豊かな美術評論家であり――③、最初にアメリカ美術史を書いたのである――④。彼は一九〇一年に『アメリカ美術史』を出版したが、事実これはアメリカで最初の美術史であった。これは六〇〇ページを超える大作であり、内容的にも適切で正当なものであって、その後多くの大学でアメリカ美術史の教科書として選定されて使用されることになったのである。

彼は外国文学と東洋芸術の認識における先駆者的な存在であった――⑧。これはあまり知られていないが、彼はフランスからサンボリスムを、そして、日本からジャポニスムを導入して、アメリカの芸術文化の振興に大きく貢献したのである。彼は一八九一年にパリを訪れたが、その時にマラルメやヴェルレーヌらに会ってサンボリスムを学んで、その後一八九三年には『アート・クリティック』などを通じて率先してサンボリスムをアメリカに紹介している。さらに彼は一九〇三年に『日本の美術』を出版したが、そこで日本の美術を歴史的に論じながら、それが十九世紀の後半にはジャポニスムとして西洋の美術に大きな影響を及ぼしたことを論証しているのである。これは先見性に富んだ画期的な作品であった。

彼は写真について世界中の誰よりも見事に書いてきたのだ⑪。彼は一八九八年にスティーグリッツに要請されて初めて写真論を書いたが、その後は『カメラ・ノーツ』や『カメラ・ワーク』などの写真誌に精力的に写真論を投稿した。彼は一九〇四年に「ストレート・フォトグラフィー」を提唱したが、その後紆余曲折を経て、スティーグリッツはこれを基盤にして近代写真を確立することになった。そういった意味で、ハートマンは近代写真の創始者の一人なのである。

今から振り返って見れば、ここに列挙したものだけでも十分に重要で先駆的な業績であったが、これだけではなかったのである。先に指摘したように、彼は詩人として、小説家として、劇作家として、前衛思想家として、大胆に貪欲に活動して、多くの意義深い成果を残してきたのである。これからこれらの業績を総括的に検討して、彼の全体像を描き出したいと思っているが、その作業は極めて困難なものになるだろうと危惧している。というのも、そこには多くの障害が山積していて前進するのを阻んでいるからである。

アメリカにおけるハートマン研究

ここでハートマン研究が現時点でどこまで進んできているのかを確認しておこう。先に述べたように、様々な理由で長い間ハートマンの存在も、彼の業績も、軽視されてきた、というか、無視されてきたのであり、そのために真剣に研究されることもなかったのである。ところが一九五〇年代にハートマンが発見されて俄かに注目されることになった。その契機になったのが、ジーン・ファウラーが一九五四年に出版した『最後の集いの時』であった。彼はハートマンの生前から取材して執筆していたが、彼の死後一〇年を経てやっと完成して出版したのである。そしてこれがハートマン研究の起点になった。その後ハリー・ロートンという記者がこの本を読んで遺族のウィステリアに父親のことを記事にしたいと懇請した。最初は断られたが、熱心に説得して許可を得て、ハートマンが晩年に生活していた掘立小屋に入ってみると、そこに灰色のトランクが置いてあって、その中に未発表の原稿や書簡がぎっしりと詰まっていたのである。彼はその貴重な資料の整理を始めたが、しばらくするとカリフォルニア大学リバーサイド校のジョージ・ノックスがそれに加わることになった。そして二人はハートマン関連の資料を収集し整理して公開することになった。これが「ハートマン文書」であり、その結果、リバーサイド校の図書館はハートマン研究の一大拠点になったのである。

この「ハートマン文書」はハートマン研究にとって非常に貴重なものだが、中でも重要なのは自叙伝である。ハートマンは生前に三種類の自叙伝を書いている。第一は一九一五年に雑誌『グリニッチ・ヴィレッジ』に掲載した四ページの「サダキチの自叙伝」である。ここで彼は一八六七年の長崎の出島での出生から、反戦論「永遠の平和――それは夢なのか」を発表した一九一五年までの彼の経歴を年代記風に記述している。これはハートマンを研究する上でとても貴重な情報源となった。第二はあの灰色のトランクから発見された七ページの「サダキチの自叙伝」である。前者は一九一五年までを扱っていたが、これは一九三九年までの彼の経歴を前作と同じく年代記風に記述したものである。第三はおそらく彼が一九三九年頃から書き始めたものの完成することができなかった本格的な自叙伝の一部である。彼はここで長崎での出生、父親オスカー、母親オサダ、ハンブルグでの恵まれた生活、フィラデルフィアでの極貧の生活、ヨーロッパでの放浪生活、ボストンやニューヨークでのジャーナリスト兼作家としての苦闘、悲喜劇的な女性遍歴、そして、最後に一八九一年のベティーとの結婚について記述している。そして、ここで途切れてしまってそのまま未完成の状態で放置されてしまった。おそらく様々な事情が重なって完成できなかったのだろうが、これは私達にとって実に悔やまれることである。もしこれが書き上げられていれば、それはハートマン研究に大いに資することになったに違いないのだ。

先に触れたファウラーの『最後の集いの時』も忘れるわけにはいかない。これはファウラーがハートマンから直接聴取して、それを編集してまとめた伝記であって、ハートマンの研究を進める上で貴重で不可欠の資料となっている。

日本におけるハートマン研究

このようにして、一九六〇年代に入ると、リバーサイド校のハリー・ロートンとジョージ・ノックスを中心にしてハートマン研究が本格的に推進されることになった。だが彼らは期待されていたような研究成果を上げることができなかったのである。彼らはハートマンを紹介する多くの記事や論文を書いているし、さらに彼らは一九七一年に『白菊』を出版しているが、これはあの灰色のトランクから発見された未発表の貴重な原稿を編集して出版したものであった。だが、残念なことに、彼らはそれ以外にはめぼしい業績を挙げていないのであり、これは極めて憂慮すべき事態だと言わなければならない。こうして悲観していたのだが、ある時それまで予想もしていなかった事実を突き付けられることになった。日本の比較文学者である太田三郎がすでに一九七二年に『叛逆の芸術家』というハートマンの研究書を出版していたのである。その「まえがき」によると、太田はロートンやノックスと連携して研究を進めていて、その成果を形にして出版したのが『叛逆の芸術家』であった。これには様々な問題はある。たとえば、ファウラーの『最後の集いの時』からの影響が強すぎるし、今から見れば当然取り上げるべき重要な問題が看過されてしまって論じられていない。このような問題はあるのだが、それにしても、この時点で三五〇ページもあるハートマンの研究書を上梓しているわけで、これはまさしく画期的な壮挙であったと言わねばならない。

その後もアメリカではロートンやノックスを引き継ぐ研究者が育たなかったらしく、これといった研究成果は発表されてはいない。このようにハートマン研究はアメリカでは不毛な状態に陥って停滞してしまっているのだが、それに対して、日本ではハートマン研究は着実に推進されてきて、近年また新たな研究成果が発表された。越智道雄の『サダキチ・ハートマン伝』である。越智はこれを三省堂の『ぶっくれっと』に一九九八年から二〇〇〇年にかけて一か月置きに十二回にわたって連載したのだが、その際に世紀転換前後の時代を強く意識しながら、様々な斬新な問題を抽出して論じている。その結果、これは太田の研究をさらに一歩推し進めた刺激的な研究となったのである。

これまで長々と書いてきたが、これがハートマン研究の現状である。私はこれからこのような現状を踏まえてハートマン研究に取り組んでいくつもりだが、その前に今このプロジェクトに関して考えていることを書いておきたいと思う。

ハートマン研究の難しさ

まずテキストだが、これに関しては数年前からほとんどすべてのテキストを復刻版で入手できるようになっているので格別問題はなくなった。かつてはテキストを簡単に手に入れることができずに、わざわざハーバード大学の図書館や、カリフォルニア大学のリバーサイド校の図書館まで出かけて行って、テキストのコピーを取ってこなければならなかったのである。

ところで私にとって問題なのはハートマンに関する信頼できる研究書や伝記がまだ一冊も発表されていないことである。先に書いたように、ロートンやノックスの紹介記事や解説文があるし、太田三郎の先駆的な『叛逆の芸術家』や、越智道雄の斬新な『サダキチ・ハートマン伝』がある。だが、それにも拘わらず、ハートマンを調べていくと、次々とわからないことが頻出してきて不安な状態に追い込まれることがよくあるのである。たとえば、ハートマンは一八六七年に長崎の出島で生まれて、母親の死後、父親の故郷であるハンブルグで育てられたのだが、この事実に関してもまだ不明な点が多々残っているのである。母親のオサダに関して言えば、彼女はどこの出身だったのか、そして、どのような身分の者だったのか、こういった基本的な事実さえ確定していないのである。さらに彼が一八七一年にハンブルグにいたことは確認できるのだが、それにしても彼がいつどのようにしてハンブルグにきたのか、その正確な時期もわかっていないのである。もうひとつ例を挙げておこう。彼は一九一四年に『短歌と俳諧――日本の詩歌』という詩歌集を出版している。これは彼がそれまでに英語で詠んだ短歌と俳諧と都都逸をまとめて編集したものだが、彼がこれらの作品を実際にいつ詠んだのかはわからないのである。一〇首の短歌のうち五首を一九〇四年までに詠んでいたことは判明しているが、四句の俳諧をいつ詠んだかはわかっていないのだ。ロートンとノックスはあるところでハートマンは一八九八年頃から俳諧を詠んでいたと書いているが、もしそれが事実なら、これはハートマン研究において大きな意味を持つことになるのだ。まずそれは彼のジャポニスムに影響を及ぼすことになるし、さらにこれまで誰が世界で最初に外国語でハイクを詠んだのかが議論されてきたが、それはハートマンだったということで決着がつくことになるだろう。だがこれも確実な情報とは言えないのである。このように現時点では信頼に足る研究書や伝記は一冊も存在していないのであり、これがハートマン研究にとって大きな障害になっているのである。これが現状であるが、それを嘆いていてもなんの解決にもならないので敢えて突き進んでいくことにするが、それにしてもこのような障害が早急に解消されることを望んでいる。

私はこれからハートマンのポジティヴな言動や業績を取り上げて論じていくつもりだが、それが具体的にどのようなものなのかを確認しておこう。先に挙げた「サダキチのための十四箇条」に則して言えば、それはアメリカ美術史であり、外国文学（＝サンボリスム）であり、東洋芸術（＝日本の芸術）であり、写真であるが、先に述べたように、さらにそれは詩であり、小説であり、戯曲であり、舞踏であり、映画であり、前衛思想であり、アメリカ文化等々でもあるのである。つまり、ハートマンは生涯を通じてあらゆるジャンルを横断しながら多彩な作家活動を展開したのであり、それぞれの分野で優れた業績を残してきたのである。そしてまさにこれが私にとっては過酷な障壁として立ちはだかることになるのだ。つまり、ハートマンの研究をするということは、彼の多彩なる芸術活動を対象にすることであり、換言すれば、彼が関わったあらゆるジャンルの芸術について論じることなのである。ところが、私にとってこれは非常に高いハードルであって、それをうまく乗り越える自信はないというのが偽らざる実情である。それではこの事態にいかに対処すべきなのだろうか。二つの道が考えられる。第一の道はこのハートマン研究を断念することである。私にとってあらゆるジャンルの芸術を対象にして論じるのは至難なことであり、そうであるならば、ここでこの研究を断念すべきだということになる。確かにその通りである。だが、心のどこかにそれに強く抵抗するものがあって、すぐにその道を選択することができなかった。というのも、私はこれまで数十年にわたってハートマンの多種多様な作品群を読みながら、多くの事実を学び、独特の愉しみを味わってきたからである。それゆえ、大いに迷ったが、五年前に、第二の道を選んで、敢えてハートマン研究を継続しようと決断したのである。正直言って、私には彼のあらゆるジャンルにわたる業績を正しく理解して評価するだけの自信はない。だが、これまでの経緯を見れば、このまま誰かがトライしなければ、ハートマンが、そして、彼の貴重な業績が、これからも無視され、放置され続けることは明らかである。それはいかにも不当で不幸な仕打ちであって、断じて容認することはできない。私達はハートマンを現代に復活させなければならないのであり、それが私達に課せられた義務なのである。そのためにはどうすべきなのだろうか。どうすればその目標を達成することができるのだろうか。先述したように、最低限のテキストや資料は一応揃っている。だが、その研究の基盤となるべき信頼できる研究書や伝記などはまだ出版されていない。このような状況において、どのように研究を進めるべきなのだろうか。私なりに様々な方法を比較検討してみたが、結局は最も基本的な方法を採択することになった。それはハートマンの主要な作品を取り上げて、それらの作品を自律したテキストとして、読んで、分析して、評価して、それらを積み上げることによって、ハートマンの全体像を描き出すことである。

ベンジャミン・デ・カセレスは同じ時代に活躍していた評論家であるが、彼はかつてハートマンに関して次のように書いたことがあった。

アメリカ文学の寺院に飾り付けられている不気味な笑いを浮かべる猥雑な彫像ガーゴイル。大いなる放浪者、半身は神で、半身はゴロツキ。あらゆる芸術に通じる者。アナーキストで、サディストで、好色なサチュロス。日本とドイツの融合、そして、その肉体の中で進められる凄まじい東洋と西洋の実験。崇高にして、滑稽であり、この世に有りうべからざる存在。アトリエと酒場とイースト・サイドのレストランに出没する天才。巨人ガルガンチュアの優美な足とクロアカ・マキシマ(23)のような口を持つ踊る修道僧。北斎と、マネと、モネと、ホイッスラーから生まれ出てきた画家。その結果としての幻想的リアリズム。大いなる皮肉屋、温和な悲観主義者、ディオニュソスを思わせる世界産業労働組合員(24)。

これはいささか過剰でドギツイ印象を与えはするが、それでもカセレスはここでハートマンがどのような人物であったかを的確に把握して表現していると思う。これからはこのカセレスのハートマン像を常に念頭に置きながら、彼の多彩な作品群を適切に分析し、正当に評価しながら、私なりのハートマン像を描き出してみたいし、その作業を通じて、ハートマンを二一世紀の世界に名実ともに復活させたいと願っている。

第一章　サダキチ・ハートマンの生い立ち

1　ハートマン、出島で生まれる

母親オサダ

前章で述べたように、サダキチ・ハートマンは一八六七年に長崎の出島で生まれた。父親はドイツ領事館員であり貿易商人でもあったオスカー・ハルトマンであり、母親は日本人女性のオサダである。つまり、彼はドイツ人の父親と日本人の母親の間に生まれた日独の血を継ぐ混血児であった。さらに付言しておけば、彼は一人っ子ではなくて、二歳年上の兄タルー（本名はタローか？）がいた。これだけはわかっているのだが、それにしても改めて考えてみると、この一家にはわからないことが多々あることも認めなければならないのである。

父親のオスカーに関してはそれなりの情報があってどのような活動をしていたのかを想像することはできる。たとえば、オスカーが一八六二年に長崎に来航して、一八六六年にはまだ長崎に滞在していたことは「外国人名員数書」や「外国人并支那人名取調帳」などから確認することはできる。つまり、彼は基本的には長崎を拠点にして、ドイツの領事館員として、同時に、貿易商人として、活発に行動していたに違いないのである。

ところが母親のオサダに関しては情報がほとんどなく、どのような女性だったのかわからないというのが実情である。彼女がいつ、どこで、どのような家に生まれたのかさえわかっていないのだ。ハートマンはある所でオサダの故郷は神戸だったと言っているし、彼女が死んだ時、神戸の一族の墓地に埋葬されずに、火葬に付されて、布引の滝（注：実在する滝であり、新神戸駅の真北にある）の近くに葬られたと書いている。さらに彼は兄のタルーは大阪で生まれたとも述べている。これらの事実を考え合わせれば、オサダは神戸の周辺で生まれ育ったのであり、オスカーが仕事で神戸に滞在中にオサダと出会って結婚することになって、一八六五年には二人の間に長男のタルーが生まれることになったと考えられるし、それはそれで一応筋の通った話だと考えていいだろう。

だが、一八六二年以降、基本的にはオスカーは長崎を拠点にして、領事館員として、さらに貿易商人として活動していたのであり、そして一八六七年にはサダキチが長崎で生まれることになったのだ。オサダは妊娠中に安産を祈願してオスワ神社に参拝していたが、このオスワ神社は今も長崎で「お諏訪さん」として親しまれている諏訪神社である。つまり、オスカーとオサダはサダキチが生まれる頃には神戸から長崎に引っ越していて、一家はそれなりに幸せな生活を送っていたものと思われるのである。といっても、それは長くは続かなかった。オサダは出産後一年も経たぬうちに病に倒れて、二人の子供を残して死去してしまった。つまり、サダキチは一歳になる前に母親と死別することになってしまったのである。

オサダの思い出

それにしてもこのオサダという女性はどのような人物だったのだろうか。ハートマンはオサダの写真を終生肌身離さずに携帯していて、私達は現在その写真を見ることができるし、さらに彼は母親を偲んで詩や短い文章を書いているので、それらを参考にしながらオサダがどのような女性だったかを見ておくことにしよう。

先ずハートマンは母親とは自分にとって「謎」であり、永遠に閉じられたままで読むことのできない「本」のようなものだと述べている。彼は生後一年も経ないうちに母親と死別してしまって、母親に関する記憶は全くないのだから、彼がこのように考えるようになったのは当然なことだった。

ただ幸運なことに、彼には母親の写真が残されていたので、それによって彼女の容貌を窺い知ることができた。彼女はいかにも東洋人らしい女性で、身体は細身で、白と黒の格子柄の着物を着ている。顔の中央は低くて平らで、頬は高くて、顎は張っている。髪は黒くて、オールバックに整えられていて、そこには黄楊の櫛が差してある。

さらに母親の思い出に繋がるものがこの写真のほかにも二つ残されていた。ひとつは文字が刻印されている板切れである。彼はパスポートのようなものだと考えていたが、それは思い違いであって、実は母親の位牌であった。もうひとつはたくさんの読解不能な文字が書かれた和紙であったが、それはおそらく家系図であって、そこにはサダキチの生年月日なども書き込まれていたのだろう。さらにその和紙に包まれて臍の緒が入っていた。彼はこれらの品物が何なのかわからなかったので、どこかで紛失してしまったと述懐している。だが母親のオサダは彼の臍の緒をきちんと保存してくれていたし、父親のオスカーは帰国の際に、オサダの位牌と、家系図と、サダキチの臍の緒を持ち帰ってくれていたのである。こうした事実から、両親が息子のタルーとサダキチを深く愛していて、その愛情を核にして、オスカー一家がそれなりに幸せな家庭生活を送っていたのだろうと想像することができる。

しかしながら、一八六〇年代の長崎という現実を考慮すれば、オスカー一家が平穏無事な生活を送れたはずはないだろうと推察せざるをえない。オサダは当時の社会の慣例を破って、オスカーという外国人を伴侶に選んで、結婚して、タルーとサダキチという二人の混血児を産んだのである。それは明らかに社会の慣例を破る暴挙なのであって、そのために彼女は家から勘当されてしまったし、出産後一年も経たずに死んだ時には、彼女の遺体を一族の墓地に埋葬することは許されなかったのである。それゆえ、オサダは死期を悟った時に二人の子供たちの将来を憂慮して、オスカーと話し合って、二人をドイツに連れて帰って、嫡子として養育してくれと説得したのである。もし息子たちが見捨てられて長崎に残ることになって、偏見と敵意に満ちた社会で生きていくことになったとしたら……それは想像するだけで恐ろしくて危険な事態であった。オサダは最後に母親として子供たちのために最善の措置を講じたのである。

ところでハートマンはオサダを具体的にどのような女性だと考えていたのだろうか。彼は後年母親について想像をめぐらして、彼女は「王女」だったかもしれないし、「侍か浪人の娘」だったかもしれないし、「お菊さんか蝶々夫人」のような女性だったかもしれないと書いている。彼の立場に立てば、彼が母親を「王女」であったとか、「侍か浪人の娘」であったと思い込みたい心情は十分に理解できる。だが当時の事情を考えれば、オサダが「王女」や「侍か浪人の娘」だったとは考えにくいのである。実際には、オサダは「お菊さんか蝶々夫人」に近い存在だったのだと思う。周知のように、彼女たちはそれぞれ小説の登場人物であり、あくまでも架空の人物であるが、彼女たちにはモデルがいたのである。「お菊さん」はピエール・ロティ[1]の現地妻をモデルにしているし、「蝶々夫人」[2]はイギリス商人トーマス・グラバーの妻であるツルをモデルにしている。さらに同じような事例を挙げることはできる。医師のシーボルトが女児を、商館長のドゥーフが男児を、外科医のレッケが女児を、日本人女性との間にもうけたことはよく知られている。あるいは、ハリスに仕えた下田の唐人お吉を思い出してみればいい。このように当時現地妻というのは制度化されて各地に存在していたのであり、オサダもこれらの現地妻たちのひとりだったと考えるのが妥当なことだと思う。

母親の生まれ変わり

先に書いたように、オサダは神戸の出身だった可能性が高いが、それにしてもオスカーとオサダは神戸のどこでどのように出会って結婚することになったのだろうか。周知のように、一八五八年に日米修好通商条約が結ばれて、箱館、神奈川、新潟、兵庫、長崎の五港が開港されることになり、その結果、各港の周辺で渡来する外国人たちのために居留地が造成されて提供されることになった。断るまでもなく、これらの居留地は法的には解放されていて誰でも自由に出入りすることができたが、実際に居留地に出入りしていたのは関係者の男性だけであって、一般の女性が出入りすることはほとんどなかったものと思われる。だが例外があった。遊郭の遊女たちである。彼女たちは解放以前にも居留地に出入りしていたし、解放後も同じように居留地に出入りしていたのである。このような事情を考慮すればわかるように、おそらくオサダは現地妻だったのであり、具体的には神戸の芸者か遊女だったのだと思う。かくしてオスカーとオサダは出会って、愛し合って、結婚することになったのである。ただしここでオサダが一般の女性であった可能性が皆無ではないことも付言しておく。しかし、そうした出自はどうあれ、オサダはオスカーとめぐり合い、結婚して、二人の子供を産んだのであり、出産後一年もしないうちに死別することになったが、自分が亡きあとの子供たちの行く末を危惧していて、彼らが幸せな人生を送れるように手筈を整えておいてくれたのである。そういった意味では、オサダはごく普通の優しくて愛情溢れる母親だったのである。ハートマンは父親からは詩的な才能を、母親からは空想に耽る神秘的な資質を受け継いでいると語っているが、一八八七年に、つまり、二〇歳か二一歳の時に、母親オサダに関する詩を書いているので紹介しておこう。ハートマンはここで亡き母親に対する心情を素直に表現しており、これを読めば、オサダが彼にとって愛情に満ちた聖なる存在であったことを窺い知ることができるだろう。

ひとりの女が死んで私が生まれてきた。
だから私の愛は世界を暗く覆ってはならない。可哀そうなお母さま、私の生があなたの早すぎる死を贖うのです。

静かに眠って下さい、私の感謝を受けて。
生まれ故郷の神戸の岡にひそかに眠って下さい。
自然の恵みが喜んであなたのお墓を飾り、
風と小鳥たちが永遠に歌っています、
お母さまのために嘆きの歌を、ああ、お母さま。
私が聖なる大地に接吻する日が来るでしょう、
そしてあなたの灰から生え出てくる花々に、

一つ一つの接吻が私の生の秘密を語るだろう。
私が世界に美を与えられるのはあなたのおかげなのです。(3)

これを読めば、ハートマンにとって母親のオサダがどれほど重要な存在であったかを知ることができる。彼は母親が死んで生まれてきたのだ。つまり、彼は母親の生まれ変わりなのであり、それゆえに彼の生によって母親の「早すぎる死」を贖わなければならないのである。それはどうすれば可能なのだろうか。彼が生きて「世界に美を与えること」であり、そうすれば彼は母親の「早すぎる死」を贖えるはずなのである。そのためには彼は生まれ故郷の「聖なる大地」に接吻しなければならないが、彼にとって『日本の美術』や『ホイッスラー・ブック』や『短歌と俳諧――日本の詩歌』を上梓することが言わば「聖なる大地」に接吻することなのであって、そうすることによって「世界に美を与えること」になるのである。そういった意味で、ハートマンにとって、母親オサダは不可欠の重要な存在だったのである。

2 若き貿易商人

父親オスカー

それでは次に父親のオスカーについて見ておこう。彼は幕末の激動期に上海を経由して長崎にやってきたが、その時まだ弱冠二二歳の若者であった。彼はドイツの領事館員として勤務しながら、同時に、本業の貿易の仕事にも従事していたようである。このようにオスカーは長崎という新天地で活発に活動していたのであり、その間におそらく神戸で日本人女性のオサダと出会って、正式に結婚して、一八六五年にはタルーを、そして、一八六七年はサダキチをもうけることになったのである。

それにしてもオスカー・ハルトマンとはいかなる人物だったのだろうか。彼が一八六二年に長崎に来航して、その後一八六六年頃にはまだ長崎に滞在していたことは「外国人名員数書」や「外国人并支那人名取調帳」などから確認することができる。彼の本名はカール・ヘルマン・オスカー・ハルトマンであり、一八四〇年にドイツのハンブルグで生まれて、一九二九年にイタリアのネルヴィで生涯を終えている。ハートマンがのちにオスカーに関して回想して語っているので、それに沿って彼がどのような人間だったのかを考えておこう。息子のサダキチによれば、オスカーは「放浪する精神」であり「世界を駆け抜ける男」であって、十九世紀の帝国主義の時代の申し子のような人間であった。彼は五大陸を渡り歩く冒険商人であり、世界中の多くの国々に出掛けて行って、その先々で事業を立ち上げて、そこで重要なポストをこなしながら、貿易商人として大胆かつ精力的に活動していたのである。その間にオスカーは様々なものを見聞して見識を広めていった。彼は「異常な知識」の持ち主であり、「類稀なる言語学者」であって、多くの言語に堪能で、少なくとも一〇か国語で商用の手紙を書くことができた。さらに、彼は文学にも造詣が深く、ミハイル・レールモントフや[4]、ニコライ・ワシリエヴィチ・ゴーゴリや[5]、イワン・セルゲーヴィチ・ツルゲーネフ[6]などについて滔々と語り出すこともあって、これには大いに驚かされたとハートマンは書いている。

このようにオスカーとは「放浪する精神」であり「世界を駆け抜ける男」であるが、その彼が一八六二年から六六年、あるいは六九年か、七一年まで日本に滞在して、表面的にはドイツの領事館員として勤務しながら、実際には辣腕の貿易商人として九州から近畿を股にかけて貿易業に邁進していたのである。

それにしてもオスカーは貿易商人としてどのような商品を取引していたのであろうか。それはオスカーがどのような時代に活動していたのかを考慮すればわかることなので、ここでは彼が活動していたのがいかなる時代だったのかを歴史的に振り返って見ておこう。

時代背景

それではオスカーが勇躍して飛び込んでいったのはどのような時代だったのだろうか。国内政治的にみると、徳川幕府は一八五〇年代に入ると独裁的な地位を放棄して、朝廷と雄藩大名と横の連携を画策して、公武合体体制を構築した。ここで重要なのは、この時朝廷（＝天皇）が政治の中枢に戻ってきたことであり、その後この公武合体体制はさらに進んで朝廷（＝天皇）を頂点とするピラミッド型の体制に移行していったことである。するとこの天皇の存在が若い草莽の志士たちを奮い立たせて過激な尊王攘夷運動を展開させることになったのである。彼らは多くの事件を起こしている。たとえば、一八六二年八月の薩摩藩による生麦事件、そして、一八六三年五月の長州藩によるアメリカ船ペンブローグ号の砲撃事件などである。これらは諸外国を巻き込む忌々しき事件であったが、その後これらの若い草莽の志士たちが討幕派として実質的に日本の歴史を動かすことになるので、ここでは長州藩と薩摩藩の若い志士たちがどのように政治の表舞台に登場してきて、どのような活動をしたのかを確認しておくことにする。

先ず注目すべきは長州藩が諸藩に先んじて藩地政治の改革を断行したことである。周布政之助(7)がその主導者であったが、彼の基本的な立場は幕府よりも朝廷を重視するものであった。周布はまず改革の第一弾として御前会議を設置して、石高一〇〇石以下の実務役人を登用してこの会議の運営を一任した。さらに周布は時代の流れを的確に読み取って、藩の軍制改革を実施したし、さらに木戸孝允や高杉晋作らの下級武士を積極的に抜擢して活躍の場を与えたのである。

それではその後長州藩は激動する歴史の中でどのような役割を果たしたのだろうか。長州藩は一八六二年の御前会議では尊王攘夷の路線を選択して、その証として一八六三年にアメリカ船ペンブローグ号を砲撃した。そして、一八六四年に幕府側は尊王攘夷派を制圧するために「池田屋の変」を起こしたが、それに抗議して長州藩の遊撃隊が上京し、京都御所の警備をしていた幕兵と薩摩藩と会津藩の兵と激突した。「蛤御門の変」である。幕府側は長州軍を圧倒し、長州追討を命じた。第一次征長であるが、長州藩はこの戦いに無抵抗のままで敗北して、指導者たちは厳罰に処せられ、軍隊は解散させられた。さらに同年に四国連合艦隊の攻撃を受けたが、長州藩はこの戦いにも惨敗して、西洋諸国の軍事力の優位性を思い知らされて、その結果として、攘夷主義に終止符を打つことになったのだ。だが長州藩はすぐに復活するのである。この危機的な状況の中で、周布が抜擢した木戸孝允や高杉晋作らが藩政の前面に登場してきて、一八六五年には馬関（＝下関）で決起して、藩の体制を立て直し、今度は討幕派として歴史の荒波に乗り出すことになったのである。

それではもう一方の雄である薩摩藩の下級武士たちはこの時代の流れにどのように対応したのであろうか。一八六三年の薩英戦争後、薩摩藩は攘夷主義を清算して、開国通商の道を志向することになった。ところで薩摩藩は有力な雄藩だったので当初は幕藩体制内に留まって様々な可能性を模索していた。それゆえ一八六四年の「蛤御門の変」では幕府側について長州藩と戦うことになったのである。だが幕府が一八六五年に第二次征長の勅許をえて諸藩に出動を命じた時には、薩摩藩は幕府に抵抗して征長には参加しなかったのである。この時薩摩藩の内部では重大な変化が起こっていたのだ。そして一八六六年の一月に、坂本龍馬の仲介によって、薩摩藩の西郷隆盛と長州藩の木戸孝允が会見して薩長同盟が合意されることになり、これがその後の日本の歴史の趨勢を決定することになったのである。

このような状況の中で一八六六年の六月に第二次幕長戦争が勃発したが、高杉晋作や大村益次郎や山県有朋らが先陣を切って戦って長州藩は幕府軍に圧勝することになった。長州軍の兵士たちは十分な軍事訓練を受けていたし、最新鋭の武器を装備していたからである。その後十月に一橋慶喜が将軍に就任したが、失政続きで、時代の流れを変えることはできなかった。その結果、一八六七年十月には慶喜が大政奉還を申し出て受理されて、十二月には新政府は王政復古の大号令を発したのである。慶喜はこれらの一連の動きは薩摩藩の陰謀によるものだと考えていたので、一八六八年の元旦に「討薩の表」を発して、諸藩に出兵を命じた。会津藩は長州藩と土佐藩が守る伏見口に進軍し、桑名藩は薩摩藩が守る鳥羽口に進軍した。だが幕府軍は討幕軍に圧倒され連戦連敗だったので、慶喜は大阪城から脱出して、海路で敗走して、江戸城に帰還した。新政府は鳥羽・伏見の戦いで勝利を収めて、一月七日に慶喜追討令を発し、さらに二月三日には天皇親征の勅が出された。有栖川熾仁親王を大総督とし、西郷隆盛を総指揮官とする東征軍は二月十五日に京都を出発し、三月十二日に品川に到着して、十五日の江戸城総攻撃の準備を整えた。その間に西郷隆盛と勝海舟の会談が行われ、江戸城攻撃は急遽中止となり、新政府は直ちに五か条の御誓文を発表した。そして四月十一日には江戸城が無血開城された。このようにして一六〇三年以来二六五年続いた徳川幕府は名実ともに幕を閉じたのである。

オスカーは一八六二年に来日して六六年まで、あるいは六九年か、七一年まで、日本に滞在していたが、当時日本はこのような激動の時代を迎えていて、幕府側と薩長を中心とする討幕派が覇権をめざして激しく鎬を削って戦っていたのである。それではオスカーはこの緊迫する事態をどのように受け止めたのであろうか。おそらく彼は千載一遇のチャンスと捉えて、この状況を正確に読み解いて、戦艦や武器に対する需要を見込んで、辣腕の武器商人として積極果敢に行動することになったのである。そしてそれは決して無知蒙昧の無謀な行動ではなく、合理的で正当な判断だったのである。オスカーが十分に意識していたか否かはわからないが、彼を刺激してそのような行動に走らせる事情があったのである。

艦船と武器の取引

ここで一八五九年の五港開港後の日本の貿易がどのような状態になっていたのかを確認しておこう。主要輸出品は生糸、繭、蚕種、茶などであり、主要輸入品は毛織物、綿織物、金属、艦船、武器などであった。ある資料によれば、一八五九年から一八六七年までの八年間で、貿易の総額は飛躍的に増大している。ドル建てで、輸出額は約十五倍、輸入額は約三五倍と激増しているのである。ここで注目すべきは輸入品の中で艦船、武器が常時約十五%を占めていることである。なぜこれほど多くの艦船や武器が輸入されていたのだろうか。言うまでもなく、それは需要があったからだが、それではなぜこれほどの需要があったのだろうか。この激動の時代に戦いに勝ち抜いていくためには艦船と武器がどうしても必要だったからである。

ここで武器と呼ばれているのは銃器類のことである。そこで十九世紀における銃器の発達の歴史を辿れば、それは次のようになる。火縄銃、ゲベール銃、ミニエー銃、元込式施条銃であるスナイドル銃、あるいは、スペンサー銃、そして、単発から連発に改良された元込式施条銃である。

これらの銃がどのように使用されて、どのような実績を上げていたのか、当時の歴史の中から具体的に事例を挙げて説明しておく。先述したように、一八六四年の八月に四国連合艦隊が長州の下関を攻撃した。長州藩は精鋭の奇兵隊を中心にして戦ったが、現実にはたった三日間で勝負がついてしまった。なぜなら、長州藩の奇兵隊は旧式のゲベール銃を使っていたのに対して、連合軍はイギリス製のミニエー銃を使っていたからであった。この銃はまだ先込式だったが、施条されていて、命中率が高く、射程距離は三〇〇〜五〇〇メートルで、ゲベール銃よりも威力が格段に勝っていたのである。

次に一八六六年の幕長戦争では、長州軍は奇兵隊を中心に戦って幕府軍を一蹴して勝利を収めた。先の四国連合艦隊との戦いでは敗北したが、その時の苦い経験を生かして、一八六五年にはミニエー銃を四〇〇〇挺買い入れて軍備を拡充していたのである。幕府軍は相変わらずゲベール銃を使っていたので全く勝負にならなかったのである。

一八六七年の大政奉還後、徳川慶喜は最後の勝負に出た。一八六八年の一月に勃発した戊辰戦争である。幕府と会津藩と桑名藩の連合軍と、薩摩藩と長州藩と安芸藩の連合軍が鳥羽、伏見で戦火を交えることになったが、その結果たるや討幕派の連合軍の圧倒的な勝利となった。それには様々な理由があったのだろうが、決定的だったのは薩長芸の連合軍がスナイドル銃を装備していたことであった。これはミニエー銃を改良した元込式施条銃であり、連続発射が可能な銃であった。これを一〇〇〇人の兵士に装備すれば、それは三万人の兵士に匹敵すると噂されていたとのことである。

このように幕府側にとっても、討幕派にとっても、覇権争いで勝利を収めるのが最終目標なのであり、その目標を達成するために軍備体制を整えなければならなかったが、端的に言えば、それは最新鋭の優秀な武器を確保して配備することであった。つまり、このような事情の下で、幕末から維新にかけて、艦船と武器に対する莫大な需要があったのであり、そのために艦船と武器は常時日本の貿易額の約十五％を占めていたのである。そしてオスカーはこの激動の時代に大胆に踏み込んでいって、辣腕の武器商人として積極果敢に活動することになったのである。

3　死の商人として暗躍

レーマン＝ハルトマン商会

これまでオスカーが貿易商人として銃器を売り込んでいたという事実は知られていたが、ハートマンの話を信用するなら、オスカーはさらにいずれかの藩に二隻の船舶を売り付けていたのである。これが事実であるか否かはわからないが、オスカーがこの混沌とした政治状況の中で武器商人として暗躍していたことは間違いない事実である。

これからオスカーの貿易商人としての活躍を考察していくが、ここではまず手始めにレーマン＝ハルトマン商会を取り上げる。これに関しては荒木康彦が「レーマン＝ハルトマン商会と幻の「第二の維新」」という論文を発表している。これは一九八八年に発表されたものだが、現在でも資料として正当で妥当なものなので、これを参考にしながら議論を進めていくことにする。

それによれば、私達が最初にオスカーの存在を知るのは「外国人名員数書」においてである。その資料の文久二年（一八六二年）十月の箇所に、「大浦上等三番」の居住者として「亜人、ハルトマン」の名前が記入されている。「亜人」とは人間と似て非なる生き物のことだが、当時は外国人を総称して「亜人」と呼んでいたのである。さらに、別の資料「外国人并支那人名取調帳」の慶応二年（一八六六年）十月より十二月の箇所には、「出島上等五番、仏、ヒク子トル借地」の居住者として「孛人、ハルトマン」の名前が記入されている。「孛人」とはプロシャ人のことだが、当時ドイツはプロシャと呼ばれていたのでこれは正しい呼称である。私達はこれらの資料から、オスカー・ハルトマンが一八五九年の長崎開港から三年後の一八六二年に上海経由で長崎に来航したこと、そして、出島や大浦海岸一帯に造成された居留地などで転居を繰り返しながら、貿易商人として活動していたことを確認することができる。

これらの資料にはレーマンという名前も何度か記載されている。先ずは「外国人名員数書」の慶応元年（一八六五年）の箇所に「蘭　レーマン」と記されているが、これが初出である。次に、「外国人并支那人名取調帳」の慶応二年十月より十二月の箇所には、「出島上等五番」の居住者として「蘭　レイマン」の名前が記載されている。さらに、「外国人名調帳」の慶応三年から明治元年までの箇所にも「蘭　レイマン」の名前が認められる。ここには「レーマン」と「レイマン」の二様の表記があるが、おそらく二人は同一人物だったものと思われる。これらの事実を踏まえて、荒木は一八六六年頃に「レーマン＝ハルトマン商会」は発足したのだろうと推測している。

ところでこの「レーマン＝ハルトマン商会」は翌年の一八六七年四月に最新鋭銃であるドイツ製のツュントナーデル銃を大量受注することになった。当時長崎を訪れていた会津藩士の山本覚馬と中沢帯刀が自藩用として同銃一三〇〇挺を、そして、和歌山藩用として同銃三〇〇〇挺を発注したのである。

このツュントナーデル銃は一八三六年にドイツ人の技術者であるフォン・ドライゼによって考案されたもので、一八四八年にはドイツ陸軍に採用されている。これは撃針式の元込式銃であり、可燃性の紙製薬莢による一体式実包を撃針で貫いて発射するものであった。

「レーマン＝ハルトマン商会」は会津藩、和歌山藩と契約をすると、同時に、陸軍曹長だったカール・ケッペンとも契約して、ツュントナーデル銃の構造と使用法を教授してもらうことにした。ケッペンは一八六八年の末に同銃三〇〇〇挺と弾薬を持ってドイツを出発して、一八六九年の六月に神戸港に到着した。彼はすぐにドイツ領事館に出頭して手続きを済ますと、大阪の「レーマン＝ハルトマン商会」を訪れて報告した。その後、十一月には、和歌山に入って、銃の構造と使用法を教え、ドイツ式の軍事訓練を行ったのである。

ここで付言しておけば、このツュントナーデル銃には致命的な欠陥があった。これは紙製の薬莢を細長い撃針で貫いて発火させるものだが、その際に、撃針が折れたり、ガスが漏れたり、さらに、五〇発位撃つと撃針が摩耗してしまうのでその度に交換しなければならなかったのである。そのためにツュントナーデル銃は現場ではとても評判が悪く徐々に採用されなくなってしまった。それはともかくとして、オスカーはこのように武器商人として精力的に活躍していたのであり、それを介して日本の歴史に深く関与していたのである。

龍馬にスナイドル銃を売り込む？

ところでこのオスカーに関してもうひとつ興味深い事実がある。『海援隊商事秘記』によれば、坂本龍馬は一八六七年の九月にオランダ商人のハットマンから一三〇〇挺のライフル銃を購入しているのだが、このハットマンが問題なのである。この人物がオスカー・ハルトマンとどのような関係にあるのかはわからない。彼らは同一人物なのかもしれないし、全くの別人なのかもしれない。現時点ではそれを判断する証拠は確認されていないのである。先に述べたように、「レーマン＝ハルトマン商会」は一八六七年の四月に会津藩と和歌山藩から合計四三〇〇挺のツュントナーデル銃を受注している。そして、それから五か月後にオランダ商人のハットマンが坂本龍馬に一三〇〇挺のライフル銃を売り付けているのである。このようにこれら二回の銃器の取引が長崎で五か月以内に行われていること、さらに先の取引でハルトマンの共同経営者がレーマンとかレイマンと異なって表記されていたことを考えれば、この取引に同席していた通事が誤ってハルトマンをハットマンと表記した可能性がないわけではないだろう。そのような事実を考慮して、ここでは敢えてハットマンとハルトマンが同一人物であると仮定して、坂本龍馬とハットマンの取引を検討していくことにする。とは言えこれはあくまでも仮定なのであって、ハットマンとハルトマンが同一人物ではなくて全くの別人である可能性があることを付言しておく。

ところでこのライフル銃の取引は『海援隊商事秘記』の中で次のように記されているのである。

丁卯九月十四日蘭商ハットマンと条約。ライフル一千三百挺買入之事を談ず。尤も四千両入置、余分ハ当日後九〇日ニ払渡す筈。同月十五日左之条約書及び金子四千両持参、陸奥陽之助及び請人鋏屋与一郎、広世屋丈吉其外商人三四人通事末永猷太郎同道にて出島ハットマン商会に至り、昨日約束之通りライフルを請取るコト談じ、直ニ引替たり。其節ハットマン商会より、ライフル目録書付并品位請合書を出せり。末永氏翻訳書も相添へり。

此間種々ニ混じたる事あり。

ハットマン商会ニ出せる証文左ニ記す。

証文之事

1、ライフル　　　　　　　　　一千三百丁

但シ九十日延払之事

代価壱万八千八百七拾五両

内　金四千両入

又　金三百六拾両九十日分歩引

差引残り

金壱万四千四百九十両

右ハ今般入用ニ付、其許より買請候処実正也。九十日限り皆納可申候。以上。

三年　　　　　　　　　松平土佐守内

九月十四日　　　　　　才谷梅太郎　印

ハットマン商会

前書之通り相違無ニ御座候。若万一延引及び候節ハ我等より相弁可申候。為其請印仕候、以上。

広瀬や丈吉　印

鋏屋与一郎　印⑧

先に述べたように、私はこの「蘭商ハットマン」は「孛商」の「ハルトマン」と同一人物であると仮定しているのであり、この取引の相手として「才谷梅太郎」という人物が契約書に署名しているが、これは坂本龍馬の仮名である。さらに一言申し添えておけば、それから約二か月後の十一月八日にはサダキチ・ハートマンが長崎で生まれており、さらにその一週間後の十一月十五日には坂本龍馬が京都の近江屋で見廻組に襲われ暗殺されて不慮の死を遂げているのである。

銃器の歴史的意義

この坂本龍馬のライフル銃の購入について、司馬遼太郎が『竜馬がゆく』において、そして、飛鳥井雅道が『坂本龍馬』において言及しているが、彼らは二人ともこの「蘭商ハットマン」をそのまま既定の事実として扱っていることを確認しておきたい。ところで司馬遼太郎は『竜馬がゆく』の中で、この龍馬とハットマンとのライフル銃の取引の意義について次のように書いているのである。

竜馬は、この日は論説を吐かず、長崎からもってきた例のライフル銃一挺と弾薬箱一つを見せた。これが土佐藩の決意のために無言の論説を吐くであろうことを知っていたのである。

七連発のライフル銃である。

ちなみに、竜馬のこの頃までの十数年という歴史的時期は、世界的な規模での小銃の発達期であった。たとえば日本における洋式銃の代表的なものは、ゲベール銃といわれるものである。

火縄銃とあまりかわらない。発火装置が火縄のかわりに発条を用いた火打ち石になっているだけのことで、弾は銃口からころがし入れる点も火縄銃と同然である。このゲベール銃を幕府や先進諸藩が買い、それをもって「洋式兵備だ」とした。長州藩もこの点同様で、ゲベール銃が主力火器であった。

ほどなく欧米で元込銃が開発され、それがおそるべき新式兵器として日本にも入ってきた。弾を銃尾で装填する。このため一発を射つ速度がゲベール銃の十倍の速さになり、この銃を装備すれば兵力は一躍十倍の力になりうる。しかもこの元込銃は、銃腔に施条がきざまれており、椎の実形の弾が旋回しつつ飛ぶため、射程も伸び、命中精度ですぐれ、それやこれやで「元込式施条銃」の出現は過去の銃を廃品にしてしまった。

しかし、この新式銃も、幕府、薩摩藩、長州藩、佐賀藩、土佐藩ぐらいが少数量を手に入れている程度で、東日本の諸藩などはなお火縄銃を主力火器とし、わずかにゲベール銃をもっているにすぎなかった。

ところが竜馬がもってきたこのライフル銃は、それほど貴重な「元込式施条銃」をさえ廃品にしてしまうほどの新式のものであった。従来の小銃はすべて単発であったが、これは七連発なのである。

「このライフル銃を千人に装備すれば、三万の敵にあたることができる」

このライフル銃を持つかぎり土佐藩は日本最強の藩でありうる、と竜馬はいった。(9)

これを読めば、坂本龍馬がなぜライフル銃を購入したかを理解できるだろう。幕府側にとっても、討幕派にとっても、覇権争いに勝利することが最終目的であるが、それを達成するための最強の手段が最新鋭の銃器であった。龍馬によれば、「七連発のライフル銃」があれば、それを「千人」に装備することによって「三万」の敵と対等に戦うことができるのであり、その結果土佐藩は「日本最強の藩」になるはずなのだ。だがこのように考えていたのは坂本龍馬だけではなかった。それぞれ立場は異なるものの、徳川慶喜も、岩倉具視も、西郷隆盛も、大久保利通も、木戸孝允も、高杉晋作も、覇権争いでの勝利をめざしており、そのために最新鋭の銃器を調達しようとしていたのである。そして、このような時代の流れを読んで、混沌とした状況に参入して暗躍したのが、外国人の貿易商人たちであり、そのうちの一人がオスカー・ハルトマンだったのである。先に見たように、彼は会津藩と和歌山藩に四三〇〇挺のツュントナーデル銃を売り付け、さらに、もし仮定通りなら、坂本龍馬に、つまり、土佐藩に一三〇〇挺のライフル銃を売り付けているのである。そういった意味で、オスカーは典型的な武器商人であり、死の商人だったのであり、その是非はともかくとして、日本の幕末から維新にかけての歴史に大胆に参画してその名を刻み付けることになったのである。

4　ハンブルグの幼年時代

日本からハンブルグへ

これまで父親のオスカー・ハルトマンをめぐってかなり長々と脱線してしまったが、この辺で主役である息子のサダキチ・ハートマンに話を戻すことにしよう。繰り返すことになるが、ハートマンは一八六七年に生まれたが、それから一年もしないうちに母親のオサダを病気で失ってしまった。ただ彼女は自分の死後二人の息子たちが日本に残ることを危惧していたので、必死にオスカーを説得して、彼らをドイツに連れて帰って、教育を受けさせることを約束させたのである。それにしても、彼らはその後どうなったのであろうか。少なくともサダキチに関してはひとつだけ確実な情報が残っている。彼は一八七一年に四歳で父親の故郷であるハンブルグの聖ゲオルグ教会で洗礼を受けているのである。つまり、オサダが望んでいた通りに、彼は一八七一年までにはハンブルグに来ていたのである。それにしても、サダキチは実際にいつ、どのようにして、ハンブルグに来たのであろうか。ハートマンはあるエッセイの中で、自分は船で送られて、上海、ケープタウン経由でハンブルグに来たが、その時イギリス人の保母が付き添ってくれたと書いている。おそらくこれは事実だったのだと思う。それではそれはいつだったのだろうか。先に述べたように、オスカーは会津藩と和歌山藩に四三〇〇挺の銃を売り付けているが、ケッペンがそのうちの三〇〇〇挺を持参して来日したのは一八六九年の六月であり、彼は到着後すぐに大阪の「レーマン＝ハルトマン商会」を訪問して報告している。この時オスカーはケッペンを出迎えたのだと思う。このような事情を考慮すると、正確にいつだったかはわからないが、オスカーは息子二人を自分で連れて帰ったのではなくて、船便でハンブルグに送り届けたのであろう。そして、その後、彼自身は遅くとも一八七一年までにはハンブルグに帰還して、聖ゲオルグ教会でサダキチに洗礼を受けさせたのである。このようにハートマンがハンブルグに来たのはいつだったのかを確定できないのだが、なぜそれに拘るかというと、それが彼にとって重要な意味を持っているからである。たとえば、彼が一八七一年にハンブルグに来たとすれば、その時四歳になっていたわけで、もし彼が四歳まで日本にいたとすれば、日本に関する知識や記憶を持ち合わせていたかもしれないからであり、それがきっかけとなって数十年後に彼を日本文化の研究に誘うことになったかもしれないからである。

このようにしてハートマンは新天地のハンブルグで新たなる生活を始めることになったが、それはどのようなものだったのであろうか。これに関しては、ハートマン自身が書いたものや、ジーン・ファウラーの『最後の集いの時』

や、太田三郎の『叛逆の芸術家』などの資料が多少はあるので、それらを参考にしながら考えていくことにする。

　これまで見てきたように、オスカーは世界を駆け回って活発にビジネスを展開していたので、兄のエルンストに子供たちの養育を任せることにした。彼はコーヒーを中心とする貿易業で成功した大金持ちであり、大邸宅を構えて、裕福で優雅な生活を営んでいた。彼は二人を引き取ったが、同居していた母親のドロテア・ハルトマンに子供たちの世話を委ねることにした。彼女は文学や美術に関心を持つ教養ある女性であり、サダキチに大きな影響を与えることになる。彼もそれを認識していたようで、最初に生まれた娘に祖母を偲んでドロシアという名前をつけているのだ。

　このようにして、サダキチは叔父の家で、祖母の庇護の下で、自由闊達に生きていくことになったが、その過程でいかにも彼らしい面白いエピソードをいくつも残している。たとえば、陶器製の人形の首を叩き割ったこと、可愛がっていた兎を何度も高い所から落としたこと、遊び友達を地中に生き埋めにしたこと等々。これらの話はサダキチの粗暴な性格を示すものだが、それが混血児の心の苦悩の現れであることを認識しておかなければならない。さらに、彼は屋敷で働く女たちが衣服を脱いでいるところを度々覗き見していたと告白している。ところがこれにはオチがついているのだ。彼は幼年時代だけではなくて、その後も度々覗き見していたようで、それを認めたうえで、覗き見したのは解剖学の研究のためだったと堂々と釈明しているのである。まさにハートマンの面目躍如といったところである。

　彼は二歳年上の兄タルーについても語っている。タルーはとても活発で聡明で、成績は常に一番であり、熱心に切手や貨幣を蒐集したりしていた。だがそのタルーにもひとつだけ欠点があった。彼は四歳からひどい喘息に悩まされていて、発作が起こると、激しく咳き込み、喘ぎ、呻き、大声で叫んだりしていた。それを目の当たりにして、ハートマンは思わずそれを真似して彼の苦悩を追体験したことがあった。実はその後ハートマン自身も喘息に苦しめられるようになるのだが、その原因はこの時の模倣にあったのだろうと説明している。これには科学的な根拠はないが、彼にとって喘息は宿痾であり、終生それに苦しめられたことは事実である。

　さらに、幼児から少年になると、彼はいろいろと悪さを覚えて、手に負えない少年になっていった。叔父の葉巻煙草をこっそり吸っていたし、地下室に貯蔵されていたアルコール類を盗んで飲んだりしていたのである。

ドイツ人なのか、日本人なのか？

このようにそれなりに順調に成長していったが、そうするうちに、彼は自分の存在に関わる重大な問題を意識するようになった。そして、それは父との会話の中でひとつの明確な形をとって発現することになった。先に述べたように、オスカーはオサダとの約束を守ってサダキチたちをハンブルグに連れて帰ってきたのであり、その点では自分は子供を放棄するような無責任な連中とは違うのだと自慢するかのように語ったが、それに対してサダキチは怒りに駆られて次のように反論しているのである。

僕は自分の意見を述べた。つまり、父さんは僕を日本に残してくるべきだった、父さんが寛大に尽くしてくれたことに何の意味も見出すことはできない、僕はおそらく日本でもうまく生きることができただろう、と反駁したのである。(10)

その後親子の間で次のような問答が続く。父親——日本にいたら何の可能性もなかったろうし、親戚の人たちも助けてくれなかったろう。息子——ドイツの親戚たちだって何もしてくれなかった。父親——彼らはお前をドイツ人に、世界で最も輝かしい国家の国民にしてくれただろう。息子——それが軍隊に入るためだったら、ドイツ人になっても何の意味もないだろう。父親——お前はドイツ人なのであって、それは私のお蔭なのだ。息子——世間並みの父親として当然やるべきことをやっただけだ。このように激しく罵り合いながら、二人は最悪の精神状態に落ち込んでいくのである。それにしても、この親子の間で一体何が起こっていたのだろうか。父親は息子を日本からドイツに連れてきて、ドイツ人にしてやったのだから感謝しろと言っているが、息子はドイツ人になったといっても、実際はドイツ人になりきることはできずに、日本人でなければならないのであって、そうであるならば、むしろ日本に残してきてほしかったと反駁するのだ。つまり、父親には息子の複雑な気持ちが理解できないのであって、そのために二人は激しく口論し罵り合うことになるのである。

さらにハートマンはかつてハルトマン家では日本という言葉はタブーだったと書いているが、オスカーのドイツ人への拘りを考えれば、それは理解できなくはない。だが、日本をタブーとして抑え込めるのかと言えば、やはりそれは不可能だったと考えざるをえないだろう。なぜなら、彼の写真を見れば、その風貌からして、彼が日本人であることを否定できないからである。そして実際学校ではクラスの仲間たちから日本人の血を引く者として差別され虐められていたのである。彼はそれを不合理で不当だと考えたに違いないが、それが現実なのであって、それを回避することはできないのだ。ハートマンは父親に向かって、日本に残っていたかったし、そうすればうまく生きていけただろうと語っているが、もし日本に残留していたら、今度はドイツ人の血を引く者として差別され虐められていたに違いないのである。

このようにハートマンは一〇代の前半に自分が極めて理不尽な苦境に立たされていることを思い知らされたのである。彼はドイツ人の父親と日本人の母親の間に生まれた日独の血を引き継ぐ混血児であった。つまり、彼はドイツ人であるが、日本人でもあるのだ。言い換えれば、彼はドイツ人でもないし、日本人でもないのである。これが彼の存在の基本形なのであって、こうした矛盾した不合理な存在を強いられていたのである。このような観点に立ってみれば、この親子がなぜあのように激しく言い争い罵り合っていたのかがわかるだろう。父親は息子をドイツ人にしてやったと主張する。だが息子はたとえドイツ人だと言っても、日本人であると決めつけられて、ドイツ人にはなれないのである。これが息子が置かれていた状況である。だが、残念ながら、父親はこの不合理で不当な存在形態を理解することができないのであり、これこそがあの熾烈な親子喧嘩の真の原因だったのである。

アメリカへの追放

このように父親は利発で厄介な息子を抱えて悩まされていたが、その解決策として、息子をキールの海軍士官学校に入れて、厳しい訓練によって鍛え直してもらうことにした。だがその期待は見事に裏切られてしまった。サダキチは海軍士官学校の厳しい規則と訓練に耐えられずに独断で自由を求めてパリへ逃亡してしまったのである。オスカーはこの勝手な行動が許せずに、怒りに駆られて、息子をアメリカへ行かせる、というより、追放することにした。その結果、ハートマンは一八八二年に十四歳で移民としてアメリカに移住することになったのである。彼によれば、この時父親はアメリカに旅立つ息子にたった三ドルしか持たせなかったし、それも息子が銀行に貯蓄していた三〇〇マルクから引き出したものだったようである。「自分で生きていくことを学ばなければいけない」、これが父親からの息子に対するはなむけの言葉だった。彼は六月十一日にハンブルグでレッシング号に乗船して、十四日後の六月二五日にニューヨークの近くのホボーケン港に上陸した。このようにしてハートマンは希望に胸膨らませながら自由平等の国アメリカで第二の人生を歩み出すことになったのである。

第二章　サダキチ・ハートマンとウォルト・ホイットマン

1　ホイットマンとの出会い

フィラデルフィアでの極貧の生活

サダキチ・ハートマンは一八八二年の六月にアメリカに移住したが、この時ほんの十四歳の少年だった。そして、これからの波乱万丈の人生を考える時、これは非常に意義深い出来事であった。なぜなら、この時を起点にして、約一〇年に及ぶ修業と研鑽を経て、彼は詩人として、小説家として、美術と写真の評論家として、過激な社会思想家として、多様な活動を展開することになるからである。

ハートマンの生涯を振り返ってみると、この一〇年間が非常に重要な時期だったことがわかってくる。先ず第一に彼は一八八四年にホイットマンに初めて会って、それ以降何度も訪ねているうちに、様々なことを経験し学習することになったのだが、これに関しては本章で論ずることにする。次に指摘しておかなければならないのは、ホイットマンとの交流を続けながら、それと並行して、彼がヨーロッパの国々を四回にわたって訪問していることである。この間に、彼はハンブルグ、ベルリン、ミュンヘン、パリ、ロンドンなどの都市を歴訪して、小説家のパウル・ハイゼや、詩人のステファヌ・マラルメや、画家のマクニール・ホイッスラーなどと接することによって、芸術に関する見聞を広め、広範な情報を得ることになり、それが一八九〇年代前後から始まる多彩なる活動の基盤になったのである。これについては次章で紹介する。

前章で述べたように、彼は十四歳の時に父親オスカーの逆鱗に触れて追放されるようにアメリカへ来たのだが、その時彼はこの自由と平等の国アメリカに大きな期待をかけていたに違いなかった。だが、アメリカに到着後、その夢は無惨にも叩き壊されてしまった。彼はホボーケン港に上陸したが、出迎えてくれるはずの人を見つけられなかったために、自分で荷物を受け取り、切符を買って、たった一人で目的地のフィラデルフィアへ向かうことになったのである。これは十四歳の子供にとって前途多難を予感させるものであった。彼はやっとフィラデルフィアに住む叔父の家に辿り着いたが、予想に反して、そこでの生活は厳しく苦しいものになる。叔父は屋根裏部屋を提供してくれて、リトグラフの見習工の仕事を見つけてくれた。給料は週給三ドルだったが、そのほとんどは部屋代と食事代に消えてしまった。ただし、祖母のドロテアがハンブルグから毎週三ドルを送金してくれたのでなんとか生活はできた。ところが、それから九か月後に、この叔父が急死してしまったので、彼は叔父の家を出て自立して新たな生活を始めることになった。彼は生きていかなくてはならないのであり、そのためには墓石のデザインであれ、写真のネガの修整であれ、どんな仕事にも挑戦した。だがそれでも飢えを満たすことはできなかった。彼は一〇日間の断食について語っている。一片の腐ったパンしかなかった。それは岩のように硬かった。水に浸して食べた。三日目には頭が変になって、物を壊したり叫んだりしたくなった。身体は衰弱して、深い倦怠感にとらわれ、胃には激痛が走った。まるで病人同然だった。これでわかるように、希望の国アメリカで、現実にはこのように貧しく苦しい悲惨な生活を余儀なくされていたのである。

ここで救いだったのは彼が旺盛な知識欲の持ち主だったことである。彼はフィラデルフィアのマーカンタイル図書館に通い詰めてすべての蔵書を読み尽くさんばかりに貪欲に読書に没頭しながら、同時に町中の古本屋を廻り歩きながら古本を買い集めていった。このように逼迫してはいるが、それなりに充実した生活の中で、彼はある古本屋に出入りするようになって、その店の主人と親しく交際するようになった。ハートマンは叔父の家にあったストッダードの詩集を読んでいたので、それがきっかけになって、その古本屋の主人が――彼自身が詩人でもあったのだが――あのアメリカを代表する詩人であるホイットマンが対岸の町のキャムデンに住んでいるから訪ねてみなさいと勧めてくれたのである。かくしてハートマンは一八八四年の十一月にホイットマンを訪問することになったのであり、これが彼の人生を劇的に変えることになるのである。

ホイットマンを訪問

周知のように、ハートマンは一八九五年に『ウォルト・ホイットマンとの会話』を出版している。これからこの小冊子を参考にしながら、彼がどのようにしてホイットマンに会ったのか、その出会いを通じて、彼がなにを学んだのか、そして、彼がどのような人生を歩み始めたのかといった問題を考察していく。

ここでその前提として考えておかなければならないのは、この一八八四年がホイットマンにとってはどのような年だったのかということである。ホイットマンは一八一九年生まれだったから、二人が出会った時、彼は六五歳であって、人間としても、詩人としても円熟期にあったと考えていいだろう。『草の葉』に関して言えば、初版が出たのは一八五五年であり、その後着実に版を重ねて、一八八一年には第七版が出ているが、この版をホイットマン自身が「完成した建物」と呼んでいるので、これが実質的に決定版であったと考えられる。さらに彼が死亡した年の一八九二年に最終版が出ていることは断るまでもないだろう。

ところでホイットマン研究の先達である亀井俊介は一八七〇年代前後のホイットマンに関して次のように書いている。

だが、こういう「死」あるいは「永世」への没入―「物質」と「肉体」から離脱し「魂」に一元に化していく新しい生き方―は、もはやあの「自己」の詩人の生き方ではなかった。霊と肉、魂と物質、独立の自我と普遍的な自我―こういうさまざまな矛盾の対立を、かつてのホイットマンの「自己」はむしろ積極的に歓迎し、包含していた。だが『民主主義的展望』では彼はこう言うのだ。「一体わたしたちはどうしてこういうふうに分裂し、互いに矛盾したままでいられるのだろうか」[1]。

ここに書かれているように、一八五五年の『草の葉』の初版において、ホイットマンは「自己」の中の「霊と肉」、「魂と物質」の「矛盾の対立」を真正面から受けとめて、それを総体的にあるがままに歌っていたが、年齢を重ね、南北戦争などの悲劇的な事件を経験するにつれて、そうしたダイナミックで自足した世界から離脱することになって、一元的で閉塞的な「魂」の世界に追い込まれるようになっていた。ハートマンが一八八四年にホイットマンを初めて訪問した時、彼はこのような硬直した精神的状況の中に置かれていたのであり、私達はこの事実をきちんと意識しておかなければならない。

ホイットマンは様々な経緯を経て一八八四年の三月にキャムデンに引っ越してきたのだが、これが彼の終の棲家となった。この家はキャムデンのミクル通り三二八番地にあって、ごく普通の灰色の質素な二階建ての家だった。サダキチは玄関に立って呼鈴を押した。すると長い灰色の髭を生やして胸をはだけた老人が出てきた。二人の最初の会話は次のようなものだった。

「ウォルト・ホイットマン先生にお会いしたいのですが」
「私だ。君は日本人の子供だね」
「ぼくの父はドイツ人ですが、母は日本人で、ぼくは日本で生まれました」
「そうか、入りなさい」[2]

このようにしてハートマンはアメリカを代表する詩人であるホイットマンに出会うことになったが、この時彼は十七歳であり、ホイットマンは六五歳であった。彼はのちにこの時なぜホイットマンが初見なのに自分が日本人だとわかったのか不思議だったと述べている。ここで思い出されるのはホイットマンの作品『ブロードウェイの華麗な行列』である。周知のように、一八六〇年に新見正興豊前守一行が一八五八年に締結した日米修好通商条約の批准書を大統領に届けるために渡米したが、その折に彼らはニューヨークにも立ち寄ってブロードウェイを華々しく行進したのであり、この時ホイットマンはニューヨークに居合わせていてブロードウェイに集まった群衆に混じって「二本の刀をたずさえる礼儀正しい使者たち」の華麗なる行進を目撃していたのである。

そして君、世界の「自由」よ、
幾千年も幾千年も君はその輪のまんなかにゆったりと腰をおろしつづけるだろう、
するときょうはこちらから、アジアの貴公子たちが君を訪れ、
あすはあちらから、イギリスの女王が長子を君のところに派遣してくる。(3)

このようにアメリカとは「自由」であり、そうであるがゆえに、ある時には「アジアの貴公子たち」が、つまり、「対極」が訪れ、またある時にはイギリスの女王が「長子」を、つまり、「対極」を派遣してくるのであり、それらの「対極」を受容することによって、アメリカにおいて「世界が、このなかにある」ことになるのだ。ホイットマンは一八六〇年に日本からの「礼儀正しい使者たち」の華麗なる行列を見て、アメリカの「自由」についてこのように語っているのだが、それから二四年後の一八八四年にハートマンが訪問してきた時、おそらくこの時の記憶が突然蘇ってきて、彼が日本人であることを直感的に認知したに違いないのである。

桃の木にバラの花は咲かない

ホイットマンは客間に招き入れてくれたが、大詩人を前にして緊張して舞い上がってしまったために会話もままならなかった。彼は演劇熱に駆られていたので、できればシェイクスピアの道化の研究をしたいと語ったが、今から考えると、これはとてもシンボリックな発言であった。序章で述べたように、ハートマンは心ならずも言わば道化とし

て生涯を送ることになるのであり、そういった観点からすれば、彼はこの時点で自分の人生を正確に予見していたと考えられるからである。ところがホイットマンの反応は想像もしなかったような意外なものであった。

そんなにうまくはいかないと思うよ。われわれにはたくさんの特徴、性格、アメリカ人気質があるが、それらは生まれつきそなわっているものであって、君には身につけられないだろう。必死になって背伸びすることはできる。でも、桃の木にバラの花を咲かすことはできないのだよ。(4)

このホイットマンの発言からひとつの深刻な問題を抽出することができる。ハートマンは演劇に興味を持っていたので、シェイクスピアの道化の研究をしたいという意向を表明したのだが、ここで注意すべきはそれに対するホイットマンの答えである。彼は頭ごなしにそんなことは不可能だと否定してしまったのだ。なぜなら、そのためには「特徴、性格、アメリカ人気質」が必要になるが、これらは「生まれつきそなわっているもの」であり、いくら努力しても「身につけられない」ものだからである。つまり、「桃の木にバラの花を咲かすことはできない」のである。おそらくその通りなのだろう。だが、二〇年前だったなら、このように高飛車に十七歳の若者の意思を拒絶することはなかったのではないか。彼は柔軟でかつ寛容であり、日本やイギリスからやってくる「対極」を受容することができたからである。しかしながら、一八八〇年代になると、ホイットマンは「魂」に一元化して、精神的に硬直してしまって、様々な「矛盾の対立」を受け入れる余裕を失ってしまっていたのだ。その結果、若きハートマンを前にして、彼は情け容赦もなしに「桃の木にバラの花を咲かすことはできない」と決めつけるように言い放ったのである。ハートマンにとって、これがどれほどショッキングな発言であったかは想像に難くない。それを察したのか否かわからないが、ホイットマンは『博覧会の歌』の校正刷りを手渡しながら「これを七、八回読みなさい。そうすれば理解できるだろう」と言って激励してくれたのである。

つまるところは創造するだけでなく、あるいは建設するだけでもなく、
恐らくはすでに建設されているものを遠い過去から蘇らせ、
平等で、自由で、限りを知らぬ我ら自身の実体をそのものに与え、
粗野なもの、その鈍重な図体に、神を求めるいのちの火を満たすこと、
拒絶し破壊するよりも、むしろ受け入れ、融解し、新しい姿を与えること、
命令するだけでなく服従もし、先導するよりも従うこと、
これらさまざまなこともまた我らが「新しい世界」の教訓、
つまるところは「新世界」がいともささやかなものであり、かの「古い、古い世界」こそまことに大いなる尊い源。(5)

ホイットマンは別れ際にハートマンにこのような詩を贈ったのだが、ここに若者の夢を踏みにじるような発言をしてしまったことへの後悔の念を認めることができる。だが、それだけに止まらず、これは実に適切な行為でもあった。つまり、「創造すること」、あるいは、「建設すること」がすべてではないのであって、「すでに建設されているものを遠い過去から蘇らせ」、「受け入れ、融解し、新しい姿を与えること」も同じように創造的な行為なのであり、その立場に立ってみれば、「新世界」は「いともささやかなもの」なのであって、「古い、古い世界」こそが「大いなる尊い源」なのである。換言すれば、ハートマンは日独の血を引き継いでおり、それによって「大いなる尊い源」である「古い、古い世界」に、つまり、ドイツと日本に、繋がっているのだから、その立場を活用して「受け入れ、融解し、新しい姿を与える」という彼だけに可能な創造的な行為に専心すべきなのである。ホイットマンはこのような意味深長なメッセージを伝達して「また来なさい」と優しく励ましてくれたのである。これが最初のホイットマン訪問の顚末であった。

2　ホイットマンとボストンの文人たち

ミュンヘンで演劇を学ぶ

その後翌年の一八八五年二月二八日にハートマンはヨーロッパ訪問の旅に出た。彼は先ず故郷のハンブルグを訪れ、次いでベルリンを経て、ミュンヘンへ行った。ここで彼は演劇の基本を学んだのちに、一八八六年の一月二二日に帰国した。そして、その直後に彼は再びキャムデンのホイットマン宅を訪れた。この年には何度か訪問している。一回目の訪問。彼はこの間にハンブルグや、ベルリンや、ミュンヘンを訪れたこと、ミュンヘンではドイツで最初にノーベル文学賞を受賞することになる作家パウル・ハイゼに会ったこと、ある雑誌に「ウォルト・ホイットマン訪問記」という記事を投稿したことなどを報告した。

さらに彼はホイットマンについて気付いたことを書き留めている。ときには取るに足らない些事もあるが、これによってホイットマンが実際にどのような人物であったのかを知ることができる。第一は彼が『草の葉』を二冊買い取ったことだが、その時自分のコレクションにする方は半額で売ってくれたと書いている。つまり、無料で贈呈してくれなかったのだ。第二はホイットマンが自分の文学的な業績を語るのが大好きだったことである。ある時、ホイットマンはこの詩集について「アメリカ人の生活とそれを反映する思想を表現したのが『草の葉』なのである」と語っているが、それを受けてハートマンは「確かにこの詩集は見たところ群生する野草のように混沌としている。一枚一枚の草の葉を眺めながら草むらを掻き分けていくと、『草の葉』は非常に散文的に見える。……だが少し離れて『草の葉』を見れば、これらの草の葉が巨匠の手によって見事に配置されているのがわかる。それはまるでゴシック派の画家デューラーがそれらの輪郭を描いたようであるし、私達が自然という大寺院の大広間を覗き込んでいるようなものである」と説明している。これを読めば、彼が徐々に『草の葉』の本質を理解しつつあることがわかるだろう。と同時に、ハートマンがヨーロッパ滞在中にデューラー(6)などの絵画や版画などを鑑賞し研究しているのを確認できる。

その後すぐに彼は再びホイットマンを訪ねた。二回目の訪問である。彼が美について書いた文章を読み上げると、ホイットマンは「それは自明の理だ。私は美を崇拝する者ではない。私は抽象的な美は信じない」と感想を述べただけだった。

この時も彼はホイットマンを観察して気付いたことを報告している。ホイットマンは人々との付合いにおいて非常に自分勝手で傍若無人だった。彼はお客を招いて会話を始めるが、その途中で突然心ここにあらずといった状況に陥ってしまい、相手を無視して、オイ、オイと相槌を打つだけになってしまうのであり、その結果、彼の話から文学的に価値のあるものを聞き出すことは困難になってしまうのだ。

ホイットマン、ボストンの文人たちについて語る

だがハートマンはなかなかの聞き上手であり、この時にもホイットマンを巧みに会話に誘い込んで、多くの詩人や小説家について興味深いことを語らせている。

ウイリアム・カレン・ブライアント(7)：彼はアメリカ人の特性を備えた偉大な詩人だが、あまりにも憂鬱にとらわれてしまっているのでアメリカの代表的な詩人にはなりえない。

ラルフ・ウォルドー・エマソン：彼の欠点はすべてを疑っていることだ。とても深い思想家だが、自分は影響を受けたことはない。（ここで忘れてはならないのは、ホイットマンの詩の価値をいち早く認めてくれたのはほかならぬエマソンであったことだ。）

オリヴァー・ウェンデル・ホームズ：彼は機知に富んでいて、聡明で、文化人であり、社交界でどう行動すべきかを弁えている。ただし彼には何かが、彼を詩人にしてくれるものが欠けているのである。

マーク・トウェイン(8)：ホームズと同様に、彼はヨーロッパの文学の模倣者なのであって、そのために真に新しいものを創造することはできない。

リチャード・ヘンリー・ストッダード：彼はすばらしい詩人であるが、他の詩人たちと同じで全く変わり映えがし

ないのが難点だ。

ジョン・グリーンリーフ・ホイッティア：彼は若い時も、年を取ってからも、すばらしいし、力強い。だが、真面目さと厳格さがクエーカー教徒の心の平安を歪めてしまっている。

エドマンド・クラレンス・ステッドマン：言ってみれば、彼は上品ぶったダンス教師にすぎない。

これから三年後の一八八九年に、ハートマンはこれらの詩人や小説家に関するホイットマンの短評を『ニューヨーク・ヘラルド』紙に発表したが、これが当事者たちの間でスキャンダラスで厄介な問題を惹き起こすことになった。この事件についてはのちに詳しく説明する。

三回目の訪問。この時二人は政治について語り合った。ホイットマンによれば、政治において重要なのはすべての国民に行動の自由を与えることであった。それに対してハートマンは直接にではないが心の中で反論を唱えている。彼によれば、理論的にはその通りかもしれないが、現実にはそうなってはいないのであり、そういう金メッキ時代の事態が見えなくなっているのは、ホイットマンが宇宙的な視点だけから現実の世界を見ているからにほかならないのだ。

その後彼らはアメリカの代表的な政治家について話し合うことになった。最初に二人が選んだのはアブラハム・リンカーンであった。リンカーンはアメリカ史上最も偉大な人物であって、ホイットマンはまるで偶像のように崇拝していた。ここで注意すべきはハートマンがホイットマンをリンカーンに重ね合わせて見ていたことである。なぜなら、リンカーンはアメリカ国民の代表者であり、アメリカの民主主義の体現者であり、一方、ホイットマンはアメリカを代表する詩人であり、アメリカの民主主義の預言者だったからである。このようにハートマンはホイットマンをリンカーンと肩を並べる偉大なる人物であると考えていたのである。次に二人はジョージ・ワシントンについて話し合ったが、ホイットマンによれば、ワシントンは組織力を持っていて、アメリカという国の力を認識できる人物だったのである。

金メッキ時代の芸術

ここでハートマンは一八八〇年代のアメリカに関して持論を展開しているので紹介しておく。言うまでもなく、一八八〇年代というのは「金メッキ」の時代であったが、それについて次のように述べている。

アメリカ人の落ち着きのない商業活動、これは最も顕著な特性であるが、独立した精神的な生活を創生するうえでとても有害なものである。……そのために芸術的な領域における密かな内的な成長はきわめて困難になってしまっていて、たとえば、ホイットマンは第一級の創造的な天才だが、その彼でさえヨーロッパの偉大なる芸術家たちが備えている建設的な能力を持ち合わせていないのである。(9)

ホイットマンも、ハートマンも、このような危機的な時代に生きていたのであるが、ここで留意すべきは、彼が弱冠十九歳にしてこのような正当な時代認識を持っていたことであり、それは彼が知的にそして精神的に着実に成長してきていることを、さらに、彼がホイットマンという畏怖すべき存在を相対的に受容する能力を獲得しつつあることを示しているのである。

四回目の訪問。この時も前回同様に二人は文学談議をしている。ハートマンはシドニー・ラニアー(10)をそれなりに評価しているが、ホイットマンはその存在さえ知らなかったらしい。ナサニエル・ホーソーン(11)に関しては「特に言うことはない。彼の作品は読んできた。私に言わせれば、それらはたいしたものではない」と手厳しい意見を述べている。ウォルター・スコット(12)を高く評価しているが、ヴィクトル・ユーゴー(13)のことはあまり知らないと素っ気なく答えている。ジョージ・ゴードン・バイロン(14)は人生の浮き沈みを経験することによって厳しく辛辣になってしまったので、それよりももっと自由な作家たち、たとえば、ホーマーや、シェイクスピアや、エマソンの方が好きだと答えている。ジャン・ジャック・ルソー(15)や、ヴォルテール（フランソワ・マリー・アルエ）(16)のことはほとんど知らなかったらしい。こうした会話からハートマンがヨーロッパ旅行中に徐々に見識を拡大深化していることがわかる。最後に彼は大胆で記憶に残る行動に出た。ホイットマンの額に接吻をしたのだ。彼の心の中で充溢していた熱意、願望、情熱を表現したものであったことは言うまでもないだろう。

五回目の訪問の時には彼はカメラを持参して行った。ホイットマンの家を写真に撮って記録として保存するためであった。だがネガが破れたり、鮮明な画像が得られなかったりしたために所期の目的を果たすことはできなかった。ここでハートマンはこの偉大なる詩人ホイットマンの家の保存について持説を述べている。それは手を加えずに現在あるがままに保存されるべきである。つまり、床には新聞や雑誌や本が散乱しているべきだし、テーブルの上には水の入った水差しが置かれ、マントルピースの上には写真が並べられ、壁には両親の写真が飾られるべきなのだ。このような提案は唐突で理解しにくいものだが、おそらくこれは翌年に持ち上がったホイットマン協会設立の話に繋がっていくものだと思う。

六回目の訪問。彼は恋人のE嬢を連れて行ってホイットマンに紹介している。E嬢とはクララのことだが、残念ながら、二人の関係はのちに破局する。今回はこれだけで、特別に話し合うべき話題はなかった。

七回目の訪問。ある日訪ねてみると、ホイットマンのサインを所望する者が来訪していた。ところがホイットマンがそれを喜んでいるらしい姿を見て、彼はいささか抵抗を感じた。さらにケネディーという人物がホイットマンに関する論文を書いて送りつけてきた。それはまああの出来栄えだったが、それを返却する際に送料をこちらで払っておきましょうかと尋ねると、ホイットマンは即座に相手払にしろと指示した。これまで何度も指摘してきたように、ホイットマンは金銭に関してはケチと言っていいくらいに厳しく細かい人であった。

一八八六年の最後の訪問。この時にも二人は様々な話題について語り合っている。彼が霊媒の会に出席したこと、それと関連して宗教のこと、さらに、宗教音楽から音楽一般にまで話は発展していった。ホイットマンはジュゼッペ・ヴェルディ(17)を高く評価していたし、フェリックス・メンデルスゾーン(18)は大好きな音楽家だと述べている。さらに、彼によれば、ホイットマンは絵画や彫刻に関してはあまり興味がなくてほとんど知識はなかったようだ。帰り際に、ハートマンは来週再びヨーロッパへ行くことを告げて退去したのである。

これまで見てきたように、ハートマンは一八八六年には頻繁にホイットマン宅を訪問して、様々な話題を取り上げては語り合っているのであり、その結果、彼はますますホイットマンの作品に対する理解を深め、さらにその分だけホイットマンを敬愛するようになり、同時に、自分の芸術に関する考えを拡大深化しながら、彼独自の世界を形成しつつあったのである。

3　ホイットマンとの深まる交流

二回目の訪欧

先に書いたように、ハートマンは一八八六年の十月二二日にヨーロッパに向けて旅立った。二度目の渡欧であった。そして、翌年の六月九日に帰国して、その後キャムデンのホイットマン宅を少なくとも二回は訪ねている。

彼は今回もヨーロッパ滞在中に多くの都市を訪れて多くの文学者や研究者たちと交流している。そしてこの間に彼はホイットマンの文学をヨーロッパにも浸透させるために熱心に広報活動らしきものにも従事している。再会した時にホイットマンに多くの新しい情報を提供している。フランスではベンツォン夫人がホイットマンの紹介記事を書いているし、ドイツではホイットマンに関する多くの記事が新聞や雑誌に載っていて、中には彼をリヒャルト・ワーグナーと比較して論じているものもあった。イタリアでもいくつかの記事が書かれていて、彼をポーと共に第一級の詩人であると絶賛するものもあった。さらに、オランダではR・シュミットいう人物が『民主主義的展望』を翻訳していてかなり流通していたのである。このような話を聞いて、ホイットマンはハートマンを『草の葉』をヨーロッパに紹介してくれる者として感謝の意を表している。ここで重要なのは、ハートマンがヨーロッパで大胆に多様な活動を展開していて、それを通じて様々なことを学習しながら彼独自の世界を築き上げつつあったことである。[19]

このようにハートマンはしばしばキャムデンを訪れてホイットマンにその成果を報告しているが、彼はそれと平行して大きなプロジェクトを企画した。無謀にもボストンでホイットマン協会を設立しようとしたのである。彼はその事業にものの見事に失敗してしまうのだが、その流れでホイットマン自身や取り巻きの連中を巻き込むスキャンダラスな事件を起こすことになった。これはいかにも彼らしい事件だったし、それによってハートマンがいかなる人物だったかを知ることができるので詳しく紹介しておこう。

ホイットマン協会設立を企画

彼は帰国後すぐにホイットマンに会いに行った。すると、ホイットマンはすっかり変わってしまって、老齢と不健康に苛まれていて、ますます寡黙になっているように思われたので、彼は自ら希望して看護師として仕えたいとさえ考えた。そこで思い付いたのがボストンでホイットマン協会を設立することであった。ここで銘記すべきはこの時ハートマンがまだ弱冠十九歳の若者だったことである。

それにしてもなぜボストンだったのだろうか、そして、なぜホイットマン協会を設立しようとしたのだろうか。先ずボストンに関して言えば、ボストンは歴史的にはアメリカ文化の中心地であるが、残念なことに、そこではホイットマンの『草の葉』はいまだに禁書扱いをされていたのであり、若きハートマンはそのような不条理な閉塞状態をなんとか打破しようと考えたからであった。

それではなぜホイットマン協会だったのだろうか。この頃ホイットマンは齢を重ねて六八歳になっていて、さすがに体力も衰えて、病床に伏すことが多くなっていたし、これまで指摘してきたように、経済的にも苦境に立たされていたのである。こうした状況を克服するために構想したのがホイットマン協会の設立であった。ハートマンが最初に企図したのは、ホイットマンの愛好者たちから寄付金を募って、年金を恒久的に授与することによって、個人の寄付に頼らない自立した生活を確立させることであった。さらに、彼はホイットマンの作品の廉価版を発行することによってホイットマンの名を広く世界に知らしめることと、ホイットマンの完全な文献目録を作成することをめざしたのである。彼は一挙にこの計画を実現しようとした。その活動資金として一二四ドルを掻き集めた。さらに、独断で許可もとらずに協会の役員を決定して発表した。会長はＤ・Ｒ・Ｍ・バッキー、副会長はＷ・Ｓ・ケネディー、事務局長はハートマン自身であり、それ以外の委員は『ボストン・ヘラルド』紙や『ボストン・グローブ』紙などの関係者で構成した。ところがこれが躓きの石になってしまうのだ。ボストン・グローブ社で総会が開催されることになったが、彼が役員を独断で選出したことに非難が集中したし、ゆっくりと話し合おうと動議を出したが、たった一人の賛成も得られずに、あっという間に散会してしまったのである。かくしてこの高邁なる企画は脆くも瓦解して消滅してしまった。だがこれで一件落着とはならなかったのである。いかにもハートマンらしいのだが、その後事態は予想外の展開を示すことになるのだ。

ボストンの二流、三流の文人たち

彼は後にこの計画は失敗だったが、それによって自分は多くのことを学んだと述べている。それでは一体何を学んだのだろうか。この協会の設立の時に、彼は多くのボストンの知識人や文学者たちにも参加するようにと依頼した。その中にホームズやホイッティアがいた。先ず彼はホームズ宅を訪ねて参加するよう要請した。すると、ホームズはにやにや笑い、口を神経質そうに動かしながら、ホイッティアが参加するなら、自分も参加すると答えた。次にホイッティア宅を訪ねて同じように要請すると、彼は「別にホイットマンに悪意はない。彼は正しいと思うことをやっている。ただ彼の良さが理解できないんだ。自分が間違っているのだと思う。でも育ちが全く違うんだよ」と言って、最後にホームズが参加するなら、自分も参加すると答えたのだ。このような曖昧な態度に接して、ハートマンは二流、三流の連中というのは酷い臆病者なのだと非難しているが、それにしてもなぜ彼ら二人を臆病者と決めつけて糾弾しているのであろうか。ここまでくるとわかってくるのだが、これはもうホイットマンだけの問題ではなくて、同時にハートマン自身の問題でもあったのである。

周知のように、アメリカの十九世紀の後半は「金メッキ」の時代であったが、「上品な伝統」の文学はその潮流に背を向けながら登場してきて、独特の人気を博して、当時の文壇の主流を占めるようになったのであり、そのグループを代表する作家がロングフェロー(20)であり、ローウェルであり、ホームズであり、ホイッティアであった。彼らにとって「上品さ」が価値判断の基準であったから、彼らがどのようにホイットマンの文学を受け止めることになったのかはおよそ見当がつくだろう。たとえば、ホームズは一八七〇年代にあるインタビューでこのように答えている。

「おお、ホイットマンですか」とホームズは言った、「いいですよーいいですよーホイットマンはなかなか結構ですよー才能はあります。だがあれでは駄目ですーああいうやり方では駄目なのですよ」。（中略）「先日、ローウェルとロングフェローと私とで雑談していた時、話がホイットマンのことになったのです。ローウェルは言いました。『私にはなぜホイットマンがこんなに騒がれているのかわからない。私は彼の詩をずいぶん読んだけれども、その中には何もない——何一つないのです』『そうだね』とロングフェローはいいました、『この人も適当な習練と教育をうけてさえいたら、何かをやったかもしれないと思うけどね』。ところで私自身の意見はというと」とホームズは言った。「それはもうあなたに申し上げましたね。だから、アメリカで私たちが彼をどう見ているか、おわかりでしょう」(21)

彼らはホイットマンの存在の大きさを認めている。しかしながら、どこか含みのある会話からわかるように、彼らはホイットマンという人物を、そして、その代表作である『草の葉』を正しく理解して高く評価していたわけではないのである。彼に「才能」があることは確かだが、「習練と教育」がないために「やり方が駄目」なのであり、その結果、彼の詩には「何一つない」ことになってしまうのだ。ここで彼らが「何一つない」と決めつけて切り捨てている作品を何篇か取り上げて検討していくが、その前にホイットマンとはそもそもどのような人物だったのか確認しておこう。

ホイットマン文学の本質

ホイットマンは詩人としての出立の時点で「ぼく自身」をこのように高らかに歌い上げている。

ウォルト・ホイットマン、ひとつの宇宙、マンハッタンの息子、
生まれながらの乱暴者、肉づきがよく、好色で、よく食らい、よく飲み、よく産みふやす、
めそめそしたり、男たちや女たちを見下したりあるいはよそよそしく距離をおいたり、そんなこととはおよそ無縁、
不作法ではないがさりとておしとやかでもない。

あらゆるドアから錠をねじり取れ、
戸柱からドアぐるみねじり取れ。

（『ぼく自身の歌』―二四）(22)

ここで自ら語っているように、ホイットマンは「マンハッタンの息子」（個）であるが、同時に、「ひとつの宇宙」（全体）でもある。そして、彼は「生まれながらの乱暴者」であるがゆえに「ドアから錠」を、さらには、「戸柱からドア」をねじり取ろうとする。言い換えれば、彼は「ドア」から「錠」を、そして、「戸柱」から「ドア」をねじり取ることによって、自らの存在の基盤である家を、さらには、世界そのものを破壊しようとするのである。それだけではない。彼は「乱暴者」であるのみならず、「好色な」男であったから、「上品な伝統」に立ち向かって、挑戦して、大胆に、露骨に、性を歌い上げる。ここでは『アダムの子供たち』から引用しておこう。

これは女のからだ。

ひとすじの神聖な光が頭から足までいたるところから流れ出て、
否定しがたい激しい力で引きつける、
まるで無力なひとすじの煙さながらぼくは女のからだから洩れる吐息に引かれ、すべては脆くも散り落ちて残るは
ただぼく自身とそのからだのみ、
書物、芸術、宗教、時間、目に見える固い大地、天国に期待し地獄に恐怖したことも、今はことごとく焼きつくさ
れ、
欲情が狂おしく幾すじもの細い糸と化し、統御しがたく幾本もの太い水柱さながらからだから噴出し、応えるぼく
の想いも同じように統御しがたい、
髪、胸、尻、脚の屈折、しどけなく垂れさがる手、ことごとく欲情にひたされ、ぼくのほうも同じように全身こと
ごとく欲情のとりことなり、
引潮になれば満ちてくる潮に刺激され潮満ちれば引いてゆく潮に刺激され、愛欲みなぎる肉は膨れ上がり甘美な痛
みに疼く、
熱く燃えた巨大な愛欲の限りなく透明な噴出、小刻みに震える愛欲の粘液、白く噴き上げる恍惚の汁液、
愛欲に満ちた花婿の夜が身を横たえる夜明けのなかへ確実に優しく入りこみ、
嬉しげに迎え入れる昼の内部へうねりつつ入りこみ、
抱き締める昼の甘美な肉の割れ目に沈む。

（『アダムの子供たち』―五）[23]

これを読めば、ホイットマンの詩がいかなるものであったか、そして、それが「上品な伝統」の時代にとってどれほど衝撃的なものであったかを窺い知ることができる。ホイットマンは男と女の性の営みを大胆に、露骨に、リアルに描いている。性の営みにおいては「書物、芸術、宗教、時間」等々は「焼きつくされ」てしまって、男も女も「全

身」が「欲情にひたされ」、「欲情のとりこ」になる。すると、男と女の「愛欲みなぎる肉は膨れ上がり甘美な痛みに疼く」ことになり、「愛欲の粘液」は「小刻みに震え」、「恍惚の汁液」は「白く噴き上げる」のだ。ここでホイットマンは「愛欲の粘液」を「jelly of love」と表現し、「白く噴き上げる恍惚の汁液」を「white-blow and delirious juice」と表現している。これらはそれぞれ愛液と、精液を意味しているのだが、断るまでもなく、これ以前に性の営みをこのような言葉を使って露骨にリアルに表現した詩人はほとんどいなかったのであり、ここにこそホイットマンという詩人のスキャンダラスなまでの革新性があったのである。

だがホイットマンはそれだけに止まらなかった。彼はさらに果敢にタブーに立ち向かって、禁忌であった男と男の間の愛を、つまり、同性愛さえも積極的に取り上げて高らかに歌い上げたのである。

ぼくら若者二人ともに相抱きつつ、
互いにそばを決して離れず、
あらゆる道を上り下り、北に南にかずかずの旅を試み、
力を楽しみ、肘を張り、指をからませ、
愛の武装で今は恐れるものなく、食べ、飲み、眠り、愛し、
ぼくら自身を依るべき最高の法として、船を走らせ、戦いをしかけ、盗んだり脅したり、けちん坊や卑屈な奴や坊
　主どもを驚かし、大気を吸いこみ、水を飲み、芝生の上や海岸で踊り狂い、
あまたの都市をもぎ取り、安逸を侮蔑し、法規を嘲弄し、弱者をことごとく追い払って、
ぼくらの侵略をやりとげ。

（『カラマス』―ぼくら若者二人ともに相抱きつつ[24]）

ここでホイットマンは同性愛という禁断の性を素直に赤裸々に描いている。彼らは「ぼくら自身」が「最高の法」

と考えているので「愛で武装」することによって「今は恐れるものなく、食べ、飲み、眠り、愛し」、さらに大胆に踏み出していって「都市」をもぎ取り、「安逸」を侮蔑し、ついには「法規」を嘲弄していくのだ。このように彼らは禁忌の同性愛を貫徹することによって、彼らが当初から願望していた「ぼくらの侵略」をついにやり遂げることになるのである。

ホイットマンの詩とはこのようなものなのであり、「上品な伝統」を信奉する詩人や評論家たちが彼の詩をどのように受容したのかは今さら説明するまでもないだろう。確かにホイットマンは豊かな「才能」を持ってはいるが、彼らの立場からすれば、彼には「習練と教育」がないために「やり方が駄目」なのであり、そのために彼の詩には「何一つない」ことにならざるをえないのである。ところで、ここで重要なのはホイットマンを信奉するハートマンがこれらの「上品な」詩人や評論家たちを「臆病」な「二流、三流」の人物だと考えていたことである。先にも指摘したように、ハートマンはボストンでホイットマンの『草の葉』が禁書扱いされていたのを告発しているが、そのような事態を誘発した張本人がこれらの「上品な」詩人であり評論家だったのである。彼らにはホイットマンの詩の本質を理解することはできない。なぜなら、彼らは「二流、三流」の「臆病者」にすぎなかったからだ。ハートマンはどうしても彼らを許すことができなかったのであり、その後予想もしなかった行動に出るのである。

4　ホイットマンをめぐる論争

ボストンの文人たちとの対決

このようにしてハートマンとボストンの「上品な」文学者たちとの対立は深まって、一触即発の危機的な状況に推移していった。なぜなら、ハートマンに言わせれば、ボストンの芸術文化は停滞して不毛な状態に堕しているが、そのような嘆かわしい事態を招来したのは、これらの「二流、三流」の「臆病者」の文学者や評論家たちであり、その結果として、ホイットマンの業績は正当に理解されることはなく、ホイットマンのために企画した協会設立の計画もあっけなく頓挫してしまったのである。当然なことだが、ハートマンはそれらの文学者や評論家たちを認めることも許すこともできなかった。彼は彼らと対峙して反逆する。先に紹介したように、一八八六年に最初のヨーロッパ旅行から帰国して、ホイットマン宅を訪問した時に、ハートマンはホイットマンを巧みに誘導して当時ボストンで活躍していた文学者や評論家たちに関する個人的な意見を陳述させていた。彼はこれを楯にとって宣戦布告することになった。ハートマンは一八八九年の四月にホイットマンが三年前に語った言葉を『ニューヨーク・ヘラルド』紙に公表したのであり、それが当事者たちの間に熾烈な論争を惹起することになったのである。

その時ホイットマンはブライアント、エマソン、ホームズ、ストッダード、ホイッティア、ステッドマンについて語ったが、今回はステッドマンについて語った言葉が問題となった。ところがこれには伏線があって、それがこの事件を引き起こすことになったのである。一八八八年まではホイットマンとステッドマンの関係は比較的良好で順調なものだった。ホイットマンはステッドマンの批評をそれなりに評価していたが、それでは十分に納得していたのかと言えば、そうではなくて多少の不満を感じていたことも事実である。そのような状況の中で、一八八八年の九月に『ニューヨーク・ヘラルド』紙に『ホイットマンは語る』という匿名の記事が掲載されたのである。そこでホイットマンはステッドマンを「浅薄な」人物であると決めつけて、自分の詩の「不潔な部分、性的な部分」を指摘するだけで「真実を把握することができない」と批判したのである。誰がこの匿名記事を書いたかは現在でも不明であるが、翌年四月のハートマンの『ニューヨーク・ヘラルド』紙の記事を考慮すれば、その犯人がハートマンだったのではないかと疑う者が出てきても不思議なことではなかった。ここでハートマンのために弁明しておけば、彼は一八八八年の四月から十月までヨーロッパに滞在していてアメリカにはいなかったのである。だからといって、彼がこの匿名記事を書けなかったとも言えないけれども……。なにはともあれホイットマンとステッドマンの間にはこのような険悪な事情が存在していたのである。

ホイットマンの放談を暴露する

これまで考察してきたように、ハートマンは一八八四年からホイットマンと親しく交流するようになって、彼をめぐる人脈と彼らの間の関係と軋轢を直に見聞していたはずである。そう、彼はそういった事情をすべて承知の上で、一八八九年に問題の記事を『ニューヨーク・ヘラルド』紙に発表したのである。そこで特に関心を集めたのがホイットマンのステッドマンに関する言葉であった。「彼は上品ぶったダンス教師にすぎない」と評していたのだ。これを受けてステッドマンがホイットマンに反論を加えることになった。ステッドマンによれば、ホイットマンの崇拝者たちは耐え難い連中だった。なぜなら、彼らは『草の葉』を聖書のごとくに考えていて、つねに携帯して持ち歩いていて、さらには、寝る時に枕の下に入れたりしていたからだ。つまり、彼らはホイットマンのような独立独歩の個人ではなくて、ホイットマンをまるで神のように崇め奉るだけの烏合の衆だったからである。ステッドマンによれば、その原因はホイットマンが崇拝されるのを好んでいたところにあったのであり、そのためにステッドマンはホイットマンを次のように非難して弾劾したのであった。「あの頃、ホイットマンは赤いシャツを着て、胸元を開けて香水を振りかけた胸毛を見せながらブロードウエイを闊歩して、自分をキリストやオシリウスに擬えたりしていたんだ。まさに馬鹿げた所業だった」。

このようにハートマンはホイットマンとステッドマンの間の確執を暴露することになり、その結果、ボストンの閉塞的な芸術文化の世界を震撼させることになったのだが、ここで改めてこの事件がハートマンにとってどのような意味を持っていたのか、そして、どのような影響を与えることになったのかを考えておこう。

繰り返すことになるが、ハートマンは、詩人として、人間として、ホイットマンを尊敬していたし、『草の葉』はアメリカ文学史上最高の作品であると高く評価して絶賛していた。だがボストンでは『草の葉』は禁書として扱われていて、「上品な」詩人や評論家たちは正当に評価してくれていないのであり、そのような事実はハートマンにとって不可解であったし許しがたい暴挙であった。彼はそのような不毛な閉塞状況を打破したいと望んでいたが、それは恩師のホイットマンのためであったが、同時にいま作家として身を立てようとしている彼自身のためでもあったのである。そして、その目的を果たすために、彼は大胆で乱暴な行動に出ることになった。つまり、ホイットマンが三年前にボストンの「上品な」詩人や評論家たちに関して語った言葉を公表して暴露したのである。

だが、予想外であったに違いないが、彼は強力な副作用に襲われ苦しめられることになった。その記事の中で、彼は多くの詩人や小説家たちを名指して揶揄していたが、彼らがそれを甘受して黙認するはずはなくて、激しく反論して批判を浴びせてきたのだ。たとえば、評論家のT・B・ハーンドは『レヴュー』紙に寄稿した記事の中で「ホイットマンはあの記事のすべてを否定して、君が記事をでっちあげたと語っていた」と書いて非難を浴びせてきた。さらにホレス・トラウベルは晩年に公私にわたってホイットマンの世話をした人物であるが、彼は後にあの大著『キャムデンのホイットマン』の中で、ホイットマンにこの事件に関して次のように語らせている。

ハートマンの伝える話だって！あれはひどい災難だ。デマなのだ。全くの嘘だ。私の全然言わないことを書いている。私には全然縁のないことだ。文学も精神もだ。私の信ずるところと正反対のことを、あの男は私が言ったことにしている。あの男の話の全部──文句、言葉、思想、その全部が大まちがいだ。だが歴史はこんな風にできあがってゆくものだ。噂が次々と噂を産む。私が死んだらありとあらゆる嘘が嘘つきによってひろげられるのだろう。(25)

ハーンドやトラウベルの言い分だけを聞いていると、あの暴露記事はすべてハートマンがでっち上げて捏造したものであり、それゆえハートマンとは信用のできないペテン師だということになってしまうが、一方ではそれを真っ向から否定するような説もあるのだ。たとえば、当のハートマンは『ウォルト・ホイットマンとの会話』の中で、ホイットマンがあの通りに語ったのだと主張しているし、この暴露記事以降もハートマンはそれまで通りに何度もホイットマン宅を訪問しているが、その時にもホイットマンから注意されたり叱責されたりすることはなかったと書いている。それればかりではない。あのトラウベル自身が『キャムデンのホイットマン』の中で次のようなホイットマンの言葉を紹介しているのである。

私は彼に大きな期待を寄せているし、強い信頼を懐いている。人々は彼をペテン師だとか、煽情主義者だとか、山師だなどと考えているようだ。でも私はそんな風には考えていない。私は彼が立派なことを成し遂げてくれるだろうと本当に期待している。偉大でなくても、立派であればいいんだ。彼らはハートマンに対して少し厳格になりすぎるのだ。(26)

ここでホイットマンはハートマンに関して明らかに正反対のことを述べているが、それにしても、このように相反する発言をどのように受け取るべきなのだろうか。このままではハーンドやトラウベルの主張とハートマンの主張は矛盾して対立して、それらが両立することは望めないだろう。おそらく両者は自説に固執して、相手を非難し続けることになるのだろう。これは避けがたいことであり、とても悲惨で無意味な事態である。それではどうすべきなのだろうか。これまで見てきたように、ホイットマンはハートマンの行動を否定していたが、同時に、肯定もしていたのである。ならば、私達はホイットマンのこれらの発言を矛盾したままに受け止めるべきなのである。というのも、ホイットマンは「さまざまな矛盾の対立」を「歓迎し、包含して」いたからであり、これこそがホイットマンの本質だからである。

芸術家の道を選択する

このようにホイットマンはあの暴露記事に関してアンビヴァレントな想いを懐いていたのだ。換言すれば、ホイットマンはハートマンのあの暴露記事を半ば是認して半ば否認していたのであって、それはハートマンにとって極めて重要なことであったに違いないのだ。これまで述べてきたように、彼は一八八四年に初めてホイットマンを訪問したが、それ以来親しく交流することによって、ホイットマンという人物の偉大さを知り、『草の葉』を深く理解して、これは「自分の人生にとって最も重要な教えである」と考えるようになっていた。それゆえハートマンにとって、ボストンで『草の葉』が禁書扱いをされているのは極めて理不尽で是認しがたい事態であった。そして、その遺憾なる事態を引き起こしたのはまさにボストンの「上品な」詩人や評論家たちであった。彼はそのような「上品な」偽善者である文人たちに怒りを込めて抗議すべく、ついに一八八九年に暴露記事を発表することになったのである。

ところで、これからのハートマンの人生を考える時に確認しておかなければならないのは、このような七年にわたるホイットマンとの交流を通して、ハートマン自身が人間的にも成長して、詩を中心とする文学への理解を深めていったことである。そして、彼はこの頃から「作家」になることを願うようになり、いかに困難であれ、その道を究めていこうと意志を固めていたのである。彼が一八八九年に敢えて暴露記事を書いて、「上品な」詩人や評論家たちに非難を浴びせたのは、第一義的にはホイットマンのためであったが、同時に、それは「作家」として身を立てようと決意していた自分自身のためでもあったのだ。このように「上品な」体制と真正面から対決し、挑戦し、戦うことによって、彼は自らの立ち位置を見定めて、その基盤を強化して堅固なものにしようとしていたのである。

私達は一八八四年以来の二人の交流の軌跡を辿ってきたが、ハートマンが様々な厄介な問題を起こしながらも、人間として徐々に成長してついに作家として身を立てようと決心するのを目撃することができた。ところが、これは運命としか言えないのだが、無情にも、二人の別離の時が近づいてきていたのだ。彼は一八九一年に再びヨーロッパへ行くことになったので、その年の三月に新妻のベティーを連れて訪ねたのだが、これが最後の訪問になったのである。ホイットマンは見るからに年老いて快活さもすっかり失せてしまっていた。そのために彼は早々に退出することになったが、ホイットマンは別れ際に「今は曇っているが、すぐに雲が消えて晴れるだろう」と言ったが、これが今生の別れの言葉となったのである。

ホイットマンは一八九二年の三月にこの世を去った。享年七三歳であった。この時ハートマンはすでに帰国していて、ニューヨークで訃報を受け取ったのだが、様々な事情を考慮して葬儀には参列しなかった。彼はセントラル・パークに行って、今は亡き白髪の老詩人と二人だけで心置きなく語り合って、翌年にはキャムデンのホイットマン宅を訪ねて永遠の別れを告げたのである。

最後になったが、ハートマンにとってホイットマンとはいかなる存在であったのかを考えておこう。先に述べたように、彼がホイットマンとの交流を始めたのは一八八四年だったが、その三年後の一八八七年に、彼はホイットマンについて次のように書いているのである。

アメリカの詩人！　あなたの歌の言葉は粗暴だが、その自然な厳しさは貫通して魂まで届き、新しい詩の先触れであり、ギリシャの芸術よりも高度な芸術なのだ。
過去の忘れられた栄光の革新者！　大いなる未来と、神聖なる連帯と、真の民主主義の預言者！　様々な不正を暴く者、変革を願い、独立して、倫理の力と　宗教心を備えた人々から成る人類を待ち望む者、そして、開拓者たちの永遠の魂と同じ価値のある幸せな生活を渇望する者！　この上なく男らしい男、どんな仕事でも恥じることなくやり遂げる、というのも、あなたにとってすべての真の仕事はすばらしくて偉大なものなのだから。(27)

これを読めばわかるように、ハートマンにとって、ホイットマンとは偉大なる詩人であり、そして、尊敬すべき人間だったのである。

第三章　若き芸術家の誕生

1　美術評論家として出発

ボストンの社交界へ進出

ハートマンの生涯を振り返って見る時、彼の人生において大きな節目がいくつかあるのだが、そのひとつが一八九三年であった。それまでの人生において特筆しておかなければならないのは、一八八四年から一八九二年まで続いたホイットマンとの交流であり、それと並行して、彼が機会を捉えては四回にわたってヨーロッパへの往還を繰り返していたことである。この時ハートマンは十七歳から二五歳に至る青春期の真っ只中にいたのであり、そういった観点からすれば、これらの体験が彼の人生にとって大きな意味を持つことになったのは想像に難くないだろう。

かくして彼は一八九三年を基点にして新たな局面に踏み込んでいくことになるが、その前にひとつだけ確認しておかなければならない。第一章で述べたように、ハートマンはドイツ人の父親と日本人の母親の間に生まれた混血児であり、それゆえに、彼はドイツ人であり、日本人であるが、言い換えれば、彼はドイツ人ではないし、日本人でもないのである。これがハートマンの存在の基本形であって、あの父親オスカーと息子サダキチの激しい罵り合いの真の原因であった。ところが、彼は一八八二年に追放されるようにアメリカへ移住してきて、新天地でアメリカ人として生きていくことになったが、その後一八九一年にベティーと結婚したこともあって、一八九四年にはアメリカ国籍を取得することになった。つまり、彼は正式にアメリカ人になったのである。その結果、彼の存在の基本的な形態は次のようになった。これまでのドイツ人、日本人という二つの要素に、新たにアメリカ人という要素が加わることになって、彼はドイツ人であり、日本人であり、アメリカ人であるが、言い換えれば、彼はドイツ人ではないし、日本人ではないし、アメリカ人でもないということになったのである。これが彼の新たな存在の基本形である。ハートマンは一八九〇年代までは、まず第一にアメリカ人として意識して行動しているが、二〇世紀に入ってからはアメリカ人であることに疑問を懐くようになり、必然的に、この独特な存在の形態が深刻な問題になってくるのだが、その時には改めてこの問題を取り上げて検討することにする。

前章で見た通り、ハートマンにとって一八八四年から一八九三年に至る約一〇年間は言わば修業期間のようなものだったのであり、彼はこの間に様々な経験をして思索をめぐらし、芸術や人生に関する知識や思想を拡大し深化させ、一八九三年には修業を終えて新たなる茨の道を歩み始めることになった。だがそれは苦難に満ちた道程であった。彼なりに困難な壁にぶつかって、大いに苦悩しながら、それらの壁を乗り越えてやっとその一歩を踏み出すことになったのである。

彼は『ボストンの日々』とか『第二期のボストン』などのエッセイを書いているが、それらを読むと、彼が様々なことを必死に試みながら生きていたことを窺い知ることができる。彼は「国際的に有名になること、これが主たる動機だった」と書いているが、まさに「有名になる」ために、彼はボストンのあらゆる場所に、たとえば、コンサート会場、劇場、展覧会場などに出没して自らを売り込んだ。そして、それが功を奏して、彼の周りには多くの若い画家や、俳優や、音楽家や、文学者などが集まってきて、ある者はパトロンとして彼の活動を支援してくれた。だがこれだけに止まらなかった。彼はこのような状況に便乗して、大胆かつ強引に、様々なことを企画して実行することになった。あのホイットマン協会の設立が一例だが、それ以外にも、ボストン美術館での美術ツアー、ドイツ語のレッスン、ドイツ語の朗読会、新聞記事を書き捲る、パウル・ハイゼに関する講演会、さらには、エドヴァルド・グリーグの作品によるコンサートなども企画して実施している。ちなみにこのコンサートは二曲のヴァイオリン・ソナタと(1)

数曲の歌曲とピアノ・ソロで構成された興味深いものであり、前評判が良くて、当日はヴァンドーム・ホテルの会場は満員の状態で、入場できない多くの聴衆が廊下で立ち聴きする事態になった。彼はこの成功に意気揚揚だったが、終演後に演奏者の出演料と会場の賃貸料と諸経費を支払ってみると、儲けはほぼゼロだったと、苦笑しながら総括している。

ここでいかにもハートマンらしいエピソードを二つだけ紹介しておこう。第一話。彼は一八八八年にボストンのチカリング・ホールで自作の詩作品の朗読会を開催した。彼はその中の何篇かは非常に官能的なもので保守的なボストンでは危険だと考えていたが、気力が漲って高揚していたので朗読会を断行することになった。その日は上流の知的な女性たちが会場を埋め尽くしていた。彼は次々と官能的な詩を朗読していった。すると会場に不穏な空気が漂いはじめた。そして、若い娘たちは恥ずかしさのあまり顔を赤らめ、既婚の婦人たちは怒りで表情を強張らせた。だが彼はそのような変化に気付かずにさらに情熱的に官能的な詩を朗読した。すると、ついに耐えられなくなった女性たちが会場から退出し始めた。しかし彼はそれを無視して朗読を続行したのである。その結果として、彼はボストンの人々の信頼を失って、文字通り、地に墜ちることになったが、やはり一筋縄では行かない人物であって、どうして読みたいものを読んではいけないんだと嘯いていたのである。

第二話。彼は一八八九年に『マドモアゼル・ベベ』という芝居を書き上げた。その後子役のオリーヴ・ホマンズを見出して、両親と交渉すると賛同してくれたので、この芝居を上演することになった。そのために劇団を立ち上げて、役者たちを集めると、先ず手始めにパーティーを開いて、芝居の宣伝をすることになった。ヴァンドーム・ホテルのワンフロアーを借り切ったが、多くの人々が押し寄せてきて、部屋も、廊下も、階段も人々で溢れかえっていた。ここで彼は大胆な行動に出て人々を大いに驚かすことになった。黒の絹地に金色の鶴が描かれた日本の着物を着て来客たちを出迎えたのである。彼は微笑み、挨拶をし、握手をしていると、まるで大統領になったような気分だったと語っている。彼は勢い込んで稽古を開始したが、その直後に窮地に立たされることになった。オリーヴが別の劇団からオファーを受けたので退団したいと申し出てきたのである。両親も同意していたのでそれを認可するしかなかった。

急遽別の子役を探したが、役者としては未熟でオリーヴの穴を埋めることはできなかった。しかも、その間に公演の資金が枯渇してしまったので、劇団を解散し、ホールを解約し、公演用のポスターを廃棄せざるをえなくなった。このようにして彼の大いなる夢は儚く潰えることになったのである。彼は当時を回想して次のように書いている。「私は流れに乗っていて、特別の目的もなしに、元気いっぱいに泳ぎまくっていた。水中で戯れて水飛沫を四方八方に撒き散らしたが、周りの人々を気遣うことなど全くなかった」。ハートマンは一八九〇年前後にはこのような放縦無頼な生活を送っていたのである。

このような状況の中で、一八九二年に、突然ホイットマンの訃報が飛び込んできたのである。前章で述べたように、彼はこの時ヨーロッパから帰国していてニューヨークに滞在していたが、様々な事情を考慮して葬儀には参列はせずに、たった一人で恩師ホイットマンに永遠の別れを告げたのである。このようにして、一八九三年には、彼とホイットマンとの交流は途絶えることになり、その後、彼が再びヨーロッパを訪れることもなかった。つまり、彼の長い人生において、一八九三年はひとつの重要な節目だったのであり、この時点で、人間として、そして、芸術家として、彼は厳しい修業を修了することになったが、同時に、新たな出発の年になったのである。この時彼は二六歳であった。

美術雑誌『アート・クリティック』を単独編集

ハートマンは、一八九三年になると、それまでの経験と知識を踏まえて、大胆かつ慎重に冒険に乗り出して、様々な企画を立案しては、その実現のために孤軍奮闘することになった。美術雑誌『アート・クリティック』の単独編集、初の戯曲作品『キリスト』の出版、シカゴ万国博の報告記事の執筆である。これからこれら三つの成果を検討していくが、その作業を通じて、彼が一八九三年の時点で現状をどのように捉えていたのか、そして、未来に向けてどのような展望を描いていたのかを明らかにしたいと思う。

先ずは彼が『アート・クリティック』という雑誌を単独で編集して発行したことについて触れておこう。ここで注目すべきは、ハートマンがアメリカに移住してきたのは十四歳の時であり、この時には二六歳になっていたが、その彼がボストンで美術の専門誌である『アート・クリティック』を発行することになったという事実である。十二年前にアメリカにやってきた時、彼は英語の初歩的な知識はあったものの自由に運用することはできなかったし、その後高校や大学に進学して正規の教育を受けたわけでもなかった。そのような事情を考慮すれば、彼がこの美術雑誌を発行したということは想像を絶する壮挙なのであって、それを肯定するにせよ、否定するにせよ、彼が二六歳にして幅広い見識と類稀なる行動力を備えていたことは認めざるをえないだろう。

この雑誌の第一号は一八九三年の十一月に、第二号は一八九四年の一月に、そして、第三号は同年の三月に発行されて、それ以降は廃刊になっている。つまり、典型的な三号雑誌だったわけだが、この時期の彼の思想と動向を知る上でとても重要な資料でもあるので簡単に検討しておく。ここでは一八九三年十一月号に掲載された「すべての芸術愛好者への訴え」と、一八九四年三月号に掲載された「アメリカ美術に関する講演」などを参考にしながら議論を進めていく。

アメリカの美術の現状

これまで見てきたように、ハートマンはヨーロッパを四回にわたって訪問して、多くの国々の美術を鑑賞してきていたが、そうした経験から当然予想されるように、この時点では彼はアメリカの美術を否定的に受け止めていて、アメリカにはそもそも美術などは存在していないとさえ考えていたらしい。これは確かに嘆かわしい事態ではあったが、しかし否定しがたい事実でもあった。

それではハートマンは具体的に十九世紀末期のアメリカの美術をどのように認識していたのであろうか。彼は現時点では推奨すべきアメリカの国民的な美術は存在していないと断じた後で、次のように述べている。

アメリカは、他の国民の残り滓から新しい民族を作り、その寄せ集めの複合体を変えて、有能で自立した市民から成る国民にするという壮大な事業を推進してきたのであり、その過程で、富と、権力と、他国からの尊敬を勝ち

得てきたが、現時点では独自の美術を生み出してはいない。美の称賛に対する敬意も情熱も持ち合わせていないのである。(2)

ここで当時のアメリカの歴史を見ておこう。アメリカが実質的に国家としての形を整備することができたのは十九世紀に入ってからであった。アメリカは一八四〇年代には中西部から太平洋沿岸までの土地を取得することによって国土を確定し、一八六〇年代には南北戦争という悲劇を乗り越えて国家の統合を実現し、さらに、大陸横断鉄道を完成させて「明白なる宿命」というスローガンの下で西部開拓をいっきに推進してきた。このようにして十九世紀の末期にはアメリカは新興の政治的、経済的な列強国として世界の舞台に登場することになったのである。これはまさに称賛に値する大事業ではあったが、しかしそこには深刻な問題が残されていた。つまり、アメリカは世界に冠たる統一国家の建設の過程で自前の独自な芸術文化を育成することができなかったのである。

この時代の目標はとても切迫して熱狂させるものだったので、最低限の安楽と必需品は求められたものの、生活の装飾美化などに関心を示すことはなかった。現在芸術の重要性は徐々に認められつつあるが、人々はこの百年間は自分の国の経済の将来を懸念していたので芸術の奨励を怠ってきたのである。鉄道の経営者や、銀行の取締役や、大企業の株の所有者たちは、投資のためでなければ、絵画や彫刻に対して共感を示すことはなかったし、その必要性を感じることもなかったのである。(3)

アメリカの美術の創造

このように一八九三年の時点でアメリカには誇るべき独自の美術は存在していなかったのである。ハートマンによれば、すべての国民が建国という事業に総力を傾注していたのだから、それは不可避の帰結であった。その通りである。だが、これは極めて恥ずかしくて嘆かわしいことであって、このような事態を早急に是正して、アメリカの独自で誇るべき美術を創造しなければならないのである。

それではどうすればこの目的を達成することができるのだろうか。ここでハートマンが前提にしているのは、すべてのアメリカ人が一致して、独自のアメリカ美術を育成すべきなのであり、そうすれば、より豊かで、より純粋で、より力強い生活を営むことができるという信念を持つことである。彼はそれを踏まえて様々な方策を提案しているのでその一部を列挙しておく。①愛国者になって、アメリカを愛して、アメリカを美しくするために貢献すること。②日常の生活を美化して質的に向上させること。③親たちは美術を学ぶこと、子供たちに美に対する愛を植え付けること、そして、美術に関して家族や友人たちと話し合うこと。④美術の鑑賞力を養うこと、そして、美術の理解者になること。⑤美術の後援者たちは自国の才能を支援して、アメリカ美術の発展のために資金を提供すること。

ハートマンは国民に対してこのような要求をしているのであり、これは是非とも必要なことであるが、しかしながら、言ってみれば、これは環境整備にすぎないのであって、これだけでは独自のアメリカ美術の育成という所期の目的を達成することはできない。当然ながら、彼もそのことを十分に認識していた。つまり、ここで重要なのは画家たちなのであって、彼らだけが独自なアメリカ美術を創造できるのであり、創造しなければならないのである。それでは彼らはその期待に沿うような成果を残してきてくれたのであろうか。残念ながら、その答えは「否」であった。

ハートマンによれば、アメリカの画家たちが真に独創的な作品を創造していないことが問題なのである。彼らはヨーロッパの国々へ渡って、それぞれの国の美術学校に入学して、そこで基礎を学んで、帰国してからは、画家として自立して創作活動に従事してきた。だが彼らは修業時代に習得した「模倣」と「剽窃」を払拭することができないのである。その結果、彼らの作品はヨーロッパの絵画の写し（コピー）でしかなくて、実質的な価値を持たないから、いずれは消滅していかざるをえないのである。これがアメリカ美術の実態であるが、言うまでもなく、これを無為のままで放置しておくわけにはいかない。それではこのような事態を克服して独自のアメリカ絵画を創造するにはどうすればいいのであろうか。

ここでハートマンは画家たちは開拓者になるべきであり、そして「アメリカ人の生活を吸収して、内的にも、外的にも、真のアメリカ人になれ」と呼び掛けて、さらに次のように主張するのである。

私達はギリシャ人やイタリア人やオランダ人の、芸術作品ではなくて、芸術への愛と理解を真似るべきである。私達は遡っていって過去を再現することはできないのだ。古い形式にとらわれるのを止めて躊躇なく廃棄すべきである。私達は若々しいエネルギーに満ち溢れているのだから、古い美の法則を乗り越えて、新しい美の法則を創造することができると信じようではないか。現代の生活には現代の要請があって現代の美術が必要なのである。(4)

このように画家たちが「真のアメリカ人」になれば、「古い美の法則を乗り越えて、新しい美の法則を創造すること」ができるはずなのだ。それにしても「真のアメリカ人になる」とは具体的にどういうことなのだろうか。ハートマンはここでレンブラント(5)を取り上げて次のように述べている。

レンブラントは私的な生活においても、芸術作品においても、正真正銘のオランダ人であった。彼の行動や、自由の愛や、感情的な深さや、オランダ人の性格の単純性などは彼の作品に反映されているのであり、これらの資質は今日のアメリカ美術が大いに必要としているものなのである。(6)

真のアメリカ人になること

このようにレンブラントは私的な生活においても、芸術作品においても、オランダ人であることに固執していたが、これと同じように、アメリカの画家たちは「真のアメリカ人」に固執して、自分が生まれ育ってきて一番よく知っている世界を基盤にして画家活動を進めるべきなのである。かくしてアメリカの画家たちは改めてアメリカの多種多様な風景を発見するのであり、それらの独特な風景を描くことによって、独自なアメリカ美術を創造することになるのだ。そしてそれが実現すれば、その時にはアメリカ美術はそのままで即世界の美術になるに違いないのである。

ハートマンはこのようにアメリカ美術を認識していたのであり、そのような立場に立って、アメリカの画家たちに次のように呼び掛けるのである。西部の画家たちは大草原や鋸形の連山を描きなさい、南部の画家たちは熱帯の植物や南部の情熱と騎士道精神を描きなさい、フィラデルフィアの画家たちはペンシルベニアの風景や生活を描きなさい、ニューヨークの画家たちは大都市の独特な風景と生活を描きなさい、ボストンの画家たちはニューイングランド特有の風景や生活を描きなさいと要請するのである。現実にはこの目標を達成するのは容易ではないし、たとえ達成できたとしても、それで道が開けるという保証はどこにもない。だが、ハートマンによれば、この道しかないのであり、この道を選んで歩み出すことによって、アメリカの画家たちは「ただの希望であり、夢でしかないものを実現する」ことになるはずだし、その結果として、独自のアメリカ美術を創造することによって「アメリカ国民の生活をより豊かで、より純粋で、より強力なもの」にすることになるはずなのである。

これまでハートマンのアメリカ美術の創造案を検討してきたが、実際には彼はこの案に満足していたわけではなかった。というのも、現実は極めて厳しくて、画家たちだけでは独自のアメリカ美術を創造できないであろうことを見抜いていたからである。そのような観点から、彼は国あるいは政府が美術家たちの活動を積極的に援助すべきだし、そのための実効ある支援体制を構築すべきだと考えていたのだ。そして、彼は実際に『アート・クリティック』(第一号)で具体案を提起しているのである。(1)はアート・ギルドの結成であり、(2)は三つの芸術機構の設立である。(1)のアート・ギルドは基本的には芸術の普及のための組織である。注目すべきは(2)であるが、ここで彼が提案したのは①アメリカ美術館の設立、②国立美術学校の設立、③国立美術館の設立であった。ちなみに、①はアメリカ美術のための美術館であり、③は世界美術のための美術館である。このような環境の整備は必要だが、そうしたからといって、有能な画家たちが生まれ出てくるわけではない。そうした問題はあるのだが、私達はハートマンの真摯な意思を理解して評価しておくべきと思う。

最後にひとつだけ興味深い事実を紹介しておく。彼はまるで博学ぶりを見せつけるかのようにここで葛飾北斎の『富嶽百景』の跋文からあの有名な言葉を引用しているのである。

私は六歳の頃から、ものの姿を絵に写してきた。五〇歳の頃から随分たくさんの絵や本を出したが、よく考えてみると、七〇歳までに描いたものには、ろくな絵はない。七三歳になってどうやら、鳥やけだものや、虫や魚の本当の形とか、草木の生きている姿とかがわかってきた。だから八〇歳になるとずっと進歩し、九〇歳になったらいっそう奥まで見極めることができ、一〇〇歳になれば思い通りに描けるだろうし、一一〇歳になったらどんなものも生きているように描けるようになろう。どうぞ長生きされて、この私の言葉が嘘でないことを確かめて頂きたいものである。(7)

ここでハートマンが北斎の言葉に託してアメリカの画家たちを激励しようとしていたのは間違いないだろう。だがそれにしてもなぜ北斎の言葉だったのだろうか。なぜ彼は一八九三年の時点で北斎のこの言葉を知っていて引用することができたのだろうか。こういった疑問が次々と出てくることになるが、これはこれ自体でとても興味深い問題なので、もし解明できるならその成果を報告したいと思う。

2 戯曲家としてのハートマン

演劇への憧憬

次に彼が同じ一八九三年に出版した戯曲『キリスト』を取り上げて考察しておきたいと思う。ハートマンは長い生涯において様々な活動に関わってきたが、彼が最初に飛び込んだのは演劇の世界であった。先に述べたように、彼は一八九〇年前後に四回渡欧しているのだが、第一回の時には、一八八五年から八六年にかけて約一〇か月間主にミュンヘンに滞在して、その間に演劇学校に通ったり、実際に宮廷劇場で働いたりしながら、演劇について様々なことを経験して修得することになった。そんなある日、彼はたまたま街中でヘンリック・イプセンの姿を目撃したのである。(8)当時イプセンはヨーロッパの演劇界で旋風を巻き起こしていて、ミュンヘンやローマなどを転々としながら次々と話題作を発表していた。彼はイプセンを遠目に注視しながら、挨拶して教えを請うべきか否か自問自答したが、結局声を掛けることはできなかった。しかしながら、これは彼にとって強烈な体験だったらしく、その後イプセンの作品を読んで研究したり、舞台を観劇したり、サンフランシスコでは自ら『幽霊』を演出して上演したりしているのだ。ただし、この時には、火事の場面で実際に火を使用して、劇場を炎上させてしまうという事件を起こしている。

このミュンヘン滞在中にいかにもハートマンらしいエピソードを残しているので紹介しておこう。率直に言えば、彼が書き残したエピソードが本当に信じていいものか否かは判断できないのだが、それは一八八五年に国王ルートヴィヒ二世と同席してオペラのドレス・リハーサルを観たというものである。ルートヴィヒ二世はバイエルン王国の若き美貌の国王であり、数々の常軌を逸する奇行――そのひとつが同性愛であった――から狂王と呼ばれていた。彼は幼少の頃からゲルマンの英雄伝説や騎士物語に夢中であって、そのためにリヒャルト・ワーグナーのオペラに心酔していて、寛大なるパトロンとしてワーグナーの音楽活動を後援していた。彼はワーグナーをいろいろな形で援助していたが、そのひとつがごく私的なワーグナーの作品の上演であった。彼は年に二回真夜中にオペラの上演を命じてたった一人でそれを観劇して楽しんでいたのである。

ハートマンはこのルートヴィヒ二世に関する多くの噂話を聴いて興味を掻きたてられていたので、お役所的な形式主義につけこみ、親戚や関係者のコネを駆使して、ついにルートヴィヒ二世と同席して真夜中のドレス・リハーサルを観ることになったのである。当日彼は観劇するために広々とした劇場に入ったが、観客席は真っ暗だった。彼は全体を見渡せる最後列の座席についたが、興奮のあまり、一言も発することなく、舞台で進行するドレス・リハーサルを見詰めるだけだった。といっても、残念なことに、ルートヴィヒ二世は貴賓席にいて、そこには衝立が立てかけられていたので、王の姿を直接見ることはできなかった。しかし、この体験は強烈なものだったので、彼はその時無上の歓喜に酔いしれてしまって、終演後に自分がどのようにして現実の世界に戻ってきたのか思い出すこともできなかったと語っている。周知の通り、その後一八八六年の六月にルートヴィヒ二世は狂王と決めつけられ、廃位されて、逮捕されたが、その翌日に近くの湖で水死体となって発見された。とすれば、ハートマンはここで最晩年のルートヴィヒ二世の在りし日のエピソードを書いているのであり、そういった意味で、これはとても貴重なルポルタージュだったが、同時に、これはハートマンにとっても大きな意味を持つものであった。というのも、このような経験を積み重ねながら、彼は演劇への夢を大きく膨らますことになったからである。

戯曲『キリスト』を出版

それではハートマンが最初に発表した戯曲作品である『キリスト』を取り上げて検討しておこう。彼はこの作品を一八九二年のある日の夜十一時から次ぐ日の朝六時までに飲まず食わずで一気に書き上げて、その後推敲を重ねて一八九三年に出版したのである。彼は表紙に『キリスト』と題名を書き、その下に「劇詩」(A Dramatic Poem) と記している。つまり、彼によれば、これは詩劇ではなくて劇詩なのであり、それでは劇詩とはなにかと言えば、私達はこの作品を読んで判断するしかないが、ハートマンがここで「劇詩」と規定していたことは銘記しておかなければならない。次のページでは「これまでの人生において、私を誤解し、辱しめ、傷つけてきた人々に、この作品を捧げる」と書いている。こうした自虐的だが挑戦的でもある屈折した言い回しから、彼がボストンで当時どのような立場に立たされていたかを推察することができるだろう。さらにページをめくると序文が掲載されているが、ここで彼は「表現の自由」を堅持しながら、宗教と道徳との関わりの中で「個人の自由」という主題を追求したと語っている。これからこの作品を検討しながら、彼にとってこの「表現の自由」や「個人の自由」がいかなる意味を持つものであったのかを解明したいと思う。

この作品は三幕で構成されており、場所はパレスチナのある村で、時代は紀元二〇年の八月という設定になっている。

第一幕　左手にマリアの小屋。その前を道路が走っている。背後に井戸があって、その先に砂丘が広がっている。主人公はジェシュアという若者であるが、作品の設定からすればすぐにイエスを連想させる人物である。ところでマリアがジェシュアを生んだのは、精霊によって受胎したからではなくて、ユダヤ人ではないよそ者の大工との不倫によって、つまり、「自由な性行為」によってであった。そうした出生のためなのか、ジェシュアは周囲の人々と親しく交わらずに孤立していて、なにかを為さねばと考えてはいるが、実際には無為の生活を送っている。彼は「なにも成就することなく、青春のエネルギーを浪費しながら苦悩する」だけなのだ。マリアは彼がなぜそのような虚しい生活を続けるのか理解できないのだが、それでも母親として「彼はより良きもののために生まれてきたのだ」と信じて期待を寄せているのである。

この村には多種多様な人々が住んでいてひとつの共同体を形成している。金貸しのカインは「金がこの世を支配している」と考えている。マリアは「金は親切心や愛情の源を枯渇させてしまう」と反論するが、カインはそのような意見を一蹴して、結婚を口実になんとかマリアを口説き落として自分の女にしようとしているのだ。

さらに町の若者たちがいる。彼らは男も女も金が支配する社会に埋没して、これといった確たる目標もなしに一時的な刺激を求めて生きているだけだ。たとえば、アホリバは外国の女王（ゼノビア）に憧れている。なぜならその女王がまるで服を着替えるように恋人を変えて、最悪の場合には恋人を殺しさえするという噂話を聞いていて、できるなら自分もその女王と同様に「荒々しく奔放な人生を送りたい」と願っているからである。

カーラス・マクシマスはローマ軍の百人隊の隊長であり、兵隊を掻き集めるために村へやってくる。彼は「戦争は必然であり、平和は不自然なもの」と語り、この世には「鋭い刃の剣」に匹敵するものはないのであり、「勇敢な戦士」は「恐れを知らない神」であると煽動しながら、次々と若者たちを入隊させているのである。

言うまでもなく、この村には年配の者たちも住んでいるが、彼らは多くの経験を積んできているので、現実から適度に距離を置いて世界全体を客観的に見渡すことができる。たとえば、詩人のエロサールは性欲に苦悩し背徳的な想いに耽る若者たちに向かって「性行為は宗教」なのであり、「肉体と肉体の結合、そして、魂と魂の結合」は「神聖」なものだと語りかける。それに対して隠遁者は「消滅に限界はないのだから、君たちが征服した国々も、君たちが奉仕しているローマ帝国も滅びるのだ。最後には人間そのものも朽ち果てるのであり、太陽も月も消滅するのだ」と語り掛けて人々に警告する。

ある日、女の巡礼者であるハンナと、東方の女王であるゼノビアがこの村にやってきて、ジェシュアを巻き込みながら、様々な事件を起こして、村人たちを混乱状態に陥れることになる。

ハンナはジェシュアを見た瞬間に、彼に心を奪われてしまって、まるで夢でも見ているかのように立ち尽くす。そこへゼノビアが輿に乗って黒色と金色の縞の煌びやかな服を着て入場してくる。村の群衆は豪奢な服を着たゼノビアを見て驚き騒ぎ立てる。一方彼女は群衆を「魂のない生き物」で「間抜けの愚か者」であると考えているのでただ無視するだけだ。そのゼノビアは一人の田舎者（＝ジェシュア）を見染めると、直感的に彼は自分の子供の父親になるべき相手だと考えて、「その男を自分のものにする」と言い放って退場する。群衆も彼女を追って退場する。ジェシュアとハンナだけが残る。ハンナはジェシュアに近づいて行って、「私はあなたの一部」であり、だから「私はあなたのものなのです」と告げる。二人はじっと見詰め合って、愛を確認して、抱擁する。


僕らの愛は本当にすばらしい。……僕らは自然の胸の上で休息をとり、露わで優雅な夢を見る。僕らはすべての人間の燃えるような情熱を感じる。そして、肉体は精神と同様に神聖なものになるのだ。……僕らは運命の暴力を嘲笑う。富や、知恵や、美や、権力を嘲笑う。僕らはしっかりと抱き合う。広大な漆黒の夜が僕らを包み込む。これが愛なのだ。(9)


第二幕、第一場　マリアの小屋の内部。二日目の早朝。

ジェシュアは兄弟姉妹たちと一緒に寝ているが、夢を見ながらなにかを呟いている。前日彼はハンナとの愛を確かめたが、翌朝にはその愛の前途に不安を感じている。この世界では愛は成就しないのではないかと危惧しているのだ。「希望はいま死滅しようとしている」。しかしながら、彼はその事態を容認できずに、嘆き、悲しむ。すると、「ハンナは信頼している、だからハンナを信頼しろ、そうすれば人間の罪は許されるだろう」という声が聞こえてくる。これを聞くと、ジェシュアは本来の魂を取り戻して、希望を捨ててはいけないと反省して立ち直るのである。

夜明け、新しい人生。無限の苦悩が溶けて喜びの涙になるのだ。暗い夜よ、立ち去れ。暗い影よ、飛んでいけ。眠れる世界よ、目覚めろ、僕は不滅の星に、純粋で無私の愛に祈る。(10)

第二幕、第二場　砂丘地帯。二日目の昼時。

ジェシュアと隠遁者が話し合っているが、この議論からジェシュアがなにを考えているのかがわかってくる。隠遁者は目の前に広がる砂漠を、つまり、死の世界を見ながら、「希望はこの世の何物によっても正当化されることはない、なぜなら、存在は幻想であって、人間の営為は大いなる誤解にすぎないからだ」と主張する。これは世を捨てた隠遁者らしい意見である。だがジェシュアはそれを容認せずに自説を唱える。彼によれば、「愛」と「希望」を持ち続けて「自分自身を信じて」未来へ向かって歩んでいけば「真実の神」に到達できるのであり、それこそが人間の救済になるはずなのだ。そして、彼は次のような注目すべき発言をするのである。

僕はユダヤ人ではない。どんな信仰にも属していない。僕はすべての人間に属しているのだ。ぼくは神のような人間になろうと努力している。……僕の神が僕の中にいる。僕自身が僕の神なのだ。(11)

ここでジェシュアは自分が神であるなどと不遜なことを主張しているのではない。先に述べたように、彼はよその土地の男とユダヤの女の間に生まれた混血児であり、そのような存在として、ユダヤ人や異邦人の枠組みを超えて普遍的な人間として生きていこうとしているのである。そう語りながらジェシュアは眠り込んでしまうが、そこにゼノビアが登場してきて、眠っているジェシュアにキスをする。彼が目を覚ます。そして二人は言わば自らの存在を賭けて真摯に議論を闘わすことになるのである。ジェシュアは最初に二人には共通するものがないと言うが、それを受けてゼノビアは野心だけは共通していると答える。彼が「神のような人間」になろうとしていることを見抜いているのだ。それではゼノビアの野心とはいかなるものなのだろうか。彼女は内部に「虚無」を抱えこんでいて、そのために心の中では「より良き自我」と「邪悪な精霊」が激しく争っていて、そこは混沌とした「カオス」の状態になっているのだ。その結果、彼女は「狂気」に駆られて「快楽」だけを求めて、ジェシュアを王様にしてやると言いながら強引に誘惑することになるのだ。これがゼノビアの野心である。彼はこの世の「快楽」を求めていないので、彼女の甘い誘惑を払い除ける。ゼノビアはそれに躊躇うことなく着ていた服を引き裂いて瑞々しい裸体を露出しながら「この私を御覧なさい。この輝かしい肉体はあなたのものなのです」と言いながら迫ってくる。彼は一瞬怯むが、それを拒絶する。すると彼女は狂暴になって短剣を握って殺してやると絶叫しながら襲い掛かってくる。彼はその武器を奪い取って組み伏せる。するとゼノビアは呻きながら「許してください」と呟くのである。ところでこの言葉をどう理解すべきなのだろうか。その後の行動から判断すれば、彼女がここで罪を認めて心から悔悛したとは考えられない。そこで注目すべきはジェシュアの発言であって、彼はゼノビアに向かって次のように語り掛けるのである。

あなたの肉体と精神、光と闇、現実と理想の絶えざる恐ろしい苦闘は、宇宙に響く生と死の歌のようなものなのです。あなたには漆黒の闇に縛り付ける罪過があるし、あなたを輝かしい光まで引き上げてくれる美徳もあって、それでこそあなたは不滅の存在になるのです。(12)

ジェシュアは彼女が「虚無」に苦しめられていて、それを超克するために必死に戦っていることを認識しているのであり、それゆえに、彼女の「罪過」も「美徳」もすべてをあるがままに受け容れて、彼女は「不滅の存在」であると言明するのである。言い換えれば、彼はこの時ゼノビアを「許している」のであって、それは彼がここまで人間として成長してきていることを示しているのである。

第二幕、第三場　マリアの小屋の前。二日目の夕方。
ジェシュアの兄弟姉妹たちが庭にいる。ジェシュアは妹のマグダレンと愛について語り合っている。彼は「愛とは人の心の中に咲く花である」と言う。そこにハンナが入ってくる。二人はこの世で愛を全うすることが困難なのはわかっているが、それでも愛のために努力することを誓い合う。彼はいよいよ使命を果たすべき時が来たと考える。ジェシュアとマグダレンは小屋から出ていく。ハンナはマリアに「もしこの世に天国があるとすれば、この愛こそが天国なのです」と言う。そこへゼノビアが登場してくるが、彼女は恐ろしい計画を立ててそれを実行するためにやってきたのである。先述したように、彼女はジェシュアを自分の相手にして、彼の子供を産むと決心していたが、そのためにはジェシュアとハンナの愛が邪魔になっているので、その二人の愛を引き裂くためにやってきたのだ。彼女はジェシュアの野心について語り、その実現のためにはハンナの愛が障害になっているのだと説く。

ハンナ　私の夢が終わってしまうなんて信じられません。彼がいなくなれば、私の人生は空っぽになってしまいます。というのも、私は彼を愛しているのであって、愛を愛しているのではないのですから。
ゼノビア　彼は愛を愛しているのです。
ハンナ　それならあなたの意見に従います。[13]

ハンナはジェシュアという人間を愛してきたのであって、決して抽象的な愛を愛してきたのではない。だがゼノビアによれば、ジェシュアの愛は普遍的なものであって、個々の人間に注がれるものではないのである。そのような愛を説いて広めようとしているのであって、そのためには彼女との愛は障害になってしまうので、彼とは別れるべきだと説得する。そしてハンナは「自己否定」して同意してしまって、ゼノビアと共に退場して彼女の「奴隷」になってしまうのである。ジェシュアはマグダレンと戻ってくると、不吉な予感がして、ハンナはどこに行ったのかと問い質すと、アホリバが東方の女王と一緒に村を出て行ったと告げる。ジェシュアはハンナを取り戻すためにマリアと共にゼノビアのキャンプに向かう。

第三幕　砂漠にあるゼノビアのキャンプ。三日目の夜。

キャンプでは酒神祭が進行していて、その騒ぎの中で、ゼノビアが王冠を被り、金色と紅色の服を着て、寝椅子に横たわっている。彼女は心の中に不毛な「迷宮」を内蔵していて、そのために永遠の「絶望」に苦しめられていて、ひたすら快楽だけを追求するようになっていた。たとえば、彼女は自分に一〇〇〇の身体があれば一〇〇〇人の王たちと寝てみたいとか、海が血で溢れていれば一口で飲み干してやるなどと喚き散らす。だが、それで満足することができるのだろうか。否である。さらなる「欲望と、残虐な行動と、嫌悪感」に苛まれることになるだけなのだ。

だが、そのゼノビアにも細やかながら変化の兆しが現れてくる。彼女は愛人であるパーソンデス王子を快楽追求の相手として帯同していた。彼はいつものように楽しんで官能に浸ろうとベッドに誘う。だが彼女は「欲望の海は退いていって、優しい接吻の音が森の中に響いている」と言いながら彼の要求を拒む。彼はそれを無視して執拗に詰め寄る。すると彼女は一歩でも近づけばこの短剣を胸に突き刺すと脅して追い払うのである。この一例からも、ゼノビアの心の中で重大な変化が起こりつつあることを確認できるだろう。

その後彼女が一人で人生や死について思索をめぐらしていると、ハンナがやってくる。彼女は現在の不幸の原因はジェシュアを奪ったハンナにあると考えていたので、彼の愛をどのような魔術を使って勝ち取ったのか教えろと要求する。ハンナは自分は彼を愛しただけだし、彼は自分を愛しただけだと答える。ゼノビアはそれだけではないだろうと問い詰めると、ハンナはそれだけだと答える。すると彼女は怒り狂って、彼女を殴り殺して、ハイエナに食わせてしまえと怒鳴り散らす。その時従者が入ってきてジェシュアがハンナを迎えに来たと告げる。ここでゼノビアはどんな犠牲を払っても「彼女を彼のものにはさせない」と、換言すれば、「彼を彼女のものにはさせない」と決意するのである。ジェシュアは二人の方へ向かってくる。彼にハンナを渡すことはできない。するとゼノビアは咄嗟に指輪の中に入れておいた毒をゴブレットに注入して、彼が迎えに来て二人で帰るのだから、お祝いに乾杯しようと言って毒を飲ませる。ジェシュアが入ってくる。ハンナは喜んで彼の方に歩み寄るが、次の瞬間、よろめいて、倒れ込む。ジェシュアが問い詰めると、召使いはゼノビアが毒を飲ませたのだと答える。ハンナは最後に彼への愛を誓って死ぬ。マリアは彼女にハンナを生き返らせろ、それができないなら、絞め殺してやると迫る。だがジェシュアはマリアにそんな権利はないと言って止まらせる。それを聞いてゼノビアは彼の方に歩み寄って行って彼の足元に跪いて「主よ、あなたの奴隷を裁いてください」と懇願するのだが、それに対してジェシュアは次のように答えるのである。

私には人を裁く権利はないのです。私達はすべて罪人なのです。真実の神よ、どうぞ私達すべてを赦して下さい。愛を与えることで、私の信仰が贖われるのです。(14)

二つの愛

これまでハートマンの最初の戯曲作品『キリスト』を取り上げて検討してきたが、最後にひとつだけ説明を加えておこう。すでに明らかなように、この作品の主題は愛であるが、ここで注意すべきは、その愛にも様々な形があることである。たとえば、ハンナの愛とゼノビアの愛を比べて見れば、これらが根本的に全く異質の愛であることがわかるし、まさにその違いにこそこの作品を読み解くための重要な鍵が隠されているのである。ハンナとゼノビアはジェシュアを真剣に愛している。だがなぜ二人の愛はこれほどまでに異質なものになってしまうのだろうか。ここで思い出されるのはこの作品でしばしば使われている「自己否定」という言葉である。つまり、問題は愛に「自己否定」が介在するか否かなのであって、それ次第で愛は全く違ったものになってしまうのである。ハンナの愛には「自己否定」が介在していて、その働きによって、彼女の自我は否定されて、その愛は無私の愛になっていく。それに反して、ゼノビアは「自己否定」を介在させられないので、たとえジェシュアを愛したとしても、その愛は自我で充溢してしまって、その愛を通して自我を押しつけることになってしまうのである。ジェシュアはゼノビアの愛ではなくて、ハンナの愛を選ぶことになるが、それは必然の結果であった。

それではゼノビアは永遠に救われないのであろうか。彼女は彼女なりにジェシュアを愛していて、そのためにジェシュアとハンナの愛を容認できずに、ハンナに毒を飲ませて殺すことによって、ふたりの愛を破壊したのである。殺人、これは許されざる大罪であって、この罪を永遠に背負い続けなければならない。ゼノビアは自らの罪の意識に駆られて「あなたの奴隷を裁いてください」と懇願した。彼女はここで初めて「自己否定」を行使したのであり、それを認めてジェシュアはゼノビアを断罪せずに赦すのである。私達は「すべて罪人」なのであり、「人を裁く権利」を持ってはいないのだ。これこそがゼノビアが言っていた「愛を愛する」という言葉の真意だったのである。彼女は彼らの愛を否定して破壊するために、彼は「愛を愛している」「愛を愛している」と言ったのだが、この時彼女は無意識のうちに愛の本質を察知していたのである。ジェシュアは確かに「愛を愛していた」、つまり、普遍的な愛を志向していたのであり、愛の本質最後の場面でハンナを毒殺したゼノビアを赦すことになったのだが、まさにこの時彼は「神」として普遍的な愛を実践したのである。そして、その愛に包まれて、ハンナも、ゼノビアも、罪を贖って救済されることになるのであり、それゆえに、この瞬間にジェシュアの頭上に聖なる光輪が架かるのである。

マサチューセッツ州法に抵触して逮捕される

これまでの考察からわかるように、ハートマンはこの『キリスト』にすべての思想と感情を投入して、当時としては極めて斬新でかつ危険な作品を世に送り出すことになったが、これがまた深刻な問題を引き起こすことになった。ここで注意すべきはこの作品が一八九三年にボストンで出版されたことである。おそらくハートマン自身もある種の危険を予感していたのであって、だから、序文の中で予め「表現の自由」とか「個人の自由」に言及していたのだ。それではいったいなにが起こったのだろうか。彼は『アート・クリティック』(第三号)で、その時の経験について報告記事を書いている。ここで問題になるのがマサチューセッツ州法の二〇七章の十五節である。この節では、猥褻で、下品で、不潔な言葉を含む印刷物を出版したり、販売したりする者は、若者たちの倫理道徳を堕落させる恐れがあるので、逮捕され投獄されると規定されている。彼の『キリスト』はまさにこの条項を侵害していると判断されてしまって、ハートマンはマサチューセッツ州法に則って、一八九三年の十二月二一日に逮捕されて、翌年の一月二日まで収監されることになったのである。それにしても、なぜこんな事態になったのだろうか。ここで確認すべきは、この『キリスト』において、ジェシュアがイエス・キリストを連想させるように設定されていたことである。それを前提にすると、様々な場面が思い出されて懸念が増すことになる。ゼノビアがあの豪奢な衣服を引き裂いて裸体を露わにしながらジェシュアを誘惑したこと、ジェシュアとハンナが愛を語らっている時に彼女の衣服がずり落ちて裸体が露見してしまったこと、さらに、ゼノビアと愛人のパーソンデスが交わす「猥褻で、下品で、不潔な言葉」による会話などは、それ自体をとってみれば州法に抵触していると解釈される可能性はあるのであって、この場合は現実にそのように解釈されることになって、ハートマンは猥褻罪で逮捕されて投獄されることになったのである。このようにして不本意にも「表現の自由」と「個人の自由」は抑圧されることになった。だが、彼はこれに全面降伏したわけではなくて、この処遇の不当性を訴えて文筆による抗議活動を展開することになるのである。

読者よ、先程引用した法令を注意深く読んでいただきたい。そうすれば、公衆道徳の守護者と称する者がひとりでも立ち現われてくれれば、芸術におけるあらゆるものが下品なものに変えられてしまうということがわかるだろう。……裸体を描く画家や、人生を真摯に表現する作家は決して安全ではなくて、いつ逮捕されるかわからないのだ。(15)

それにしてもなぜこのような不当で不幸な事態が生じてしまうのだろうか。ハートマンによれば、それは為政者たちが「芸術作品」と「下劣な塵埃」の違いを理解できないからである。そして、最後に、ハートマンはすべての芸術家たちに訴えるのである。不当な法令の是正と、密告者に支払われる報償金の撤廃のために戦えと。

3　シカゴ万国博のルポルタージュ

シカゴ万国博開催

ハートマンの生涯を振り返って見ると、一八九三年がとても意義深い年であったことがわかる。この年に単独編集で『アート・クリティック』という美術雑誌を発行したし、最初の戯曲作品『キリスト』を出版したが、さらに、彼は同じ年にシカゴで開催されていたコロンブス記念万国博を見学しているのであり、その後の彼の作家活動を考慮する時、この経験は重要な意味を持つことになるのである。

シカゴ万国博はコロンブスのアメリカ大陸発見四〇〇年を記念して、一八九三年の五月から十月にかけて、ミシガン湖に面するジャクソン・パークで開催された。参加国は七二か国であり、入場者数は延べ二七〇〇万人に達して、史上最大の万国博となった。建築家のダニエル・バーナムとジョン・ルート、景観デザイナーのフレデリック・オルムステッドが会場全体の設計をして、その指揮の下に、当代の建築家たち、たとえば、チャールズ・マッキム、ウイリアム・ミード、スタンフォード・ホワイトらが一五〇棟もの新古典様式の展示館を設計建設した。彼らは展示館の高さを十八メートルに揃えて、外装を白のスタッコ塗りで統一したので、会場は当時「ホワイト・シティ」と呼ばれることになった。それらの中でも、工芸館は縦が二三八メートル、横が五一一メートルもある最大規模の建築物であった。会場の一画にはミッドウェイ・プレザンス（催し物会場）が設置されていて、そこには世界中の様々な娯楽施設が、たとえば、日本の茶屋などが集まっていたが、その中で最も人気を博したのはジョージ・フェリスが設計した大観覧車フェリス・ホイールであった。これは高さが八二メートルもあって、定員は一〇〇〇名を超えるものであり、この万国博の象徴的な存在であった。

ここで忘れてはならないのは、日本もこのシカゴ万国博に参加していたことである。ちなみに日本が最初に参加したのは一八六二年のロンドン万国博であり、最初に出品したのは一八六七年のパリ万国博であり、日本政府が最初に正式に参加したのは一八七三年のウイーン万国博であった。そのような経験から、日本政府はこのシカゴ万国博には万全の体制を整えて臨むことになり、「普通商品」と「美術品」と「美術工芸品」（美術を応用した実用品）を出品した。美術品としては、絵画、版画、木彫、塑像、ブロンズ像、七宝、陶磁器、漆器、金細工などが出品されて、その総数は約四〇〇点であった。現時点から見ても、高村光雲(16)の木彫刻作品『老猿』、鈴木長吉(17)の青銅彫刻作品『十二の鷹』、橋本雅邦(18)の『山水図』などは秀逸なる作品であったと言える。

日本政府、鳳凰殿を出展する

このようにこの万国博には数多くの作品が出品されていたが、それらの中で最も注目を浴びて評判が高かったのは鳳凰殿であった。これは宇治市の平等院鳳凰堂を模した純日本式の建物であって、その中堂は江戸城の一室を、左翼部は藤原時代の建築である平等院鳳凰堂と京都御所の殿舎を、右翼部は足利時代の建築である銀閣寺の書院と茶室を再現したものであった。

岡倉天心は当時創設された東京美術学校の校長としてこの鳳凰殿の建設において主導的な役割を果したが、そのような立場からこの鳳凰殿に関して英文のパンフレットを執筆している。

日出ずる国日本は、古代から鳳凰の生誕地と考えられてきた。
日本の隣国であり心温かき友であるアメリカ合衆国は、このたび一大博覧会を開催することになったが、その規模と構想の雄大さは、かつて世界が見たいかなるものをも凌ぎ、また鳳凰誕生の際にあらわれる瑞祥にも似たあらゆる成功の前兆を伴なっている。日本はこの壮大にして栄光ある企画に同感し、翼を張り歌声を天に響かす鳳凰の喜びをもって、主催者の希望に呼応した。すなわち日本国民の過去一千年の遺産たる美術宝物を持って博覧会に臨んだのである。……
鳳凰は、慈愛に満ちた政治を行い、人間や生き物の命を奪うことがなく、国民が平和と繁栄を享受する君主の治世にのみ姿を現わすという。……

鳳凰が権威ある重要な品々の装飾意匠に使われるのはそういう理由に拠る。皇后の冠、神鏡、御所の調度、社寺や神仏への供物の容器などには必ず鳳凰が描かれる。鳳凰の形をしている寺さえある。古都京都に近い宇治に建つ寺（＝平等院鳳凰堂）である。[19]

新政府は一八六八年の明治維新以降欧米の先進国を模範としながら近代国家としての体制を整えてきて、一八九三年までには、産業国家として自立して、政治的にも、経済的にも、ひとつの列強国として認知されるようになっていた。つまり、岡倉によれば、日本は「国民が平和と繁栄を享受する」国家になっていたのであり、鳳凰殿はそうした新生国日本を象徴する建物だったのである。ところでここで注目すべきはこの鳳凰堂の中堂の上段の間であるが、それに関して岡倉は次のように書いている。


中央の室の壁画は、雌雄の鳳凰が雛を連れて遊ぶ様を描き、東京美術学校の橋本教授とその生徒の筆である。徳川将軍の平和な治世を象徴する。

小襖の花果の籠の図は、東京美術学校の狩野友信教授の筆。花は芸術の進歩を、果実は豊かな稔りを表わす。牡丹図は橋本教授の筆。また廊下の梅樹図・芦に水禽図は川端教授とその生徒の筆に成る。

襖と壁の絵は桐と躑躅で夏の意匠とし、その他の花で秋を、雁鴨で冬と春を表わした。

天井格間の雲に鳳凰の図は東京美術学校の生徒たちの手に成り、天井下部の花（鉄線花）の図も同じである。皇室の御所の装飾にはつねに六弁の花を用いるが、これには古代東洋の易法で六が水を表わすところから防火の意味がある。

欄間、すなわち通風パネルは精細な鳳凰の彫刻で飾り、東京美術学校の高村光雲教授の作である。[20]

これを読めば、明治政府が官民一体となって総力を結集して、近代国家としての日本の姿を世界に知らしめるために、この鳳凰殿を建設したことがわかる。言うまでもなく、ここで言及されている橋本雅邦、狩野友信[21]、川端玉章[22]、高村光雲らは日本を代表する美術家であったが、岡倉だからこそこれらの画家や彫刻家たちを動員して統括しながらこの鳳凰殿を建設することができたのである。

それではこれらの鳳凰殿や絵画、版画、彫刻、七宝、陶磁器、漆器、金細工などの美術品は当時どのように受け容れられたのであろうか。ここで具体的な例として建築家のフランク・ロイド・ライト[23]を取り上げておく。周知のように、十九世紀の後半には、ジャポニスムがヨーロッパやアメリカの芸術界を席捲していた。ライトはこのような風土の中で育ってきたのであり、浮世絵の蒐集家としてもコレクター達の間で有名だったし、建築家としても早くから様々な文献を読みながら研究を進めて、茶室などの日本建築を通して建築における空間構造の重要性を学んでいた。当然ながら、ライトはシカゴ万国博を見学に行ったが、その会場で見た鳳凰殿から大きな影響を受けることになって、その後それを踏まえて設計施工して建てたのが帝国ホテル（一九二三年）であった。ライトはシカゴ万国博で見た鳳凰殿を、さらに、宇治市の平等院鳳凰堂を意識しながら、それらをモデルにして設計した。先ずホテルの正面の入口前に蓮池を作り、その奥に高く中央棟を立てているが、それは事務所であって、そこから左右に伸びる低層部を客室棟にしている。その結果、正面の蓮池越しに眺めると、このホテルはまるで鳳凰が大きく翼を広げている姿のように見えたのである。

ハートマン、日本の美術について語らず

それではハートマンはどうだったのだろうか。彼もまたライト同様にこのシカゴ万国博から大きな影響を受けることになる。彼は『アート・クリティック』（第二号）にシカゴ万国博の報告記事を掲載している。彼は万国博などのイベントを好んでいたわけではなかったが、そこへ行けば文明の進歩を確認できるし、この会場でしか見ることができない貴重な建築物や芸術作品などがあると考えて出かけたのである。彼はシカゴに五日間滞在して、その経費は五〇

ドルだったと記している。

かくして彼は特に期待もせずに行ったのだが、いざ万国博会場に入場してみると、一五〇棟もの巨大な白亜の建築群が自然と調和しながら整然と配置されて立ち並んでいる壮麗なる景観に圧倒されてしまった。建築家のジョン・ルートと、景観デザイナーで、ニューヨークのセントラル・パークの設営にも関わったフレデリック・オルムステッドの功績を高く評価しながら、彼は次のようにこの万国博を絶賛するのである。

すべての見物人は、たとえ無意識にではあっても、ジャクソン・パークの荒れ果てた土地を短期間のうちに現代産業の博物館に変えることができる人間の荘厳なる知性と行動力を感じ取るだろう(24)。

それでは美術品、特に、絵画作品はどうだったのであろうか。彼はたった二日半で二〇〇〇点以上の作品を見たと書いているが、美術評論家としてはそれらの作品にはかなり手厳しい評価を下している。彼によれば、大部分の作品は「平凡な」もので「場違いな、愚かな印象」しか残さないし、その点に関してはアメリカの絵画も例外ではなくて、多くは「平凡な」作品群であった。彼はアメリカの美術に大きな期待を寄せていたが、それも裏切られて幻滅させられることになった。ところでここで注意しなければならないのは、彼がこの報告記事の中では日本の美術に関しては一言も書いていないことである。彼はこの時日本政府が出品していた約四〇〇点の美術品を見なかったのだろうか。そんなことはなかった。彼はその会場で日本の美術品を見ていたのであり、一〇年後に発表した『日本の美術』(一九〇三年)の中で、この時を回想しながら、日本の美術について解説して高い評価を下しているのである。

日本人たちはシカゴ万国博で自分たちに何ができるかを示したのだ。ウイーンやパリやフィラデルフィアで開催された万国博では、日本の芸術の勝利は主として借り集めてきた古典的で伝統的な作品や現代の模倣作品に拠るものだったが、シカゴ万国博では初めて、現代の日本美術は敢えて独自なものであることを主張し、それ自身の特質

で現代美術に対する世界の支持を得ようとしたのである。(25)

そして彼は橋本雅邦の『山水図』や、熊谷直彦(26)の『雨中山水』や、尾形月耕(27)の『江戸山王祭』や、岸竹堂(28)の『虎図』や、高村光雲の『老猿』などの作品に言及しながら日本の現代美術について解説しているのである。

それではなぜ彼は一八九三年には日本の美術について言及しなかったのであろうか。これまでのハートマンを考えれば、こんなことはありえないことであって、そういった意味でこれは大きな謎である。先に述べたように、ハートマンは日独の血を引く混血児であって、幼い頃から生まれ故郷である日本という国に憧れており、日本の芸術に強い興味を寄せてきた。さらに彼は一八八〇年代にアメリカとヨーロッパの間を四回も往還していて、その間に、ジャポニスムがヨーロッパの芸術界を席捲していて、ホイッスラーや、ゴッホや、マネや、モネといった画家たちに大きな影響を及ぼしていることを目撃していたのだ。そうした事情からすれば、彼がこの記事において日本の美術作品について言及するのは極めて自然なことであった。だが、現実には彼はここで日本の美術に関してはなにも書いていないのである。それはなぜだったのだろうか。これは私の想像でしかないが、この時、彼は書かなかったのではなくて、書けなかったのである。おそらくこれが真相であって、私達はこの事実をしっかりと認識しておかなければならない。というのも、先に指摘したように、彼は一〇年後の一九〇三年に『日本の美術』というこの時代としては画期的な日本の美術論を発表して、その中で、一八九三年にシカゴ万国博で見た日本の美術品を取り上げて解説しているからである。

フェノロサの影響

これ以降のハートマンを考える時に、これはとても重要なことなので簡単に説明しておきたい。彼は一八九三年には書けなかったものを一〇年後の一九〇三年には書くことができたのだが、それはなぜだったのだろうか。この問題を考える時どうしても触れておかなければならないのはハートマンとアーネスト・フェノロサ(29)の関係である。彼はフェノロサについて次のように書いている。

私は昔フェノロサによく会っていたのだが、それを思い出すと、今も彼がここにいてくれればいいのにと思う。そうすれば私は彼に「あなたが中国の美術を識別することを教えてくれたので、私は漢の曲線を、唐の龍を、宋の花を、明の風景を区別することができるのです」とお礼を言えるだろう(30)。

ハートマンがフェノロサにいつ会ったのかは現時点では不明だが、彼と親しく交流しながら日本や中国の文化や芸術について学んだのは間違いないだろう。それでは彼は実際になにを学んだのだろうか。それを解明するためにフェノロサの一八九〇年前後の足跡を辿っておこう。

フェノロサは一八七八年、二五歳の時に、東京帝国大学で教鞭をとることになって、夫人と共に来日した。彼は大学では政治学、理財学、哲学を担当したが、同時に、日本の芸術全般に関心を懐くようになり、芸術に関わる様々な活動に積極的に参加するようになった。彼は鑑画会の中心的な会員となり、さらに、文部省とも連繋しながら、一八八四年の関西の古美術調査や、一八八六年から八七年にかけての欧米の美術調査などに参画しているが、その時同道して補佐したのが弟子の岡倉天心であった。その後転機が訪れた。ボストン美術館が一八九〇年に東洋部を新設して、フェノロサに五年契約でキュレーターに就任するよう要請してきたのだ。彼は迷いながらも、ボストン美術館からの要請を受諾することになり、日本政府との契約更新を断って、十二年ぶりにアメリカに帰国して、九月に着任したのである。

フェノロサはまず収蔵品の調査、整理、保存の仕事に取り掛かった。というのも、一八九〇年の時点で、ボストン美術館の東洋美術のコレクションは膨大な規模になっていたが、ほとんど整理もされずに放置されていたからである。彼は当初そのような仕事に携わっていたが、その後徐々に活動範囲を広げていって、本来キュレーターとしてやるべき仕事に取り組むようになっていった。つまり、日本美術や中国美術の展覧会を企画して開催するようになり、それに関連する講演会を行い、それを記事にして新聞や雑誌に発表するようになったのである。いくつか具体例を挙げておこう。一八九二年は彼が活発に活動した年であった。まず彼は「北斎とその流派」展を開いた。これは大きな反響を呼んで、彼の活動に弾みをつけることになった。同じ年に、彼はボストン美術館で「中国と日本の歴史、文学、美術」の連続講演を行い、さらに、「中国と日本の特性」という論文を『アトランティック・マンスリー』に寄稿して、これを題材にして長詩『東と西』を書き、その後ハーバード大学の「ファイ・ベータ・カッパ・ソサエティー」に招かれて、この自作の長詩を朗読した。一八九三年には、彼はこの長詩に、「アメリカの発見」と、幾編かの「短詩」を加えて、『東と西、アメリカの発見、および短詩』を出版した。

さらにフェノロサはシカゴ万国博の際に日本美術担当の審査官として任用されていたので、八月に日本人関係者のために記念講演を行った。その後それを要約するような形で「現代日本芸術」という論文を書いて『センチュリー・マガジン』に発表した。ところでこの時の講演の生原稿は残っていないのだが、幸運なことに、その草稿はハーバード大学の図書館に保存されていて、村形明子がそれを整理して翻訳してくれているので、現在私達はそれを読むことができる。その草稿を検討しながら、フェノロサがこの万国博に出品された日本の美術作品をどのように受けとめていたのかを考えておこう。フェノロサは「西洋美術が半ば意識的に、半ば無意識的に日本美術の方向へ向かっている」と述べた後でさらに次のように語っている。

その上、日本美術の主要な特質は今や主流となっています。たとえば、輪郭線の保持、明暗、陰影によるアトリエ制作の肉付けに代わる平坦な濃淡、平板な色彩、濃淡を主とする色彩の特色——これらはすべて西洋に先立って日本美術にそなわっていたものです。(31)

ここでフェノロサは日本美術の特質として輪郭線の保持、平坦な濃淡、平板な色彩などを挙げているが、これらが十九世紀後半に行き詰まって停滞していた西洋の絵画に大きな影響を与えて、新たなる展開の契機になったことは周知の通りである。そして、最後に、彼はこのような日本美術を代表する画家たちを列挙しながら解説している。たとえば、橋本雅邦の『山水図』についてはこのように書いている。

その細部に至るすぐれた美、真に迫る素描、大らかな感情、詩的効果に一致した礼賛が寄せられました。それはあらゆる階級の人々を魅了し、一般大衆でさえ特に好感をもちました。日本における批判はあてはまらない、と私は思います。大きすぎもせず、粗雑でもなく、輪郭線の保持は確固たる落ち着きを与える見事な特色です。私の意見では、雅邦の大いなる名声をさらに増幅するものに他なりません。(32)

その後でフェノロサはさらに川端玉章、岸竹堂、熊谷直彦、尾形月耕などの作品について解説して、この講演を終えているのである。このようにフェノロサは一八九〇年に帰国してからは、ボストン美術館のキュレーターとして、あるいは、シカゴ万国博では日本美術の審査官として、様々な仕事に積極的に取り組んで、着実に意義深い成果を残していたのである。

ハートマンにとっての日本美術の意義

ここで話を戻してハートマンとフェノロサの交流について考えておこう。彼は「昔フェノロサによく会っていた」と書いているが、残念ながら、この「昔」(so many years ago) が実際にいつだったのかを確定することはできない。ただこの「昔」が一八九〇年代の前半であった可能性が高いと考えている。おそらくハートマンはこの時期にフェノロサと出会ったのだが、その時このフェノロサという人物が彼にとってどのような存在に思われたのか想像してみればいい。これまで書いてきたように、彼は母親を通じて日本人の血を引き継いでいて、そのためにそれまでずっと日本という母国に憧れていたし、日本の文化に興味を懐き続けてきたのだ。その彼の前にいま日本文化の専門家であり、日本文化を媒介にして西洋と東洋との新たなる融合を提唱する人物が登場してきたのである。彼は頻繁にフェノロサに会って、その度に様々な事実や問題について話し合いながら日本の美術や文化に関する知識を広げていった。それだけではない。先に紹介したように、当時フェノロサは東洋部のキュレーターとして様々な展覧会を企画し、必要なら解説の文章を書き、それらを新聞や雑誌に寄稿していたが、ハートマンはそれらの展覧会を見て、解説の記事や論文を読んで、日本の美術や文化に関する情報を収集していたに違いないのである。さらに忘れてはならないのは、その当時、彼がアメリカで出版されていた日本の美術や文化に関する文献を貪欲に入手しては読破していたことであって、それは『日本の美術』の参考文献を見れば明らかである。ハートマンはこのようにあらゆる機会をとらえながら入念に執筆の準備をしていたのであり、その結果として、一九〇三年には『日本の美術』を、一九一〇年には『ホイッスラー・ブック』を、そして一九一四年には『短歌と俳諧――日本の詩歌』を出版することになったのである。

私達は一八九三年のハートマンに焦点を当てて、彼の若き芸術家としての活動を考察してきた。彼はこの年に美術雑誌『アート・クリティック』を単独で編集し、戯曲作品『キリスト』を出版し、シカゴ万国博の報告記事を書いた。彼はこれらの活動を同時に並行して進めていたわけだが、ここで重要なのは、彼がこの作業を通じてこれから歩むべき道を確認して、そのための覚悟を固めたことである。先ず基本的にはホイットマンの遺志を継いで真の文学を追求すること。そのために「表現の自由」を脅かされ、「個人の自由」を奪われる可能性はあるが、それでも真摯に着実に作家活動を推進すること。これが彼の大目標である。次に当面実現すべきものとして、彼は二つの目標を設定している。ひとつは独自なアメリカの美術の創造であり、その具体的な成果が一九〇一年に出版した『アメリカ美術史』であり、もうひとつはジャポニスムの問題であって、その具体的な成果が一九〇三年に出版した『日本の美術』であった。これまでの論述からわかるように、一八九三年は、ハートマンにとって、終着点であったが、同時に、出発点でもあって、そういった意味では、人生におけるひとつの大きな節目であり、転換点だったのであり、これから彼は意を決して新たなる茨の道を歩んでいくことになったのである。それがいかなるものであったのか具体的に『アメリカ美術史』と『日本の美術』を検討しながら明らかにする。

第四章　ハートマンのアメリカ美術論

1　アメリカ美術の探求

『アメリカ美術史』の執筆

ハートマンは一九〇一年に『アメリカ美術史』を出版したが、これは十八世紀から二〇世紀に至るアメリカの美術の歴史を時系列的に論述したものである。先ず注目すべきは彼がここで絵画の歴史だけではなくて、彫刻、壁画、イラスト、版画、写真などの歴史も扱っていることである。さらに付言すれば、これは最初の総合的なアメリカ美術史なのであり、なおかつ六〇〇ページを超える大著なのであって、そういった意味で、この美術史は当時としては画期的な労作であったし、その後これがアメリカの多くの大学で美術史の教科書として採用されることになったのも首肯できるだろう。

それにしてもなぜ美術だったのだろうか。前章で見たように、ハートマンは豊かな才能と旺盛な好奇心を備えた人間であり、あらゆる分野に参入して大胆な活動を推し進めてきた。一八九〇年代前後にアメリカ国内やヨーロッパの国々を旅しながら、当地の美術館や博物館を訪れては古今の名作や名品を直接鑑賞してきていたし、さらに自ら絵筆をとってパステル画を描いて個展を開催したりしてきたのである。彼がこのような経験を踏まえて一九〇一年に書き上げて出版したのが六〇〇ページを超える大著『アメリカ美術史』だったのである。

第三章で述べたように、彼は一八九三年に美術雑誌『アート・クリティック』においてアメリカには誇るべき独自の美術は存在しないと主張していたが、だからといって、アメリカの美術の可能性を全面的に否定していたのではなかった。そうではなくて、彼はそのような厳しい認識に基づいてアメリカ独自の美術を発掘することによってアメリカの美術に貢献しようと考えていたのである。

シカゴ万国博以降、美術界は活況を呈しており、まさにその頃に私はアメリカの画家たちのアトリエ詣を始めたのである。約七五〇人の画家たちを訪問した。その内の約三八〇人が一八九三年に発行した雑誌（＝『アート・クリティック』）の定期購読者になってくれた。(1)

ここで彼は約七五〇人の画家たちを訪問したと書いているが、この美術史を読めばこれがオーバーな数ではなくておそらく実数に近かったことがわかってくる。それにしてもこれはかなり大きな数字である。なにゆえにこれほど多数の画家たちを訪問したのだろうか。それはアメリカの美術の現状をあるがままに認識するためであった。彼はかつてアメリカ独自の美術などは存在しないと否定的な意見を述べていたが、現実に七五〇人もの画家たちのアトリエを訪問して議論することによってアメリカにも独自な美術が存在していることを発見することになったのである。

それではハートマンは当時アメリカの美術をどのように把握していたのだろうか。彼はここでアメリカの美術は「無視すべき副産物であり、圧倒的な物質的優位の飾り物」でしかないと断じているが、それにしてもなぜアメリカの美術はこのように低級で否定すべきものに零落《おちぶ》れてしまったのだろうか。

私達は果敢に運命に立ち向かって、多くの危機を乗り越えてきたが、百もの民族からひとつの国民を創出するような国においては、絵を描き、彫刻を制作する活動は絶えざる闘争であって、稀にしか勝利を収めることはできないのであり、この事実を変更することはほぼ不可能である。(2)

このように十八世紀から十九世紀にかけて、アメリカは国づくりを優先せざるをえなかったのであり、文化の養成に取り組む余裕はなかったのである。これがアメリカの厳然たる現実であった。ところが、時代はどうあれ、美術家は基本的には自由を求めるものであり、その自由が保障されることによって芸術活動を推進することができるのである。だが不幸なことに、美術家がこの自由を主張しても、この国に蔓延する商業主義と衝突することになり、その挙句に「奇人」とか「異常者」といったレッテルを貼られて社会の片隅に追いやられることになる。これがアメリカの美術家が置かれていた状況であり、そのためにヨーロッパと比肩できるような優れた芸術を創造することができなかったのである。だがハートマンはこのような厳しい現実を前にしても落胆することなく、その事態に立ち向かっていって超克しようとしたのだ。なぜなら、彼はアメリカ人なのであり、アメリカ人として、アメリカの独自な芸術を創造しなければならないと決意していたからである。

私は若々しい精神と、才能と、生の喜びと、大いなる目標への願望と、それを実現するための真摯な決断力を持つ若者たちを今でも信じている。私はどんな時代であれ生まれ育ってくる新たなるものの力を認識している。アメリカの芸術の可能性と、優れた美的な文明に向かう推進力に対する信念はこれまで同様堅固で揺るぐことはない。(3)

先にも書いたように、ハートマンは一八九三年頃から約七五〇〇人の画家たちのアトリエを訪問することによって、アメリカ美術に関する膨大な情報を収集したのであり、その情報を整理して一九〇一年に出版したのが『アメリカ美術史』であった。これからこの画期的な労作を検討しながら、アメリカ美術の歴史を概観していくことにする。

ところで作業を始める前にテキストに関して説明しておかなければならない。私の手元にあるのは一九三二年版であり、これは一九〇一年の初版本の増補版である。一九〇一年版では、第一巻は第一章から第四章で、そして、第二巻も第一章から第四章で構成されていたのだが、一九三二年の増補版では、急遽新たに第五章が執筆されて、第二巻の最後に補充されることになった。ここで全体の内容を紹介しておく。第一巻、第一章「一八二八年以前のアメリカ美術」、第二章「風景画家たち」、第三章「旧派の画家たち」、第四章「新派の画家たち」、第二巻、第一章「アメリカの彫刻」、第二章「グラフィック・アート」、第三章「ヨーロッパにおけるアメリカ美術」、第四章「最新のアメリカ美術」、第五章「美術論客の余録」となっている。

これからこの『アメリカ美術史』を紹介していくが、それに先んじて基本的な方針について説明しておかなければならない。これは六〇〇ページを超える大著であるが、その全体像をどのように紹介するかが大きな問題なのである。いろいろな方法を検討したが、これが一九〇一年までのアメリカの美術史であること、そして、紙数にも制限があることを考慮して、この大著を絵画を中心にしてできるだけ簡潔な形で紹介していく方針を採択することにしたのである。

アメリカ絵画の誕生

それでは第一巻の第一章「一八二八年以前のアメリカ美術」から見ていこう。そもそもアメリカの美術の起源はどこにあったのだろうか。それに関してハートマンは次のような説を唱えている。ハーバード大学の図書館の壁に一枚の絵が架かっていた。ジョン・スマイバートという画家がヴァン・ダイクのベンティヴォリオ枢機卿の肖像画を模写したものなのだが、意外なことにこの複製画が多くの若い画家たちに大きな影響を及ぼすことになった。つまり、ジョン・コプリー（一七三八〜一八一五）、ベンジャミン・ウエスト（一七三八〜一八二〇）、チャールズ・ピール（一七四一〜一八二九）らがこの複製画を前にして強い刺激を受けて模写することになり、その作業を通じて画家としての道を選ぶことになり、その結果、アメリカ美術の基礎を築くことになったのである。そして、そのような状況の中から二人の真にアメリカ的な画家たちが登場してきた。ギルバート・スチュアート（一七五五〜一八二八）とジョン・トランブル（一七五六〜一八四三）である。

スチュアートはロードアイランド州の生まれで、一七七五年にロンドンに留学して、トマス・ゲーンズバラ(4)などと競い合いながら画家としての地位を築いた。スチュアートの作品に関しては、輝かしい色彩、手堅く自由な筆捌き、自然な姿勢などを、その特徴として挙げることができる。その後一七九二年に帰国して、アメリカでは肖像画家として活躍した。彼は多くの政財界の著名人たちの肖像画を描いたが、特に有名なのは初代大統領ジョージ・ワシントンの肖像画（一七九六年）であり、誰もが美術書や歴史書などを通してこの代表作に接してきているはずである。

トランブルはコネティカット州の生まれで、一七八〇年にスチュアート同様にロンドンに留学して、一七八九年に帰国した。トランブルは才人というよりむしろ努力の人であった。彼は独立戦争を題材にした歴史画や、ジョージ・ワシントンやトマス・ジェファソンらの肖像画などを描いている。彼が一八一七年に描いた『独立宣言』は最も有名な作品であり、歴史の教科書に取り上げられているし、二ドル紙幣の裏面の図案として使われているので広く人口に膾炙している。

周知のように、アメリカは一七七六年に独立したが、その後、全国民が国家の建設に取り組んで、物質的安定と繁栄のために忙殺されることになって、自前の美術を養育するための物理的精神的な余裕などは望むべくもなかった。そうした状況においては、美術はまさに無価値で無意味な存在でしかなかったのである。だが一八二〇年代に入ると、そのような逆境の中から三人の優秀な画家たちが登場してきてアメリカ独自の美術の創造に挑むことになるのである。トマス・サリー（一七八三〜一八七二）、ワシントン・アルストン（一七七九〜一八四三）、そして、ジョン・バンダーリン（一七七六〜一八五二）である。

サリーはこの時代を代表する肖像画家であるが、その画家としての名声を確かなものにしたのは、彼が一八三八年に描いたヴィクトリア女王の全身像であった。ヴィクトリア王女は一八三七年に十八歳で王位を継承したが、その一年後の一八三八年にサリーが描いたのが『ヴィクトリア女王』であった。これは女王が玉座に向かって階段を上りかけた瞬間に振り向いた姿を描いた全身像であり、その後アメリカで全身を描く肖像画が流行することになるが、そのきっかけになったのがこの作品であった。

アルストンはイタリア絵画の影響を受けながら画家として多彩な活動を展開したが、数多い作品の中で代表作と考えられているのが『ベルシャザールの饗宴』（一八一七年）である。ロングフェローや、エマソンらが称賛していることからも、アルストンという画家の重要性を窺い知ることができる。

最後にバンダーリンについて触れておこう。彼もイタリア絵画の影響が濃厚な画家であり、作品の数は多くはないが、『カルタゴの廃墟に座するマリウス』と『ナクソスのアリアドネ』は注目すべき作品である。ここで特筆すべきは一八〇八年にナポレオンが『カルタゴの廃墟に座するマリウス』にメダルを授与して称賛したことであって、その結果バンダーリンの名声は大いに高まることになった。しかしハートマンは一八二〇年の『ナクソスのアリアドネ』の方が真の傑作であり代表作であると主張している。というのも、ここでバンダーリンが裸体を純粋に表現することに成功していたからである。

私達は十八世紀の後半から十九世紀の初頭に活躍した画家たちを取り上げて彼らの作品を考察してきた。彼らは作品にアメリカ的な特性を取り込みながら、それなりにアメリカ的な優れた作品を発表してきた。だがそれらの作品を精査してみれば、彼らが外国の美術の模倣から解放されて、アメリカ独自の絵画を創造したとは言えないのである。

2　風景画家たち

トマス・コールの再評価

次に第二章「風景画家たち」を見ておこう。一八二八年はアメリカ美術史上重要な年であった。というのも、この年に、ナショナル・アカデミー・オブ・デザインが設立されたし、さらに、トマス・コール（一八〇一～一八四八）が最初のスケッチ展を開催したからである。十九世紀前半のアメリカ美術を語る時、トマス・コールを抜きにして語ることはできない。なぜなら、彼は「風景をプロとして描いた最初の画家」だったからである。この時までコールは画家として辛酸を舐めさせられてきた。フィラデルフィアやニューヨークでは屋根裏部屋で極貧の生活を強いられていたし、多くの土地を放浪して回っていたが、その時にも土地の人々の肖像画を描いたり、時には店舗の看板などを描きながら、糊口を凌がなければならなかった。しかし、この一八二八年の個展がきっかけとなって、彼はやっと画家として世間で認知されることになったし、さらに、イギリスに渡ってジョゼフ・ターナー(5)やジョン・コンスタブル(6)のアトリエに出入りしながら修業を積むことになった。そして、帰国すると、『帝国の興亡』（一八三六年）、『人生行路』（一八四〇年）、『建築家の夢』（一八四〇年）、『プロメテウス』（一八四七年）といった話題作を次々と発表することになったのである。

ここでは連作『帝国の興亡』を取り上げて解説しておく。最初の作品は「荒地」である。春を迎えた谷間。夜は明けたが、まだ荒れた暗雲が覆っている。あちこちにインディアンの家が建っている。ある者は毛皮を着て鹿を追い、ある者は川にカヌーを浮かべて魚釣りにいそしんでいる。つまり、コールはここでインディアンの社会をアメリカという国家を象徴するものとして表現しているのである。

二番目の作品は「牧歌」である。谷間を覆っていた暗雲は消えて晴れわたっている。荒地では開拓が進んでいて、人々は様々な活動に、つまり、耕作、羊の飼育、船の建造などに従事している。石造りの寺院が川沿いの断崖の上に建っている。これは古代ギリシャを連想させる「牧歌的」な世界である。

三番目の作品は「帝国の完成」である。これは「多くの寺院や柱廊やドーム建築が立ち並ぶ最盛期の都市」を表現したものだが、私達はごく自然に古代ローマの都市を思い浮かべるだろう。

四番目の作品は「破壊」である。あの繁栄していた都市も今嵐に襲われて破壊されようとしている。さらに野蛮な敵が侵略してきて、乱暴狼藉に及んで、都市を破壊して、住民たちを虐殺する。右手の台座の上には帝国の英雄の彫像が建っているが、その英雄の首は無惨にも切り落とされてしまっている。

最後の作品は「廃墟」である。前面には苔に覆われたコリント式の巨大な柱が立ちはだかっていて、その背後には破壊しつくされた都市の廃墟が広がっている。月が中空に浮かんでいて、薄明かりが荒廃した光景を照らし出している。

ここで重要なのは、コールがアメリカの自然を背景にして帝国の興亡を描いたこと、言い換えれば、コールはここで自分の世界観を提示しているのだが、それをアメリカの自然を背景として表現していることである。ハートマン流に言えば、コールは「自然に対する熱狂的な愛」を懐いているのであり、その「愛」を基盤にして独自な「高邁なる文学的理想」を表現したのである。そして、そうであるがゆえに、コールという画家はアメリカの美術史の中で極めて重要な位置を占めることになったのである。

西部の風景の発見

ところでアメリカ美術のその後の展開を考える時に注目すべきは一八四八年のカリフォルニアでの金鉱脈の発見である。これが引き金となって、西部へのゴールド・ラッシュが始まって、多くの人々が西部へ殺到することになり、それがアメリカの風景画にも大きな影響を与えることになったのである。

このように人々は聳え立つロッキー山脈や、悠然と流れるコロンビア河や、驚異的なイエローストーンなどの景観を次々と発見することになったが、むろん画家たちも例外ではなかった。彼らは西部の大自然に分け入って、圧倒的な風景を描出して、画家としての野望を実現しようとした。その結果、アルバート・ビアースタッドの『ロッキー山脈』や、トマス・ヒルの『ヨセミテ渓谷』や、トマス・モランの『イエローストーン大峡谷』や、フレデリック・チャーチの『ナイアガラ』といった独創的な作品が描かれることになったのである。

バルビゾン派の影響

そして一八六〇年代に入るとアメリカの絵画はさらに大きく変化することになった。フランスでは当時バルビゾン派が台頭してきて美術界の主流を形成していたが、これがアメリカの画家たちに深い影響を与えることになるのである。ハートマンはジャン・フランソワ・ミレー(7)や、ジャン・バティスト・カミーユ・コロー(8)や、テオドール・ルソー(9)について次のように書いている。

人間の心は丘や空や秋の森や寂れた池や果てしなく続く荒地を見ていろいろと連想するものだが、彼らはその象徴的な意味を暗示して表現しようとした。換言すれば、彼らは自然の中に人間の心と共鳴する雰囲気を感じ取ったのである。[10]

ハートマンはこの流派に属する画家として、アルバート・ライダー、アレクサンダー・ワイアントなどを挙げている。彼はライダーを想像的な風景を描ける画家であると考えていて、第一巻の末尾でライダーについて詳しく論じているので改めてそこで紹介することにする。ハートマンはライダー同様にワイアントを高く評価している。彼は自己の内的な生命を、空間と色彩に、自然界の事物に、暗示的に反映させながら独自の世界を構築しているのである。

そして、十九世紀の末期には、このような風土の中から、アメリカの美術を代表する画家が出現することになった。ジョージ・イネス（一八二五〜一八九七）である。彼はニューヨーク州のニューバーグの生まれで、若い頃から画家をめざしてニューヨークにアトリエを構えて活動したが、なかなか画家の道を切り開くことはできなかった。彼は一八五〇年に渡仏して、ミレーや、コローや、ルソーらと親しく交流しながら修業の日々を送ったが、この間に彼は自分の芸術を真摯に見直して新たな次元へ引き上げることになった。そういった意味で、この遊学は彼の人生において重要な転機となったのである。その後一八八〇年前後からやっと彼の作品も社会で受け入れられるようになって、ついにはアメリカの美術界を代表する画家として認知されることになった。『ジョージアの松』、『デラウェア渓谷』、『モントクレアの冬の朝』などが代表作である。ところでハートマンはイネスの作品を次のように解説している。

彼の作品はいつも平らでなくてでこぼこしている。というのも、彼は先ず自分の気分や夢を表現するために自然の風景を利用したからである。彼はホマー・マーティンと同じく風景の中に自分の感情を込めたのだ。……彼は風景を通して、捉えどころのない激しい感情を表現したのである。[11]

イネスはその後も着実に真摯に自分の芸術を推し進めていったが、ハートマンは彼の最晩年の作品の特徴は「目も眩むような輝き」にあったと指摘して絶賛している。イネスはここまで登りつめてきたのであり、それを確認しながら、ハートマンはアメリカの美術に大いなる可能性を感じとっていたに違いないのである。

印象派の到来

さらに一八八〇年代に入ると、フランスで、エドゥアール・マネや[12]、クロード・モネや[13]、オーギュスト・ルノワールや[14]、アルフレッド・シスレーや[15]、カミーユ・ピサロ[16]たちが印象主義運動を推進することになったが、これがアメリカの絵画に大きな影響を及ぼすことになった。それ以前には、絵画は「盲目だったが、今初めて目を開いた」のであり、今まで住んでいた「暗闇」から出てきて「太陽が昇る」のを目撃したのである。その結果、彼らの作品には「暴力的で、震えるような歓喜に満ちた色彩」が横溢することになった。このようにして印象主義は世界中のアトリエに一気に浸透していって絵画を劇的に変化させることになったのである。

アメリカの画家たちもこの印象主義の意義を認識して素早く反応した。たとえば、チャイルド・ハッサム[17]はモネから影響を受け、ロバート・ヘンライはマネから影響を受け、アプルトン・ブラウンはコローから影響を受け、ラルフ・ブレイクロックはルソーから影響を受けることになった。ここではほんの一部の画家たちを紹介しただけだが、彼ら以外にも多くの画家たちが印象主義の影響を受けながら活動していたのは断るまでもない。それらの画家たちの中でアメリカが生み出した最大の風景画家と考えられているのが、ホマー・マーティン（一八三六～一八九七）とドワイト・トライオン（一八四九～一九二五）である。

マーティンはニューヨーク州オルバニーの出身で、風景画家として、風景を介して、内部の感情を表現してきた。若い頃には自分の感情を露骨に表出していたが、年齢を重ねるにつれてその自我を抑制できるようになり、それが作風を大きく変化させることになった。そして晩年には彼は自然界に存在するあらゆる事物を「自分の血であり肉である」と感じるようになっていた。ハートマンはマーティンの代表作として『風のハープ』、『砂丘』、『ニューポート地峡』などを挙げて、それらの作品に関して次のように述べている。

これらの作品には絶対的な自由と新鮮さと独創性がある。自然との親密さ、これらの作品が暗示する力強さと広大さ、抑制された色彩の豊かさ、これらが私達を驚嘆させるのである。(18)

このようにしてマーティンはアメリカの風景画を究めることになったが、それをさらに進化させてより高い次元に引き上げて完成したのがトライオンであった。彼はコネティカット州ハートフォードの出身である。ハートマンはトライオンの作品に関して「まるで自然だけを見ているかのように感じる」と述べている。たとえば、マーティンの作品においては、そこに描かれている風景の背後に人間の心情を読み取ることになるのだが、トライオンの作品では、そこには自然があるだけでその背後に人間の心情を読み取ることはできないのである。これがトライオンの作品の特徴なのだが、それではその特徴はどこから生じてくるのであろうか。ハートマンはここで「音楽的な暗示性」という概念を導入してこの問題を説明している。トライオンは作曲家のように絵を組み立てる。彼は水平線と垂直線をメロディの句切り法のように駆使しながら画面に様々な事物を配置して調和させるのである。その結果、私達は彼の作品を目の前にして「まるで自然だけを見ているかのように感じる」ことになるが、それではその作品には自然だけしかないのだろうか。そんなことはないのだ。トライオンは「音楽的な暗示性」によって、その作品に「感情」を盛り込んでいるのであって、私達は最大限に感性を発揮して画家の「感情」を感受しなければならないのである。そしてその「感情」を追体験できた時に、私達はトライオンの芸術の本質を理解することになるのである。

3　旧派の画家たち

風俗画、歴史画、宗教画の流行

私達はこれまで風景画を通してアメリカの美術を見てきたが、それに続いてハートマンは第三章「旧派の画家たち」と第四章「新派の画家たち」で、風景画以外の風俗画や歴史画や宗教画などを取り上げて論じているので、それらを考察しながら十九世紀のアメリカ美術の全体像を描き出してみたいと思う。ところで先に進む前に誤解のないように説明しておかなければならないことがある。「旧派」と言う時にその基点にしているのは一八二八年の「ナショナル・アカデミー・オブ・デザイン」の創設であり、「新派」と言う時にその基点にしているのは一八七八年の「アメリカ美術家協会」の設立なのである。つまり、「旧派」だから時代遅れで価値がないとか、「新派」だから斬新で優れていると主張しているのではないのだ。これを確認にしておいて先ずは第三章「旧派の画家たち」から見ていくことにする。

アメリカの美術史を考える時、その善し悪しはともかくとして、一八二八年に設立された「アカデミー」の存在を無視することはできない。サミュエル・モールス(19)が初代の会長を務めたが、「アカデミー」が美術教育、展覧会の開催、美術館の設立などの目標を掲げて活動して、それ以降のアメリカ美術の普及と発展に大いに貢献してきたことは認めねばならない。そのような流れの中から多くの画家たちが登場してきたが、彼らは現状に満足することなく、新たな分野を、つまり、風俗画や歴史画や宗教画を、開拓することになった。ハートマンは、このような新しい流派を代表する画家として、ヘンリー・インマン（一八〇一〜一八四六）と、ロバート・ウィアー（一八〇三〜一八八九）と、エマニュエル・ロイツェ（一八一六〜一八六八）を挙げている。

先ずインマンであるが、彼はオールランドの画家であり、肖像画や、風景画や、その他のジャンルでも優れた作品を残している。ワーズワースの肖像画や、国会議事堂の歴史画などを描いているが、特に有名なのは少年たちの日常生活の一齣を描いた『ジャックナイフ投げ遊び』であって、これはアメリカ美術史上初の風俗画であると言われている。

ウィアーは若い頃にイタリアで修業を積んで、帰国後は、もっぱら歴史画に精進して、アメリカを代表する歴史画家となった。たとえば、『ピルグリムたちの航海』は非常に知的で良心的な作品であって、ウィアーがこの時代にこのような本格的な作品を創作したのは見事としか言いようがない。

ロイツェは才能に溢れる情熱的な画家であって、ドイツ出身ではあったが、アメリカの歴史的事実を題材にした多くの作品を発表した。代表作は『西部への移住』や、『デラウェア河を渡るワシントン』などである。

歴史的に見ると、一八五〇年代から七〇年代にかけて、アメリカは未曾有の激動期を迎えていた。西部開拓の推進、ヨーロッパからの移民の増加、南北戦争の勃発と終結。そして、これらの全土で発生していた出来事や事実が画家たちにも大きな影響を与えることになった。彼らはフロンティアでの開拓者やインディアンの生活を描き、移民たちの都市での生活を描き、戦闘の場面や解放された黒人たちの生活を描いたのであり、その作業を通じて、これまでの絵画の世界を格段に深化拡大することになった。

この時期のアメリカ美術を考える時、ウイリアム・ハント（一八二四〜一八七九）を忘れるわけにはいかない。彼は裕福な弁護士の息子だったので、最初はロンドンのアカデミーで、次にドイツのデュッセルドルフで、さらにフランスのバルビゾンのミレーの下で、画家としての修業を終えて、一八五五年に帰国して、ボストンに居を定めて活発に画家活動を展開した。彼は恵まれた家庭環境にあって「地位」や「称賛」を追い求める必要もなしに「自分自身を満足させるために描いていたのである」。彼は超一流の技巧派の画家であって、「すばらしい集中力と生命力」を発揮して、次々と傑作を発表した。『水浴者のいるチャールズ河』や『放蕩息子』などが代表的な作品である。

この時期にハントと並んで精力的に活動してアメリカ美術を先導していたのがジョン・ラ・ファージ（一八三五〜一九一〇）である。彼の特徴は色彩であったが、それを武器にして一八六〇年代から多方面にわたって活躍した。先ず彼が試みたのは教会の壁画であった。一八七六年にボストンのトリニティー教会の壁画の制作を受注して、その難事業を見事に成就して名を馳せることになった。それ以降、多くの教会の壁画を描いたが、特に有名なのはニューヨークの小教会の『キリストの昇天』である。彼は多くの宗教画も描いたが、『キリストとサマリアの女』や『キリストとニコデムス』は秀逸なる作品である。さらに忘れてはならないのは、彼が才能に溢れる優れた画家であって、壁画や油絵のみならず、水彩画やステンド・グラスの分野においても注目すべき業績を残していることである。

真のアメリカ絵画の出現

私達はこれまでアメリカの美術の歴史を辿ってきたが、ここで改めて指摘しておかなければならないことがある。ハートマンも述べているように、これまでアメリカの画家たちはヨーロッパに渡って教育を受けてきたために、彼らの物の見方もヨーロッパ的なものになってしまって、その挙句に行き着いた先がコスモポリタニズムであった。これはこれで必然的な結果ではあったが、これがハートマンにとっては大きな問題となるのである。なぜなら、アメリカはアメリカ独自の美術を創造しなければならないのであり、それを実現できるのは、コスモポリタンの画家ではなくて、「生まれつきアメリカ的な画家」だけだからである。そしてここで注目すべきなのは、そのような真摯な期待に応えるかのように、この時期に「生まれつきアメリカ的な画家たち」が登場してきて真に「アメリカ的なもの」を表現するようになったことである。ウインスロー・ホーマー（一八三六〜一九一〇）とトマス・イーキンズ（一八四四〜一九一六）である。

ホーマーはバファローでリトグラファーとして出発して、ボストンで木版画の下絵を描き、一八五九年にニューヨークに移り、短期間イギリスに滞在した後、帰国して、メイン州のスカボローに蟄居して、ただ自然と海に生きる人々と交流しながら、画業に専心した。代表作は『見張り』、『砂州にて』（一八八三年）、『救難索』、『メキシコ湾流』などである。これらの作品すべてに共通しているのは「雄々しい力強さ」と「威厳」、つまり、「アメリカ的な特質」であり、これがホーマーの芸術を独自で偉大なものにしているのである。ハートマンは『砂州にて』について次のように書いている。

いつでもホーマーの名前を聞くと、一枚の絵が浮かんでくる。それは類稀な、無骨な絵である。砂州、白亜の岩が壁のように並び、彼方には薄黒い海が広がっていて、曇り空の下で大波が風に吹かれて大きくうねっている。暗い帆が一筋の光に照らされて地平線に見える。この荒涼とした砂州を一人の若くて頑強な女性が衣服をはためかせながら風に向かって力強く進んでいく。(20)

これは荒々しく無骨な作品であるが、その威厳や力強さにおいては古典的な作品である。人物は粗野で無骨であるが、しっかりと、生きて、動いて、呼吸する存在であり、そういった意味で、これは「絶対的な現実」を表現した作品なのである。

このような観点からすれば、ホーマーと並んで、イーキンズを見過ごすわけにはいかない。イーキンズは画家として多彩な活動を展開して多くの作品を残しているが、その中でも代表作として挙げられるのは『グロス臨床講義』（一八七五年）と『十字架のキリスト』である。

ここでは具体的に『グロス臨床講義』を取り上げて検討しておく。これはサミュエル・グロス教授がジェファソン医学校で学生たちに公開の臨床講義をしている現場を描いたものである。グロスは少年の腿に発症した骨髄炎を手術によって治療しようとしている。すでに手術は始まっており、少年の腿からは出血しているし、グロスの手も血まみれになっている。その手術を観察するために、外科医たちが教授と患者の周りを取り囲んでいる。ここで注目しなければならないのは画面左下に描かれている女性である。おそらく彼女は少年患者の母親であり、彼女の不安に駆られて苦悩する姿は医者たちのいかにもプロフェッショナルで冷静な態度と対照を成していて、この作品全体に緊迫した緊張感を与えている。そして、ハートマンによれば、まさにこれこそがイーキンズの作品の本質なのである。アメリカの美術はこれまでは総じて女々しく軟弱なものだったが、それに荒々しさや力強さを接木したのがイーキンズだったのであり、そこにこそ彼の芸術の存在価値があるのだ。そういった意味で、イーキンズはアメリカの美術の発展に大いに貢献することになったのである。同じことは『十字架のキリスト』に関しても言える。キリストが十字架に磔にされているが、その背後にはぎらつく空と荒涼たる岩場が見えるだけだ。これほどまでに厳格で、無骨で、リアルな作品はなかったのであり、それゆえに、ハートマンにとって、これは独自なアメリカを代表する作品なのである。

ハートマンは旧派の画家たちを代表する画家として最後にジョージ・フラー（一八二二〜一八八四）を挙げている。彼はマサチューセッツ州ディアフィールド出身であり、ボストンや、ニューヨークで活躍して、アカデミー会員に推挙された。その後ヨーロッパに渡って見聞を広めて帰国したが、人々の期待に反して、すぐにディアフィールドに隠棲してしまって、美術界との関係を断って、自然に帰って、農業に従事しながら、自分の芸術を高め、そして、深めた。その結果、彼は独創的な芸術を創造することになった。たとえば、ハートマンは『ジプシーの女』について「彼女の眼にはモナ・リザの唇に浮かんでいるような生命と美が表現されている」と解説している。このように彼はフラーを詩的な感性に溢れた画家として高く評価していたのである。

4 新派の画家たち

美術家協会の設立

次に第四章「新派の画家たち」を検討しておこう。先にも述べたように、一八七八年に「アメリカ美術家協会」が設立されたが、その記念事業として協会は三月から四月にかけて大規模な展覧会を主催開催した。この展覧会には旧派と新派双方から多くの画家たちが協賛して参加していた。ハートマンは参加した画家たちの名前を具体的に挙げて紹介している。ドゥ・フォレスト・ブラッシュ、チェイス、コールマン、ダナット、デューイング、イーキンズ、フラー、ハント、イネス、ラ・ファージ、マーティン、ピアス、ロビンソン、ライダー、サージェント、シャーロー、セイヤー、ティファニー、トライオン、ウィアー、ホイッスラー等々である。ここには旧派の画家たちの名前が挙げられているが、同時に、新派の画家たち、つまり、ブラッシュ、セイヤー、デューイング、ライダーらの名前も挙げられているし、さらには、ヨーロッパで活躍していたサージェントや、ホイッスラーの名前も挙げられている。これを見れば、この時点でのアメリカ美術の全体像を描くことができるし、それがどの程度の水準にあったのかを推察することができるだろう。アメリカ美術はこれ以降この美術家協会をひとつの核として展開していくことになるのである。

ここで注目すべきは新派の画家たちの動向である。彼らは大胆に作家活動を推進して次々と新たな領域を開発することになった。海洋画では、W・ブラドフォード、J・ハミルトン、W・T・リチャーズ、W・E・ノートン、ライダー、H・B・スネル、ホーマーらを、動物画では、W・ヘイズ、T・B・ソープ、W・H・ビアード、H・ウォーカーなどを、花の絵では、ミス・ロリンズ、ミス・グリーン、スコット夫人、A・グレイヴスを、静物画では、E・カールセン、W・チェイスを、戦争画では、ホーマー、G・ゴールや、W・トレゴなどを、都市風物画では、ハッサムや、ロバート・ヘンライや、エヴェレット・シンなどを、インディアンの絵では、E・W・デミング、D・C・スミス、E・W・ハミルトン、ブラッシュなどを挙げることができる。

新たな領域の開拓

ハートマンはこれらの中から特に優秀な画家たちを選んで詳しく解説しているので、それを参考にしながら紹介しておく。先ずはブラッシュ（一八五五〜一九四一）である。彼は画家として出発した時からインディアンを題材にして描いてきた。その代表作が『インディアンとユリ』（一八八七年）である。インディアンの狩人が背に獲物を担ぎながら水辺に咲いているユリの花に手を差し伸べて引き抜こうとしている姿を描写したものだが、赤色インディアンを実に見事に芸術的に表現していて出色の出来栄えの作品になっている。その後彼はトルストイの思想から大きな影響を受けて「芸術は教訓的で、大衆的で、一般大衆を向上させる影響を与えるべきだ」と考えるようになったので、新たに母と娘という題材を取り上げて画家活動を推進したが、その成果が「母と娘」シリーズであった。この逸話からブラッシュが非常に良心的で人道的な画家であったことが了解できるだろう。

この時期の美術を考える時、アボット・セイヤー（一八四九〜一九二一）も看過するわけにはいかない。セイヤーはボストンの出身で、画家としては多くの技術的な欠点と弱点を抱えていた。筆使いは稚拙で、色彩は不安定で、肌の色は不純なのだが、彼の作品は全体としては実に高貴で優雅なものに仕上がっている。『処女』や『王位の処女』や『慈愛』などが代表的な作品である。たとえば、『処女』を見てみよう。一人の若い女性が真正面を向いて、衣服を風に靡かせながら、少年と少女を引き連れて、力強い足取りで前進してくる。春の気配が画面全体にたちこめていて、彼女の背後の雲はまるで天使の翼のような形で描かれている。つまり、セイヤーはこの若い女性を再生を暗示する聖なる存在として表現しているのである。ハートマンはセイヤーについて次のように書いているが、これを読めば彼の作品がいかなるものであったかを窺い知ることができる。

健全で男らしい力強さ、素朴な宗教的感覚、ある種の現代的な汎神論、子供のような人間性に対する信頼、これらは自己意識に病む時代に深い印象を与えることになるのだ。彼は物事を原始的な誠実さ、喜び、率直さで感じ取るのであり、彼の場合、この感覚は気取ったものではなくてごく自然なものなのである。(21)

次にハートマンはトマス・デューイング(一八五一〜一九三八)について論じている。彼はデューイングの作品を見て感動しないことはないと語っているが、それにしてもその感動はいったいどこから生まれてくるのだろうか。デューイングは一貫して三〇代の美しく成熟した女性たちを描いている。彼女たちは裕福で、大邸宅に住み、最新流行の服を着て、高価な香水を使い、花を愛でて、ある時はリュートを弾き、ある時はピアノを奏で、スウィンバーンの詩を読む。つまり、デューイングという画家は美や、詩的表現や、神秘的な優雅に対する本能を具備していて、それを発揮して「理想のアメリカの女性」を表現しているのである。ハートマンが言及している『黄色の婦人』や『庭園にて』などの作品を見れば、彼がデューイングについて語っていることの真意を理解することができるだろう。

ハートマンは第一巻の最後にアルバート・ライダー(一八四七〜一九一七)を取り上げている。というのも、ライダーは旧派の技巧と新派の思想を兼ね備えている普遍的な画家だったからである。ハートマンはライダーにまつわる様々な噂話を耳にしていたし、ある雑誌で彼の作品を見て大いに興味を掻き立てられていたので、できれば直接会って話を聞きたいと思っていた。彼は何度も訪問したり、手紙を書いたりしたが、なかなか実現しなかった。だが、ある日オーケーの返事をもらって、ついにライダーと会見することになった。ハートマンはその記念すべき初対面について詳しく書いているので紹介しておく。

彼らは居酒屋で待ち合わせをして、一杯酒を飲み、タバコを吸った後で、東十四番通りにあったアトリエを訪れた。

その部屋はまるでごみ捨て場のようで、埃まみれの古い家具があって、その周りには新聞や、雑誌や、紙切れや、箱などが散在していた。それらのごみの中からまだ完成していない作品を選んで見せてくれた。『テンペスト』や『マクベス』のある場面を描いたもの、骸骨が馬に跨って競馬場を走り回る姿を描いたもの、アラブ人たちをラクダとテントを背景にして描いたもの等々。そして、最後にライダーは小さなパネルを見せてくれたが、それはリュートを弾く中世風の女性と、川に浮かんでいる小船を描いたものであった。ライダーはその小品を見せながら一編の詩を朗読した。ハートマンはこの小品を見ながら、詩の朗読を聴いていたが、すると突然一枚の等身大の肖像画が自分をじっと見詰めているのに気づいた。そして、この瞬間に、彼はライダーの芸術の本質を、つまり、「内奥の輝きを表現すること、最も繊細で最も強烈な人間の魂の表現であること」を認識することになったのである。

最後にハートマンはライダーの代表作である『ジークフリード』と『ヨナ』と『さまよえるオランダ人』について解説している。たとえば、『さまよえるオランダ人』では、幽霊船が荒波に揉まれてまるで上空へ投げ上げられようとしているが、天才だけがこの「上昇する運動」を表現できるのであり、ハートマンは「これは宗教と同じく印象的な作品であり、芸術において最も高貴で崇高な調べを奏でる類稀なる作品である」と総括しているのである。

5　アメリカの彫刻とグラフィック・アート

アメリカの彫刻

最初に述べたように、第二巻は五章から成っていて、第一章は「アメリカの彫刻」であり、第二章は「グラフィック・アート」である。これまで多くの彫刻家、イラストレーター、版画家、写真家がそれぞれの分野で作家活動を推し進めてそれなりの成果を収めてきたのだが、残念なことに、まだその時点ではそれらの作品は国際的な水準には到達していなかった。ハートマンは歴史的に辿りながら、かなりの数の彫刻家、イラストレーター、版画家、写真家を列挙しているのだが、ここでは、先に述べた理由と、紙数の関係から、対象を絞りながら紹介していくことにする。

第一章は「アメリカの彫刻」である。十九世紀の初頭はアメリカ彫刻の揺籃期にあたるが、ハートマンは第一歩を踏み出した彫刻家としてウイリアム・ラッシュ、ジョゼフ・ライト、ジョン・フレージー、ハイラム・パワーズなどを挙げている。

ここではパワーズだけに触れておく。彼は様々な職業を経験した後で芸術の世界に飛び込んだ。彼は彫刻を志願して、独学で技術を習得し、一八三五年頃に胸像を制作したが、これが高く評価されたので彫刻家として身を立てようと決心した。パワーズは一八三七年にイタリアに渡り、フローレンスを拠点にして作家活動に邁進した。『ギリシャ人の奴隷』や『堕落前のイヴ』や『堕落後のイヴ』などが代表的な作品であり、その結果アメリカ彫刻の創始者として歴史に名を残すことになったのである。

一八六〇年代から八〇年代にかけて彫刻界に新風が起こった。多くの都市で記念碑が建造されるようになったが、これが追い風になって彫刻が社会に広く浸透することになった。たとえば、ニューヨークのユニオン・スクェアにあるH・K・ブラウンの『騎乗のワシントン像』は威風堂々たる優れた作品である。

セント＝ゴーデンスの登場

一八九〇年代になると、万国博の影響などもあって、新たに装飾的な彫刻が流行した。このようにアメリカの彫刻も時代と共に発展してきているが、ヨーロッパの彫刻と比較すれば質的にはまだ劣等なままで停滞していると言わざるをえない。なぜなのだろうか。ハートマンによれば、それはアメリカの彫刻が商業主義に毒されているからである。彫刻は元来高価なものだが、さらに需要があるのはもっぱら装飾的な彫刻と人物像だけである。これは確かに彫刻家にとって厳しい状況であったが、まさにそのような苦境を打破せんとして出現してきた彫刻家がいた。オーガスタス・セント＝ゴーデンス（一八四八〜一九〇七）である。彼はダブリンの生まれで、幼少の頃にアメリカに移住してきた。その後、フランスに渡って、パリの美術学校で学んで帰国して、彫刻家として活動することになった。ある時セント＝ゴーデンスは「芸術家は決して良心的過ぎることはない」と語ったが、ハートマンはこの言葉から彼がいかなる彫刻家であったかを知ることができると述べている。たとえば、彼はマディソン・スクェア・ガーデンから依頼されて『ダイアナ像』を制作したが、その出来栄えに満足できなかったので、それを撤収して、今度は自己負担で新たな『ダイアナ像』を制作したのである。これが芸術家の良心なのであって、彼はこうした信条に則って彫刻家として活動していたのである。

彼は『リンカーン像』や、『ファラガット像』や、『ロバート・ルイス・スティーブンソン像』や、『ショー記念碑』（一八九七年）や、『ピューリタン』（一八九九年）などの優れた作品を制作した。『ショー記念碑』はロバート・ショーの栄誉を称えるレリーフ像である。彼は南北戦争の時に最初のアフリカン・アメリカンの軍隊を指揮した将軍であり、彼らは一八六三年のワグナー砦での戦闘で戦死した。さらに彼は一八九九年に『ピューリタン』を制作したが、マサチューセッツ州スプリングフィールドの町の創立者であるディーコン・チャピンをモデルにしてピューリタン思想を見事に表現している。先に述べたように、彫刻はアメリカでは厳しい状況に置かれていたが、なぜセント＝ゴーデンスはこれだけの作品を残すことができたのであろうか。ハートマンによれば、彼が「ビジネスの資質と本物の芸術的な才能」を兼ね備えていたからであった。

ドナヒューの悲劇

次にハートマンはジョン・ドナヒューを推挙している。彼は『ソフォクレス』や『ダイアナ』や『ヴィーナス』などの優れた作品を制作していて、アメリカ彫刻を代表する彫刻家であると考えられている。これらはそれぞれが優れた作品であるが、彼の名前はむしろある不幸な事件によって記憶されることになった。それは一八九三年に開催されたシカゴ万国博まで遡る。ドナヒューはこの万国博に出展するために滞在先のローマで『精霊』という作品を制作したが、実際にはこの作品が展示されることはなかったのである。これは座する『精霊』を象った作品であるが、その高さは約九メートルで、その親指でさえも人間の頭より大きい超特大の彫刻作品であった。彼はこの作品を船便で郵送したが、その途次、ブルックリンの倉庫に一時保管されていた時に、なにか手違いがあって、この作品が破損して廃棄されてしまったのである。その結果、残念なことに、このドナヒューの畢生の大作はシカゴ万国博で展示されることはなかったのである。ハートマンは実際これを観て「この彫刻は崇高さと神秘的な力強さを備えていて、監獄のような住居の屋根を持ち上げて、私達が住んでいる息苦しい部屋に光と空気を吹き込んでくれるように感じさせてくれる」と書いているが、この説明を読めばこの『精霊』がどのような作品だったかを想像することはできるだろう。

ハートマンは最後に一九〇四年のセントルイス万国博に言及して、この機会に「多くの新進の彫刻家たちが表舞台に登場してきて、過去の作品群を凌駕してしまうこと」を願いながらこの章を結んでいる。

グラフィック・アート

第二章は「グラフィック・アート」である。まず彼はイラストを取り上げている。現在私達がイラストと呼ぶものが台頭してきたのは十九世紀の中期だったが、その際にラ・ファージがテニソンの『イノック・アーデン』のために描いたイラストが決定的な役割を演じたとハートマンは述べている。

一八七〇年代になると、全土で新聞と雑誌が発行されるようになり、その結果、イラストへの需要が拡大することになった。そうした状況の中から登場してきたのがラ・ファージとハワード・パイルであった。ラ・ファージの『オオカミ使い』は当時としては画期的な作品であった。パイルも優れたイラストレーターであり、本や雑誌のイラストで画期的な成果を残した。代表的なものとして『ロビン・フッド』のイラストを挙げておく。

一八八〇年代に入るとイラストの世界にも様々な問題が生じてきた。第一にイラストレーターたちが商業主義に毒されて、誠実さと独創性を喪失、その挙句に作品の劣化を招来することになった。第二にチャイルド・ハッサムやケニヨン・コックスらの画家たちがイラストの世界に参入してきたが、イラスト用の才能がなかったために傑作を描けずに、イラストの世界を混乱させ停滞させることになった。このような状況の中でも立派な成果を上げるイラストレーターたちがいた。A・B・ウエンゼルは特に社交界を巧みに描き出している。A・F・スタナーはポーの作品のイラストで知られている。ヘンリー・マッカーターは日本の芸術にも造詣が深く、曖昧な感情を表現することができたが、特にヴェルレーヌの詩篇の挿絵は暗示性に富んだ見事な作品である。それをさらに徹底させたのが長崎生まれのグスターヴ・ヴァーベックであり、日本画を模して、画面の四分の三が空白であるような珍奇な作品も制作している。

次にエッチングを取り上げている。エッチングは自由で、力強く、個性的な、線の表現であって、これまでも美術の世界で重要な位置を占めてきた。先ず挙げなくてはならないのはホイッスラーである。二〇一四年に京都で「ホイッスラー展」が開催されたが、その際にも多数のエッチングの作品が出展されていて、それらを観ながら、エッチングがホイッスラーにとって非常に重要な表現手段であったことを改めて思い知らされた。彼以外にも、トマス・モランの『ヴェニス』や、ペネルの『ウォター通りの階段』や、ステファヌ・パリッシュの『アン岬からマーブルヘッドへ』や、C・A・プラットの『シャルトルの運河』などが代表的な作品である。

次はリトグラフである。フランスではマネ、ドガ、コローなどの画家たちが積極的に試みてきたこともあって、リトグラフは芸術として認められてきた。だがアメリカではリトグラフは芸術として認知されずに、ポスターや広告などの単なる表現媒体にすぎないものと考えられてきた。そのような厳しい状況の中で、ホイッスラーはリトグラフにも挑戦して、次々と傑作を発表して、リトグラフの世界を盛り上げた。

さらに木版画について言及している。一八八〇年代になると、ジャポニスムの影響もあって、銅版画に代わって、木版画が台頭してきたが、結局は主流を成すことはできなかった。F・S・キングや、E・キングズレイなどが木版画を代表する版画家たちであった。

芸術写真の探求

最後にハートマンは写真に関して詳しく解説している。写真が公式に発明されたのは一八三九年であり、それ以降、多くの画家たちが創作の過程で写真を利用してきたが、写真そのものが芸術として認められることはなかった。だが一八九〇年代になると、欧米で写真を芸術に高めて芸術として認知させようとする運動が展開されることになった。アメリカでその中心になったのはスティーグリッツであった。彼は一八九六年にニューヨーク・カメラ・クラブに所属して、その機関紙『カメラ・ノーツ』を編集発行し、これを核にして多くの優秀な写真家たちを集めて、写真を芸術として認知させるためのピクトリアル・フォトグラフィー運動に取り組んだ。これが容易なことではないのは断るまでもない。だが、スティーグリッツとその賛同者であるクラレンス・ホワイトや、フランク・ユージンや、エドワード・スタイケンらは各自が写真の芸術的な表現を追求しながら、写真を芸術として認知させるために努力しているし、いずれはその目標を実現することになるだろう。ここで思い出さなければならないのは、これが出版されたのが一九〇一年だったことであり、その時点での見解であることである。周知の通り、スティーグリッツはその後この運動を推し進めて、ピクトリアル・フォトグラフィーからストレート・フォトグラフィーへと転換させながら、ついに一九一〇年代に写真を芸術に高めて芸術として認知させることになったのだ。そして、ここで特筆すべきは、その過程でハートマンがこの運動に積極的にコミットして重要な役割を果たしていたことである。これに関しては第六章で詳しく論じることにする。

6　ヨーロッパにおけるアメリカ美術

次に第三章「ヨーロッパにおけるアメリカ美術」を見ておこう。十九世紀の後半になると、若い画家たちが大挙してヨーロッパに渡って、ロンドン、パリ、ミュンヘンなどを拠点にして画家活動を展開した。彼らはアメリカでは期待していたような活動ができなかったし、元々ヨーロッパの美術に対して熱烈な憧憬を懐いていたので、画家としての最後の賭けとして渡欧して勝負に出たのである。彼らの意気込みを理解できなくはないが、現実にはその夢を実現するのは至難の業だった。多くの画家たちがその目的を達成できずに挫折して姿を消していった。だがそうした困難を超克して成功を勝ち得た画家もいた。その代表がホイッスラー（一八三四〜一九〇三）であり、サージェント（一八五六〜一九二五）であった。これからはこれら二人の画家を中心にしてヨーロッパにおけるアメリカの美術を見ていくことにする。

コスモポリタンの画家ホイッスラー

ハートマンは最初にホイッスラーを取り上げている。彼はマサチューセッツ州のローウェルで生まれて、ロシアのサンクトペテルブルグで幼少期を過ごして、父の死後アメリカに帰国して、ウエスト・ポイントの陸軍士官学校に入学したが、その後武器を捨てて芸術を選び、画家の道を志願して、一八五五年にパリへ向かった。彼はファンタン・ラトゥールやフェリクス・ブラックモンらの若き芸術家のグループに合流して、画家として身を立てるべく修業に励んだ。その後一八五九年にはロンドンに居を移したが、ここでも芸術に明け暮れる日々を送った。このような状況の中で一八六三年にパリで皇帝ナポレオン三世の命令で落選者展が開催されることになった。この時マネの『草上の昼食』がその賛否をめぐって激しい論争を引き起こして大騒ぎになったが、同時に、ホイッスラーが出品した『ホワイト・ガール』もその「こわれ瓶」の主題によって大きな話題になり、その結果、彼も一躍注目を浴びることになって遅ればせながら成功の階段を昇り始めることになったのである。

ここで注意すべきは、ホイッスラーが当時ヨーロッパで流行していたジャポニスムの影響を受けて、それを色濃く反映する作品を創作するようになったことである。いわゆるオリエンタル・ペインティングと呼ばれる作品群であるが、ハートマンはその中から『陶器の国の姫君』（一八六四年）を選んで「東洋と西洋の要素がこれ程独創的に融合したことはなかった」と解説している。一八七〇年代に入ると、彼の画歴の中で代表作と考えられる傑作を次々と発表することになった。『灰色と黒色のアレンジメント――画家の母親の肖像』（一八七一年）、『灰色と黒色のアレンジメント・第二――トマス・カーライルの肖像』（一八七二年）、『ノクターン：青色と金色――オールド・バタシー・ブリッジ』（一八七五年）などである。ハートマンによれば、『画家の母親の肖像』からは「最も高貴で力強い感情」が、そして「静謐と敬愛」が伝わってくるのであり、そういった意味では、「これほど単純でありながら威厳のある作品は創造されたことはなかった」のである。

次にハートマンはオリエンタリズムの画家としてF・A・ブリッジマンとE・L・ウイークスを挙げている。ブリッジマンはアルジェリアやエジプトを知り尽くした画家で『アピスの聖なる牛』が代表作であり、ウイークスはモロッコやインドを歴訪して『ムガール皇帝のデリーのモスクからの帰還』などの作品を残している。

それではフランスではどのような画家が活躍していたのであろうか。当時多くの画家がパリで活動していたが、中でも注目すべきはメアリー・カサット（一八四四～一九二六）である。彼女は一八七〇年代に入るとパリに住み着いて、印象主義と浮世絵から多くを学んで、独特の画面の構成と驚くべき色彩の組み合わせによって、独創的で斬新な作品を創作することになった。特に一連の母子像は秀逸なる作品群である。

次にハートマンはドイツについて説明している。十九世紀の後半には、ガブリエル・マックス[22]やフランツ・フォン・レンバッハ[23]といった個性豊かな画家が出現してきて、当時デュッセルドルフやミュンヘンはヨーロッパの美術界の有力な拠点のひとつになっていた。そのために多くのアメリカの画家たちがドイツに殺到することになったのである。T・ローゼンタールは『叔父のダンス』、D・ニールは『ミルトンの屋敷に入るクロムウェル』、そして、C・マールは『人生の星』などの作品を残している。

エグザイルの画家サージェント

最後にハートマンはイギリスで活躍している画家たちを紹介している。彼は三人の画家を、つまり、G・ボートンと、J・J・シャノンと、ジョン・シンガー・サージェントを挙げているが、ここではサージェントを選んで考察しておくことにする。彼はアメリカ人の医師を父とするアメリカ人なのだが、イギリスの肖像画の代表的な画家であり、その名声は近年ホイッスラーを凌ぐものになっている。彼は二〇代の前半から画家として注目を集めてきたが、それを決定的なものにしたのは一八八二年に二六歳で発表した『エル・ジャレオ』であった。この作品はセンセーションを巻き起こして、批評家たちは新たなるゴヤの再来と書きたてた。それにしてもなぜゴヤの再来だったのだろうか。これはスペインのフラメンコの踊り子を描いた作品である。中央に女性が描かれているが、彼女は黒のマンティラを被り、白のシルクのドレスを着て、身体を倒すようにして、カスタネットを打ち鳴らしながら踊っている。彼女の背後には、楽しそうな女性たちと、黒の帽子を被った楽士たちが控えていて、彼女の踊りをさらに盛り上げている。つまり、これはゴヤが描いたと思えるようなスペイン的な雰囲気を見事に表現した作品だったのである。

さらに、サージェントは一八八三年には大作『エドワード・ダリー・ボイトの娘たち』を発表した。これは二〇〇七年に名古屋ボストン美術館で開催された「アメリカ絵画――こどもの世界」展に出品されていたので直接観た人もいるものと思う。サージェントは国籍離脱者で友人の画家ボイトの娘たちを描いている。つまり、これは家族の肖像画なのだが、よく見ると通例の肖像画とは違ったものになっていて、それがこの作品の特徴になっている。彼はボイトの四人の娘たちをうす暗い玄関ホールの左半分に配して描いている。三人の娘たちは立っていて、二人は正面を向き、一人は横を向いていて、視線を交わすことはなく、どこか孤独で真剣な表情を浮かべている。一番下の娘が人形を抱えて絨毯に座っている。この部屋には家具調度品として日本製の二つの大きな花瓶と赤い衝立だけが置かれているが、それらは高く屹立し威圧しているようで、そのために娘たちの脆弱性と断絶感が強調されることになっているのだ。この作品は一八八三年のサロン展に出展されて注目を引くことになったが、ある批評家がこの作品は「離散と空虚」を表現したものであり、娘たちの心理的な不可解さを語っていると評したが、なかなか正鵠を射る見解である。

サージェントは天才であって、巧みな筆捌きだけではなくて、様々な才能を兼ね備えていたのだ。自然な構図、流れる線の独特の美しさ、完璧で見事な効果、言い換えれば、ヴァン・ダイクの優雅さと、フランス・ハルスの大胆な技法の結合は、彼の軽やかで自由な安定性と同様に称賛すべき特徴なのである。(24)

このようにサージェントは対象を深く観察して、その表面だけではなく、その内的な生命を感受して表現することができるのであり、そういった観点からすれば、大いなる可能性を秘めた画家なのである。実際にその後も多くの優れた作品を創作しているが、ここではその代表作としてボストンの公立図書館の壮大なる壁画『宗教の勝利』を挙げておく。

7　最新のアメリカ美術

ごみ箱派の画家たち

次にハートマンは第四章で一九〇一年の時点での「最新のアメリカ美術」について論じている。これまで考察してきたように、十九世紀を通じて、アメリカ美術はそれなりに発展してきたし、それなりに国内外で認知されるようになってきた。そのような趨勢の中で、画家たちも増えてきて、その数は東部海岸だけでも三〇〇〇人に達していたという報告もある。だが、いつの時代でも現実は厳しいものであり、彼らすべてが画家として成功して、市場的な地位を獲得したのではなかった。さらに、悪徳業者が暗躍して、外国の画家を優遇したり、自国の無名の画家たちを冷遇したり、時には、画題や額縁を強制することもあった。だがどのような状況に置かれていても、アメリカの画家たちは決して挫折することなく、その苦境に立ち向かい闘いながら、新たな道を切り開いてきたのである。

このような厳しい状況の中で、流行などに惑わされずに、マイペースで着実に作家活動を推し進めている画家たちもいたのである。先ずはロバート・ヘンライを挙げなければならない。彼はベラスケスやマネの影響の下で活動を開始したが、生まれながらに独自の眼と詩的な素質を兼ね備えているので、必ずや近い将来にアメリカを代表する画家として活躍することになるだろう。

ルイス・グラッケンズは印象主義から、特にマネから絵の基本を学習して継承したが、それを自由自在に駆使しながら、巧みな筆使いと強い色彩と独特の勢いを特色とする作品を発表している。

ハートマンはジョン・スローンについてはここでは一言だけ「際立った才能」の持ち主であると述べている。

次にH・B・ペイジを挙げて紹介している。ペイジは色彩に関する実験を行い、独自の理論を構築して、それに基づいて作品を創作した。たとえば、農夫を描いた作品があるが、背景は茜色で、チョッキは青色、顔全体は黄色で、鼻だけが紫色になっている。それにしてもこの時点でフォーヴィスムを先取りするような大胆な作品を発表していたのは画期的なことだったと認めねばならない。

この時代にはアメリカの美術界にも象徴主義が登場してきたが、その代表的な画家がアーサー・デイヴィスである。彼は非常に知的で進歩的で実験精神を備えた画家であり、主に神話や寓話を題材にして牧歌的で幻想的な風景画を創作してきている。ハートマンは彼のシンボリックな暗示性を評価しながら「彼はただ自分自身と選ばれた少数者のために描いている」と述べている。

周知のように、十九世紀の後半にジャポニスムがヨーロッパの美術界を席捲していたが、その後アメリカの美術界にも進出してきて大きな影響を与えることになった。そしてそのような潮流の中で日本の技法を率先して取り込んで独自の活動を展開した画家が登場してきた。ここではアーサー・ダウとグスターヴ・ヴァーベックを紹介しておく。

先ずダウであるが、彼はフェノロサの弟子であり、彼の指導を受けて「アメリカの風景をまるで日本人が見るように描いた」のである。たとえば、『赤い薄明』や『引き潮と夕陽の輝き』などの作品において、ダウは色彩の選択、平板な色彩の調合、意図的な空白などの日本的な技法を駆使しながら、同時に、感情の表現とメロドラマ的な効果の伝達を試みている。その結果、ダウの作品は表面的には日本的なのだが、本質的にはアメリカ的なものなのである。

次はヴァーベックである。彼は一八六七年に長崎で生まれたが、両親はオランダ人であった。ここでハートマンも同じ一八六七年に長崎で生まれたことを付言しておく。このような出自から、ヴァーベックは日本的な暗示性を習得していて、歌麿のように優雅で気品に満ちた女性たちを描くことができた。ただし、彼には致命的な欠点があった。つまり、彼は芸術家としての自覚を持っていないので、彼の作品に明確な目的を確認することができないのである。

最後にハートマンはエヴェレット・シンに言及している。彼はニューヨークの絵のように美しい街路、人々の絶え間のない大きな流れ、充満する騒音と交通、刻々と変化する都市の生活に魅せられていて、それらを独特の才能を発揮しながら生き生きとダイナミックに表現しているのである。

このようにハートマンは一九〇一年の時点でのアメリカの美術界の現状を俯瞰的に描き出しているが、これ以降のアメリカの美術を考える時に注目すべきなのは、彼がここでヘンライを、グラッケンズを、スローンを、デイヴィスを、シンを取り上げていることである。これにジョージ・ラックスと、モーリス・プレンダギャストと、アーネスト・ローソンを加えれば「ごみ箱派」のすべての面々が出揃うことになるのだ。周知のように、一九〇七年に、ラックスと、グラッケンズと、シンがアカデミー主催の展覧会に応募したが、不当にも出展を拒否されてしまった。それに抗議して、これら三人に、ヘンライ、ローソン、スローン、デイヴィス、プレンダギャストが加わって、翌年の一九〇八年にマクベス画廊で開催したのが「エイト（The Eight）展」であった。これはアメリカの美術史において衝撃的な展覧会になるわけだが、ハートマンはこのような事態を予見していたわけで、このような鋭い見識は正当に評価しておくべきである。

ここで忘れてはならないのは、ハートマンが将来のアメリカの美術界を引っ張っていくべき画家たちを予告しながら、同時に、それを築いて育ててきた前世代の画家たちを挙げてその業績を高く評価していることである。ハートマンはハント、フラー、イネス、マーティン、セイヤー、ホーマー、イーキンズ、デューイング、トライオン、ホイッスラー、サージェント、セント＝ゴーデンスらを列挙した後で次のように述べている。

アメリカの国民はこれらの画家たちに報いることができないような恩義を負っているが、それはただ単に彼らが金銭的な誘惑に無頓着で、若い頃の理想を誠実に実現しただけではなくて、さらに彼らの天才が強靱なものだったので人々の無関心と戦い抜くことができて、この商業主義の時代に誇るべき独自のアメリカの美術を遺産として残してくれたからなのである。(25)

最初に述べたように、ハートマンは一九〇一年にこの『アメリカ美術史』の初版を上梓して、それから三一年を経た一九三二年にその増補改訂版を出版したが、その時に加筆したのが第五章の「美術論客の余録」である。彼はこの章の冒頭で初版の『アメリカ美術史』に関して感想を述べている。第一に、彼は三十数年ぶりにこの美術史を読み返したが、内容には致命的な間違いはないので、再びアメリカ美術史を書くことがあってもほぼ同じように書くだろうと述べている。そして、第二に、本章の冒頭で引用したのだが、若々しい精神と、才能と、生の喜びと、大いなる目標への願望と、それを実現するための決断力を持つ若者たちを信じると語っている。

総合主義の台頭

ハートマンはこれを前提にして一九〇一年以降のアメリカ美術について語っているが、その際に、ゴーギャンの総合主義と、キュビスムを挙げて、これらと連関させながら二〇世紀前半のアメリカ美術がいかなるものであったかを論証しようとしている。

彼は先ずゴーギャンが中心になって推し進めた総合主義[26]について語っている。一八八九年にパリで万国博が開催されて、その目玉としてエッフェル塔が建設されて話題の中心になっていたが、これを利用して美術を売り込もうとした人物がいた。ヴォルビニというイタリア人で、彼がエッフェル塔の真下にあったビルで開催したのが「印象主義およびサンテティスム（総合主義）派」展であった。これにはポール・ゴーギャン[27]やエミール・ベルナール[28]などが参加していて、その後美術界に大きな影響を与えることになるが、ハートマンはこの総合主義に関して次のように述べている。

最初の印象は未熟、野蛮、想定外の色の対比、常軌を逸した筆捌き、構成も思想もない粗野な主題であった。だが、それは観る者を興奮させてドキドキさせた。粗野の中にもリズミカルな力強さと生の横溢があったのである。[29]

このように先進的な若き画家たちは敢然と過去に反逆し、伝統の障壁を突き崩して、革新的で斬新な芸術を創造することになった。その際彼らは「何でも好きなものを描きなさい。世間なんか無視すればいいんだ。そうすれば結果はついてくる」という標語を唱えながら闘いに臨んだのである。

その後一九一〇年代にはこの総合主義はニューヨークに上陸して、アメリカの絵画に大きな影響を及ぼすことになった。その基本は大胆な筆捌き、分厚い絵具、明確な輪郭の無視であった。その影響を受けた代表的な画家としてハートマンはラックスと、グラッケンズと、スローンを挙げている。

彼はすでにグラッケンズについて語っているので、ここではラックスとスローンを取り上げておく。ラックスは激しい精神の持ち主で、独善的で自己満足的な感傷主義に反逆した画家であった。彼はこの世のあらゆるものが興味深くて描く価値があると考えていたので、当時はタブー視されていたボクサー、御者、浮浪者、乞食などを積極的に選んで描いた。スローンは豊かな才能と鋭い感性を兼備した画家であったが、同時に、ユーモリストであり、風刺家でもあった。彼は画家として、版画家として、イラストレーターとして、一貫して人間という存在の愚かさや脆弱さを描き続けて、アメリカの画壇で特異な地位を獲得することになった。

キュビスムの衝撃

ハートマンは総合主義に続いてキュビスムを取り上げて論じている。彼はキュビスムの到来の現場に居合わせてその衝撃を実体験していたので、そのような過去を回想しながら語っている。ここでスティーグリッツが重要な役割を演じることになった。彼は一九〇〇年前後に、写真を芸術に高めて芸術として認知させるために活動していたが、その活動の一環として一九〇五年に画廊「二九一」を開設した。そして、欧米の美術の動向を考慮して、一九〇八年頃から「二九一」で写真の展覧会だけではなく絵画の展覧会も開催するようになった。彼は一九〇八年にはオーギュスト・ロダン展と、アンリ・マチス展を、少し遅れて一九一一年にはパブロ・ピカソ展を開催している。このようにスティーグリッツはロダン、マチス、ピカソなどの前衛的な作品を積極的に紹介することによって、アメリカの美術に刺激を与えてレヴェルを向上させて、ヨーロッパの美術と比肩できるものにしようとしたのである。ハートマンはアメリカのキュビスムを代表する画家として、マックス・ウェバー、エイブラハム・ワーコウイッツ、ウイリアム・ゾラック、チャールス・デムス、ウォルター・アーレンズバーグ、マン・レイなどを挙げている。この人選には少し問題があるが、彼がキュビスムの意義を十分認識していたのは間違いない。

このようにハートマンは一九〇一年に『アメリカ美術史』を出版して、それから三一年後にその増補改訂版を出版した。その際に加筆して追加したのが第五章の「美術論客の余録」であったが、そこで「総合主義」やキュビスムやタオス派などを取り上げて、それらがアメリカ美術においてどのような役割を果たしたのかを論証して、アメリカ美術の発展に大きく貢献することになったのである。

それではハートマンはアメリカ美術の未来をどのように考えていたのだろうか。彼はどちらかといえば未来を悲観的なものと考えていたようである。なぜなら、現在でも、画家の内部では「実利主義」と「個人の自由」の衝突が進行していて、どうも「実利主義」が優勢で「個人の自由」を圧倒しているからである。これが現状なのであり、その結果として、アメリカでは特異な現象が生じることになる。多くの画家たちが隠遁して孤立した生活を送るようになるのだ。ホーマーやセイヤーたちは田舎に引き籠もってしまっているし、ライダーやマーティンやイーキンズたちは都市に住んではいるが、そこで隠者のような生活を送っている。だが、ハートマンによれば、これは決して不毛で悲観的な事態ではないのである。というのも、画家とは、いかなる状況においても、自立して自由な立場に立って、美術を愛する少数者のためだけに描くべきなのであり、そのように描き続けることによって、真に価値のあるものを創造することになるからである。

本章の初めに述べたように、ハートマンは、一九〇一年の時点で、アメリカ人として、アメリカ美術史を書こうと決意したわけだが、このようにアメリカ美術史を書き上げることによって、彼は真のアメリカ人としてアイデンティティーを確立することになったのである。そういった意味で、このアメリカ美術史は、アメリカにとっても、ハートマンにとっても、画期的で意義深い快挙だったのである。

第五章　ハートマンの日本美術論

1　いかにして『日本の美術』を書いたか

『日本の美術』の歴史的意義

サダキチ・ハートマンは一九〇三年に『日本の美術』を出版した。彼はその序文で、これはアメリカで最初の日本の美術史であり、さらに、これを書いたのはただ専門家や鑑識家のためではなくて、むしろ日本の美術に興味を持っている一般の人々のためであると述べている。つまり、彼がここで意図したのは日本の美術の歴史を年代記的に概説することによって、一般の人々に日本の美術の歴史を紹介することだったのである。これから見ていけば明らかだが、これは日本の美術史としては決して十分なものではなくて、多くの課題や誤謬を内包したものになっているが、一九〇三年には参考にすべき文献も資料もそれほど多くはなかったことを考慮すれば、こうなるのは避けがたい事態であった。だが、これは決して恥ずべきことでも、不名誉なことでもない。というのも、振り返ってみれば、当の日本でも本格的な日本の美術史が出版されたのはほんの三年前の一九〇〇年だったからである。

明治政府は一八六八年の明治維新以降、政治的にも、経済的にも、国家として体制を整備しつつあり、日清戦争の勝利などを経て、国際政治の世界にも進出しようとしていた。そして、逆説的なのだが、そうした状況の中で、日本の文化が改めて見直され、研究され、再評価されることになった。それを背景にして一九〇〇年に出版されたのが

『日本美術史』であった。周知のように、一九〇〇年にパリ万国博が開催されたが、これはその時に事務官長を務めた林忠正[1]が主導して日本の美術の紹介のために仏文で書いて発表したものである。翌年にはその日本語版の『稿本日本帝国美術略史』が出版されている。ここで注目すべきはこの事業には岡倉天心が関わっていたことである。岡倉は文化行政の一環として帝国博物館員を動員して帝国美術史の編纂に着手していたが、不本意ながらそれを完成させることはできなかった。というのも、一八九八年に当の岡倉が一連の奇怪なるスキャンダルに巻き込まれて失脚してしまったからである。その後、福地復一が受け継いで編纂を進めたものの完成には至らなかったが、その草稿はそのまま残されていた。林忠正はその存在を知っていたので、パリ万国博の事務官長として、日本文化の紹介のために、急遽その草稿を仏訳して一九〇〇年に出版したのである。このように日本で本格的な日本美術史が最初に出版されたのは一九〇〇年だったのであり、その事業には当時日本文化振興のために内外で活動していた岡倉天心や林忠正などの錚々たる人物たちが関与していたのである。ここで付言すれば、岡倉自身も日本美術史の構想を練っていて、その準備を兼ねて東京美術学校で美術史を講義していた。その時の講義録を整理して出版したのが『日本美術史』であるが、それは彼の死後九年を経た一九二二年のことであった。さらに、フェノロサの『東洋美術史綱』が出たのは彼の死後四年を経た一九一二年のことであった。こうした事実を考慮すれば、ハートマンが一九〇三年に、アメリカで、単独で、日本の美術史を書いて出版したのは画期的な壮挙だったのである。

本書執筆の背景

それにしても、ハートマンはなにゆえに、そして、いかにして、この『日本の美術』を書いたのであろうか。その議論に入る前に、その前提となる事実を確認しておく。第一章で紹介したように、ハートマンは一八六七年に長崎でドイツ人の父親と日本人の母親の間に生まれて、母の死後ドイツのハンブルグで幼少期を送り、一八八二年にアメリカに移住して、結婚を機に一八九四年にアメリカ国籍を取得したハイブリッドのアメリカ人である。つまり、彼は日本とドイツの血を引くアメリカ人なのだが、これが彼の基本的な存在形態であって、その結果、アイデンティティーの問題をかかえて苦闘することになった。

さらにここで思い出さねばならないのは、彼が一八八五年から一八九一年にかけて四回もヨーロッパの国々を歴訪していたことであり、その間に、様々な芸術家に会い、様々な貴重な体験をしながら見識を深めていたことである。というのも、この期間に『日本の美術』に関係があると思われる出来事が起こっていたからである。一八八五年―ルイ・ゴンス[2]『日本美術』の改訂版出版。テオドール・デュレ[3]『前衛批評』（日本美術、北斎、マネ論）を出版。一八八六年―第八回印象派展（最終回）開催。ファン・ゴッホ、サミュエル・ビング[4]の店で浮世絵作品を鑑賞。ウイリアム・アンダソン[5]『日本の絵画芸術』を出版。岡倉天心とフェノロサが一年にわたる欧米視察旅行に出発。一八八七年―この頃パリでは浮世絵人気が絶頂に達していたが、そんな中でゴッホがカフェ・タンブランで浮世絵展を開催。一八八八年―ビングが浮世絵展を開催。同時に、林忠正の協力によって『芸術の日本』誌を刊行。アンダソン、ロンドンで浮世絵展を開催。一八八九年―パリ万国博開催。林忠正、審査官として参画。一八九〇年―ビング、国立美術学校で「日本版画展」を企画。一八九一年―エドモン・ゴンクール、林忠正の助力を得て『歌麿』を出版。ハートマンがヨーロッパ在住のアメリカ人画家ホイッスラーに会う。このように彼が一八八五年から一八九一年にかけて放浪していた時にヨーロッパでは今リストアップしたような出来事が起こっていたのである。

それではこのような状況は彼にとってどのような意味を持っていたのだろうか。ここでは具体的に二つの資料を取り上げて見ておこう。第一は『アート・クリティック』（一八九三年）に掲載した「ステファヌ・マラルメ邸の火曜日の夜の集い」というエッセイである。ハートマンはマラルメに招待されたので、あの有名な火曜日の夜の集いに出席した。するとマラルメが自ら出迎えてくれて邸内を案内してくれた。そこにはモネの風景画と、マネの『ハムレットと幽霊』が飾られていた。マラルメはマネの作品について解説してくれたが、納得いかなかったらしい。そればかりか、彼はマラルメがわずかな数の詩と、書評、劇評を書いているだけなのに、世間では高く評価されて尊敬されていることに不満を述べ、完璧な詩人像のみを提供しているだけではないかと批判している。とはいえ、彼がマラルメと議論したり、モネやマネの作品を鑑賞しながら、当時パリを席捲していた最新の芸術の動向を直接感じとっていたことは言うまでもない。

第二は同じ一八九三年に『ボストン・イーブニング・トランスクリプト』紙に投稿した「ゴンクール兄弟」という記事である。これはかの有名なゴンクール兄弟の「芸術家の家」の訪問記である。彼は伝記作家のダルザンに誘われてオートゥイユのゴンクール[6]の家を訪ねることになった。すべての部屋には東西の陶磁器、青銅器、薩摩焼、ブロンズ像、刀剣、漆器、印籠などの美術工芸品が展示されており、それらの部屋の壁には西洋の絵画と並んで、葛飾北斎、歌川広重、喜多川歌麿たちの浮世絵作品などが飾られていた。またその日には批評家のイポリット・テーヌ[7]や、画家のフェリクス・ブラックモン[8]なども参集していた。断るまでもなく、このブラックモンは陶磁器の包装紙として使われていた『北斎漫画』を発見して、浮世絵ブームのきっかけをつくった人物である。彼が辞去する時に、ゴンクールは一八七〇年に死去した弟のジュールの思い出を切々と語ってくれた。それはそれとして、この時ハートマンが北斎、広重、歌麿の浮世絵作品や、陶磁器、刀剣、漆器、印籠などを直に鑑賞して、日本の美術に対する好奇心を大いに掻き立てられたのは間違いないだろう。

このようにハートマンはヨーロッパを広く放浪しながら、マラルメの邸宅や、ゴンクールの「芸術家の家」を訪れて、文化や芸術について語り合い、モネ、マネ、北斎、広重、歌麿の作品を見たり、日本の美術工芸品に触れたりしていたのである。そして、このような経験を積み重ねているうちに、ヨーロッパの美術界を席捲していたジャポニスムを強く意識するようになり、それを取り込んで独自の批評理論を構築して、それを武器にして、アメリカの美術界に殴り込んでやろうと決意していたに違いないのである。

ここまでは想像できる。だが、言うまでもないが、そう決心したからといって、すぐに日本の美術史が書けるということにはならない。第一章で紹介したように、彼は幼児の頃に日本を立ち去ってから再び日本を訪れることはなかったし、その後日本語を学んだこともなかったので、日本の美術に関する文献や資料を原語で読むこともできなかった。それではどうしてこの『日本の美術』を書き上げることができたのだろうか。ここで重要なのは、彼が『日本の美術』を出版した一九〇三年の時点で、アメリカやヨーロッパには日本美術に関するレベルの高い文献や資料が存在していたことである。

たとえば、彼はこれを執筆する時に参考にした文献を巻末に列挙しているが、その中には執筆中に確実に活用していたものがある。バジル・ホール・チェンバレンの『日本の言語、神話および地名』(9)（一八九二年）、エドワード・シルヴェスター・モースの(10)『日本のすまい、内と外』（一八八五年）、ラフカディオ・ハーンの(11)『日本瞥見記』（一八九一年）などである。さらに、ラザフォード・オールコックの(12)『日本の美術と工藝』（一八七八年）、ジェイムズ・ジャーヴェスの『日本美術瞥見』（一八七六年）、ウイリアム・アンダソンの『日本の絵画芸術』（一八八六年）、ルイ・ゴンスの『日本美術』（一八八三年）なども参考にしていた可能性が高い。

フェノロサとの交流

さらに忘れてはならないのはアーネスト・フェノロサの存在である。第三章で述べたように、彼は一八九〇年にボストン美術館に招聘されて帰国して、キュレーターとして、日本関係の展覧会を企画し、それに関連する講演会を行い、それを原稿にまとめて様々な新聞や雑誌に発表していた。いつ、どこでだったかは定かではないが、一八九〇年代の前半に、ハートマンはフェノロサに出会って、親しく交流して、日本の美術や文化について語り合っていたし、彼が発表した記事や論文を読み漁っていたに違いない。彼がフェノロサから学んだものを『日本の美術』から窺い知ることができる。ハートマンは本書の中で浮世絵派について論じているが、その際に参考にしたのがフェノロサの『An Outline of the History of UKIYO-YE』（一九〇一年）（邦訳『浮世絵史概説』）であった。それはこの章の全体の構成から確認できるし、ここで様々な絵師たちの作品を紹介しているが、鳥居清長と歌川広重の作品としてフェノロサと同じ作品を選定して掲載していることからも明らかである。さらに、別の箇所ではフェノロサの論文「現代日本美術」（一八九三年）から一節を引用して補強しているのだ。このようにハートマンはフェノロサから大きな刺激を受け、彼の記事や論文を読み漁り、それを消化し活用して『日本の美術』を書き上げたのである。

これまで『日本の美術』を取り上げるたびに、一九〇三年の時点でどうしてこれを書くことができたのかと自問自答してきたが、今はその疑問に答えることができる。つまり、その当時、アメリカやヨーロッパには、かなりの数の日本の芸術に関する文献や資料が存在していた。さらに、フェノロサと知己になり、彼との会話から、そして、彼の記事や論文から、日本の美術に関して貴重な情報を得ることができた。かくしてハートマンはこれらを踏まえて『日本の美術』を書き上げたのであり、その結果、ジャポニスムを核として独自な芸術観を築くことになったのである。そう考えれば、芸術家として世に出ようとしていたハートマンにとって、この『日本の美術』が大きな意味を持っていたことがわかるだろう。

2　初期の宗教画

日本の独自な絵画の探究

これからこの『日本の美術』を考察していこうと思うが、その前にハートマンがこの作品でなにを意図していたのかを確認しておこう。

私の唯一の目的は主流の流派とその代表的な絵師たちが実際になにを達成したのかを、西洋人の美的感覚に最も強く訴える作品を選んで紹介することであり、特に素人の愛好家に日本の絵画芸術の無限の多様性と優雅さに接する機会を与えることである。(13)

このように彼は日本の美術の歴史を年代順に辿りながら、専門家のみならず、一般の愛好家に、日本の美術の多様性と優雅さを伝えることを目的としていたのである。これから第一章から第八章まで順次考察していくが、基本的には、テキストをあるがままに忠実に検討して、必要があればその都度注釈を加えていくことにする。さらに、彼はそれぞれの時代を代表する美術家たちに言及しているが、多くの場合彼らの作品を挙げていないので、筆者の責任で代表作を紹介することにする。

先ずは第一章「初期の宗教画」（七～一〇世紀）から始めよう。ここで注意しなければならないのは、彼が奈良時代から説き起こしていることである。たとえば、辻惟雄の『日本美術の歴史』（二〇〇五年）を見ればわかるように、通常なら、年代順に、縄文美術、弥生・古墳美術を、次いで、七世紀の飛鳥・白鳳美術を取り上げて、その後に、八世紀の奈良時代の天平美術について論じるものだが、彼はそうせずに、というか、おそらく、そうすることができなかったために、一気に奈良時代から入っていって、それがいかなる時代であったかを論じている。

周知のように、奈良時代は七一〇年の元明天皇による平城京遷都によって始まり、七九四年の平安遷都まで続くことになるが、ハートマンはまずその文化的な背景について書いている。ここで銘記すべきは、中国という国家の存在であり、その中国を経てインドから伝来してきた仏教である。仏教は実際には五三八年に日本に伝わってきて、七世紀には日本文化の基盤になっていたのであり、そうした風土の中で、聖徳太子は活動していたのだし、法隆寺（六〇七年）は建立されたのである。そして、そのような事情は時代が下って奈良時代になっても変わらなかった。つまり、この時代には、仏教が大きな役割を果たしていたし、当時設立された学校では、歴史、法律、数学と並んで、中国の古典が教えられていたのである。そして、それらは日本の政治、宗教、道徳、言語、文学、芸術などあらゆる分野で大きな影響を及ぼしていたのである。だが、同時に、ここで注意すべきなのは、ハートマンが日本人は単なる「剽窃者や模倣者」ではなくて「第一級の個性を持つ国民」でもあったと主張していることである。

実際には日本は時々若さを蘇らせている。そして、創造行為を爆発させる過程で、中国の伝統の影響は徐々に希薄になっていくのであり、それに反比例して、日本人の国民的特性はますます顕著になってくるのである。(14)

ハートマンはこのように奈良時代の文化について論じていて、これはこれで正当なものだが、ここで問題なのは、絵画にしろ、彫刻にしろ、建築にしろ、具体例を挙げて説明していないことである。たとえば、建築に関して言えば、それには宮廷の権力の拡大と、仏教の普及が深く関わっているると述べているが、実際にどのような寺院が建造されたのかは書いていないのだ。通例なら、天武天皇が六九七年に建立した薬師寺、藤原氏が七三四年に氏寺として創建した興福寺、聖武天皇と光明皇后が鎮護国家のために七五五年に建立した東大寺大仏殿、鑑真和上が七五九年に創設した唐招提寺などは紹介しておくべきものだが、ハートマンはこれらの寺院については全く説明していないのである。

次に彼は桓武天皇による七九四年の平安京への遷都について触れて、「京都が仏教文化の中心地になって、仏教絵画を生み出した」と書いている。そして、彼は空海を挙げているが、ここで空海が中国からの帰国の折に持ち帰って朝廷に献上した曼荼羅⑮や祖師⑯の画像などについては言及していない。

巨勢金岡の活躍

さらに時代が下って九世紀後半になると、かな文字が生まれ、それをベースにして和歌が詠まれるようになり、いわゆる国風文化が台頭してくることになった。そして、そうした大きな流れの中で、美術の世界にも変化が生じてきて、これまでの仏画に加えて、新たに世俗画が現れてきて、それに呼応するかのように、一人の才能豊かな絵師が出現してきた。巨勢金岡である。

ハートマンはこの金岡に関して少し詳しく解説している。九世紀後半には、日本や中国の絵師たちが寺院や宮廷を優れた絵画で飾り立てるようになったが、その中心になって活躍していたのが巨勢金岡であった。金岡は八八〇年頃に宮廷の壁や屏風に孔子などの祖師像を、さらには、謁見の間には日本の古来の賢者や歌人の肖像画を描いた。残念なことに、これらの作品の多くは火事で焼失してしまったし、わずかに残っている作品も保存状態が悪くて原形を留めてはいない。彼は確かに卓越した技巧の持ち主だったらしく、それを端的に示す有名な伝説が語り継がれている。

ある町で毎晩のように田畑が正体不明の馬に荒らされてしまって、農民たちは苦慮していた。彼らは対策を話し合ってその馬を捕獲することに決した。ある夜のこと、彼らはその馬を待ち伏せして追いかけたがなかなか捕獲することはできなかった。なおも追跡していくと、馬はある寺の戸を通り抜けて姿を消してしまった。彼らは寺中を捜索して寺の壁に掛かっている有名な絵の中にその馬を発見した。馬はその絵の中に戻ったばかりで、体中から汗が噴き出していて、息は激しく乱れていた。それを見て農民たちは悟った。金岡がその馬を見事に生き生きと活写したので、馬は夜になると生きた馬に戻って、寺を出て田畑を荒らし回っていたのである。

このように巨勢金岡は卓越した技術を具えた優れた絵師であって、その後、新たに巨勢派を興して、直系の息子たちと、多くの弟子たちを育成して世に送り出した。特に、曾孫にあたる巨勢広貴は優秀な絵師であり、藤原道長の宮廷で活躍した。

このような状況の中で様々な変化が絵画の世界にも現れてきた。ひとつは対象が増えて表現が多様になったことである。つまり、人物や、動植物や、風景などが描かれるようになった。もうひとつは新たな表現の形式が登場してきたことである。それまでは絵師たちは主として宮廷や寺院の壁や天井や襖や障子などに描いてきた。だがこの時代にはそれらと違った媒体を使うようになった。つまり、掛軸と巻物であるが、これらは絵画の普及に大いに貢献することになった。

最後にハートマンは神道について書いている。彼によれば、神道とは「想像する限り最も素朴な信仰であり、まさに人間の世界を創造して支配している超自然的な力への崇拝の念を教えるものなのである」としている。それは常に日本人の「心の中に存在している」のであり、日本人はその「力強い、精神的な力」を発揮しながら、独自の芸術文化を創造してきたのである。

3　土佐絵から大和絵へ

日本絵画の本質

第二章「封建時代」。ハートマンは年代を一〇〇〇年から一四〇〇年と規定して、大和絵と土佐絵をこの時代を代表するものとして挙げている。現代の観点からすれば、このような時代区分には問題があるが、ここではこれに沿う形で紹介していくことにする。

宮廷絵師である春日基光が一〇五〇年に新しい流派である大和絵を立ち上げたが、それは二〇〇年後に土佐絵として確立することになった。言うまでもなく、大和絵は中国の唐絵から発生したが、その対象として日常生活を描写しているうちに、徐々に中国の影響から脱して、日本独特のものになっていった。つまり、日本人は中国からの影響を振り払って、美術や文芸の分野で大いなる進歩をとげて、日本独自の芸術を創造することになったのである。ハートマンは大和絵ないし土佐絵を取り上げて、その特徴について次のように説明している。

当然ながら、日本の芸術に精通している人は誰でも、日本の絵画が、明暗法の秘密を、透視図法の正当性を、そして、固有色の論理を、無視してきた、というか、無関心であった、ということを知っている。(17)

このような見解は特に目新しいものではなかった。たとえば、オールコックはすでに『日本の美術と工藝』(一八七八年)において、明暗、彩色、遠近という三要素を挙げて、日本の美術を論じていた。ハートマンはおそらくそれを読んでいたものと思われるが、一九〇三年の時点で、彼がこのように日本の美術の特徴を整理して説明していることはそれなりに評価しておくべきである。というのも、ジャポニスムが一九七〇年代に日本で台頭してきた時、ハートマンがここで主張したような見解を基盤にしてジャポニスム論が展開されることになったからだ。彼が一九〇三年の時点でこのように未来を鋭く予見していたのは驚くべきことである。

日本絵画の暗示性

ハートマンはもうひとつ日本の美術の特徴を挙げて説明している。日本の絵師たちは自然を対象にして、その自然を真摯に観察して、その自然を表現してきたが、その際に重要なのは日本の絵師たちが「自然から直接描くことはなかった」ことである。それではどう描いたのだろうか。彼らがここで選んだ方法は実に独自なものであった。つまり、彼らは対象を「描写するのではなくて、暗示する」のである。たとえば、土佐派の『春の果樹園』という作品があるが、ここでは絵師は「西洋の画家のように景色の全てを描くことはせずに、可憐な花をつけた小枝と、その背後に朧月の優美な姿を配することによって、その景色を暗示する」だけなのだ。土佐派が最初にこのような簡潔な表現を開発したが、その後これは日本の芸術に大きな影響を与えることになった。具体的な例を挙げれば、一筆描きであり、十七文字から成る俳諧である。よく知られているように、日本の絵師たちは二、三回の筆捌きですばらしい効果を生み出してきたし、俳人たちは十七文字の中に独自の思想と感情を凝縮して表現してきたのだ。これまでの考察からわかるように、ハートマンは日本の芸術の本質は「暗示性」にあると考えていたのであり、これ以降も様々な文脈でこの「暗示性」を主張することになるので、しっかりと銘記しておくべきである。

ところで、この「暗示性」に関しても先駆者がいたことを付け加えておかなければならない。たとえば、ジャーヴェスは『日本美術瞥見』（一八七六年）の中で、日本人の素描について「それは二、三本の線や、二、三個の点や、二、三個の光や影や色の塊によって描かれる。常に簡潔で、あっさりとしていて、無駄な力は使わない。そして、目的が達せられた時には、そこで確実に筆を止める。統一感を得て、構図の意味を強調するのに不必要な細部は拘ることなく省略する」(18)と書いているのだ。明治八年の時点で、彼は日本の美術の本質は「暗示性」にあると見抜いて主張しているのであり、これには感服せざるをえないだろう。

4　日本美術のルネサンス

第三章「ルネサンス」。ハートマンはこの時期を狩野派の時代と呼び、その期間を一四〇〇年から一七五〇年と規定している。前章同様、この時代区分には問題がないわけではないが、一応これに準拠して考察を進めていくことにする。これまで見てきたように、時代と共に、絵師たちが選ぶ画題も変化してきたが、十四世紀に入ると、主に、人物、動物、風景が描かれるようになった。そして、そのような時代を代表する絵師たちが次々と登場してきた。先ず明兆（一三五一～一四三一）であるが、彼は東福寺の殿司を務めた人物であり、『涅槃図』や『白衣観音図』などが代表作である。その弟子である如拙と周文は共に将軍家の御用絵師を務めたが、前者は『瓢鮎図』を、後者は『竹斎読書図』を残している。次に周文を引き継いで御用絵師を務めたのが小栗宗湛であり、その後継者に選ばれたのが狩野正信（一四三四～一五三〇）であった。その後この狩野正信が中心になって唐絵と大和絵を統合して立ち上げたのが狩野派であった。

雪舟等楊

もう一人触れておかなければならない絵師がいる。雪舟等楊（一四二〇～一五〇七）である。雪舟は周文から水墨画を学び、その後動乱の京都を避けて、憧れていた中国に渡った。中国での雪舟の活躍は伝説として語り継がれてきた。彼はすぐに師を捜して教えを請うたが、教わるべきものがないことが判明して弟子入りは止めることにした。彼の技術はすでにそれほど完璧なものになっていたのだ。彼は宮廷に招かれて皇帝の前で描くよう命じられた。すると、筆を揮って、一気呵成に、一枚の絹地の上に、雲に包まれた龍を描き出した。皇帝は雪舟の巧みな画技に驚嘆し、その見事な出来栄えの作品を絶賛したとのことである。その後帰国してからは、言わば、自然を、つまり、山川草木を師にして修行を積んで、『四季山水図巻』や『龍虎図屏風』や『天橋立図』などの傑作を後世に遺すことになった。

ハートマンは雪舟の作品のひとつの特徴について書いている。それは意図して作品の一部を描かずに残しておく方法である。たとえば、冬の景色を描く時、絹地そのものを利用して、木々や屋根に積もった雪の白さを見事に表現したのである。ここで思い出されるのはセザンヌである。彼も作品を描く時、しばしばカンバスの一部を空白のままに残していたが、雪舟はそれよりも約四〇〇年も前にこのような革新的な方法を駆使して描いていたのである。

さらに、ハートマンは日本画の特質について簡単に説明している。先ず和紙であるが、重要なのは和紙の吸収性である。そのために、絵師たちは一気に描かなければならないし、いったん描いてしまえば、それを修正するのはほとんど不可能である。次に筆であるが、一般に使われているのは、元の部分の太さが四センチ位で、長さも四センチ位のものである。これによって、細い線も、太い線も、描き分けることができる。

ところで絵師として身を立てるのは困難なことであり、少なくとも八年位は師の下で修行しなければならない。最初は自分の絵を描くことはできない。師の絵を観察して、分析して、理解できたら、次に、その作品を模写する。何年もの間ただひたすらこの工程を繰り返す。独創性の観点からは、このように同じことを繰り返すのは無駄なことのように思われるかもしれないが、正確性という観点からすれば、必須の作業である。つまり、そのような長期にわたる修業を通じて手と筆の動きを習得するのであり、そうするうちに、手と筆の動きはいわば第二の天性になって、ついには、無意識のうちに絵が描けるようになる。このレベルまで到達することができるのはごく限られた少数の者だけだが、その高みに達してしまえば、多くの情報と感情とユーモアを自由自在に描き込むことができるのである。

狩野派の時代

ここでハートマンは狩野派の系図を順に紹介している。まずは狩野派の創始者である正信、元信、その孫の永徳、孝信、探幽、その弟の尚信、安信である。特に二代目の元信と六代目の探幽を選んで解説している。本来なら四代目の永徳も取り上げるべきだが、残念なことに一言も語っていない。(19)

元信（一四七六～一五五九）は狩野派の画風と組織の真の確立者であった。『四季花鳥図屏風』や、『四季花鳥図』などが代表作である。彼は筆を力強く操作できたので、ほんの二、三筆でいかなるものでも描くことができたし、それぞれの線や曲線は常に生き生きとしていて豊かな感情に溢れていた。

探幽（一六〇二～一六七四）は狩野派の中でも最高の技巧の持ち主であり、あらゆるものを正確に生き生きと描くことができた。代表作は『四季松図屏風』や『雪中梅竹遊禽図襖』などである。彼は筆を駆使して、自由自在に、髪の毛の太さの極細の線から、三センチもある太い線までを描くことができた。馬を三、四筆で、鶴を二筆で描き切ることも珍しくはなかったとのことである。

これまでの考察を総括して、ハートマンは日本の美術の特徴を次のように列記している。書道による卓越した運筆、意識的な細部の無視あるいは強調、空間の特異な配置、背景の節約的な処理、そして、微妙な変化を伴う反復の技法である。ここで指摘している「細部の無視あるいは強調」とか「空間の特異な配置」などはそのままマネやモネやホイッスラーの創作原理そのものであり、彼が一九〇三年の時点でそれをきちんと指摘していたことを銘記しておかねばならない。

ところで彼が最後に言及している反復の技法とはいかなるものなのだろうか。たとえば、日本の絵師が一群の鶴を描く時、最初に見るとそれらの鶴はすべてが同じように見えるが、さらに仔細に観察して見ると、一羽一羽の鶴に個性が付与されているのが判明してくる。つまり、このように描くことによって、絵師たちは作品のリアリティーを高めることができるし、同時に、自分の個性を表現することができるのである。ハートマンはこれは日本の絵画のひとつの重要な特徴であると述べている。

徳川幕府の成立

日本の歴史を考える時、一六〇三年は政治的にも、文化的にも、極めて重要な年であった。徳川家康は一六〇〇年に関ケ原の戦いに勝利をおさめて、一六〇三年に江戸に幕府を開設した。その結果、江戸は新しい首都として、日本の政治文化の中心になり、一気に人口一〇〇万人を超える大都市に変貌した。そのような状況の中で、町人たちが徐々に経済的な豊かさを武器にして存在感を増すことになり、それが政治、経済のみならず、文化にも大きな影響を及ぼすことになってくるのである。

この章の冒頭で、ハートマンはルネサンス時代を一四〇〇年から一七五〇年と規定していたが、ここでは特に一六〇三年から一七五〇年に至る江戸時代の美術を検討している。彼はこの時代には三つの流派が存在していたが、さらに、四番目の流派が新たに登場してきたと述べている。言うまでもなく、三つの流派とは土佐派と、狩野派と、琳派・円山派であり、そこに台頭して参入してきたのが浮世絵派である。

土佐派は伝統ある流派であり、狩野派の初代正信が登場してきた時、足利義政の下で御用絵師を務めていたのは土佐光信（一四三四〜一五二五）であった。その後、狩野永徳が織田信長や豊臣秀吉らの有力な大名に重用されるようになり、狩野派が絵画の世界の主流となって権勢を揮うことになったが、その間にも土佐派は連綿と宮廷の絵所預を務めていた。そして、江戸時代になると、土佐光起が立ち上がって土佐派を有力な流派として再興することになった。光起は線と色の純粋性を追求して、繊細で静謐な世界を描き続けた。

狩野派は徳川幕府の支持を獲得して全盛期を迎えていたが、その中心となって活躍したのが探幽（一六〇二〜一六七四）であり、尚信（一六〇七〜一六五〇）であり、安信（一六一三〜一六八五）であった。特に、探幽は幼少より天才と讃えられ、十六歳の時に幕府の御用絵師となった。彼が総帥として狩野派の絵師たちを総動員して創作したのが『二条城障壁画』であり『名古屋城障壁画』であった。それ以外にも、『四季松図屏風』や『東照宮縁起絵巻』などの傑作を遺している。

さらに時代が下って元禄時代（一六八八〜一七〇三）になると、日本の芸術文化は最盛期を迎えることになった。松尾芭蕉が俳諧を完成させ、近松門左衛門がシェイクスピアに比肩するような戯曲を書き、野々村仁清とその後継者たる尾形乾山が斬新な色絵陶器を制作した。

琳派・円山派の台頭

このような活気に満ちた状況の中で、絵画の世界にも、新たなるヒーローたちが登場してきた。尾形光琳（一六五八〜一七一六）と円山応挙（一七三三〜一七九五）であり、彼らは土佐派と狩野派に対抗して琳派・円山派という新しい流派を立ち上げることになった。

尾形光琳は呉服商の出で、上方の町衆の立場に立って、古典的な理想を否定し、規則や伝統を無視して、大胆かつ即興的に描いた。『燕子花図屏風』や『紅白梅図屏風』などが代表作である。彼は漆芸家としても活動していて『八橋硯箱』という名品を遺している。

円山応挙は革新的な精神の持ち主であり、ヨーロッパの自然主義的な手法を学んで、透視図法による写実主義的な画風を完成させた。代表作は『雪松図屛風』や『松孔雀図襖絵』などである。

5　浮世絵というリアリズム運動

浮世絵の流行

第四章は「リアリズムの運動」である。ハートマンはこの時代を浮世絵派の時代と名付けて、その時期を一七〇〇年から一八六七年と規定している。

ハートマンは浮世絵派の考察に入る前に、その先達として、風俗画に新しい表現を導入した岩佐又兵衛（一五七八～一六五〇）について触れている。彼自身が町人の出（注：現在は武家の出であったことが確認されている）で、社会的な地位も、誇るべき血統もなかったので、ごく自然に日常生活の光景を画題として選んで、町人たちの愛憎を、遊興に耽る子供たちを、村人たちが楽しむ祝祭を、雑踏する市場の光景を描き、それが次世代の絵師たちに影響を及ぼすことになった。

そのうちの一人が菱川師宣（一六二八～一七一四）であった。彼は安房の国の出身だが、江戸に出て版本の絵師として活躍し、その後美人風俗画にも手腕を発揮して、自らを浮世絵師と呼んで、世間に大いにアピールした。ここで注意すべきは一六八〇年頃に浮世絵版画が流行していたことであり、そうした時代の流れに乗じて、師宣は積極的に浮世絵版画に取り組んで美人画を発表したので人気を博して浮世絵の先駆者として位置づけられることになった。

ここでハートマンは日本の版画について説明している。師宣の時代には単色の版画だけだったが、次第に多色刷り版画が主流になって、鳥居清信（一六六四～一七二六）や奥村政信（一六九〇～一七六八）などが優れた作品を発表したが、その後鈴木春信（一七一八～一七七〇）がそれを発展させて錦絵として確立することになった。

さらに浮世絵版画を考える時に留意しなければならないのは、絵師がただ一人で浮世絵を制作していたのではなくて、有能な彫り師と摺り師が控えていて浮世絵の制作に積極的に参画していたことである。特に摺り師が重要な役割を果たしていた。西洋では用紙に版木を押し付けて印刷したが、日本では逆に版木に用紙を被せるようにのせて、バレンで擦って印刷したのであり、それゆえに、この工程はまさに摺り師の腕の見せ所だった。つまり、彼は優れた技術を発揮しながら、その作品に精神を盛り込むことができたし、それに成功すれば、自分が単なる職人ではなくて芸術家であることを立証することができたのである。

ところがこのようにして制作される浮世絵版画にとって厄介な問題が生じることになった。一般的に、版画は一度に複数の作品が印刷されるので、その分だけ作品として過小評価されることになって、安価に売買されたし、そのために粗雑に扱われることになって、多くの作品が劣悪な状態で保存されることになり、その挙句に、破壊され、廃棄されることになった。たとえば、『北斎漫画』が陶磁器の包装紙として使われていたというのはそうした不幸なる事態を示す典型的な例である。

ここでハートマンは改めて十八世紀の後半から十九世紀にかけて活躍して浮世絵を独自なジャンルとして確立させた浮世絵師たちについて論じている。

先ずは鈴木春信について。周知のように、彼は多色刷り版画を錦絵として完成させることになったが、なぜそれが可能だったかと言えば、彼が進歩的な精神の持ち主であって、伝統的な原理や慣例を否定して、大胆で斬新な方法を開発できたからであり、さらに、彼が卓越した技術を習得していて、しなやかで強靭な手を巧みに駆使して、自分の思想を充分に表現することができたからであった。

次に取り上げなければならないのは鳥居清長（一七五二〜一八一五）である。彼が登場して活躍してくれたおかげで、浮世絵は従来の偏見を払拭して、その独自な価値を立証して、国民的芸術として自立することができた。清長は日常生活を対象にして、高度の技術を揮って、力強さと律動感に満ちた傑作を創作した。ハートマンはここで清長の『菖蒲の池』を選んでいるが、これは二年前にフェノロサが『浮世絵史概説』で紹介していたのと同一の作品である。

浮世絵の巨匠たち

その後清長の引退を受けて登場してきたのが、喜多川歌麿と、歌川広重と、葛飾北斎であり、彼らの活躍によって浮世絵はまさに最盛期を迎えることになったのである。

喜多川歌麿（一七五三～一八〇五）は女性を描かせれば最高の絵師だと言われてきた。彼は主に女性たちを対象にして描いてきたが、特に有名なのは芸者や吉原の花魁を描いた作品である。それにしても歌麿はなぜこのような社会から脱落した芸者や花魁を選んだのであろうか。彼は五〇年の人生の大部分を吉原で送ったのだが、この事実から推測すると、彼は一般的な道徳意識を欠いていて、快楽に耽溺する人物だったかもしれないし、そのためにこれらの芸者や花魁に自然に共感して連帯感を懐けたのだろう。だが、ここで看過できないのは、彼が芸術を真摯に受け止めていたことであり、天与の感性と技巧を発揮して、流麗なる線と、魅惑的な形態で、これらの芸者や花魁の官能的な美しさを見事に表現したことである。

歌川広重（一七九七～一八六八）は日本の最大の風景絵師である。彼は生まれ故郷である江戸周辺の風景と、江戸と京都を結ぶ東海道沿いの風景を好んで描いたが、代表作は『東海道五十三次』（一八四五年）である。彼はある主題を、たとえば、江戸や東海道を対象に選んで描いたが、その特徴はその主題を、一日のあらゆる時間の中で、一年のすべての季節の中で、そして、様々な状況の中で描いたことである。さらに、彼は生まれながらの革新主義者であって、技法的にも、ヨーロッパの透視図法や、明暗法を率先して採用して、風景を科学的かつ写実的に表現していたことも忘れてはならない。ハートマンはここで広重の『真間の紅葉』を選んで掲載しているが、これもフェノロサが『浮世絵史概説』の中で紹介していたのと同一の作品である。

最後にハートマンは葛飾北斎（一七六〇～一八四九）を取り上げて論じている。彼は勝川春章の弟子として出発して、長い画歴を経て八九歳で死去したが、その時には膨大な数の役者絵、美人画、摺物、読本挿絵、絵手本、風景画、花鳥画、肉筆画を遺した。特に『北斎漫画』や『富嶽三十六景』や『富嶽百景』などが人口に膾炙した作品である。

たとえば『北斎漫画』であるが、これは十五篇から成る作品であり、一八五六年にその一部がブラックモンに発見されて、それがヨーロッパにおけるジャポニスムブームのきっかけになったことは周知の通りである。この作品は一種の絵手本のようなものであって、この世に存在するあらゆるものをあらゆる形態のもとで描いている。太った人々、痩せた人々、酔っ払い、乞食、老齢の男女、国民的英雄、架空の動物たち、悪魔、妖怪等々を描いているが、北斎はこれらすべてを、自由自在に、知性を込めて、洞察力を持って表現しているのであって、これひとつを取って見ても、彼が稀代の天才だったと認めざるをえないのである。

北斎は人物画においてのみならず、風景画においても卓越していた。これらの風景画を前にすると、無類の優雅さと、力強さと、構成力と、美しい詩を堪能することができると、ハートマンは絶賛している。これらの風景画の中でも、特に優れていて有名なのは日本人にとって聖なる山である富士山を描いた一連の作品群である。北斎は常に変化し続ける富士山の姿を、斬新で奇抜な構図で、一日の違った時間の中で、四季の移ろいの中で、あらゆる視点から表現しているのであり、これと比較すれば、モネのルーアン大聖堂を描いた連作も児戯でしかないとハートマンは述べている。北斎の生涯は八九年もの長期にわたるものであったが、その長い人生において、まるで抗しがたい自然の力に駆り立てられるかのように前進していたのであり、ハートマンは北斎に関して次のように書いて称賛している。

生涯において初めて筆を持った日以来、北斎はたとえ自分に自信が持てない時でも、自分が何をやりたいのかを自覚していたし、勝利への道を前に進みながら、自分なりの方法で、それに挑み続けていたのであり、その間に、本道から逸脱することはなかったし、漠たる理想と、混沌とした願望を追求する過程で、自分自身を見失うこともなかった。北斎は強靱な道徳と健全な知性を具えていて、それらは自然との不断の交流によって強化されていたので、彼にとって、芸術の創造と発展にとっての致命的な現代病、つまり、不安は微塵も存在しなかったのである。[20]

これでわかるように、北斎は稀有なる才能と独創的な精神の持ち主だったのであり、その結果、世界の美術史に不滅の名前を刻み込むことになったのである。

6　日本美術の西洋文明への影響

第五章は「日本美術の西洋文明への影響」であるが、ここでハートマンはそれまでの経験と知識に基づいて、日本の美術が西洋文明にどのような影響を与えたのかについて論じている。日本でジャポニスムが取り上げられて論じられるようになったのは一九七〇年の後半であり、その研究成果が出てきたのは一九八〇年代の後半であったが、そうした事実を考慮すれば、ハートマンが一九〇三年という時点でこのような主張をしていたのは先見的で画期的なことであった。

十九世紀の前半には日本の美術は西洋世界では全く認知されていなかった。それ以前にもポルトガルの宣教師たちやオランダの商人たちが工芸品や陶磁器などを持ち帰っており、それらはヨーロッパで珍重され人気を博して、各国の宮廷などに収蔵されてはいた。だが、西洋人たちが、日本にも独自の美術の歴史があること、そして、多くの偉大なる美術家が存在していて、多くの優れた芸術作品を創作していることを正確に認識することはなかったのである。

万国博の意義

ここで万国博が日本にとって重要な役割を果たすことになった。一八六二年に、ロンドンで万国博が開催されたが、これがそれまでの不幸なる状態を打破して、新たなる世界を切り開くことになった。次いで一八六七年には、パリで万国博が開催されたが、この時には薩摩藩が参加して、ブロンズ製品や木彫品や陶磁器を出品して大きな関心を惹起した。さらに一八七五年には、ウイーンで万国博が開催されたが、この時には日本政府が初めて正式に参加して、大量の貴重な作品を出展したこともあってセンセーションを巻き起こすことになった。その結果、ヨーロッパ全土に日本ブームが沸き起こって、日本製の絹、刺繍、ブロンズ製品、陶磁器、漆器、木彫品、象牙細工などが大都市の市場に出回って広くヨーロッパ中に浸透することになった。

このような状況の中で、西洋人たちが、特に、美術家たちが、エキゾティックな日本の美術に関心を示して、美術作品を蒐集するようになり、それらの作品を分析し研究して、自分たちの世界に取り込んで、斬新で革新的な作品を創作するようになった。この代表的な美術家として、マネや、モネや、ファン・ゴッホや、ホイッスラーや、ブラックモンや、ゴンクール兄弟などの名前を挙げることができる。このようにして十九世紀の後半には、ジャポニスムの刺激を受けて、ヨーロッパの芸術は新たな展開を見せることになったのである。

それではヨーロッパの美術家たちは日本の美術から具体的になにを学び取ったのであろうか。ハートマン流に言えば、それは「暗示性」であり、「細部の無視あるいは強調」であり、「空間の特異な配置」であり、「反復の技法」であり、「明暗法、透視図法、固有色の無視」であった。彼らはこのような日本の美学と技法を最大限に活用することによって画期的な成果を残すことになった。ハートマンは、その具体例として、ホイッスラーの『ノクターン』[21]や、マネの平面性や、ドガやドイツの分離派の画家たちの独特な空間構成や、ピュヴィス・ド・シャヴァンヌの平行する垂直線の構図や、ドワイト・トライオンの平行する水平線の構図などを挙げている。

このように、十九世紀の後半に、ジャポニスムがヨーロッパの芸術界を席捲していて、そこから多くの優秀な画家たちが出てきて、斬新な作品を生み出したことは否定できない。そのような事実に鑑みて、ここでジャポニスムに関して簡単に考察しておくことにする。

一九七〇年代以降、日本でもジャポニスムが取り上げられて論じられるようになってきているが、馬渕明子はそれに関して次のように述べている。

ジャポネズリー（日本趣味）は日本的なモティーフを作品に取り込むが、それが文物風俗へのエキゾティックな関心にとどまっているのに対し、ジャポニスムは、日本美術からヒントを得て、造形のさまざまなレベルにおいて、新しい視覚表現を追求したものである。[22]

つまり十九世紀の後半には、ヨーロッパの画家たちは閉塞状態からの脱出をめざしていたのであり、当時日本から大量に流入してきた日本の美術に可能性を求めて、その「原理と方法」を研究し、応用して、新たな視覚表現を実現したのである。

日本美術とホイッスラー

先にハートマンは日本の美術から影響を受けて創作されたものとして、ホイッスラーの『ノクターン』を挙げていた。具体的には『ノクターン：青色と金色――オールド・バタシー・ブリッジ』（一八七二年）と『黒色と金色のノクターン――落下する花火』（一八七五年）であるが、前者のモデルになったのは歌川広重の『京橋竹がし』であり、後者のモデルになったのは同じく歌川広重の『両国花火』である。つまり、ホイッスラーは歌川広重の作品からヒントを得て、その「原理と方法」を分析し、応用して、新たなる視覚表現を実現したのであり、その後『黒色と金色のノクターン――落下する花火』をめぐってあの有名なホイッスラー対ラスキンの論争と裁判が勃発したが、その帰趨はともかくとして、この裁判はこの作品の歴史的な意義を証し立てる事件であったと言えるだろう。

日本美術とモネ

ハートマンはホイッスラーのみならず、あちこちでモネについても言及しているので少しだけ触れておこう。たとえば、『ラ・ジャポネーズ』（一八七六年）だが、これはモネの妻カミーユをモデルにして描いたものである。彼女は日本の艶やかで豪華な赤い着物をまとって、扇子をかざしながら、身体を捻るようにして茣蓙の上に立っており、背景には色とりどりの団扇が飾られている。これはジャポニスムの代表作と考えられてきたが、実はまだジャポネズリーの段階にあるものであって、モネの作品にジャポニスムの影響が明確に現れてきたのは一八八〇年代になってからであった。モネはかなり以前から日本の浮世絵を研究して、作品の構成と色彩に関して思索を重ねていたのであり、そうした経験を経て、歌川広重の『木曽街道六十九次之内　本山』をモデルに『オリーヴの木』（一八八四年）を描き、同じく広重の『六十余州名所図会　薩摩坊ノ津　雙剣石』をモデルに『ベリールのポール・コトンの針岩』（一八八六年）などを描いたのであり、これらはまさにジャポニスムの代表的な作品なのである。

日本美術とゴッホ

ハートマンは直接言及していないのだが、パリを放浪していた時にひょっとしたら出会っていたかも知れないゴッホのジャポニスムについても簡単に説明しておく。この章の最初に指摘したように、ゴッホがパリに出てきた一八八六年にはジャポニスムは最盛期を迎えていたのであり、ビングの店を訪れて浮世絵の作品を鑑賞しているし、一八八七年にはカフェ・タンブランで自ら浮世絵展を開催しているほどであった。そればかりか、彼は勢いに駆られて模写さえ試みている。『花咲く梅の木』は歌川広重の『亀戸梅屋敷』を、『雨中の橋』は同じく歌川広重の『大橋、あたけの夕立』を、そして、『花魁』は英泉の『花魁』を模写したものであった。それだけに止まらない。彼は同年に『タンギー親爺の肖像』という同名の作品を二点描いているが、そこでタンギー親爺を取り囲むように九点の作品を描き込んでいる。そのうち三点は共通して描かれていて、それらは三代歌川豊国の『三浦屋高尾』と、伊勢辰の『東京名所　以里屋』と、歌川広重の系統の富士の絵である。それ以外にも、歌川広重の『五十三次名所図会　石薬師』や、大円斎芳虎の『芸者』や、英泉の『花魁』や、歌川広重の『五十三次名所図会　原』や、三代豊国の『芸者長吉』などが描き込まれている。これはこれで画期的なことではあるが、敢えて言えば、これらはまだジャポネズリーのレベルの作品である。

だがゴッホはこの段階で止まらなかった。一気に突き進んでいってついにジャポニスムの段階に到達するのである。彼は一八八八年にパリを去って、南仏のアルルに旅立った。なぜアルルだったのだろうか。彼は南仏イコール日本と考えていて、そこにこそ新しい芸術の未来があると信じていたからであった。そして、彼は着実に前進していって、新たなる世界を切り開いていった。たとえば、『ゴッホの寝室』（一八八八年）では平板な色面と、強い色彩を使っているし、『ダンス・ホール』（一八八八年）では人々を輪郭線を用いて描いているし、『種播く人』（一八八八年）では、前年に模写した歌川広重の『亀戸梅屋敷』を思わせるように、前景に斜めに横切る古梅を配して、前後の景色を対比させるような大胆な構図を導入している。このような事実を考慮すれば、ゴッホが浮世絵から様々なものを学んで、それを生かしながら創作活動を進めていたことを、換言すれば、ゴッホの中でジャポニスムが重要な役割を果たしていたことを理解できるはずである。さらに付言しておかなければならないのは、最後にゴッホがジャポニスムを通じて真の意味で自然を発見したことであり、それは『ひまわり』(一八八八年)や、『収穫』(一八八八年)や、『糸杉』(一八八九年)などの作品を見れば確認できるだろう。

7　日本の建築と彫刻

第六章は「日本の建築と彫刻」である。ハートマンは建築と彫刻を取り上げているが、系統的に論じていないし、具体例もほとんど挙げていないので、ここでは重要な部分だけを要約して紹介することにする。

日本の建築

ハートマンは先ず日本の建築は木造建築であることを指摘して、なぜ木造建築だったのかを説明している。それは日本が地震国であり、そのような環境においては木材が最適の建築資材だったからである。ただここで注目すべきは、日本人がその木材を材料にして巨大で耐久性のある建物を建造してきたことである。その例として奈良の東大寺を挙げている。本殿は長さ三三メートルもある巨木を組み合わせて建てられており、その中に安置されている本尊である仏陀の像の高さは約十五メートルであり、光背の直径が二七メートルもあることを考慮すれば、この本殿がいかに巨大な建築物であるかを了解できるだろう。

さらにハートマンはもうひとつの建物を紹介している。それは日光の東照宮の五重塔である。日本の建築家たちは昔から伝承されてきた知識と技術を動員して耐震構造を備えた五重塔を建設した。五重塔というのは複雑な構造を持つ建物であるが、ここで触れておかなければならないのは五重塔に設定されている耐震構造である。それはいかなるものなのだろうか。実は巨大な心柱が五重塔の最高層から吊り下げられていて、その先端の部分は土台から約三センチ位離れて浮いた状態になっている。その結果、万一地震に襲われても、この心柱が激しい揺れを吸収して、倒壊を防いでくれるのである。クリストファー・ドレッサー(23)博士は明治時代の初頭に日本を訪れて五重塔を調査したが、その構造を自ら確認して、日本人の知識と技術に驚嘆したとのことである。

その後ハートマンは日本の住宅を三種類に、つまり、一般住居、宮殿と城郭、宗教建築に分類して説明している。一般住居は基本的には木の柱を組み合わせて建てられているが、その特徴は壁が全面を囲んでいるのではなくて、その一部に雨戸や障子が取り付けられていることである。寒い冬には雨戸や障子は閉められて壁の役割を果たし、暑い夏にはそれらは開け放たれて通風、換気を促すことになる。さらに、家の内部は襖で仕切られていて、それを操作することによって、大小様々な部屋を作り出すことができる。

次に天皇や貴族たちの住居や大名たちの屋敷を取り上げている。これらは原理的には一般住宅と同じものだが、それを大規模で豪華にしたものである。その代表的な例が天皇の住居である御所である。この建物は全体が精巧に構築され丹念に仕上げられている。巨匠たちが襖には豪奢な絵を描いているし、名人たちが欄間には見事な彫刻を施しているし、天井の格間には漆と金で装飾を施している。

その次に宗教建築について説明している。日本には土着の宗教である神道を基盤とする神社と、六世紀に大陸から伝来してきた仏教を基盤にする寺院がある。

先ず神社であるが、単純質素を特徴としている。建物は白の松材で組み立てられていて、屋根は茅葺になっている。室内には質素な畳が敷き詰められ、周囲には木造の周り廊下が設置されている。屋根の正面や側面には垂木が十字に組み合わされて取り付けてある。本殿にはご神体として、鏡と、剣と、玉石が納められている。

それでは仏教寺院はどうなのだろうか。ここで日本人は独自な構想力と色彩の才能を見事に発揮している。まず山門があるが、その左右には壁龕があって、そこには風神像と雷神像が設置されている。さらに、二つの通用門を通り抜けると、やっと本殿に到達する。本殿は複数の建物で構成されているが、その伽藍配置には様々な種類がある。これらの建物の中で一際異彩を放っているのが五重塔である。

最後にハートマンはルイ・ゴンスから得た情報に基づいて、日本を代表する建物を列挙して紹介している。奈良の法隆寺（七世紀）、奈良の東大寺（八世紀）、京都の御所（九世紀）、鎌倉の建長寺と円覚寺（十二世紀）、京都の東福寺（十三世紀）、京都の金閣寺（十五世紀）、大阪の大阪城（十六世紀）、日光の東照宮（十七世紀）などである。

日本の彫刻

次は彫刻である。彫刻とは日本では仏像のことであって、その歴史は七世紀以来十九世紀まで連綿と続いてきている。ここでもハートマンは仏像を具体的に挙げて検討していないのだが、おそらく彼の手元にはしかるべき資料がなくて仏像に関して解説することができなかったのである。ただ鎌倉の大仏に関しては特別の想いを込めて語っているので紹介しておく。

ハートマンは日本の彫刻の代表的な作品として鎌倉の大仏を挙げて説明している。これは一二五二年に制作されたもので、巨大な仏陀の坐像である。高さは約十一メートル、円周は約三〇メートル、顔の長さは約二・五メートル、口の幅は約一メートルで、頭には約八三〇の螺髪がある。

多くの人々がこの鎌倉の大仏を訪れてその時の印象を記している。たとえば、チェンバレンは、この大仏について、尊厳と、知的な静謐と、抑制された情熱があると書いている。

さらに、ハートマンはラフカディオ・ハーンの『日本瞥見記』からこの鎌倉の大仏に関する部分を引用して紹介している。ハーンは敷地内に入って小道を歩んでいったが、木々に隠されて大仏の姿は見えない。ところが小道を曲がった瞬間に、大仏の全身像が目に飛び込んできて動顚するが、三〇メートル位引き下がって見ると、別に恐ろしいものではないことがわかる。大仏は解脱して、宥和で、美と魅力に溢れている。「その美と、威厳と、完璧な休息は日本人の高貴な人生を反映するものである」。これに続けてハートマンは次のように書いている。

大仏は六〇〇年もの間唇に浮かべてきた微笑をこれから先も消すことはないだろう。この偉大で静謐な仏陀の足元で人生はとても安らかなものになるだろう。解放されたと感じること、時間の推移を、愛するものが滅びる悲しい過去への絶えざる落下を、意識しなくなること、六〇〇年もの間解脱してきた仏陀と同様に時間を超克すること、人間にとってこれほど幸せなことはないだろう。(24)

ハートマンは幼児の頃に出国してしまって、それ以来、二度と再び生まれ故郷の日本を訪れることはなかった。それゆえ、彼が実際に鎌倉の大仏の前に立つことはなかったのだが、これを読めば、彼が母国である日本に強い憧れを懐いていて複雑な想いを寄せていたことがわかるだろう。日本人は西洋文明に惑わされずに、古来の夢に立ち返って、心静かに、永遠で、不動なるものを瞑想すべきなのである。

8　日本の装飾芸術

第七章でハートマンは「装飾芸術」を、つまり、美術工芸品を取り上げている。美術工芸品といっても多種多様だが、ハートマンは主に陶磁器と漆器について論じているのでそれに沿って簡単に紹介しておくことにする。

陶磁器

ハートマンは先ず陶芸がなぜ日本でこれほど隆盛を極めているのかについて説明している。日本は全体として山国であり、全土に無数の河川が流れていて、良質の粘土を提供してくれているのであり、それは陶芸にとって最良の環境だったのである。

次に彼は陶芸の起源に関して加藤四郎左衛門景正という人物に言及している。彼は十三世紀の前半に中国に渡って、陶芸の修業をして、帰国後は尾張の瀬戸に窯を築いて、斬新で独自な陶器を制作して、日本の陶芸の基礎を築くことになった。すると、瀬戸に倣って、丹波、常滑、信楽、越前、備前、肥前などでも次々と窯が築かれて陶磁器が制作されることになった。その後十六世紀になると、茶が国民的な飲料になり、千利休が茶道を完成すると、それに呼応して、名工たちが個性的な陶磁器を創作するようになった。その代表的な焼物が、有田焼であり、清水焼であり、楽焼であった。

そして、江戸時代になると、そのような風土の中から、多くの優秀な陶工たちが出現することになった。たとえば、野々村仁清は豪華で優雅な陶器を創作したが、同時に、多くの弟子たちを養成した。その中で傑出していたのが尾形乾山と永楽であった。乾山は大胆な装飾を施した陶器を創作したし、永楽は優れた技術の持ち主であり、形よりも色を重視した陶工だった。彼らは中国の影響を払拭して、日本独自の陶磁器を創作したのであり、この事実はしっかりと認識しておくべきである。

その後でハートマンは全国の陶磁器の生産地を挙げて、その土地独自の陶磁器を簡単に紹介している。佐賀の伊万里焼、石川の加賀焼、鹿児島の薩摩焼、愛知の瀬戸焼、岡山の備前焼などである。

漆器

次にハートマンは最も高貴で独創的な工芸品として漆器を取り上げて解説している。漆の木から原液が抽出される。漆の扱いは極めて困難で、常に室内の湿気を確保しなければならないし、塵や埃を排除しなければならない。主に細かい木目の松材が材料として使われるが、それ以外にも、絹地や象牙や鼈甲などが使われることもある。漆器とはこのような厳しい条件の下で制作されるものであり、それゆえに日本を代表する高貴で優雅な芸術品なのである。

漆芸はすでに七世紀にはアジア大陸から伝来していたが、その後、封建時代には、大名たちは漆芸職人を雇用していて、娘が生まれると、その職人に命じて、鏡台や整理ダンスなどを制作させていたので、娘が適齢期に達する頃には、一揃いの漆器の豪華な花嫁道具が準備されていたのである。

さらに時代が下がって江戸時代になると、優秀な漆芸家たちが登場してきた。本阿弥光悦と尾形光琳である。彼らは共に稀有なる才能に恵まれて多彩で華麗な作家活動を展開したが、その一環として漆芸の分野でも活躍して歴史に残るような卓越した漆器を遺している。

ここでハートマンは小川破笠という人物を紹介している。彼は江戸時代に活躍した優秀な漆芸家である。彼は漆を巧妙に扱えたし、優れた造形力を備えていたので、それらを総動員しながら、金や銀のみならず、さらに象牙、瑪瑙、鼈甲、珊瑚、真珠、陶片などを大胆に取り込んで独創的で優雅な漆器を創作したのである。

最後にハートマンは漆芸の未来に関して極めて悲観的な見解を表明している。職人たちはこれまでは金銭に執着せず無頓着でいられたが、近代化の潮流の中で、西洋の商業主義に毒され、富の神に取り憑かれて、真摯に芸術活動を推進することができなくなってしまった。これが現代の漆芸の劣化という事態を招くことは必定である。

9　現代日本美術

第八章は「現代日本美術」である。先ずハートマンはその背景となる幕末から明治に至る歴史の流れを紹介している。一八六八年に徳川幕府が崩壊して、薩長を中心とする明治政府が樹立された。新政府は西洋文明を模範にして新たな国家の構築に着手したが、そのために憲法の制定、法体系の改編、陸海軍の創設、道路と鉄道と電信の整備、教育制度の設置などに取り組んだ。これはまさに大変革の時代だったのであり、それが美術界にも大きな影響を及ぼすことになるのである。

このように混沌とした状況の中で、画家たちは自らの責任で自らの進むべき道を選択することになった。その結果、三つの流派が登場することになったが、ハートマンはそれらを保守派、穏健保守派、急進派と名付けている。これから三つの流派を検討しながら明治時代の美術がいかなるものであったかを解明したいと思う。

保守派＝日本画

最初にハートマンは保守派を取り上げている。これは伝統的な流派であり、この派の絵師たちは伝統を継承して高度の技術を備えていた。その代表として菊池容斎（一七八八〜一八七八）と河鍋暁斎（一八三一〜一八八九）を挙げている。菊池容斎は歴史に造詣が深く、その知識と教養を発揮して、日本を代表する五〇〇人の賢君や忠臣を描いた。それが彼の代表作『前賢故実』である。彼は感情よりもむしろ知性を重視していたが、これが彼の芸術の特徴であった。次に河鍋暁斎であるが、彼は現在でも高く評価されている実力派の絵師である。本来は狩野派の出身であったが、同時に、歌川国芳の弟子でもあった。彼はこれら二つの技法を摂取して統合することによって自由奔放でユーモアに溢れる作品を創作した。『観世音菩薩像』、『地獄極楽図』、『墨合戦図』などが代表的な作品である。

急進派＝西洋画

次は急進派である。明治時代の到来と共に、一部の若い画家たちは伝統的な日本画を否定して、敢えて西洋画を選択して、西洋画の原理と方法を学んで、世界に通じる美術を創造しようとした。このようにして画壇に登場してきたのが急進派であった。同時に新政府は文明開化のスローガンの下で西洋美術の導入を決定して、それに基づいて、新たな美術教育の体制の整備に取り組むことになり、その一環として外国から著名な画家や彫刻家を招聘することになった。

政府はその第一弾としてイタリアの風景画家であるアントーニオ・フォンタネージ(25)を招聘した。彼は基本的な技術を、つまり、遠近法やデッサンなどを教えて、浅井忠(26)、小山正太郎(27)、山本芳翠(28)などを育てた。一八八九年に、これらの直系の弟子たちが中心になって明治美術会を結成して、その翌年に、日本初の洋画の展覧会を開催した。ところが、そもそも出展作品が少なかったのと、それらの作品が質的に劣悪なものだったので、この企画は意気込みに反して失敗に終わってしまった。これが厳然たる現実であった。

このように停滞する洋画界に突然出現してきて重要な役割を演じたのが黒田清輝（一八六六〜一九二四）であった。

黒田は貴族の出であり、一八八四年に法律を学ぶために渡仏したが、その後方針を転換して画家を志すことになった。彼はアカデミックな画家であるラファエル・コラン[29]の指導を受けて、基本的な技術を習得してめきめき腕前を上げて、滞仏中にサロン展に入選し画家として認められることになった。黒田は一八九三年に帰国して、一八九六年には東京美術学校に新設された西洋画科の講師として迎えられて西洋画の発展に尽力することになった。その後黒田は画家としての活動を拡大して、和田英作や岡田三郎助らと白馬会を創設した。このような黒田の活躍もあって、急進派は画壇に確固たる地歩を築くことになったのである。

彼ら急進派の画家たちは国民を惰眠から目覚めさせて、新しい西洋画を認知させようとした。これはこれでとても意義深いことだが、現実は厳しくて、彼らの理想を簡単に実現することはできなかった。そこには様々な事情があったのだが、ここではひとつの理由だけを挙げておく。先述したように、一八六〇年代以降、ジャポニスムがヨーロッパの美術界を席捲していたが、日本政府はそのような事実を認識して、日本の伝統芸術を奨励する方針を採択したのである。これは急進派にとっては逆風になったが、同時に、これが新たな流派の台頭を促進することになった。

岡倉天心と穏健保守派

そのようなナショナリズムの高まりの中で、政府は一八八七年に東京美術学校を設立して、その初代の校長に弱冠二七歳の岡倉覚三（天心）を選任した。岡倉自身は芸術家ではなかったが、東西の芸術、思想に通暁した人物であり、絵画、彫刻、建築、図案の四学科を設置して、有能な教授たちを選任して美術教育を推進した。これが三番目の流派を、つまり、穏健保守派（The Moderate Conservatives）を形成することになった。彼らは伝統的な路線を踏襲しながら、同時に、最新の西洋の美術を取り込むことによって、旧来の世界を乗り越えて、新たな世界を開拓しようとした。ハートマンはそれがいかなるものであったのかを、一八九三年のシカゴ万国博に出展されていた作品を取り上げて説明している。

それにしても実際に万国博会場でどのような作品を観たのであろうか。彼は橋本雅邦の『山水図』、熊谷直彦の

『雨中山水』、尾形月耕の『江戸山王祭』、渡辺省亭(30)の風景画、岸竹堂の『虎図』、高村光雲の『老猿』、石川光明(31)の象牙細工の観音像、岡崎雪声(32)の浮彫の作品『弁天像』、白山福松(33)の漆器などを列挙している。

そしてこれらの作品の中から、特に橋本雅邦の『山水図』と岡崎雪声の『弁天像』を選んで説明している。先ず橋本雅邦の『山水図』を取り上げて、雅邦はこの作品で独特な光の配分を表現しているのであり、その結果として、従来の日本画とは異なる全く新しい日本画を創造したと述べている。次に岡崎雪声の『弁天像』については、フェノロサの意見を紹介しながら、これは奈良時代のブロンズの浮彫と十三世紀の土佐派の仏画を融合したものであり、十五世紀のイタリアの浮彫の作品に匹敵する優れた作品であると称賛している。

このようにハートマンは岡倉天心が主導する穏健保守派の存在を認めてその未来に大きな期待を寄せていたのであり、そのような立場から大胆に西洋と東洋の融合を提唱することになった。アレクサンダー大王は二〇〇〇年前に西洋と東洋の融合を成し遂げたが、今度は日本が二度目の東西の融合を成し遂げて、完成した高度の文明を創造しなければならないのである。

ハートマンの東西融合論

ハートマンは一九〇三年の時点で西洋と東洋の融合を主張することになったが、それにしてもなぜ彼はこのような壮大な計画を提唱したのであろうか。そこには三つの理由があったと思われる。第一の理由は旧友フェノロサからの影響である。先に触れたように、彼は一八九二年にハーバード大学で東西の融合を謳った長詩「東と西」を朗読して、翌年には、それに「アメリカの発見」などの詩を加えて、詩集『東と西、アメリカの発見、その他』を出版した。さらに、一八九九年には『来たるべき東西の融合』という論文を書きながら、一貫して東西の融合を主張していたのである。ハートマンはこのフェノロサと親しく交流しながら、東西の融合という理想を実現しようと決意していたのである。

第二の理由はヨーロッパにおけるジャポニスムの隆盛である。ハートマンは日本の美術の歴史を辿りながら、日本の美術の特徴として、暗示性、平面性、細部の無視あるいは強調、空間の特異な配置などを指摘し、第五章の「日本美術の西洋文明への影響」では、それら（＝ジャポニスム）が西洋の美術を閉塞状態から救い出して新たな世界の開拓に導いたことを論証した。つまり、彼の立場からすれば、美術の世界では、すでに十九世紀の後半に、ジャポニスムを介して、西洋と東洋は融合していたのである。

さらに第三の理由があった。すでに第一章で述べたように、ハートマンはドイツと日本の血を引くアメリカ人であるが、これはなかなか困難な存在形態であって、そのために、彼はどこにいてもネイティヴになれずに、自己のアイデンティティーの追求を強いられて苦闘していたのである。そのような状況の中で、彼は『日本の美術』を執筆したのであり、その作業を通じて、彼なりのアイデンティティーを発見したのであり、その延長として、西洋と東洋の融合を主張することになったのである。

このようにハートマンは明治初期の美術界を保守派、急進派、穏健保守派に分類して、それぞれについて解説しながら、明治初期の美術の全体像を提示して、さらに一歩踏み込んで、西洋と東洋の融合という重大な問題を提唱することになった。だがここで銘記すべきは、当然彼はこのような未来に大きな希望を寄せてはいたが、同時に、心から楽観することができずに危惧の念に苛まれていたことである。それはなぜなのだろうか。彼はここで西洋の商業主義の悪弊について言及している。先に述べたように、明治維新後、新政府は西欧の国々に追いつき追い越すために強引に文明開化の政策を推し進めたが、それに伴って強力な副作用が生じて様々な悪影響を及ぼすことになった。その最たるものが商業主義の悪弊であった。多くの芸術家たちは商業主義に毒され、富の神に支配されて、真摯な芸術活動を遂行できなくなってしまった。ハートマンはここでラ・ファージの言葉を引用している。彼はアメリカを代表する画家であり、一八八六年にヘンリー・アダムズと来日して約半年間滞在した。その間にフェノロサと行動を共にしながら当時の日本の美術に関する見識を深めた。(34)

現代の画家たちの作品を見るたびに、私は悲しみに襲われる。それらの作品の前から立ち去る時、決して希望を感じることはない。……すべての作品から個性が消え去ってしまっているので、もはや驚きの感情は生まれない。……なぜなら、芸術の世界においても商売が一番重要だからだ。[35]

このように二〇世紀前半の日本の美術には多くの困難な問題が残されているが、最後にこれだけは確認しておかねばならない。この『日本の美術』は、ハートマンにとってのみならず、アメリカの美術にとっても、そして、日本の美術にとっても、とても意義深く重要な作品だったのである。

第六章　躍動する才能

1　ハートマン―詩人

越境する精神

これまでハートマンの生い立ちを辿りながら、一八八二年に父親に追放されるようにしてアメリカに移住してきたこと、一八八四年にホイットマンと出会って、その交流はホイットマンが亡くなる一八九二年まで続いたこと、同時期に、アメリカとヨーロッパの間を四回往還しながら、ハイゼや、マラルメや、ゴンクールや、ロセッティー兄弟や、ホイッスラーらと知り合いになって、彼らとの議論を通じて芸術全般に関する見識を深めたこと、一八九〇年代から一九〇〇年代にかけて、それらの知見や経験を生かしながら、芸術家として、評論家として、多彩な活動を展開することになったこと、そして、その具体的な成果として、一八九三年の戯曲『キリスト』、一八九五年の『ウォルト・ホイットマンとの会話』、一九〇一年の『アメリカ美術史』、一九〇三年の『日本の美術』などを取り上げて検討してきた。

だが、彼は本当にエネルギッシュで才気に溢れていて、これらの分野に自足して安住することなく、さらに大胆に越境して新分野に踏み込んで行って、そこでも画期的な仕事を成し遂げているのである。

先に述べたように、彼にとって一八八四年から一八九二年に至るホイットマンとの交流はとても重要なものであった。そして当然予想されることだが、彼はホイットマンから大きな影響を受けて自らも詩作を試みることになった。それらの作品を編集して出版したのが『初期詩篇』（一八八六～一八九一年）と、『裸の幽霊』（一八九二年）と、『海に漂う花』（一九〇四年）である。ちなみにこの最後の詩集は妻のベティーに捧げたものである。

彼は元来演劇を志向していたのであり、その証が一八九三年に出版した戯曲『キリスト』であった。ところがこの作品がボストンの風俗取締条例に抵触してしまって、逮捕投獄されることになった。だが芝居を諦めて放棄することはなかった。その後一八九七年には『仏陀』を書き上げているし、その間に畏怖すべきイプセンの芝居の上演に挑戦もしていたのである。

彼はまた小説にも手を染めている。その成果として、一八九九年に『空中のショーペンハウアー』を出版したが、これは七篇から成る短編集である。さらに、一九〇六年以降にアナーキストのエマ・ゴールドマンが発行していた『母なる大地』に六篇の短編小説を寄稿している。

彼は画家としての才能も備えていたようで、多くのパステル画を描いて、個展を開催したが、かなりの数の作品が売れたと豪語している。

先述したように、彼は主に美術評論家としても活動していた。彼は数百人に及ぶ画家たちを訪問して、新聞や雑誌に紹介記事を寄稿していたが、それらを編集して出版したのが『アメリカ美術史』（一九〇一年）であった。これは六〇〇ページを超える大著である。さらに、一九〇三年には『日本の美術』を出版したが、これは日本で一九七〇年代から流行したジャポニスム研究を先取りしたものとして近年高く評価されるようになってきた。これらの作品に関してはすでに第四章と第五章で詳しく考察しているので確かめていただきたい。ところでここで忘れてはならないのは彼が美術評論家としてもうひとつ重要な仕事を成し遂げていることである。彼は一八九八年にスティーグリッツと出会ったが、それ以降スティーグリッツに要請されて『カメラ・ノーツ』や『カメラ・ワーク』などの写真誌に多くの刺激的な写真論を書いて、近代写真の発展に大きく貢献しているのである。これは写真史的には非常に重要な問題なのでこの章の後半で詳述する。

詩人としての活動

このようにハートマンは多彩な作家活動を展開したのだが、先ずは彼の詩人としての活動を考察しておこう。彼は一九〇〇年前後に三冊の詩集を出版している。『初期詩篇』と『裸の幽霊』と『海に漂う花』である。ここではこれらの詩集からいくつかの作品を選んで検討することによって、彼の詩がいかなるものであったかを論証したいと思う。たとえばハートマンは一八八七年に『創造すること！』という詩（『裸の幽霊』に所収）を書いているが、ここにホイットマンの影響を認めることができる。すでに紹介したように、彼は一八八四年、十七歳の時に、初めてホイットマンを訪問したが、その帰り際に、ホイットマンは校正中の作品『博覧会の歌』を与えて、これをよく読んで考えなさいと助言したのだが、この『創造すること！』という作品はそれに対する彼の答えだったのであり、これを検討することによって、彼がホイットマンからどのような影響を受けて、それに対して、どのように対処しようとしていたのかを知ることができる。

ホイットマンは、この『博覧会の歌』の中で、アメリカを、つまり、「万物を支配し、万物を融合し、吸収し、受容する」「共和国」を歌い、「新しい世界の教訓」を説いている。

つまるところは創造するだけでなく、あるいは建設するだけでもなく、
恐らくはすでに建設されているものを遠い過去から蘇らせ、
平等で、自由で、限りを知らぬ我ら自身の実体をそのものに与え、
粗野なもの、その鈍重な図体に、神を求めるいのちの火を満たすこと、
拒絶し破壊するよりも、むしろ受け入れ、融解し、新しい姿を与えること、
命令するだけでなく服従もし、先導するよりも従うこと、
これらさまざまなこともまた我らが「新しい世界」の教訓、
つまるところは「新世界」がいともささやかなものであり、かの「古い、古い世界」こそ真に大いなる尊い源。(1)

ここでホイットマンは「創造すること」、「建設すること」を説いているが、同時に、「すでに建設されているものを遠い過去から蘇らせ」、「受け入れ、融解し、新しい姿を与えること」を奨励している。というのも、これもまたひとつの重要な創造行為だからである。ハートマンはドイツ人の血と日本人の血によって「古い、古い世界」に繋がっているのだから、このような独自な創造行為を実践すべきなのである。このようにホイットマンは日独の混血児であるハートマンの才能を見抜いて大きな期待を寄せていたのである。

それではハートマンはこの助言をどのように受け止めたのだろうか。これを読めばわかるように、彼はホイットマンの意思を十分に理解することができずに、性急に「創造すること」だけに突進していった。彼はいま文学に目覚めて、創作の意欲に駆り立てられているのであり、そういった意味では、このような事態は避けがたいものであった。その結果、彼は「創造すること」を提唱する、つまり、人々に「芸術家になること」、「詩人になること」を、「卓越した人間になること」を勧め、男と女の「愛」を主張し、母親が子供を「産んで」「育てる」ことを称揚する。そして、最後に次のように宣言するのである。

皆さん、この創造するという言葉が僕たちすべてを
調和の鎖に繋げてくれるのです、なぜなら、僕たちすべてに
この崇高な思想の表現の義務があるからであり、すべての声が
僕の熱烈な叫びに唱和するからである、おお、創造すること！(2)

このようにハートマンはホイットマンとの交流を通して「創造すること」の意義を学び、「創造すること」だけに邁進することになった。この時点では、彼にとって「創造すること」がすべてであって、「すでに創造されているもの」を「蘇らせ」、「受け入れ、融解し、新しい姿を与えること」に想いを馳せる余裕はなかったのである。だが、彼は十数年後にはホイットマンの意思を理解して、もうひとつの創造行為を実践することになったのであり、敢えて言

えば、あの『日本の美術』（一九〇三年）がその具体的な成果であった。それはそれとして、彼はまず「創造すること」に専心することになったのであり、ここでは彼が詩人としてどのような詩を「創造」したのかを検証しておく。

当時ハートマンは二〇歳前後だったので、多くの恋愛詩を書いているが、実際には不毛な愛を扱っている作品が圧倒的に多いのである。たとえば、『朝の夢』（『初期詩篇』に所収）がある。ここで「僕」はアリスとの愛を回想している。かつて二人は「宇宙の庭園」にいて、そこでは「鳥たちが周りで囀り不思議な歌を奏でていた」のであり、「野原の花々は二人の足に口づけして純真な黄金の日々を祝してくれた」のだ。その時は二人が語る「言葉は詩」であり、二人が懐く「感情は歌」であった。だが二人は「別れ」なければならず、「さよなら」を言うことになったのであり、そして、今「僕」は次のようにアリスに語り掛けるのである。

アリスよ、人生とは本当に不思議なものだ。多くの希望が静かに
飛び去っていき、その思い出だけが柔らかい心に触れてくる。
君は、子供の時代からの優しい友は、今どこにいるの？
君の美しさは日の当たる場所にいるのか、あるいは、
君の春は僕の春と同じく涙で曇っているのだろうか？(3)

「僕」は幼馴染のアリスを愛していたが、二人はなぜか別れて、さよならを告げることになった。「僕」にはそれが理解できないし、それを受け入れることもできない。「僕」はただ悔恨の念にとらわれて、「人生とは本当に不思議なもの」と慨嘆するしかないのだ。ハートマンは当時年上の女性クララと付き合っていて、ホイットマンにも恋人として紹介しているが、様々な理由があって、その後二人は別離を余儀なくされた。この作品はその時の恋愛を題材にして書かれたものと思われる。

ホイットマンの影響

これらの恋愛詩の中には愛の成就を歌った作品もある。その例として『純真な恋人たちの婚礼の夜』（『裸の幽霊』に所収）を取り上げておく。婚礼の夜。何年も前から恋人たちの「心」はひとつになっていたが、今二人だけになって、ついに恋人たちの「身体」もしっかりと「一体化する」ことになる。

二人は、胸を合わせて、歓喜と幸福に浸って、横になっている。
二人はそのまま一体化していて、その間に、生命と愛の液体が流れる、
それは流れて、互いに混じり合う。これはまさに淫らな肉欲。
だが、肉欲は崇高であり、天国まで届くものなのである。(4)

恋人たちは純潔を守ってきたが、婚礼の夜に心身ともに「一体化」して、崇高な官能によって天に昇るような悦楽に浸っている。ところで、ここで思い出すべきは第二章で紹介したホイットマンの『アダムの子供たち』である。ホイットマンはそこで性行為を「愛欲の粘液」とか「恍惚の汁液」といった言葉を使って執拗に露骨に表現していたが、おそらくハートマンはこの詩を参考にして二人の性の営みを大胆にリアルに「生命と愛の液体が流れる、それは流れて、互いに混じり合う」と表現したのである。このようにハートマンはホイットマンから大きな影響を受けていたが、これら二つの作品を読み比べてみれば、ハートマンは、詩人として、ホイットマンの弟子であったが、残念ながら、その後継者にはなれなかったと考えざるをえないだろう。

先に述べたように、ハートマンは一九〇四年に詩集『海に漂う花』を出版して、それを妻のベティーに献呈している。この頃までには、彼は詩人としてかなりの進歩を示しているが、ここでは具体的に『海に漂う花』を取り上げて論じておこう。「僕」はいま砂浜に立っている。日は暮れようとしていて、昇りかけた月が琥珀色の光を放射していて、周辺には海草の刺激的な香りが漂っている。すると「白い花」が「僕」の足元に漂着する。「僕」はこの「白い

花」を見つめる。「白い花」は海で揺れながら花を咲かせている。次の瞬間、彼は悔恨の念とともに、悲しい人生を想い起こすのである。つまり、彼はこの「白い花」を見ながら、かつて歌った「歌」を、かつて懐いた「希望」を、そして、言いたくても言えなかった「言葉」を思い出すのであり、それらが自分にとってどれほど重要で貴重なものだったかを思い知らされるのである。

お前の中に、永遠の時間の流れが見えるが、
その流れはすべての悲しみ、微笑み、そして、涙を運んでいる、
なぜなら、時の鐘が最後の審判を告げて、
人類のすべての愚行を終わらせる時、
お前は再び儚い花を咲かせて現れてきて、
荒廃した浜辺をその花で飾ってくれるからである。(5)

「僕」は今この「白い花」の中に「永遠の時間の流れ」を見て取ることができる。だから「時の鐘が最後の審判を告げて」、「人類のすべての愚行を終わらせる時」が来ても、「僕」は絶望することも、自暴自棄になることもないだろう。なぜなら、その時には「白い花」が「再び儚い花を咲かせて」、「荒廃した浜辺をその花で飾ってくれる」からであり、そうすれば、「僕」は「歌」を歌うことができるし、「夢」を叶えることができるし、「言葉」を発することができるからである。ハートマンは、この詩において、時間を現在に固定せずに、自由自在に、過去に流れさせ、未来に流れさせているのであり、その結果、この作品に広がりと深みを与えることに成功している。

　ハートマンは一八九〇年代から一九〇〇年代にかけて三冊の詩集を出版しているが、ここではそれらの中から四つの作品を選んで考察してきた。残念なことに、全体として見てみれば、多くの作品がまだ素朴で稚拙であって、高いレベルに達していると断言することはできない。だが、彼が経験を重ねながら、詩人として、思想的にも、技法的に

も、進歩してきていることも事実であって、たとえば『海に漂う花』などの作品を読めば、そのことを確認できるはずである。

2　ハートマン――小説家

小説家としての活動

次にハートマンの小説家としての活動について検討しておこう。先に書いたように、彼は一八九九年に短編集『空中のショーペンハウアー』を出版して、さらに、一九〇六年から数年にわたってエマ・ゴールドマンが発行していたアナーキスト系の雑誌『母なる大地』に六篇の短編小説と二篇のエッセイを発表している。その後一九二〇年に唯一の長編小説『キリストの最後の三〇日』を出版しているが、これは終章で扱う予定である。

最初に短編集『空中のショーペンハウアー』の表題作である『空中のショーペンハウアー』を取り上げる。暗くて陰気な夜。寂れた繁華街。古くて、風雨に晒されて、傾いて倒れそうな街灯の下の縁石に、一人の少女が腕を組んで蹲るように座っている。少女は側溝の中に小さな薄緑色の塊を見つける。それは一粒のブドウで片側が腐っている。それを拾い上げて食べた瞬間、喜びの表情が浮かぶ。少女は貧困に苦しめられているのだ。だがその喜びの表情はすぐに消えて再び絶望的な無気力な表情に変わる。時々人々が傍らを通りかかるが、彼女の存在には気づかない。注意を引くような明るさがなくて、周囲の暗闇に溶け込んで見えなくなってしまっているからだ。一人の娼婦が少女の脇を通り抜けて明かりのついた酒場に向かう。少女は娼婦についていって罪にまみれた生活に身を投じようかと考えるが、その誘惑に打ち勝って踏み止まる。すると、突然、救急車の鐘の音が鳴り響く。群衆が現場に駆けつける。少女も立ち上がってその方角に向かう。彼女が歩く街路の両側にはアパートが立ち並んでいるが、それらはすべてが同じタイプのアパートであって、そこにあるのは画一的で退屈な日常生活だけだ。それが現代の大都市の生活の実態なのである。少女は歩き続けて岸壁に到着する。その先には河が流れているが、その河は深い静寂に覆われている。遠くから憂鬱なメロディが聞こえてくる。船員がハーモニカを吹いているのだ。するとフェリーボートが船室の窓に明かりを点灯しながらまるで幻影のように通り過ぎていく。少女は岸壁に立ってそのフェリーボートを見ているが、その顔からあの憂鬱な表情が消える。

突然、少女は背を伸ばして腕を広げる。それはまるで夜を抱きとめて暗い夢と願望を摑み取ろうとしているかのようだった。小さな黒い影が落下した。水が飛び跳ねた。押し殺したような叫び声。それは満足の笑いのように響き渡った。そしてすべてが再び静まり返った。少女が沈んだ黒くて侘しい流れには波紋が生じて広がって、人生の灰色の河を漂い流れていく幻の幸福のフェリーボートが掻き立てた波とぶつかって混じり合った。(6)

少女はそれまで暗黒の世界に追い込まれて、貧困と絶望に苛められていたのだ。その少女にとって、明かりを点灯しながら通り過ぎていくフェリーボートは幻かもしれぬがまさに幸福の船だと思われたに相違ない。彼女は咄嗟に腕を大きく開いて憧れていた「夢」と「願望」を摑み取ろうとする。それにしても自ら命を絶った少女はその「夢」と「願望」を捕えることができたのだろうか。彼女が落水した時に生じた波紋が広がって、幸福のフェリーボートが掻き立てた波紋と「混じり合った」のだから、おそらく彼女は自分の夢を達成することができたのだろう。そう考えたいと思う。それにしても、なんと暗くて救いがたい世界であることか。第一章で述べたように、ハートマンは十四歳の時に単身でアメリカに移住してきて、貧困に苦しめられ、絶望に追い込まれていたのであり、そのような若い頃の苦悩に満ちた経験を踏まえてこの物語を書いたに違いないのである。そういった意味で、これは決して傑作ではないが、彼の典型的な作品なのである。

『母なる大地』に投稿した短編小説

先に述べたように、ハートマンは一九〇六年からアナーキスト系の『母なる大地』という雑誌に六篇の短編小説を提供している。ここではそれらの中から芸術家を主人公にしている四篇の作品を取り上げて紹介する。

たとえば「不運続きの五〇年」（一九〇六年五月号）では、メルヴィルという年老いた風景画家が主人公として登場してくる。彼は陽も差さない崩れそうなアトリエで頑なに暗い絵ばかりを描いていて、そのために彼の絵が市場で売れることはない。その結果、彼は極貧の生活を余儀なくされ、妻を結核で失い、子供たちを養護施設に預けなければならなかった。ある老紳士が彼に同情し心配して明るく清潔なアトリエを提供してくれる。最初はこのアトリエで描くことができなかったが、突然インスピレーションが閃いて、目の前に光に満ち溢れていたカナダの父の果樹園が見えてきたのである。メルヴィルはその光景を必死に憑かれたように描き尽くすと、その作品を前にしたまま息絶えて死んでしまうのである。ハートマンは「彼は生涯の目標を達成した。彼は日光を描いたのだ」と書いているので、おそらくメルヴィルはこの作品によって最終的には救済されたのであろう。彼にとって、人生は極めて過酷なものであったが、彼の作品は決して無駄で無益なものではなかったのである。

次は「ゲームは終わりだ」（一九〇六年六月号）である。この作品では彫刻家のモリソンが主人公として登場してくるが、彼はすでに彫刻家としては破綻していて、そのために強く自殺を志願している。友人の貧乏作家はモリソンの自殺の意志が堅固であるのを知っているので、競馬で稼いだ一〇ドルを提供して、拳銃と弾薬を購入させて、ニューヘブンまで同道して、モリソンの最期を見届けることになったのである。彼らはニューヘブンのホテルで休息をとって、芸術について、商業主義について、人々の理解の欠如について話し合って、その後、ホテルを出て暗がりの中を歩いて、モリソンが決めていた死に場所に着いた。モリソンは友人の作家と握手をして別れを告げると、そのまま歩いて去っていった。彼は今人生の旅の目的地に到着した、つまり、「ゲームは終わった」のである。ハートマンはここで自殺幇助という衝撃的なテーマを扱っていて、そういった意味でこれは彼の悪魔性を前面に押し出した作品だと言えるだろう。

さらに「サーチライトの光域」（一九〇八年五月号）では自己中心的な音楽家の妻が主人公になっている。妻はこれまで献身的に夫の音楽家を支えてきたが、夫はそのような妻の愛情を当然なものと受け止めて、妻が内心では「人生の空虚さ」に囚われて苦悩していることに気づかない。妻は一度だけ窮状を訴えたことがあった。夫はそれを理解して心を入れ替えると約束してくれた。だがそれも長続きはせずに、妻は再び空虚な生活を余儀なくされることになった。彼女は「情熱もなく、優しさもない人生を運命づけられている」と考えながら鬱屈した空虚な人生を送っていたのである。そんなある夜、彼女は家のバルコニーから眼下を流れる河を眺めていた。汽船が通りかかって、サーチライトが周囲の光景を照らし出した。次の瞬間、サーチライトが彼女をとらえた。サーチライトの眩しい光を浴びながら、そのまま立ち尽くしていると、一匹の大きな白い蛾が飛んできて肩にとまった。「彼女はついに幸福が訪れてきた」と感じた。それは一瞬の出来事だったが、彼女はその時淡い希望を感じ取ったのである。

いつの日にか、私はこの灰色の生活から脱して、本当に遠く離れた不思議の国に行けるのであり、そこでは愛が完璧に優雅に玉座に坐しているのだ。(7)

それでは音楽家の妻はあの淡い「夢」を叶えて「愛」が「玉座に坐している」「遠く離れた不思議の国」に行けたのだろうか。あの音楽家のことを考慮すると、残念ながら、ここでは「否」と答えるのが妥当なことだと思われる。ところで、この作品を読むと、いつもハートマンと妻のベティーとの関係を思い出してしまう。もし彼がこの作品を自分たちの夫婦生活を意識して書いたのだとしたら、ハートマンという男は冷徹な戦略家であったと考えざるをえないのである。

ここに可能性がある

最後に「小さな田舎の駅で」（一九〇六年九月号）を検討しておこう。これも『母なる大地』に発表されたものであり、これまでと同様に芸術家を扱っている作品である。主人公は巡回劇団に所属する若い女優である。アラバマ州の海岸沿いの小さな田舎駅。夜行列車が停車して、劇団の支配人や役者たちが降りてくる。彼らはこの駅で二時間待機して別の列車に乗り換える予定である。若い駆け出しの女優がプラットフォームに立って周囲の景色を見回す。その駅は小高い丘の上にあって、前には草原と森林が広がっていて、その先には海が見える。

彼女は仄かに漂ってくる芳香に気づく。立ち上がって、香りの源を求めて、プラットフォームを降りて、草原を歩いていく。防柵が張られていて、その先に色は識別できないが背の高い大きな花が密集して咲いている。彼女は一抱えの花を摘んでプラットフォームに戻ってきて、その花束を抱えたままトランクに座って海を眺める。空には、月も、星も出ていない。すべてが静まり返っていて、花の香りだけが感覚を刺激する。彼女はじっと動かずに恍惚として思索に耽る。

彼女は何を考えていたのだろうか。子供時代のことを、ニューイングランドの田舎町での退屈な青春時代のことを、依怙地で強情な性格のために田舎町から飛び出したことを、自分らしい人生を送りたいという願望のことを、旅回りの劇団に加わったことを、その後の劇団での型通りの生活のことを、そして、それに伴う窮乏と屈辱と幻滅のことを、回想していたのである。

このように彼女は過去の様々な出来事に想いをめぐらしていたのだが、すると突然そっと吹き寄せてくる微風の中に生命の息吹を感知して、これまでに経験したことのない自然との緊密な接触と交流を体感することになった。つまり、彼女はこの時「魂が肉体から飛翔して、涙の谷の上を浮遊しながら戯れている」かのように感じ、そのような貴重な経験を踏まえてそれまでの自分の人生を改めて見直すことになったのである。

彼女は新人女優であるが、自分の人生をどのように考えていたのだろうか。町から町へと移動しながら、ささやかな端役を演じる日々。毎日毎日、同じ科白を発し、同じ笑いを浮かべ、同じ身振りを繰り返し、同じ入口から登場して、同じ出口から退場し、翌日には別の町へ移動する。定まった家はなく、他者との真の心の交流もないのだ。彼女はこれまでこのような役者の生活をごく当然なものと受け止めてきたが、自然との接触と交流を経験した後では、それは全く違ったもの、つまり、すべてが「偽物」で「誇張されたもの」ではないかと思えてきたのだ。彼女は悲嘆にくれて泣き伏す。そして次のように決意するのである。

すると突然、吹き抜けていく微風のせいなのか、花の強い香りのせいなのかわからないが、霊感が彼女を襲ったのである。そうなのだ。これからは自然の真実を、つまり、本当の感情を——それは自分の心の経験から生まれてきて、自然の様々な要素と調和しているものだが——舞台で表現しなければならないのだ。そして、そのためには人生の大きな舞台に立って、自然の優しさと喜びを満喫し、戦って、苦しんで、あらゆるものを経験して、その後でそれを芸術に変えていかなければならないのだ。(8)

この瞬間彼女はもう落胆してはいなかった。というのも「大きな喜びが彼女の小さな心を満たして溢れ出てきた」からである。そういった意味では、彼女のように「夢」を懐かなければならないのである。たとえ「夢」を懐いたとしても、それを実現できないこともある。それが人生である。だが、たとえ実現できなかったとしても、それらの夢を記憶の中に持ち続けなければならない。なぜなら、そのように夢を懐き続けていれば、いつの日にか霊感が閃いて、人生を一瞬のうちに生きる価値のあるものに変えてくれるからである。二時間後、新人女優は「夢」を胸に秘めて列車に乗り込んで、小さな田舎の駅に別れを告げて、新たな人生の道を歩み出すことになったのである。

これまでハートマンが十九世紀から二〇世紀への転換期に発表した五篇の短編小説を検討してきた。おそらく彼はこれらの作品を書きながら、二〇世紀におけるアメリカの芸術の可能性を探ろうとしたのである。だが、これらの作品を読む限り、アメリカの芸術に明るい未来を発見することはできなかったと判断しなければならないだろう。これまで見てきたように、風景画家のメルヴィルは最後に光溢れる風景を描き上げたが、それと引き換えに息絶えて死んでいった。彫刻家のモリソンは自分の芸術に絶望して、その挙句に自ら拳銃で命を絶ってしまった。音楽家の妻はサーチライトを浴びて一瞬「希望」を懐いたものの、それでも「愛」が「玉座に坐している」「遠く離れた不思議の国」に到達できたとは考えられない。これが十九世紀から二〇世紀にかけてのアメリカの芸術の現状だったのである。それではアメリカの芸術には未来はないのだろうか。ここで私達はあの新人女優を思い出さなければならない。彼女はたまたま立ち寄った田舎の駅で、自然との接触と交流を経験して、それまでの役者としての活動を反省して、「夢」

を持ってより大きな人生の舞台に立って、そこで「戦って、苦しんで、あらゆるものを経験して」、それを生かしながら新たな舞台の創造に挑もうと決意したのである。そういった意味では、この新人女優には微かながら芸術の可能性が残されていると考えていいのだろう。言い換えれば、ハートマンはこの駆け出しの新人女優に未来を開拓する夢を託したのである。

3　ハートマン――写真評論家

スティーグリッツとの交流

これまで見てきたように、ハートマンは一八九〇年代から一九〇〇年代にかけて、作家として、詩を書き、短編小説を書いてきたが、同時に、評論家として、美術について、さらに、当時台頭してきた写真についても、活発に健筆を揮ってきたことを忘れてはならない。それから一世紀以上が経過して、その間に彼の詩や短編小説は風化して忘れ去られてしまった。だが、彼の美術論や写真論は美術史の中でいまだに正当性を維持していてそれなりの評価を受けている。彼は美術論として『アメリカ美術史』（一九〇一年）と『日本の美術』（一九〇三年）と『ホイッスラー・ブック』（一九一〇年）を出版しているが、これらの作品に関しては第四章と第五章と第八章でそれぞれ検討しているのでそこで確認してもらいたい。

これからはハートマンの写真論に関して詳しく説明しておこう。現在写真は芸術の重要な一分野として位置づけられているが、ここで思い出さねばならないのは、写真が二〇世紀になってやっと独自な芸術として認知されたことであり、その過程でハートマンが重要な役割を果たしていたことである。

ここで写真の歴史を簡単に振り返っておこう。周知のように、写真は一八三九年に発明された。この年に下院議員でありパリの天文台長でもあったフランソワ・アラゴー[9]がダゲレオタイプの写真の発明を公式に発表したのである。その後技術革新による、低廉化、小型化、高性能化によって、写真は徐々に全世界に普及し浸透していった。人々はカメラを購入して、人物や風景や遺跡などを撮影して、さらに写真展を開催してその出来栄えを競い合うようになった。そのような状況の中で、一部の熱烈な愛好家たちは写真を芸術に高めて芸術として認知させようと考えるようになって、十九世紀の末期に、アメリカとヨーロッパで、その目標の実現のための運動が同時に並行して推進されることになった。アメリカでこの運動の指導者として活躍したのがスティーグリッツであった。

それではスティーグリッツとはいかなる人物だったのだろうか。彼は一八六四年にニューヨークで裕福なドイツ系のユダヤ人の家庭に生まれた。ハートマンより三歳年上ということになる。一八八一年、彼が十七歳の時に一家はドイツに移り住んだ。ドイツで子供たちに教育を受けさせるためだった。翌年、スティーグリッツはベルリン工科大学に入学して、フォーゲル博士の下で機械工学の研究に従事した。彼は光学、レンズ、化学薬品などに関する基本的な知識を習得した。この頃彼はカメラを入手したのだが、これが彼の人生を決定づけることになった。彼はヨーロッパ中を放浪しながら、写真を撮影して、それらを各地で開かれていた写真のコンペに応募して、しばしば最優秀賞を獲得するようになった。このようにしてスティーグリッツはいつのまにか写真家の道を歩み始めていたのである。

彼は一八九〇年に帰国して父から資金を提供してもらって写真製版の会社を立ち上げたが、その結果、写真家としての、そして、芸術の推進者としての、人生をスタートさせることになった。一八九三年には、彼は写真雑誌『アマチュア・フォトグラフィー』の編集者としてアメリカの写真界に登場することになったが、同時に、写真家として『終着駅』や『冬—五番街』などの秀作を発表し続けていた。写真史的には一八九三年は重要な年であって、この前後にヨーロッパの各地で、写真家たちが新しい芸術写真を志向する組織や団体を立ち上げて、それを発展させて「繋がった輪」(Linked Ring)を結成したのである。スティーグリッツがその「繋がった輪」と連携しながら、写真を芸術に高めて芸術として認知させる運動を進めることになったのは断るまでもない。

スティーグリッツがめざしたもの

一八九六年には「ニューヨーク・カメラ・クラブ」が結成されたが、その翌年にはスティーグリッツはこのカメラ・クラブの機関紙である『カメラ・ノーツ』の編集者を委嘱されて、写真を芸術として認知させるための運動、つまり、ピクトリアル・フォトグラフィー運動に指導者として従事することになった。

そもそもスティーグリッツはアメリカの写真をどのように考えていたのだろうか。彼によれば、写真とは「科学と芸術の間に生まれた私生児」であって、そのために科学によって「邪魔され、抑えられていて」、芸術によって「否定されて、嘲笑されている」のである。スティーグリッツはこのように不当で屈辱的な事態に直面していたのであり、それゆえに、科学と芸術に対して写真が決して「私生児」ではなくて、正統なる芸術であることを立証しようと決意したのである。

スティーグリッツはこのように写真を芸術に高め芸術として認知させることを目標に掲げて、それを実現するためにあらゆる方策を講ずることになった。そのひとつがハートマンの登用であった。彼らは一八九八年に三八番通りのニューヨーク・カメラ・クラブで出会い、スティーグリッツはハートマンにピクトリアル・フォトグラフィー運動について説明して協力を要請した。ハートマンはそれを快く受諾してこの運動に参戦することになったのである。それにしてもなぜこのような共闘が可能だったのだろうか。いくつかの理由が考えられる。第一の理由は、彼らがアメリカは独自の芸術を持たない文化的に不毛な国であるという認識を共有していたことである。第二の理由は、この共闘が双方にとって有益で意味のあるものであったからである。スティーグリッツの立場からすれば、ハートマンはすでにこの時点でそれなりの地位と名声を確立している評論家であり、写真を芸術に高め芸術として認知させる運動を展開していく上で極めて有益な存在であった。そして、ハートマンの立場からすれば、彼は自分がやっているのは売文的な文筆活動でしかないというコンプレックスに悩まされてきたが、スティーグリッツと共闘することによって、レベルの高い芸術活動をする可能性が出てくるのであり、それゆえに極めて有効で納得のいくものであった。

ハートマンは一八九八年に「A・スティーグリッツ——美術評論家の評価」という論文を書いているが、これを参考にして、彼らの共闘がどのような結果をもたらしたのかを検証しておこう。彼はスティーグリッツは天才的な写真家であると述べて、その根拠として、選択力、感情の深さ、忍耐力という三つの才能を挙げている。次いで、彼はこの天才の写真家の代表作として『家路を急ぐ』や『セーヌ河』や『冬――五番街』などの作品を紹介しているが、ここでは『冬――五番街』を取り上げて、その作品がいかなるものであるかを見ておこう。これはスティーグリッツが一八九二年の二月に猛吹雪の中で忍耐強く三時間も待機して撮影した作品である。激しく横殴りに吹きつけてくる雪。街路に降り積もった雪。五番街は雪に覆われてぼんやりと霞んでいる。その薄靄の中から御者と馬車が出現してきて道路に深く降り積もった雪を掻き分けるように前進してくる。御者も馬車も吹雪に掻き消されて輪郭だけになっているが、しかし、どこか神秘的で、確たる実体を持った存在になっている。スティーグリッツはこの作品にどのような意図を込めたのだろうか。おそらく彼は猛吹雪の中で馬車を駆る御者に、ピクトリアル・フォトグラフィーのために苦渋に満ちた戦いに乗り出した自分自身を重ね合わせているのであって、そういった意味で、これはスティーグリッツの初期の代表的な作品なのである。

ピクトリアル・フォトグラフィーとはいかなるものか

それにしてもピクトリアル・フォトグラフィーとはいかなるものなのだろうか。文字通り、ピクトリアル・フォトグラフィーとは絵画的な写真であり、スティーグリッツがこの運動でめざしたのは写真が絵画的であることを実証することであった。これを論理的に説明すれば次のようになる。もし写真が絵画的であり、デッサンやエッチングと同等のものであるならば、デッサンやエッチングは古来芸術として認められてきたのだから、それと同等の写真もまた芸術になるはずである。つまり、ピクトリアル・フォトグラフィー運動を進めていけば、写真を芸術に高めて芸術として認知させるという目標を達成できることになるのだ。

それではどうすればそれが可能なのだろうか。この時期にスティーグリッツは精力的に多くの写真を撮影しながら、同時に、多くの啓発的な写真論を発表している。ここでは一八九九年に発表した二つの論文、「合衆国におけるピクトリアル・フォトグラフィーの発展」と「ピクトリアル・フォトグラフィー」を取り上げて、彼があの遠大な目標をどのようにして達成しようとしていたのかを考察しておくことにする。

スティーグリッツはあちこちで写真の独自性を主張しているが、その根底にはアメリカの写真には真の個性や独自性がないという現状認識があったに違いなかった。なぜアメリカの写真には個性や独自性がないのだろうか。原理的に言えば、カメラとは機械であって、それ自体は個性や独自性を持つことはできない。だが多くの写真を比較してみれば、それらはカメラという機械で撮影されたものだが、それぞれの写真に独自性や特徴があることも否定できない。つまり、写真は個性や独自性を持てるのである。そこで重要になってくるのが写真家の存在である。写真家が介入することによって、写真は「機械的な工程」から「精神的な工程」へと変化するのであり、同時に、カメラや、レンズや、感光紙なども「機械的な暴君」から「柔軟な道具」へと変化することになるのである。

十九世紀から二〇世紀にかけて、このような重大な変化が写真の世界に生じてきたのだが、ここでは特に現像の工程で起こった変化について考えておきたい。というのも、この工程において、写真家は自分の個性や独創性を発揮することができるからである。

スティーグリッツはこの現像に関して二つの方法を紹介している。プラチナ印画法とゴム印画法である。まずはプラチナ印画法について説明しておく。一般的に言えば、現像とは現像液の中に感光紙を浸して、映像を定着することである。ここで重要なのは、プラチナ印画法ではこの現像の過程でグリセリンを使用することである。なぜグリセリンなのか。それはグリセリンが化学薬品の反応を遅らせるからである。つまり、現像の時にグリセリンを使用することによって、写真家はある部分を抑制したり、時には消去したりしながら、しかも同時に、それぞれの部分のバランスを維持しながら、全体としては調和のとれた映像を定着することができるのである。そして、写真家は、画家と同様に、全体の構図や、色調や、陰影などを習得しておかなければならないし、逆に言えば、そうした準備ができていれば、写真家はカメラという道具を使いながら、真に独創的な作品を創作することができるのである。ところでスティーグリッツに関して言えば、彼自身は基本的には写真の修整には反対だったが、彼の究極的な目的は写真を芸術に高めて芸術として認知させることであり、そのためには敢えて修整を容認していて、自らグリセリンを使って修整したことがあった。たとえば、先に挙げた『冬――五番街』にその例を見ることができる。この作品には多くのヴァージョンがあるが、一九〇五年版では画面の左下にあった雪に覆われた乗降用の枕木が消去されている。おそらく、スティーグリッツはこの方が作品にとってはベターだと判断して、グリセリンを使って消去したのである。

次にゴム印画法であるが、スティーグリッツ自身はこれを試すことはなかったが、意外なことに、彼が積極的に推奨したのはこちらの方法であった。

ゴム印画法はこのように眠っていた才能を目覚めさせるのに大いに貢献した。というのも、この方法によって写真家はついに無限の表現手段を発見したからである。この方法の到来によって、新たな可能性を秘めた領域が開拓されることになり、ピクトリアル・フォトグラフィーの未来はさらに明るいものになったのである(10)。

ところで、このゴム印画法とはどのようなものなのだろうか。先ずアラビアゴムに重クロム酸塩と顔料を混合して紙に塗布して、それが乾燥した後にネガを密着させ、太陽光などの強力な光源で焼き付ける。露光した後、感光面を下にして水中に浮かすと、未露光の部分はアラビアゴムが硬化していないので顔料とともに水に溶け出し、紙の上には硬化した部分だけが残って、ポジ画像が得られるのである。

これがゴム印画法の原理だが、写真家は、この方法を駆使することによって、無限の表現の可能性を獲得することになった。換言すれば、写真家は感光紙がまだ乾燥せずに湿っている間に、感性や技術を発揮しながら、ブラシを使って、全体的に、あるいは、部分的に、色調や質感を調整して画像を修整することができるし、さらに、必要なら画面にブラシの痕跡を残すこともできるのである。その結果、写真家は確かに写真なのだが、デッサンやエッチングに類似していて区別ができないような写真を、つまり、ピクトリアル・フォトグラフィー（絵画的な写真）を創作することができるのである。そして、デッサンやエッチングが芸術であるなら、それと区別できないような写真もまた芸術であるべきだし、さらに、スタイケンの場合のように、シャン・ド・マルス展のような、世界で認められている美術の展覧会で評価されることになれば、その時写真は芸術として公に認知されたことになるはずなのだ。この方法を積極的に採択して優れた成果を残したのが、フランスを代表する写真家であるロベール・ドマシーであり、アメリカを代表する写真家であるスタイケンであった。

4　ハートマンとスティーグリッツの確執

写真を芸術に高める

このようにスティーグリッツは写真を芸術に高めて芸術として認知させることを目標にして、その実現のために多くの写真家たちを巻き込みながらピクトリアル・フォトグラフィー運動を推進してきた。そのような大きな流れの中で画期的だったのは、スティーグリッツが、一九〇二年に、ニューヨークのナショナル・アーツ・クラブで開催した「フォト・セセッション展」である。ここで「セセッション」、つまり、「分離」を唱えているが、それがドイツの分離派にあやかったものであるのは断るまでもないだろう。スティーグリッツはこれに関して次のように書いている。

こうした抗議が、つまり、教条主義者や折衷主義者からの分離が、ついに形をとって現われたのがフォト・セセッションの設立であった。その目的はピクトリアル・フォトグラフィーのために献身的に活動しているアメリカの写真家たちを結集して、写真が決して芸術の小間使いではなくて、個性的な表現のための固有の手段であることを認識させることなのである。(11)

スティーグリッツは覚悟を決めて一か八かの勝負に出たのであり、その結果、大成功をおさめることになったのである。この展覧会を訪れた人々は彼らの趣旨に賛同して高い評価を与えてくれた。多くの新聞や雑誌がこの写真展の意義を認めて大きなスペースを割いて紹介してくれた。このようにしてスティーグリッツは写真が「私生児」でも「小間使い」でもなく、「個性的な表現のための固有の手段」であることを、つまり、写真が芸術であることを認知させるための確たる一歩を踏み出したのである。

スティーグリッツはこの大いなる目標を実現するために献身的に活動を進めることになるが、その際の彼の行動は迅速で的確なものだった。

一九〇三年には、フォト・セセッションの機関紙となる雑誌『カメラ・ワーク』を創刊した。これは彼自身が責任編集した写真誌であって、ハートマンも要請されて多くの写真や美術に関する優れた記事を提供している。

そして一九〇四年。この年はスティーグリッツにとっても、ハートマンにとっても、そして、ピクトリアル・フォトグラフィーにとっても、極めて意義深くて重要な年になった。スティーグリッツは二月にピッツバーグのカーネギー美術館でフォト・セセッション主催の写真展を開催した。これは二年前のニューヨークでの写真展を凌駕する非常にレベルの高いものであって、その結果として、フォト・セセッションはアメリカのみならずヨーロッパの写真界でも中心的な地位を占めることになった。ハートマンがこの写真展に関して「ピッツバーグのカーネギー美術館におけるフォト・セセッション展」という記事を書いているのでみておこう。この展覧会は五四人の写真家たちの約三〇〇点の作品で構成されており、スティーグリッツとスタイケンが中心になって、カタログを作成し、会場を設営し、さらに作品の展示までも行った。ハートマンは当事者たちの献身的な努力によって、これは写真史上最も重要で完璧な写真展になったと絶賛した。そして、スティーグリッツや、スタイケンや、クラレンス・ホワイトや、フランク・ユージーン[13]らの作品を講評して、その後で、これらの写真家たちが共有する目標は「芸術的な仕事をすること」[12]であり、そのためには「内的な声を聞くこと、自己に忠実であること、他人には従属しないことである」と総括している。言うまでもなく、これはまさにフォト・セセッションの基本的な思想であり立場であった。

ストレート・フォトグラフィーを提唱する

ここで忘れてはならないのは、ハートマンが翌月の三月に「ストレート・フォトグラフィーのための提言」という論文を発表していることである。彼はここでもカーネギー美術館でのフォト・セセッション主催の写真展に言及して、これは最も興味深くて重要な写真展であると称賛しているが、注目すべきは、同時にこの写真展に対して、というか、ピクトリアル・フォトグラフィーに対して、不信を、あるいは、疑念を表明していることである。彼は具体的に何人かの写真家たちを挙げて、なにが問題なのかを指摘している。たとえば、スタイケンの代表作『レンバッハ』であるが、彼はこの写真に線を刻み込んでいるし、手を加えて明暗を強調しているし、ブラシでハーフ・トーンの部分を描いているのである。さらに、ユージーンはネガそのものに線を刻み込んだり、焼付けた写真に絵の具を塗り足したりしているのである。繰り返すことになるが、彼らは写真を芸術として認知させることを目標にして、そのために様々な技法を駆使して、写真をデッサンやエッチングに類似したものにしようとしていたのであり、それができれば古来デッサンやエッチングは芸術と考えられてきたのだから、それと識別できない写真も芸術として認められることになるはずなのだ。

このようにピクトリアル・フォトグラフィーが写真界の主流を成していたのだが、ハートマンは敢然とそうした体制に異議を唱えて反旗を翻すことになったのである。彼は百戦錬磨の論客なのであって、この論争においても大胆かつ有効な戦術を披瀝することになった。これまで述べてきたように、スティーグリッツたちは写真を芸術として認知させることをめざして、写真が「個性的な表現のための固有な手段であること」を実証しようしてきた。そのために彼らは具体的になにをしたのだろうか。言うまでもなく、彼らはピクトリアル・フォトグラフィーを、つまり、絵画的な写真を創作したのだが、その過程で様々な修整を行った。現像の過程で、ある時はブラシを使い、またある時はグリセリンを使い、現像した映像に線を刻み込み、絵の具を塗り足し、時には、ネガそのものに線を刻む込むこともあった。しかし、ここには大きな問題があったのであり、ハートマンはそれを鋭く指摘して告発することになったのである。彼らは写真を芸術として認知させるために、写真が「個性的な表現のための固有な手段」であることを実証しようとしたのだ。だが改めて考えてみれば、彼らが実際に行ったのは、画家を模倣して、画法を取り入れて、絵画のような写真を創作することであった。ハートマンはこの事実を摘発して批判するのだ。ピクトリアル・フォトグラフィーとは、その目的においても、その手段においても、絵画を模倣するだけのものなのであり、そのような事実を考慮すれば、ピクトリアル・フォトグラフィーは決して「個性的な表現のための固有な手段」にはなりえないし、写真が芸術として認知されることはありえないと断罪するのである。

言うまでもなく、ハートマンも写真が芸術として認知されることを望んでいたし、そのためにスティーグリッツのもとに馳せ参じてその目的実現のために戦ってきたのだ。ここでハートマンがピクトリアル・フォトグラフィーに代わるものとして提唱したのがストレート・フォトグラフィーであった。

カメラを、目を、感性を、構図の知識を信頼しなさい。色と光と影の変化を考慮しなさい。線と明暗と空間の分割を研究しなさい。心に描いている風景なり事物が至高の美の瞬間に現れてくるまで忍耐強く待ちなさい。要約すれば、撮影しようとしている映像を完全に構成すれば、ネガは完璧なものになり、その結果、修整は、全く、あるいは、ほとんど、必要でなくなるはずである。(14)

これを読めば明らかなように、写真家たちはこれまでの方法を清算して、「正当な方法」に、つまり、写真の特性を生かしたストレート・フォトグラフィーに踏みとどまって、それを基盤にして、写真が芸術として認知されるように活動すべきなのである。これが正論なのであって、その後、ハートマンが敷いた路線に沿って写真は進化していき、一九一〇年代の後半には、ついに自立して「個性的な表現のための固有な手段」となって、芸術として認知されることになるのである。

スティーグリッツとの決別

だが、彼らはその目標に向かって真っ直ぐ進んでいけずに、その途上で右往左往することになったのだが、そのような事態を誘発したのがハートマンその人であった。これから彼らがどのような状況に置かれていたのかを説明していくが、その前にひとつだけ確認しておかなければならない。先に述べたように、一九〇二年にスティーグリッツがフォト・セセッションを立ち上げたが、その翌年の一九〇三年にカーチス・ベルという写真家がアメリカ・サロン・クラブを立ち上げて活動を開始していたのである。これらの二つの団体は敵対して覇権をかけて争っていたが、そのような緊迫した状況の中で、ハートマンが、一九〇四年の九月に、スティーグリッツに一通の手紙を送り付けたのであり、これが双方のクラブを巻き込みながら厄介な問題を惹起することになったのである。

先ず手紙の内容をかいつまんで紹介しておこう。ハートマンは自分が敵陣（＝カーチス・ベル側）に寝返ったことを告げて、それはスティーグリッツの独裁に耐えられなくなったからだと述べて、その原因として、具体的に六つの不愉快な事例を列挙している。

① 仲間たちの前で、一ドルの借金のことで大騒ぎをして、私に恥をかかせた。
② 昼食に招待したのに、私を無視して、スタイケンやルードだけを相手にしていた。
③ ヒントンの晩餐会に招待しなかったので、彼に私の悪い印象を与えた。
④ スタイケンたちが反対したので、私を分離派のパーティーに招待しなかった。
⑤ 私の方が正しいのに、スタイケンの立場を全面的に擁護していた。
⑥ 私があなたに対して恩義を受けているかのような態度をとってきた。

これを読むと、ハートマンがまるで駄々っ児のように言い掛かりをつけて、不満と怒りをぶちまけているかのように思われるかもしれない。だがそのように短絡的に決めつけて切り捨てるのは差し控えるべきである。というのも、ここには重要な問題が提起されているからだ。注目すべきは、彼がアメリカ・サロン・クラブの方がフォト・セセッションよりも理性的で自由であると述べていることであり、さらに、一貫してスタイケンを対象にして非難を浴びせていることである。断るまでもなく、スタイケンはピクトリアル・フォトグラフィーの申し子のような存在であった。一方、ハートマンはストレート・フォトグラフィーを主張していたのであり、そういった立場からすれば、スタイケンは早急に打倒すべき天敵だったのである。だがスティーグリッツには彼なりの特別の事情があった。彼は基本的には写真の修整を認めずにそれに反対の立場に立っていた。しかしながら、彼は写真の芸術としての認知を目標にしていたのであり、そのためにはスタイケンは誰にも替え難い重要な存在であった。スティーグリッツは、ピクトリアル・フォトグラフィー運動の指導者として、戦略的な観点から、スタイケンを選んで、ハートマンを切り捨てることを決断したのである。

だがハートマンはそれを甘受して引き下がるような人物ではなかった。彼はたたみかけるように第二の矢を放って逆襲に転じた。彼はそれから二か月後に『大審問官制度』という記事を書いて、スティーグリッツとその仲間たちを痛烈に批判することになった。ここでハートマンはスティーグリッツをスペインの封建時代の大審問官であるトルケマーダ（一四二〇～一四九八）に擬えている。この恐怖の審問官が死んで久しいが、その後も人間の心の中で密かに生き続けていて、ある日突然復活してきて恐怖の支配を繰り返すことになるのだ。つまり、スティーグリッツこそが現代のトルケマーダであって、フォト・セセッションの世界を恐怖によって支配しているのである。大審問官は、自分の全知全能を信じない者、自分の意見を容認しない者、自分とは違った芸術理論を持つ者を、強権を発動して抑圧して隷属させて、それでも服従しない者を異端者として破門に処するのである。ハートマンに則して言えば、ピクトリアル・フォトグラフィーを批判し、ストレート・フォトグラフィーを主張して、それに固執して譲歩しなかったがゆえに異端者と決めつけられ、弾圧され、その挙句に、破門されて、追放されることになったのである。

それではピクトリアル・フォトグラフィーはその後どのような道を歩むことになったのだろうか。一九〇五年には、スティーグリッツはスタイケンからの進言を受けてフォト・セセッションの専用画廊となる通称「二九一」を開設した。確かに彼らは前年にカーネギー美術館で写真展を開催したが、これは極めて例外的な企画であった。当時写真は芸術として認められていなかったのだから、美術館が写真の展覧会を開催することなど考えられなかったのである。このような不幸な状況の中で、彼らは写真を常時展示できる場所を探し求めてきたのであり、それゆえに、この「二九一」の開設はとても意義深く重要な出来事だったのである。これ以降、彼らはこの「二九一」を前進基地として、になるのだ。

一九〇七年には、彼らの間で深刻な内部紛争が勃発した。それは修整をめぐるものであり、イギリスの代表的な写真家である非修整派のフレデリック・エヴァンズ(15)と、フランスの代表的な写真家である修整派のドマシー(16)が、それぞれの立場を主張して熾烈な論争を繰り広げたのだ。先に紹介したように、三年前にハートマンとスタイケンが激しく対決したが、今回はエヴァンズ対ドマシーの対決という形をとって再現してきたのである。ここでもスティーグリッツはどちらの立場にもコミットせずに曖昧な態度をとり続けた。それが写真を芸術として認知させるための運動にとって最善策だと考えていたからである。

ところが、一九〇八年になると、スティーグリッツとハートマンの関係に微妙ながら変化が現れてきたのである。この年の八月に、ハートマンはスティーグリッツに手紙を書いて、金銭的に逼迫していることを告げて、援助して危機的な状況から救い出してくれと懇願してきた。スティーグリッツはこの申し出を拒否することができたし、それはそれで当然なことであった。だが、彼はそれを拒むどころか寛大に受け入れてくれて、さらに『カメラ・ワーク』に記事を寄稿するように要請したのである。なぜあの破廉恥で恩知らずのハートマンを受け入れて執筆の機会さえも与えたのだろうか。スティーグリッツはそれまで写真とは何なのか、写真はどうあるべきかについて思索をめぐらしてきたが、この頃までには、この問題に関してある種の結論に達していて、この運動をどのように進めるべきかについて明確な方針を固めていたのであり、それを推進していくためにはハートマンが必要だと判断したのである。そしてハートマンはその期待に応えて見事な働きをするのである。

ハートマンの正当性が公認される

一九一〇年に、スティーグリッツはバッファローのオルブライト美術館で「国際ピクトリアル・フォトグラフィー展」を開催した。これがどのような写真展であったか、そして、これが写真史の中でいかなる意味を持つことになったのかを考えておこう。この写真展に関しては、主催者であったオルブライト美術館が公式の報告書を出しているので、それに従って概略を確認しておく。この写真展は芸術的表現の手段としての写真の進歩を総括することを目的にしており、これを実質的に企画して運営したのはスティーグリッツが率いるフォト・セセッションであった。内外から六五名の写真家が参加して、総計五八四点の作品が展示された。主な招待された写真家を紹介しておく。イギリスからはオクタヴィウス・ヒル、クレッグ・アナン、エヴァンズら、フランスからはドマシー、コンスタン・ピュヨーら、ドイツ・オーストリアからはユーゴー・ヘンネバーグ、ハインリッヒ・キューン、ハンス・ヴァジェックら、そして、アメリカからはアルヴィーン・コバーン、ユージーン、ガートルード・ケーゼビア、スタイケン、スティーグリッツらであった。つまり、これまでピクトリアル・フォトグラフィーを支持し推進してきた写真家たちであった。会期中の来館者は一万五〇〇〇人を上回り、五八四点のうち六五点の作品が売れた。そして、この展覧会に関して特筆すべきは、オルブライト美術館がこれらの中から十二点の作品を選んで買い上げたことである。具体的に言えば、ヒル、アナン、キューン、バロン・アドルフ・デ・メイヤー、コバーン、ユージーン、ケーゼビア、ジョゼフ・ケイリー、ジョージ・シーリー、スタイケン、ホワイト、スティーグリッツの作品であり、スティーグリッツの作品は『ストリート――五番街』であった。この購入がなぜ重要なのかと言えば、スティーグリッツが以前から伝統ある美術館に買い上げられる時こそが、写真が芸術として認知される時だと考えていたからである。かくして、一九一〇年に、スティーグリッツの、そして、すべての写真家たちの、長年の夢が成就されることになったのである。

さらに、ここで大事なのは、この写真展が契機となって、写真が確かな足取りで新たな道を歩み始めたことである。ハートマンはそれを鋭く察知して認識していたのであり、この写真展に関して「なにが残るのか」というエッセイを書いているが、その中で次のように述べている。

現在、ピクトリアル・フォトグラフィーの軍勢は二つの陣営に分かれている。ひとつはドマシー―ユージーン―スタイケンの陣営で、画家のような主題や方法を好むものであり、もうひとつはスティーグリッツ―ホワイトーアナンの陣営で、真に写真らしいテーマや質感という原則の周りに集まってきている。明らかに、前者の陣営は見放されつつあり、古い旗はだらりと垂れて、火は弱々しく燃えているだけだ(17)。

これを読めばわかるように、この写真展を起点にして、ピクトリアル・フォトグラフィー運動は路線を転換することになった。つまり、スタイケンを中心とする修整派に代わって、スティーグリッツを中心とする非修整派が主流を形成することになったのである。ハートマンの立場からすれば、彼が六年も前に主張していたストレート・フォトグラフィーの正当性がやっと公認されることになったのである。彼はこれまで悪党呼ばわりされ、ペテン師と決めつけられ、罵詈雑言を浴びせられながら、悪戦苦闘を強いられてきた。彼にも非がなかったわけではないので、それは自業自得だったと考えるべきなのかもしれない。それはそれとして、ついに、ハートマンの評論家としての見識が、先見性が、正当性が理解されて公認されることになったのである。

最後に一九一〇年以降に写真が歩んだ道について一言述べておく。その後、スティーグリッツは、才気溢れるポール・ストランド(18)と共に、ストレート・フォトグラフィーを追求し続けて、様々な紆余曲折はあったものの、ついに一九一七年にストレート・フォトグラフィーを完成させることになった。写真とは本来「個性的な表現のための固有の手段」なのであって、ストランドによれば、その本質は「完全で無条件の客観性」なのである。言うまでもなく、これはスティーグリッツの写真観でもあった。彼は写真とは「情熱」であると述べていたが、その「情熱」に駆り立てられながら、ついに三〇年来の目標を成就することになったのである。

第七章　ハートマン、アメリカ人になる？

1　アイデンティティーの問題

アメリカニゼーションの是非

これから一九〇〇年代の後半にハートマンがどのような活動をしていたのかを考察していくが、その前に彼の存在の基本形に関して確認しておかなければならない。第三章の冒頭で述べたように、彼は一八九一年にベティーと結婚して、一八九四年にアメリカの国籍を取得したので、ドイツ人と日本人の血を引くアメリカ人となった。つまり、彼はドイツ人であり、日本人であり、アメリカ人でもあるが、言い換えれば、彼はドイツ人ではないし、日本人ではないし、アメリカ人でもないのであり、これが彼の存在の基本形であった。

一九〇〇年代の前半までは、ハートマンは素直にアメリカ人であると考えて、ごく自然にアメリカ人として生きてきた。同時に、ドイツ人であり、日本人であったが、それに対しても特に抵抗や疑念を感じることなく生きていたものと思われる。しかし一九〇〇年代の後半になると、この独特の存在の形態から複雑で厄介な問題が派生することになって、その結果、ハートマンは一転してアメリカ人であることに、ドイツ人であることに、日本人であることに、にわかに齟齬を感じ疑念を懐くようになり、苦渋に満ちた状況に追い込まれてしまったのである。これからなぜそのような事態が生じてきたのか、そして、それが彼にどのような影響を与えたのかを考察していく。

ハートマンは一八九四年にアメリカの国籍を取得して、アメリカ人になることを決意したのだが、このアメリカニゼーションに関して「アメリカの偉大さはこのアメリカニゼーションという至高の事業を達成できるか否かにかかっている」と述べたことがあった。つまり、もしアメリカニゼーションという「至高の事業」を達成できれば、それは「アメリカの偉大さ」を立証することになるのだ。それは決して容易なことではないが、アメリカの国是である「自由と平等への信念」があれば多くの障害を克服して実現できるはずなのである。

このように彼はアメリカ人になることをめざすことになり、そのために彼なりに努力することになったが、それにしても、アメリカ人になるとはいかなることなのだろうか。ここであまりにも古典的なものであるが一例を挙げておこう。クレヴクール(1)の『アメリカ農夫の手紙』(一七八二年)である。彼は「人種の坩堝」の中で推し進められているアメリカニゼーションに関して次のように書いている。

それでは、アメリカ人、この新しい人間は、何者でしょうか。ヨーロッパ人でもなければ、ヨーロッパ人の子孫でもありません。したがって、他のどこの国にも見つけられない不思議な混血です。……ここでは、あらゆる国々から来た個人が溶け合い、ひとつの新しい人種となっているのですから、彼らの労働と子孫はいつの日にかこの世界に偉大な変化をもたらすでしょう。(2)

これでわかるように、アメリカとはその成り立ちからして移民国家であり、多民族国家であって、それゆえに、「人種の坩堝」なのであり、そこではアメリカニゼーションが機能していて「個人が溶け合い、ひとつの新しい人種」になっているのである。そして、この「新しい人種」がアメリカを構成しており、それこそがアメリカの「偉大さ」を証し立てているのだ。

ハートマンはこのような事実を前提にして、結婚を機に彼なりにアメリカ人になることをめざしたが、それに関して自らの経験から具体的に次のように述べている。

私は異人種間の結婚、異人種間の交接と生誕は人格を形成するための最良の方法であると信じている。私の個人的な体験や自分の子供たちの荒れた生活を考慮すれば、それを特に推奨するつもりはないが、しかし、生物学的な観点からすれば、それは有効な手段だと考えている。試して御覧なさい。隔世遺伝で予想外の結果が出るかもしれないし、それに対して反発が生まれるかもしれない。あなたの性衝動が子孫たちにとって正当でなくなる可能性もある。だが異人種間の結婚は近親者内の、同一の階級内の、密接な関係にある氏族や種族内の月並みで平凡な結婚よりも良いものなのである。(3)

今さら言うまでもないが、ハートマンはドイツ人の父親と日本人の母親の間に、つまり、異人種間の結婚によって生まれてきた混血児であり、そのような事実を踏まえて、このような発言をしているのであって、それゆえに説得力のあるものになっている。次いで彼はある友人との会話を紹介している。二人は異人種間の結婚で起こるすばらしい突然変異について話し合っていた。すると、その友人がハートマンに向かって「君はアングロサクソンと日本人の混血児であり、これは科学的に興味深いものだ。だから、君はアングロサクソンの女性ではなくて、黒人の女性か、あるいは、ネイティヴの女性と結婚すべきだったのだ。それは類稀なる結合になっていただろう」と述べたそうだが、それに対して、彼はその期待に添うにはちょっと年を取りすぎてしまったとユーモアを込めて返答しているのである。これはいかにもハートマンらしいところだが、この会話から彼がアメリカニゼーションを、そして、それによって生まれてくる「新しい人種」をどのように受け止めていたのかを推察することができる。彼はこの「新しい人種」に大きな期待を寄せていたのであり、その先にアメリカ合衆国の理想の姿を思い描いていたに違いないのである。

それでは彼はこの崇高なる目的を達成できたのだろうか。ある意味で、彼はアメリカ人に、「新しい人種」になることができた。たとえば、彼はベティーとの間に五人の「新しい人種」をもうけたし、さらに一九〇一年にはアメリカ人として大著『アメリカ美術史』を出版した。だがここで予想外の事態が生じてきて彼を戸惑わせ苦しませることになったのである。確かにアメリカ人になったのだが、どうしたわけかアメリカ人であることに満足できずに、逆にそれに対して抵抗や疑問を感じるようになったのだ。そういった意味で、彼は「新しい人種」に生まれ変われなかった、つまり、彼はアメリカの夢を実現できなかったのである。それにしてもなぜ彼はこのような不幸な結末に行き着いてしまったのだろうか。

ワスプ体制の現実

ここで思い出されるのは、アメリカにおいて二〇世紀の前半まではワスプ（White Anglo-Saxon Protestant）体制が確立して機能していたことである。ワスプ体制とは白人、アングロサクソン、プロテスタントが支配する階層社会であって、そこではワスプが絶対的な基準になっていて、ワスプ以外のアメリカ国民は肌の色と人種と宗教の組み合わせによって強制的にワスプよりも下位の階層に分類されていたのである。たとえば、ハートマンを例にとってみれば、彼は必死に努力してアメリカ人になったが、ドイツ人と日本人の血を引いていて、純粋な白人でも、アングロサクソンでもないので、ワスプの基準に従って、下位の階層のアメリカ人として序列化されてしまうのである。当然彼はアメリカの大義である「自由と平等の信念」からこのような不当な事態に異議を申し立てることはできるが、その挙句に、為す術もなく、排除され、捻じ伏せられて、さらに下位の階層に押し込められることになるのだ。繰り返すことになるが、ハートマンはアメリカ人になるために真摯に努力して、その証として、五人の「新しい人種」をもうけたし、『アメリカ美術史』を出版したのである。だが彼がどれほど立派な仕事を成し遂げて、アメリカに大きな貢献をしたとしても、だからといって、それに相応しい評価や地位を獲得することはできないのである。彼はこのような非合理で強圧的な体制の中で生きてきたのであり、そこでの過酷な経験によって、アメリカニゼーションは決して「至高の事業」ではなくてむしろ理不尽で非情な悪しきシステムであることを思い知らされることになったのである。

さらにこの厳しい現実が彼の存在に関わる問題を一段と複雑で深刻なものにすることになった。ここで彼の存在の基本形を思い出さなければならない。彼はドイツ人と日本人の血を引くアメリカ人であった。つまり、彼はドイツ人であり、日本人であり、アメリカ人であるが、言い換えれば、彼はドイツ人でもないし、日本人でもないし、アメリカ人でもないのである。ところで彼はかつて「私は個人的には自分をドイツ人とも日本人とも考えていません。それはすべて他人に任せています」と語っているが、ここに問題の核心があるのだ。このように彼は「他人」に任せなければならないのであって、そのために彼の内部に熾烈な葛藤が生じてくることになるのだ。つまり、対自的な自己と対他的な自己が調和している時には全く問題はないのだが、対自的な自己と対他的な自己が対立して衝突することがあって、その時が問題なのである。たとえ彼が対自的にはアメリカ人であると主張したとしても、対他的にはドイツ人、あるいは、日本人であると決めつけられてしまうのであり、その時に彼の内部に複雑で深刻な問題が発生することになるのである。さらに先に指摘したように日本人の血はワスプ体制下ではネガティヴな価値しか持てないものであるがゆえに、それはこのアイデンティティーの問題を一段と悪化させて深刻なものにすることになる。かくして彼は自分は一体何者なのかというアイデンティティーの問題を抱え込んで苦悩しながらそれへの対応を迫られることになったのである。

このような事情を考慮すれば、彼がその後この欺瞞的なワスプ体制に厳しく抗議して果敢に戦いを挑むことになったのは必定であった。これから彼がどのようにワスプ体制と対決して戦ったのかを見ていくが、その前にこのワスプ体制が当時どのような状況にあったのかを検証しておこう。歴史的にみて、二〇世紀の初頭までには、アメリカは政治的にも、経済的にも、有力な近代国家として台頭してきて、世界の主要国のひとつとして認知されるようになっていたが、同時に、アメリカは多くの困難な問題を抱えていて、それへの早急な対応を迫られていたのである。ここでアメリカが直面していた問題をいくつか列挙しておこう。たとえば、政治の腐敗、人種差別、都市の貧しい移民、海外への進出、フィリピンの植民地化、独占資本、資本家と労働者の対立、貧富の差等々である。

革新主義の運動

それではアメリカはこれらの切迫する困難な問題をどのように受け止めて対処したのだろうか。これに関して有賀夏紀は革新主義の運動を導入しながら次のように述べている。

こういった様々な問題を、人々は、アメリカのよって立つ民主主義の理念と科学技術の力で解決することができ、それによってアメリカはさらに進歩していくと信じた。そして、急激な工業化が社会秩序の崩壊をもたらしたなかで、彼らは、個々の問題に対処するだけでなく新しい時代に適した経済や社会の新しい秩序をつくり出す改革が必要だと考えた。こうした楽観的な態度を基盤にした改革の運動の総体が革新主義と呼ばれる運動であり、第一次大戦に至る二〇世紀最初の時期、アメリカ中を席捲することになった。(4)

このようにアメリカは多くの難問を抱えていたが、それらに真正面から立ち向かっていって、二〇世紀の初頭には、「民主主義の理念」と「科学技術の力」によって改革を成し遂げて「新しい秩序」を構築することになった。それではこの「新しい秩序」とはどのようなものだったのか。この「新しい秩序」とは「現代アメリカ」の原型になるものであり、「企業、政府、研究・教育機関が一体となって、科学的知識・技術を活用して、社会の発展を推進していくようなシステム」なのである。有賀はこれを現代の「産学官共同体制」であると述べて、その後でその問題点を次のように指摘している。

しかし、ここで忘れてはならないことがある。それは「知的探求体制」をつくり出すうえで、中心となっていたのは知識・資本・政治権力の保持者たち、すなわち、それは白人中産階級以上の男性だったということである。したがって、「知的探求体制」は人種、階級、ジェンダーによって区別される黒人やマイノリティ、女性たちを排除、あるいは利用しながら構築されていたのだった。(5)

このようにアメリカは二〇世紀の初頭に、山積する問題を前にして、革新主義の運動を進めて「新しい秩序」＝「知的探求体制」を構築したが、その中核を構成していたのは「白人の中産階級以上の男性」だったのであり、その必然的な結果として、「黒人やマイノリティ、女性たちを排除、あるいは利用」することになったのである。ここまでくれば明らかなように、この「新しい秩序」は言わば二〇世紀版のワスプ体制であって、それ自体が深刻で重大な問題を内包する体制なのであり、そのためにまさに革新主義の内外から激しい怒りと批判を招来することになったのである。

マクレーカーたちの活動

最初に革新主義の内部からの批判を見ていこう。先ずは一九〇〇年代に登場してきたマクレーカーと呼ばれたジャーナリストたちの活動について触れておこう。マクレーカーとは元来「熊手で堆肥を集める人」を意味していたが、それが転じて「醜聞を暴露する人」を意味するようになった。つまり、彼らマクレーカーたちは、政治家の堕落、企業の横暴、ボスに支配された政治、都市の貧困などの問題を取り上げて、徹底的に調査して、それを雑誌や新聞に書いて社会に訴えたのである。たとえば、リンカーン・ステフェンズ(6)は主要都市のボス政治を取材して『諸都市の恥』（一九〇四年）を出版したが、その中で各都市の政治的な腐敗を暴いて激しく批判している。さらに、アイダ・ターベル(7)は『スタンダード石油会社の歴史』（一九〇四年）を出版しているが、そこでジョン・ロックフェラーが卑劣な手段を駆使して次々と競争相手を打倒して巨大な石油トラストを形成していく過程を描き出して、このような独占資本は自由競争を阻害して破壊するものとして厳しく告発しているのである。

現体制への抗議――ストライキ

もうひとつ革新主義の内部からの批判として注目しなければならないのは社会主義者や共産主義者の反体制的な抗議運動である。先に述べたように、二〇世紀初頭には、少数の独占資本が暴利を貪り、そのために貧富の差が拡大して、労働者や農民は劣悪な貧困状態に追い込まれて絶望していた。そのような状況の中で、急進的な社会主義者や共産主義者が立ち上がって労働者と連帯して資本家に抗議して反対闘争を決行することになった。彼らは多くの場合ストライキという戦術をとって資本家に戦いを挑んだが、ここではアメリカ史上有名な二つのストライキを簡単に紹介しておく。

第一は一八九二年のカーネギー鉄鋼会社のストライキである。創業者であるアンドリュー・カーネギーは当時ヘンリー・クレイ・フリックを社長に抜擢して全経営を任せていた。フリックは労働者に敵意を懐いていた人物であって、労働者たちが賃上げ要求をしてきた時に、それに反発して、それまでのスライド制を破棄して、会社が独自に賃金を決定すると通告した。当然ながら、労働者たちはそれを受諾せずに拒絶したが、すると、フリックはそれに対抗して自らロック・アウトに出て、工場を閉鎖してしまったのである。カーネギー鉄鋼会社の労働者たちのみならず、全国の労働者たちはこの暴挙に抗議して闘争を展開したが、フリックは一切の妥協を拒んで、自らの立場を堅持して、最後にはこの闘争で勝利を収めることになったのである。

第二は一九一三年のパターソンのストライキである。パターソンは絹の生産で有名な都市であるが、ここの絹工場で一〇時間労働を拒否して八時間労働を要求する闘争が進行していた。カリスマ的な指導者であるガーリー・フリン(8)がこの闘争を指揮していたが、ある日、彼女が不当に逮捕されることになって、それをきっかけにして労働者たちは絹工場を閉鎖してストに突入したのである。その後一進一退の膠着状態が続いていたが、世界産業労働組合のビル・ヘイウッド(9)はこの状況を打開するために急進的な知識人であるメイベル・ドッジ(10)に支援を要請した。その結果、ドッジを先頭にしてジョン・リード(11)らのグリニッチ・ヴィレッジの進歩的な知識人たちが賛同してこの闘争に参加することになった。そして、彼らは予想もしなかったような奇抜な闘争を展開することになったのである。ジョン・リードが中心になって、パターソンの絹工場での戦いをページェントに仕立て上げて、マジソン・スクェア・ガーデンで上演したのである。このイベントは一万五〇〇〇人もの観衆を動員して大成功を収めたし、パターソンでの闘争を大いに活性化した。そういった意味で、急進的な知識人たちは歴史的な仕事を遣り遂げたのであり、それは適切に評価しておかなければならない。だが、その後経営者がいっきに反転攻勢に出て、スト戦線を切り崩して解除してしまった。つまり、最終的には、労働者たちと急進的な知識人たちはこのパターソンでの闘争に敗北したのである。これも厳粛なる現実であった。

現体制への抗議——セツルメント運動

最後に女性たちがこの「新しい秩序」に対抗して推進したセツルメント運動について検討しておこう。これは革新主義の枠内にあるものだが、ここで注目すべきはこの運動を女性たちが主導していたことである。先に述べたように、女性たちはこの「新しい秩序」からは「排除」されていたのだが、その女性たちが先頭に立ってこの運動を推進していたわけで、ここにこそセツルメント運動の独自な意義があるのだ。

ここではジェーン・アダムズがシカゴの「ハルハウス」で進めたセツルメント運動を紹介しておく。アダムズは篤志家が提供してくれた「ハルハウス」[12]に仲間と共に住み込んで、移民たちがアメリカ人になって自立するために必要な知識や技術を教えながら援助したのである。特にアメリカ的な生活の仕方を教えて、そのために英語を徹底して学ばせたが、それはアメリカニゼーションを進めて早急に移民たちをアメリカ人にすることが重要だと考えていたからだった。だがここで忘れてはならないのは、彼女が同時に移民たちの独自な文化を重視してそれを無理に放棄させたりしなかったことである。アダムズは一九一〇年代に台頭してくる文化多元論[13]を先取りしていたのであり、これはこれで認識して評価しておかなければならないだろう。

2　ハートマン対ワスプ体制

芸術家は本質的に革命家である

二〇世紀初頭に革新主義が台頭してきて「新しい秩序」、つまり、「知的探求体制」を形成したが、その中核を成していたのは「白人の中産階級以上の男性」であり、その当然の帰結として、「黒人やマイノリティ、女性たち」はこの「新しい秩序」から「排除」されるか、「利用」されることになった。彼らはこの不当で乱暴な処遇に抗議して、欺瞞的な「新しい秩序」に敢然と戦いを挑むことになったのである。それがいかなるものだったかはこれまで見てきた通りである。それではハートマンはどうだったのだろうか。彼はドイツと日本の血を引く「マイノリティ」なのであり、そうであるが故に、ワスプ体制では、彼は自動的に「排除」されて下位の階層に分類されてしまうのである。これほど不当で屈辱的なことはないだろう。かくしてハートマンもまたこの「新しい秩序」に抗議して果敢に闘いを挑むことになったのである。

これからハートマンがどのように闘いを進めたのかを見ていくが、その前に、彼がなぜ戦うのか、その理由を語っているので確認しておこう。

真の芸術家は生まれながらに特別の才能を備えているので必然的に革命家にならざるをえないのである。彼の才能は、どの分野で発揮しても、常に例外的なのである。そしてこれ自体が反逆を構成するのだ。一般大衆は、享楽に耽りながら、学習も思索もせずに、自ら喜んで、金銭の報酬として、慣習的なもの、あるいは、伝統的なものだけを受け容れるものである。それに対して、芸術家は生まれて、生きて、行動しながら、人生の大部分において、自分の立場を強化して変更することはないのである。彼は多くの小競り合いに参加して、ボロボロになった美と自由の旗を、戦線を越えて、戦う兵士たちの彼方に聳える山頂まで運んでいくのだ。(14)

これはあくまでもハートマンの個人的な見解でしかないが、芸術家は生来「特別の才能」を備えていて、その天与の才能は、どのような状況に置かれていても、「例外的なもの」なのであり、それゆえに芸術家は「革命家」になって「反逆」することになる。そして芸術家はその「反逆」によって「平凡を憎み、不正と戦い、偏見と傲慢の牢獄の門を叩き壊すのであり、この短い人生を、より健全で、より生きがいのある、より自立していて美しいものにしようとする」のである。彼は一九〇〇年代の後半にこのような立場から「新しい秩序」との闘いに乗り出すことになったのである。ここでは彼にまつわる数々の破天荒の冒険譚の中から「新しい秩序」との闘争を予告するような逸話を二つ選んで紹介しておく。

第一はセントルイス万国博に関わる逸話である。周知のように、セントルイスで一九〇四年にルイジアナ購入一〇

○周年を記念して万国博が開催されたが、その準備期間中に、ハートマンが招聘されてセントルイスの美術に関して講演することになった。ところが、聴衆の期待に反して、彼はセントルイスを非難し嘲弄しはじめたのである。「この町は汚い、本当に汚い。人はここではポンティウス・ピラトのようにいつも手を洗っていなければならない。この町のビール産業はしっかりしているが、それと比べると、この町の美術はとても脆弱なものにすぎない」。その直後に彼は演壇から引き摺り下ろされて町から追放されることになったが、その際には「人々は倶楽部を自慢する。そこで、年がら年中、些細なことについて、チュンチュンと囀り、ブラブラ過ごし、ガヤガヤ駄弁り、ガーガー捲くし立てるだけだ」と捨て台詞を吐いて立ち去ったのである。

第二はヘンリー・クレイ・フリックに関する事件である。断るまでもなく、フリックはかつてのカーネギー鉄鋼会社の社長であり、盟友アレクサンダー・バークマンが一八九二年に労働者の敵として襲撃した人物である。ハートマンがこの一件を知らなかったわけはないので、これを十分に意識しながら、フリックと対峙したのだと思う。ある時ハートマンはフリックに招待されて有名な美術のコレクションを鑑賞することになった。彼がそれなりに社会的に認知された美術評論家だったからだ。すると彼はフリックを「あなたは偉大な人間だが、それは非常に狭い領域においてだけです」と揶揄したために退室を余儀なくされた。だが、どうも得心いかなかったらしく、執事に上側の入れ歯を置き忘れたと嘘をついて再び邸宅に入り込んで、ネロの胸像の近くでそれを見つけた振りをして、そこにいたフリックに強引に近づいて行って先程言いそびれてしまったことを語り始めたのである。「アメリカはピラミッドの建造者から成る国だ。と言っても、建造して残るのは壮大なる失敗作ばかりだがね。昔の貧乏人どもは自分は偉大なる人間だと思い込んでいる。あなたは自伝を書いて、それに『コークス炉の一寸法師』という題名をつけて、その中でこういったことすべてを語るべきなんだ」と侮辱した。彼がその後永久にフリックの屋敷から追放されることになったのは言うまでもないだろう。ここで付言しておけば、フリックは一九一三年にこの豪華な邸宅を改装して美術館にしたのだが、これが現在のフリック美術館である。私達はここでフェルメールの作品などの多くの西洋の名画を鑑賞することができる。(15)

アナーキズムへの接近

これ以外にも多くの痛快な冒険譚が残っていて話題は尽きないのだが、これら二つの逸話から彼が当時どのような状況に生きていて、それをどのように認識していたかを推測することができるだろう。先に述べたように、彼は「例外的な」才能の持ち主であり、そのために「革命家」になって「反逆」せざるをえないのであり、これが彼の基本的な姿勢である。さらに、彼はドイツと日本の血を引いているがゆえに、ワスプ体制では、自動的に下位の階層に分類されてしまうのであり、それに抗議して戦いを挑むことになったのである。ハートマンはこのような急進的な反体制の思想の持ち主なのであり、その後彼がエマ・ゴールドマンが主導するアナーキズムの思想と行動に共鳴して連携を求めることになったのは極めて自然な帰結であった。

ところで、エマ・ゴールドマンは『エマ・ゴールドマン自伝』（一九三一年）の中で、一八九四年に、初めてサダキチ・ハートマンに会ったと記している。それ以降彼らがどのような関係にあったのかは不明であるが、その後一九〇六年に、彼らは急接近して連帯して行動するようになった。エマ・ゴールドマンはこの年の三月に念願だった雑誌『母なる大地』を発刊することになったが、その際に幅広い活動をして名を馳せていたハートマンに執筆の依頼をしてきたのである。彼はその要請に応えて、『母なる大地』に、短編小説や、ユダヤ人街に関するルポルタージュや、女性闘士のヴォルテリン・デ・クレイアの追悼文などを発表した。彼が投稿した六篇の短編小説のうち四篇の作品に関してはすでに前章で検討しているので参考にしてもらいたい。

ここでは彼がマンハッタンのユダヤ人街について書いたルポルタージュ「ゲットーの絵画的特徴」（一九一〇年八月号）を取り上げて紹介しておく。ある日ハートマンはマンハッタンのローワー・イーストサイドのユダヤ人のゲットーを訪れてルポを書くことになった。この街に入り込んだ瞬間、彼はまるで二〇世紀のニューヨークから離脱して、中世時代のヨーロッパの都市に迷い込んだような錯覚に襲われる。安アパートが道路に沿って立ち並んでいるが、レンガの壁は埃に被われ、窓ガラスは割れて、シャッターは外れてぶら下がり、避難階段はゴミだらけで薄汚れている。まさに貧困と不潔の街。そこでは多くのユダヤ人たちが行き交い、ユダヤの事物が溢れ、イディシュ語が響き渡っている。行商人たちは種々雑多な商品を手押し車や荷車で運んできて、路上に、歩道上に、乱雑に並べる。ユダヤ人たちは熱心に商売に励んで、ある者は一ドルでも高く売ろうとし、ある者は一ドルでも安く買い取ろうとする。シナゴーグが街のあちこちに建っていて、そこでは、立派な顎鬚を生やし、奇妙な帽子を被り、長いカフタン姿のラビたちが祈りを捧げているが、それは街をますます暗く陰気にするだけだ。これがユダヤ人街の実態なのである。ここは確かにニューヨークのマンハッタンなのだが、その一画にこのような中世時代を想起させる街が、貧困と不潔の街が、現実に存在しているのである。ハートマンはこのようにユダヤ人街の実態をリアルに描き出しながら、その作業を通じて、二〇世紀のアメリカの「新しい秩序」の実態を暴露して告発しているのは言うまでもないだろう。このようにしてハートマンはアナーキズムへの理解を深めて、エマ・ゴールドマンとの連帯を強化することになったのである。

ここで注目すべきは、ハートマンがただ単にユダヤ人街を批判して糾弾するのではなくて、そこに美的な要素を見出して、それを審美的に救済しようとしていることである。今さら言うまでもないが、多くの芸術家たちがこのような「貧困と不潔」を真正面から受け止めて、それを「美しいバラの花」に転化してきた。ハートマンはその具体例としてレンブラントやホイッスラーなどの画家たちに加え写真家のジェイコブ・リースの名を挙げているが、それはリースが写真によってユダヤ人街を審美的に救済してくれるだろうと期待していたからである。

おそらく写真家が最初にこのユダヤ人地区を征服することになるだろう。写真家はこの街の生活の瞬間的な断片を与えてくれるだろうが、もし最も簡潔な映像で表現することができるなら、それらはユダヤ人街の子供たちの本当の特質を写し出すことになるだろう。(16)

アナーキズムとは何か

これまでの考察から、ハートマンがなぜこの「ゲットーの絵画的特徴」というルポルタージュを書いたのか、そして、それが彼のアナーキズムへの理解を深めることになって、エマ・ゴールドマンとの連帯を強化することになったことがわかるだろう。ハートマンはその後一時期アナーキズムに接近して、その路線に沿って多彩な活動を展開することになるので、ここでアナーキズムとはいかなるものであったのか確認しておこう。エマ・ゴールドマンは一九一〇年四月号の『母なる大地』においてアナーキズムについて簡潔に総括している。ここで引用しておくが、これを読めばアナーキズムがいかなるものかを理解できるだろう。

アナーキズム――人為的な法に制限されない自由に基づく新しい社会秩序の哲学：政治はどのような形態であれ、暴力を基礎にするものであって、それゆえ、不必要なだけでなくて、間違っていて、有害なものである。

アナーキー――政治の不在：強制と権力に基づく侵略と権威に対する不信あるいは無視：政治ではなくて、自発的な合意によって規制される社会の状態。

アナーキスト――アナーキズムを信じる者：あらゆる形式の強制的な政治と侵略的な権威に反対する者：アナーキー、あるいは、政治の不在を、政治的な自由と社会的調和の理想として主張する者。(17)

先述したように、ハートマンは「例外的な」才能の持ち主であり、そのために「革命家」になって「反逆」せざるをえない人物であり、さらに「新しい秩序」から不当にも「排除」されて屈辱的な人生を送ることを余儀なくされてきたのだ。そのような経緯を考慮すれば、彼がアナーキズムに接近して、エマ・ゴールドマンと連携して行動することになったのは自然な成り行きであった。しかし、『エマ・ゴールドマン自伝』を読むと、エマ・ゴールドマンはこの大著の中でほんの数回しかハートマンに言及していないのであり、この事実から推察すると、彼ら二人の関係がその後一段と強化されて深化することはなかったと考えるべきである。つまり、彼らはアナーキズムの路線に沿いながら、それぞれが独自の道を選んで闘っていたのである。だが彼らは一九一〇年に再び接近して共闘することになった。

この年に日本で大逆事件が起こったが、彼らはこの情報に接すると怒りに駆られて連帯して抗議活動に挺身することになったのである。

3　ハートマンと大逆事件

大逆事件の発生

ここで大逆事件に関して少し説明しておきたい。というのも、ハートマンはニューヨークにおける大逆事件に対する抗議行動の中で重要な役割を果たしていたし、その過程で彼が何者なのかが話題になって身辺調査が行われて、彼の名前が初めて外務省の関係文書に登場することになったからである。

それにしても大逆事件とはいかなるものだったのだろうか。新刑法が一九〇八年一〇月一日から施行されたが、その第七三条は「天皇、太皇太后、皇太后、皇后、皇太子又ハ皇太孫ニ対シ危害ヲ加ヘ又ハ加ヘントシタル者ハ死刑ニ処ス」となっている。これが大逆罪であり、これが適用されたのが大逆事件である。近代日本ではこれまでに四件の大逆事件が起こっているが、ここで扱うのは一九一〇年に起きた幸徳秋水を首謀者とする明治天皇の暗殺計画である。(18)この事件の経過を時系列に沿って辿っておく。

大逆事件は一九一〇年五月二五日に発生したが、その発端になったのは製材所職工の宮下太吉の逮捕であった。宮下は爆裂弾の製造と所持によって逮捕されたが、その捜査が進むにつれて、その共犯者としてさらに新村忠雄と、古河力作と、新村善兵衛が逮捕されることになり、その取調べの過程で、彼らが管野須賀子と共謀して爆裂弾を製造して明治天皇を暗殺する計画を練っていたことが判明した。(19)しかし、これだけでは終わらなかったのである。その後検察側は強引に捜査を進めて、幸徳秋水らが二年前の一九〇八年十一月に巣鴨の平民社で明治天皇の暗殺計画を立てていたという結論に達した。これが「十一月謀議」説であるが、検察側は、これを根拠にして「共犯ナルヘシト認メ得ラルル」と解釈して、無政府主義者で危険人物である幸徳秋水の検挙を決定して、それに則って、六月一日に、湯河原で、幸徳秋水と管野須賀子を逮捕したのである。しかしながら事態はさらに意外な展開を見せるのである。その後検察側はこの平民社での「謀議」に「参加」したとか、「同意」したとか、勝手にでっち上げて（つまり、フレーム・アップして）、幸徳秋水の周辺で活動していた多くの社会主義者たちや無政府主義者たちを次々と検挙して逮捕したのだ。その結果、二六名の活動家たちが刑法第七三条の大逆罪に相当するとして起訴されることになったのである。

ここで注意しなければならないのは、この六月の時点では、この事件は「爆弾事件」とか「陰謀事件」として報道されたものの、「大逆事件」としては報道されてはいなかったことである。それでは、どの時点で、この事件は「大逆事件」として報道されるようになったのだろうか。それは三か月後の九月二一日のことで、この日に『時事新報』が「社会主義者裁判」という記事を出し、次いで『報知新聞』が同日の夕刊で「大審院の特別裁判」という記事を出した。ここでも「大逆事件」という言葉は使われていないが、これらが実質的には「大逆事件」を報じた最初の記事であって、これ以降、この事件は「大逆事件」として報道されることになるのである。そして銘記すべきは、九月二二日にはロイター通信社などを通じてこの事件が「大逆事件」として海外に発信されて伝達されたことである。

このようにして「大逆事件」は、九月二一日、二二日の時点で、国の内外で大事件として認知されるようになったが、だからといって欧米の各都市で直ちにこの事件に対する抗議運動が行われるようになったわけではなかった。その後十一月九日に、検察側はこの事件の「公判開始決定」を発表したが、これを受けて翌日の十日に各紙が一斉に「大逆事件」を報道し、幸徳秋水等二六名の氏名を公表し、欧米の一般紙もこぞって「大逆事件」を報道するようになり、その結果、欧米の各都市で抗議運動が開始されることになったのである。

ハートマンが抗議の声明文を起草する

これまで一九一〇年に発生した「大逆事件」について考察を進めてきたが、これを確認した上で、ハートマンとエマ・ゴールドマンがこの事件をどのように受け止めて、どのように対処したのかを考えていきたい。このように日本の各紙が十一月十日に「大逆事件」を公表し、さらに、欧米の一般紙もそのニュースを大々的に報じたので、欧米で抗議運動が展開されることになったが、その一大拠点がニューヨークであり、その中心になったのが『母なる大地』に関わる無政府主義者たちであった。それを主導したのがエマ・ゴールドマンだったが、彼女は『エマ・ゴールドマン自伝』の中でこの事件について次のように書いている。

多くの友人たちがこのキャンペーンに参加してくれたが、その中にサダキチ・ハートマンがいて、彼は詩人、作家、画家でもあり、またホイットマンやポーの詩や物語の、すばらしい朗読家であった。私は一八九四年に初めて会っていたが、その後で彼は私たちの雑誌の定期寄稿者になってくれた。彼自身日本人の血を引いていることもあり、日本の内情や幸徳の事件についてもよく知っていた。私たちの依頼に応じて、彼は死刑を宣告された同志のために広く訴える力強い声明文を書いてくれた。[20]

エマ・ゴールドマンは「大逆事件」についてこのように書いているが、この部分の記述には記憶違いによる間違いがあるので一言説明を加えておく。先に述べたように、各紙が十一月十日に「大逆事件」を報道し、それは欧米の一般紙にも配信されたが、たとえば、十日付の『ニューヨーク・タイムズ』紙では「ミカドの暗殺計画者に死刑」という見出しで報道されたのである。このニュースを知って、エマ・ゴールドマンたちは直ちに抗議行動に出て、先ず抗議電報と「アピール」を発表し、抗議電報を十一日付でワシントンの日本大使館に送り、「アピール」を社会党の機関紙『ニューヨーク・コール』の十二日号に掲載したのだ。ところが史実としては、その後十二月十日に公判が始まり、同月二九日に公判は終結し、翌年の一九一一年の一月十八日に二四名の被告たちに大逆罪による死刑判決が言い渡されたが、翌日にはその半数の十二名が天皇の恩赦によって無期懲役に減刑されることになった。これが事実だったのであり、それゆえ、十一月十日付の『ニューヨーク・タイムズ』紙の「ミカドの暗殺計画者に死刑」なる報道は明らかに誤報だったが、エマ・ゴールドマンはこのまま記憶していて自伝の執筆時にはこの間違いに気づかなかったらしいのだ。それにしても、エマ・ゴールドマンによれば、十一日付の同志のために広く訴える力強い「アピール」

を書いたのはハートマンだったのである。これがどのようなものなのか興味を持っていたが、山泉進・荻野富士夫編『「大逆事件」関係外務省往復文書』にこの時の「アピール」の原文が収録されているので、先ずは日本語に翻訳して、それがどのようなものだったかを検討しておきたい。

声明文

親愛なる友人へ

人類愛と国際的同胞愛の名において、幸徳伝次郎と、その妻、さらに二四名の社会主義者と無政府主義者に下された不当で野蛮な死刑の判決に反対してワシントンの日本大使館に強く抗議するよう真摯に要請します。

幸徳伝次郎と、その妻と、彼らの同志たちは、大逆罪のために設置された法廷に引き出され、天皇家に反逆を企てたとして有罪と判定され、死刑の宣告を下されたのである。しかし、特別裁判の手続きがとられたという事実からもわかるように、その証拠は不十分なものである。

幸徳伝次郎はこれまで学問研究に従事してきて、西洋の思想を日本に広めることに貢献してきた人物である。彼の罪状は、過激な思想を広めて、カール・マルクス、レフ・トルストイ[21]、ピョートル・クロポトキン[22]、ミハイル・バクーニン[23]らの著作を翻訳したことであった。日本における社会的革命的運動における左翼のリーダーとして、クロポトキン主義者たちの指導者と呼ばれている。だが天皇に対する反逆の告発は虚偽であると確信している。

今回の幸徳の処罰は日本で数年前から起こっている自由主義思想に対する反動が頂点に達したことを示している。日本の社会党の指導者である片山潜[24]は日本における自由主義者に対する迫害を西洋の文明国に訴えている。

我々は国際的な自由の戦士であるから、日本の友人たちが反動勢力の犠牲になることを容認することはできない。日本政府はスペインやロシアの野蛮な方法を模倣して、学者たちや思想家たちに死を宣告するつもりなのだろうか。

我々は人類愛と文明の大義の下で力強く行動すべきであり、是非日本大使館に抗議文を送付することを心から希望する[25]。

これが声明文の全文である。最後に、ハッチンス・ハプグッド[26]、レオナルド・アボット[27]、エマ・ゴールドマン、ヒポリト・ハヴェル、サダキチ・ハートマン、アレクサンダー・バークマン[28]、ベン・ライトマン、ローズ・スタンスキーら八名が連名で署名しているが、彼らはいずれも著名なる左翼思想家でありアナーキストであった。ここでも幸徳秋水ら二四名に死刑の判決が下されたという間違った情報が伝えられているが、それよりも注目すべきは「特別裁判の手続きがとられている」ことから「天皇に対する反逆の告発は虚偽」であろうと主張していることである。おそらく彼らはこの事件が当局者によって捏造されたものであることを見抜いていたのであり、それゆえに、激しく抗議運動を推進することになったのである。

さらに、ハートマンに関してもう一点だけ指摘しておかなければならない。この時彼は日本大使館に単独の抗議文も送付していたのである。

親愛なる駐米大使殿

私は今日の新聞記事で幸徳伝次郎が天皇家に対する大逆を企てた罪で死刑を宣告されたことを知りました。私はアメリカでは少しは名を知られた著述家ですが、アメリカ国民として、そして、日本人の血を半ば引き継ぐ者として、全身全霊をかけて、人間というものは理想のために、つまり、人間全体の福祉のために死ぬべきであると主張します。私はアメリカ人ですが、実は一八六五年に長崎でドイツ人の領事官と侍の娘との間に生まれた者です。人生には一つだけ大切なものがあります。それは真実の精神に忠実でなければならず、そのために必要ならば死ぬことも辞さないということです。幸徳伝次郎は死ぬべきではないのです。なぜなら、彼は自由を愛するすべての人々に愛されているからであり、卑小なる者であれ、偉大なる者であれ、白人であれ、黄色人であれ、すべての人間が自由の感覚と呼ぶものを表現してきたからであり、私と同様に東洋（つまり、日本）の知性を従来よりも一段と高く評価してきたからである。これら様々な理由から、そして、富士山の雪を被った山頂から芸術家たちに舞い降りてくる偉大なる精神は今日の文明世界を包み込むようにして生き続けているのだから、幸徳は絶対に死ぬべきではないのです。

サダキチ・ハートマン(29)

この声明文にも問題がないわけではない。彼は自ら何者であるかを語っている。彼は確かに名の知られた著述家だったし、日本人の血を半分引き継ぐ混血児だったが、注意すべきは、父親はドイツ人の領事官であり、母親は侍の娘だと書いていることである。だがこれは事実に反するのだ。父のオスカーはドイツの領事館で働いていたコーヒーや銃を扱う商人だったし、母のオサダは侍の娘ではなくて、おそらく芸者か遊女だったのである。このように父親と母親を美化しようとする心情は理解できるが、私達は事実は事実として認識しておくべきである。

日本政府のハートマン調書

このようにエマ・ゴールドマンを中心とするアナーキストたちは、十一月十一日、十二日の時点で、ワシントンの日本大使館に抗議電報を打ち、社会党の機関紙に声明文を発表したが、これが日本の政府関係者や日本大使館員たちに深刻な問題を招来することになった。当然ながら、内田康哉駐米大使らは直ちにこの抗議運動を調査分析して、それに対する対応策を本国政府に報告している。それが一九一〇年十一月十六日付で、内田大使が外務大臣小村寿太郎に送った「機密」信「幸徳伝次郎処刑ニ対スル米国社会党員ノ行動ニ関スル件」である。ここでは抗議電報に署名した五名のアナーキストに関する調査結果を報告しているが、サダキチ・ハートマンに関してはこのように書いている。

……Sadakichi Hartmann ト称スル者ハ同人ノ来書ニヨレハ千八百六十五年本邦長崎ニ於テ独逸領事及本邦婦人間ニ生レタル雑種児ニシテ当国発行ノ Who's who ニ拠レバ別紙甲号写ノ如キ経歴ヲ有スル人物ニ有之候……(30)

ハートマンに関しては様々な問題がある。父親が貿易商人だったのに領事となっているとか、生まれた年が個人の抗議声明文では一八六五年となっているのに、Who's who では一八六七年となっている点などである。この生年月日に関しては、現在は一八六七年十一月八日が定説になっている。そして、彼は「独逸領事及本邦婦人間ニ生レタル雑種児」と決めつけられているのであり、この「雑種児」という呼称に対して抗議することも可能だろうが、それよりも私達はハートマンが外交文書を通じて母国日本に初めて紹介されたことを認識すべきである。これまで一九一〇年に発生した「大逆事件」について考察してきたが、ここで私達が銘記しておかなければならないのは、彼が当時アナーキズムに接近して、エマ・ゴールドマンらと連携して行動していたことであり、この事件を通して彼の名前が初めて日本で知られることになったことである。

それでは「大逆事件」はその後どのように展開したのだろうか。先述したように、十二月十日に公判が始まったが、審理は一気に進められて、同月二九日には公判は終結した。そして、翌年の一九一一年一月十八日に、二四名に大逆罪による死刑が宣告されたが、翌日には、天皇による恩赦によって、その内の十二名が無期懲役に減刑された。その一週間後の一月二四日に、死刑が確定した十一名が、そして、翌日の二五日には管野須賀子が、東京監獄において絞首刑に処せられたのである。

ハヴェルの大逆事件の総括

このようにエマ・ゴールドマンやサダキチ・ハートマンたちは真摯に「大逆事件」を受け止めて抗議運動を推進してきたが、それでもこのような一連の惨憺たる結末を前にすると、それは一体何だったのか、そんなものは結局は無力で無益なものでしかなかったのではないかと考えざるをえないし、さらに深い挫折感と徒労感にとらわれざるをえないのである。だが、そうした事態に真正面から向き合って、そこに積極的な意義を読み取ろうとした人物がいた。ヒポリト・ハヴェル(31)である。彼はボヘミア生まれの生粋のアナーキストで、一時はエマ・ゴールドマンの愛人であり、後にはワシントン・スクェアの近くにあった「ポリーの店」の名物コックであり、さらに、ハートマンの親しい友人でもあったらしく、彼が描いたハヴェルの素描画が残っている。

このハヴェルが一九一一年二月発行の『母なる大地』に「アナーキーよ永遠なれ」という幸徳伝次郎と管野須賀子の写真入りのエッセイを寄稿していて、一月二四日と二五日の幸徳や管野ら十二名の絞首刑という事実を踏まえて「大逆事件」を解説しているので紹介しておく。ハヴェルは不当にも処刑されてしまった十二名のアナーキストたちに対して哀悼の意を表して、同時に、このような無慈悲で野蛮な犯罪行為を行った権力者たちを激しく非難し告発している。そして、彼らアナーキストたちは「殉教者」になって「不滅性」を獲得したのであり、「あの精神、自由を求める永遠の叫び―これは黙らされることはないし、葬られることもない。過去においても、現在においても、未来においても、そんなことはありえないのである」と言明している。それではなぜこのような不条理で残酷な犯罪が行われてしまったのだろうか。そこには忌まわしい「陰謀」が、恐ろしい「計略」が仕掛けられていたのであり、その筋書きに沿って、公判は非公開で秘密裏に進められ、被疑者たちは公平な審問や弁護の権利を剝奪されていたし、彼らが罪を認めたという告発は全くの捏造であり、外国の大使館員を裁判に出席させたという声明は全くの虚偽だったのである。ハヴェルはこのように「大逆事件」を総括して最後に次のように高らかに宣言するのである。

この大虐殺は私達の仲間たちを殉教者にしただけではない。それは彼らを不滅の存在にしたのだ。彼らの流した血から、新しい反逆者や復讐者が出現してきて、この地球の表面から殺人者とその制度機構を一掃してくれるだろう。(32)

ここで話をハートマンに戻したいと思う。これまで論じてきたように、一九一〇年に日本で「大逆事件」が発生した時には、彼はこの事件に積極的に関わって、ニューヨークで繰り広げられた抗議運動では中心的な役割を演じて、あの声明文を起草することになった。ここで確認すべきは、このような激しい抗議行動の原動力になっていたのが反体制的で反米的な思想であって、そうであるがゆえに、「大逆事件」の際に、彼はエマ・ゴールドマンらのアナーキストたちと連携して共闘することになったのである。これがこの時代のハートマンの基本的な立場だったのである。

4　ハートマンの平和論＝反戦論

そしてこれを踏まえて考えてみれば、ハートマンがさらに一九一五年になぜ「永遠の平和――それは夢なのか」という論文を書いたのかその理由も理解できるはずである。最後に彼が唱えた平和論、あるいは、反戦論について簡単に説明しておくことにする。彼は一九一五年十月にこの論文を『ブルーノ・チャップ・ブックス』という雑誌に発表した。ここで注意すべきはこの一九一五年十月という時期であって、第一次世界大戦が始まったのは一九一四年七月だったから、この論文が発表されたのはその時から一年三か月後だったということとなる。それゆえ、この論文を正しく理解するためには、この一年三か月の間になにが起こっていたのかを確認しておくことが必要である。

第一次世界大戦勃発

一九一四年六月二八日に、ボスニアのサラエヴォで、オーストリア皇太子フランツ・フェルディナンド夫妻がセルビアの青年に暗殺されるという事件が起きたが、これが第一次世界大戦の発火点になったのである。これを受けてオーストリアとセルビアの間で様々な折衝が行われたが話し合いが付かずに、ついにオーストリアは七月二八日にセルビアに宣戦布告した。第一次世界大戦に突入したのである。オーストリアはドイツと同盟を結んでいたが、そのドイツは八月一日にはロシアに宣戦し、ついで、八月三日にはフランスに宣戦した。さらに八月四日には、イギリスがドイツのベルギー侵攻に抗議して宣戦することになった。かくしてイタリアを除くヨーロッパの国々がこの第一次世界大戦に参入することになったのである。

一九一五年の時点では、ウイルソンが大統領職にあって、アメリカはこの戦争に対して中立の立場を堅持していた。とはいえ、アメリカがこの戦争と全く無関係だったわけではなくて、イギリスやフランス等の友好国には様々な物資や武器を提供し売却して経済的には莫大なる利益を上げていた。ドイツがこのような実質的な敵対行為を黙認するはずはなく、アメリカに厳しく抗議し非難を浴びせることになった。このようにして戦争が進展するにつれて、アメリカとドイツの関係は険悪で危機的なものになっていったのである。

こうした事情を前提にして、ハートマンの反戦論がいかなるものだったのかを考察していくことにする。先ずハートマンはヨーロッパやアメリカで戦争がいかに賛美され称賛されてきたかを具体的に戦争画や軍人の彫像を取り上げながら論証している。たとえば、ヴェルサイユ宮殿を訪れてみれば、多くの部屋や廊下の壁には凄惨な戦闘の場面を描いた戦争画がまるで戦争を正当化するかのように飾りつけられている。あるいは、ベルリンの街に行けば、大通りの交差点の公園には軍人像や騎馬像や戦争記念塔が設置されていて、勇敢なる戦士たちを賛美し、戦争の勝利を称揚している。

だが戦争が恐ろしい災厄であることも否定できない。現に今も兵士たちは塹壕に身を潜めて、敵と相対し、命令があれば敵の砲列に向かって突進していかなければならない。母親たちは自分が生み育てた息子たちを戦場に送るが、彼らは負傷して身体不自由になるかもしれないし、戦死するかもしれないのだ。あるいは、戦時下で国民は飢えと貧困を強いられ、戦火で家を焼かれて、一家離散に追い込まれるかもしれない。つまり、戦争とは相手に最大の危害を加えようとするものであり、武器は致命的なものであればあるほどその目的に適うものなのだ。このように戦争とは本質的に野蛮で残酷な蛮行そのものなのである。それにも拘わらず、戦争はこれまで国家の栄光とか、家族の保守とか、自由、安全、未来、幸福といった欺瞞的な口実の下で美化され、称揚されてきた。それゆえ、私達にとって今必要なのは、このような戦争の実体を冷静に見極めることなのである。

それにしてもなぜ人々は戦争をするのだろうか。ハートマンは歴史上の様々な戦争を分析し検証して、「物質的な理由」が、つまり、「経済的な優越」を求める欲求が戦争の主たる原因なのだと述べて、さらにそれについて次のように解説している。

戦争は軍部と外交部の協力を得て財界人によって準備されるものである。経済的な利害は少数の人々に握られているのであり、それゆえ、戦争を引き起こすのは、数世紀前までは、教会であり、帝国主義であったが、現在では

資本主義なのである。(33)

このような戦争観の中にマルクス主義思想の影響を指摘することも可能だろう。だがここで忘れてはならないのは、ハートマンがこのような野蛮で残酷な蛮行である戦争をなんとか阻止して、戦争のない平和な世界を実現することをめざしていたことである。そのためにいくつかの具体案を提唱しているので検討しておこう。

「永遠の平和」のための提言

それではこの「永遠の平和」はいかにすれば実現できるのだろうか。そのための有効な方策があるのだろうか。ハートマンが最初に提案したのは世界規模の平和機構の創設であって、それに世界の国々が参加することになれば、平和を自然で永遠の状態にすることができるはずである。彼は具体的に国際裁判所や、国際連盟や、国際警察などを提案していて、それぞれの組織機構が真に有効に機能すれば、念願の「永遠の平和」を実現して持続していくことができるであろう。だがそこには問題がないわけではない。世界のすべての国が参加すればいいけれども、実際にはそのような保障はどこにもないのである。さらに、たとえ参加したとしても、各国にはそれぞれの特別の事情があるのであって、すべての国がこの「永遠の平和」の件で一致して合意に達することができるとは到底考えられないのだ。これがこれまでの経験から出てくる結論であって、そういう観点に立ってみれば、国際的な平和機構を創設して活動したとしても、だからといって直ちに「永遠の平和」を実現して持続していけることにはならないのではないかという危惧の念を払拭できないのである。

ハートマンが次に提案したのが完全なる軍備撤廃であった。言うまでもなく、世界のすべての国が完全に軍備を撤廃することになれば、どの国も戦争を起こせなくなるのだから、必然的に「永遠の平和」を実現できることになる。だがこれまでの経験からすれば、そんなことを期待することはほとんど不可能である。というのも、現実には、ある国が平和を提唱する時、その国は十分に武装していることが必要なのであって、そうでなければ、相手国を説得して平和を達成することはできないからである。そういった意味で、その趣旨は理解できるが、この完全なる軍備撤廃案は現実にはまさに机上の空論に終わってしまったのである。

最後にハートマンは国民投票案を提唱した。これまではその時々の皇帝や権力者が平和か戦争かを決定してきたが、これからは国民が主体となって、国民投票によって平和か戦争かを決定すべきだと主張したのだ。特に、女性たちが参加を許されれば、ほぼ確実に「永遠の平和」が実現することになるだろうと語っている。そして、このような状態が続くなら、それは「国家間の理解」を、「国家間の互恵」を、「国家間の相互利益の認識」を増進させることになるはずなのである。

これまでハートマンが一九一五年の時点で提唱した平和論、あるいは、反戦論を検討してきたが、それがいかなるものであったか、そして、ハートマンにとって、さらに世界にとってそれがどのような意味を持つものであったのかを理解できたものと思う。振り返ってみれば、彼はウイルソン大統領が数年後に提起する国際連盟構想を先取りしていたのだし、さらに、すでに一九一五年の時点で、二〇世紀後半に至って盛んに議論されるようになる軍備の縮小や撤廃を提唱していたのである。そういった意味で、彼は鋭い洞察力を働かせながら世界の未来を正確に予見していたのであり、私達は今その事実をきちんと認識して、ハートマンという人物を正当に評価して位置づけてやらなければならないのである。

ここで後日談を紹介しておく。これまで述べてきたように、ハートマンが「永遠の平和——それは夢なのか」を書いたのは一九一五年の十月であったが、その後ウイルソン大統領は状況の変化を受けて、一九一六年頃から中立の立場を放棄して、戦時体制の整備を推し進めるようになり、一九一七年の四月四日と六日には上下院議会でドイツ帝国に対する宣戦布告を可決して、正式に第一次世界大戦に参戦することになった。ウイルソン大統領は意図的に「戦争熱」を喚起して戦時体制を構築して、アメリカ国民を戦う集団に変えようとしたが、それに対して、リベラルな知識人、社会主義者、共産主義者、そして、アナーキストたちが強権的な言論統制と戦時体制強化に抗議して反対闘争を開始することになった。その結果生じたのが熾烈な「国内の戦争」であった。ウイルソン大統領はこの「国内の戦争」において、その敵対者であるリベラルな知識人や、社会主義者や、共産主義や、アナーキストたちを弾圧して打倒するために次々と不当で反動的な対応策を打ち出して強引に施行した。その一部を紹介しておこう。一九一七年五月選抜徴兵法の成立。六月防諜法の成立。一九一八年五月煽動罪法の成立。このようにしてアメリカは戦時体制を構築して、「民主主義」という大義のために、第一次世界大戦に突入していくことになったのであり、その過程で、この戦争に反対して抗議する者たちを、異端者、反米主義者として、告発し、弾圧し、国外に追放することになった。ハートマンの同志であったエマ・ゴールドマンとアレクサンダー・バークマンらが編集していた『母なる大地』は一九一七年の八月号をもって強制的に発行を停止させられることになり、さらに、これら二人の稀代のアナーキストたちは一九一九年十二月にアメリカからロシアへと永久に追放されることになったのである。

第八章　ホイッスラーを通じてのアイデンティティーの追求

1　ホイッスラーとの出会い

新たな道の模索

これまで見てきたように、ハートマンは日独の血を引く混血のアメリカ人であり、それゆえに、自分は何者なのかというアイデンティティーの問題を常に突きつけられ、その解決を迫られてきた。そしてこれにワスプ体制が絡んでくると事態は一段と悪化して険悪な様相を呈することになる。たとえハートマンが自分はアメリカ人なのだと主張したとしても、日本人の血を引いているがゆえに、彼はアメリカ人ではなくて、日本人なのであり、そして、日本人であるがゆえに、ワスプ体制下では否応なしに下位の階層に分類されてしまうのである。彼は当然そのような不当な処遇に抗議するが、そうすればその分だけ貶められて下位の階層に追い込まれることになる。このようにワスプ体制下では彼はこの屈辱的な状況から脱け出すことはできないのであり、そのような苦境の中で自分は一体何者なのかというアイデンティティーの追求を強いられて、その解決のために苦悩に満ちた人生を送ることになるのである。

ハートマンはこのような理不尽な状況に組み込まれていたのだが、それに対してどのように対抗したのであろうか。彼の前には二つの道が開かれていた。第一の道はこの邪悪なるワスプ体制と直接対決して闘争することである。それではその帰趨はどうだったのであろうか。前章で見たように、彼はその強大なワスプ体制と果敢に闘ったが、敵の強力な抵抗と反撃にあってついには敗北を余儀なくされてしまったのである。

それでは第二の道とはいかなるものなのだろうか。先に述べたように、彼は日本人であるがゆえに不当な処遇を受けてきたのであり、そういった意味では、日本人であることは忌避すべきものであった。だがある時点でこの日本人であることが逆に有意義なものに転化することになった。つまり、彼は日本人であるがゆえにジャポニスムを発見してそれを習得することになったのであり、その結果、新たなる第二の道を歩み出すことになったのである。第二章で指摘したように、ホイットマンは最初の訪問の別れ際にハートマンに「古い、古い世界」こそが「大いなる尊い源」であるから、それを活用して「すでに建設されているものを遠い過去から蘇らせ」「受け入れ、融解し、新しい姿を与える」という彼だけに可能な創造行為を推奨したが、まさにこれが彼にとって第二の道になったのである。そして彼はすでにこの第二の道を歩み出していた。つまり、一九〇三年に『日本の美術』を出版しているのである。彼はここで自分の立場を見定めたのであり、その後も着実に認識を深めていって、一九一〇年には『ホイッスラー・ブック』を、さらに一九一四年には『短歌と俳諧――日本の詩歌』を出版することになったのである。それにしてもこれら二つの作品を書き上げることによって、彼はあのアイデンティティーの問題を解決することができたのであろうか。

コスモポリタンの画家ホイッスラー

ハートマンは一九一〇年に『ホイッスラー・ブック』を出版したが、これからこの作品を考察しながら、ホイッスラーとはいかなる画家だったのか、そして、ハートマンにとってホイッスラーとはいかなる存在だったのかを明らかにしたいと思う。

ホイッスラーは一八三四年にマサチューセッツ州のローウェルで生まれた。父親のジョージ・ワシントン・ホイッスラーは有能な鉄道技師であり、一八四二年にロシアのサンクトペテルブルグ―モスクワ間の鉄道建設の仕事を受注することになって、翌年には一家はロシアに渡ってサンクトペテルブルグに住み着くことになった。このようにして彼は裕福で優雅な生活を享受することになったが、ここで銘記すべきは、彼がこの地にあったアカデミーに通って絵画の基本を学んだことであり、さらに彼がエルミタージュ美術館を訪れて、スペインの画家ベラスケス[1]の存在を知ったことである。

ところが一八四九年に悲劇がホイッスラー一家を襲うことになった。父親が急死してしまったのだ。そのために一家は急遽アメリカに帰国することになった。ホイッスラーは一八五一年、十七歳の時に、ウエスト・ポイントにあった陸軍士官学校に入学した。だが彼はそこでの厳格な規律と訓練に耐えられなかったらしく、三年後の一八五四年に退学した。その後ある知人の紹介でアメリカ海岸測量研究所に就職したが、仕事に興味を持てずに二か月後にはその会社からも退職することになった。

ホイッスラーは以前から画家になることを望んでいたが、この頃にはその希望を実現したいという強い衝動に駆り立てられるようになっていた。父親の死後、ホイッスラー一家は質素な生活を強いられていたが、それでもかなりの資産が残っていたので、二、三年位なら彼の生活を援助することは可能だった。かくしてホイッスラーは一八五五年に画家になるという夢を実現するために意を決してパリへ旅立ったのである。そしてこの選択は適切なものだった。というのも、パリはそのためには最適の環境だったからである。この時代は、アンリ・ミュルジェール[2]が『ボヘミアン生活の情景』（一八五〇年）で描いているように、「ボヘミアンの時代」であった。

それにしてもボヘミアンとは具体的にどのような存在だったのだろうか。ハートマンによれば、ボヘミアンとは一風変わった怠け者であり、明日のことには無頓着で、経済観念はゼロで、一時しのぎの場所があれば家のことも考えないような人間である。しかしながら、ボヘミアンは独自な「才能」を、つまり、優れた「頭脳」と高貴な「精神」を兼ね備えているのであり、それを発揮して、私達凡人のために、歌を作曲し、絵を描き、彫刻を制作し、小説や詩を書くのである。ボヘミアンは一般的に怠惰で不幸な人間であると誤解されているが、実際にはこのように私達凡人の生活に大いなる楽しみと豊かさを提供してくれる貴重な存在なのである。

ホイッスラーはパリに到着するとすぐに若いボヘミアンの芸術家たちの世界に飛び込んでいって、画家になるという所期の目的を実現するために活発に行動を開始した。彼は先ず美術学校に入学して美術の基礎を学び、同時に、ファンタン・ラトゥール[3]や、アルフォンス・ルグロ[4]や、フェリクス・ブラックモンらの若くて有能な画家たちと友人になり、さらに彼らを通じて、エドゥアール・マネや、エドガー・ドガ[5]や、シャルル・ボードレール[6]らと親しく交流するようになった。さらに、彼はルーブル美術館を訪れてダヴィンチらの名画を模写したり、ギュスターヴ・クールベ[7]の指導を受けてモデルを描いたり、彼と一緒に写生旅行に行ったりもした。

その後一八五九年にホイッスラーはロンドンに住む義姉デボラ・シーモア・ヘイデンを訪問したが、そのまま滞在することになって、ロンドンでもボヘミアンの生活を送りながら、画家になるために真摯に修業を続けることになった。一八六三年にリンジィ・ロウに引っ越したが、それをきっかけにして、近隣に住むロセッティー兄弟や、詩人のチャールズ・スウィンバーン[8]や、小説家のオスカー・ワイルド[9]などと親しく交際するようになった。かくしてホイッスラーはパリとロンドンを往還しながら精力的に画家としての活動を推し進めていくことになった。ここで注目すべきは、当時ヨーロッパで吹き荒れていたジャポニスムに影響されて、日本の浮世絵や中国の陶磁器に興味を懐くようになり、ついにはパリのドゥソワの店や、ロンドンのファーマー&ロジャース店などで、日本や東洋の美術工芸品を購入して蒐集するようになったことである。

落選者展で『ホワイト・ガール』が話題になる

このようにホイッスラーは真摯に画家活動を推進してきたが、一八六〇年代に入るとついにその成果を発表し始めることになった。彼は一八六二年に『ピアノにて』と『ホワイト・ガール』を発表した。『ピアノにて』はデボラと娘のアニーをモデルにして描いたものである。これは決して傑作ではないが、水平線と垂直線を組み合わせた画面構成は独創的であり、その後の彼の画風を予想させる重要な作品である。問題は『ホワイト・ガール』である。ホイッスラーは一八六二年にこの作品を描き上げてロンドンの「ロイヤル・アカデミー」に提出したが選考委員会で却下されてしまった。その後交渉の末に「モーガンズ・ギャラリー」が受け入れてくれて公開されることになったが、これが厄介な問題を引き起こすことになるのだ。ここで注意すべきは、画廊側が無断でこの作品の題名を『白衣の女』として発表したことであり、それが予想外の展開を誘発することになったことである。つまり『ホワイト・ガール』は当時ウイルキー・コリンズ[10]という作家が発表して話題になっていた小説『白衣の女』と関係づけられて論じられることになったのである。ホイッスラーはこれは単なる「白衣の女が白いカーテンの前で立っている」作品であると説明している。その通りなのだろうが、多くの鑑賞者はこの作品はそれ以上の意義深い事実を表現していると考えたのである。この女性は長い髪を結わずに肩に垂らしているが、このような姿は寝室以外では決して見ることができないものであった。さらに女性は狼か熊の毛皮（＝獣性）の上に立っていて、左手には摘み取られた一輪の白百合（＝純潔）を持っている。このような事実を考慮して、人々はこの作品に「こわれ瓶」の主題を、つまり、処女性の喪失を、読み込むことになったのであり、その結果、この作品はスキャンダラスな話題を振り撒いて大いに注目されることになったのだ。

ホイッスラーは翌年の一八六三年にこの作品をフランスの「サロン展」に出品したのだが、残念ながらここでも却下されてしまった。当時「サロン展」では審査が厳しくなっていて、この時は応募作品の内約五分の三の作品が落選してしまったのである。皇帝ナポレオン三世はそうした事態を憂慮して同じ会場で落選者展も開催するようにと命令した。その結果、多くの人々が興味を抱いて展覧会場に押し寄せることになったが、そこで注目を浴びたのがマネの『草上の昼食』とホイッスラーの『ホワイト・ガール』であった。周知のように、マネの作品は森の中で裸体の女性が二人の着衣の男性とピクニックを楽しんでいる様子を描いたものだが、当然ながら嘲笑と非難を浴びせられることになった。それではホイッスラーの『ホワイト・ガール』はどのように受け止められたのだろうか。人々はこの作品に「こわれ瓶」の主題を読み込んで同じように嘲笑し非難することになった。このような事態は、マネにとっても、ホイッスラーにとっても、極めて不当で不本意なものだったに違いないが、結果的には、マネとホイッスラーは人々の好奇心を惹起して一躍期待の新進画家として注目を浴びることになったのである。

2　ホイッスラーとジャポニスム

ジャポネズリー

このように、ホイッスラーはパリで、そして、ロンドンで、多くの才能溢れる仲間の画家たちと交流しながら大胆かつ真摯に画家活動を推進してきたのであるが、ハートマンはそのホイッスラーに関して次のように書いている。

その直後にもうひとつのエキゾティックな影響がホイッスラーの作品に現われてきて、それ以降数年にわたってほとんど暴君的と言えるような支配を行使することになった。ホイッスラーは一八六三年のパリ国際美術展で初めて日本の美術にめぐり合うことになった。パリの画家たち、特に彼が交流していた画家たちは、色彩狂に取り憑かれることになった。だがそれだけに止まらなかったのである。さらに、細部を強調したり無視したりする東洋の構成の暗示性が、空間の特異な配置が、そして、細部の装飾的な処理法が、新世代の画家たちを魅了することになったのである。(11)

オリエンタル・ペインティングの創作

先に述べたように、ホイッスラーはパリやロンドンで吹き荒れていたジャポニスムの洗礼を受けて、中国や日本の美術工芸品を購入し蒐集していたが、さらにハートマンによれば、彼は一八六三年にパリ国際美術展で初めて日本の美術にめぐり合って「色彩」を発見することになり、日本の美術の「暗示性」や「空間の特異な配置」や「細部の装飾的な処理法」を習得することになったのである。そして、これらの新しい技法を駆使してオリエンタル・ペインティングと呼ばれる四点の作品を発表することになった。『紫色とバラ色――六つのマークのランゲ・ライゼン』(一八六四年)、『バラ色と銀色――陶器の国の姫君』(一八六四年)、『紫色と金色の狂想曲――金屏風』(一八六四年)、『肌色と緑色のヴァリエーション――バルコニー』（一八六四～七〇年）である。これからこれら四点の作品を検討していくが、その前にその基盤となるジャポニスムについて簡単に説明しておこう。

これまで見てきたように、ホイッスラーがパリやロンドンでボヘミアンたちに混じって画家修業を続けていた頃、ジャポニスムがヨーロッパ中を席捲していて、美術だけではなくて、芸術全体に大きな影響を及ぼしていた。ところでジャポニスムが日本で認知されて研究されるようになったのは一九七〇年代に入ってからであり、その後一九八〇年代以降にはその研究成果が徐々に発表されるようになった。そのひとつが馬渕明子が一九九七年に発表した『ジャポニスム』であるが、その中で馬淵はジャポニスムについて次のように言っている。

> ジャポネズリー（日本趣味）は日本的なモティーフを作品に取り組むが、それが文物風俗へのエキゾティックな関心にとどまっているのに対し、ジャポニスムは、日本美術からヒントを得て、造形のさまざまなレベルにおいて、新しい視覚表現を追求したものである(12)。

馬渕はここでジャポニスムに関して、先ずジャポネズリー＝日本趣味があって、それが進化してジャポニスムになったと論じているが、多くの研究者たちもこの説明に賛同しているので、ここではこの立場に立って考察を進めていくことにする。

ホイッスラーは一八六四年に一気呵成に四点のオリエンタル・ペインティングと呼ばれる作品を描き上げたが、これら四点の作品の中に多くの日本的な「文物風俗」を確認することができる。外国人の女性がモデルをつとめているが、彼女たちは日本の着物か中国服をまとっている。さらにそれぞれの画面には多くの日本や中国の美術工芸品が描き込まれていて興味をそそる。日本の盃や徳利、黒塗りのお盆、団扇、和綴じの本、浮世絵、三味線、屛風等々、そして、中国の皿や壺などの青白磁器である(13)。これらの作品を見ればわかるように、ホイッスラーは当時ヨーロッパで流行していたジャポネズリーやシノワズリーに強い関心を懐くようになり、それに駆られて日本や中国の美術工芸品を鑑賞するようになり、次いで蒐集するようになり、ついにはそれらの「文物風俗」を自分の作品に取り込んで描くようになったのである。

ここでは四点の作品から『金屏風』と『陶器の国の姫君』を選んで紹介しておこう。最初に『金屏風』を取り上げる。この作品では彼の愛人のひとりであったジョー・フィファーナンがモデルをつとめているが、彼女は日本の着物を着て、茶色の絨毯の上に座って、浮世絵を鑑賞している。彼女は多様な花々が描かれている紫色の着物を着て、肩には朱色のスカーフを掛け、腰には緑色の帯を締めている。さらにそれに重ねるように赤い花が描かれた白い上掛けをまとっている。画面の左下には茶道具と、鉢植えのバラと、白色の花瓶に飾られたパンジーが描かれている。彼女は広重の作品『伊豫西條』を手にとって見ているが、彼女の前にはさらに六点の広重の作品がばら撒くように置かれている。それらの中には広重の『大隈さくらしま』、『駿河三保のまつ原』、『越中富山舟橋』などの作品を確認することができる。彼女の脇には金屏風が立てかけられているが、そこには大和絵風に人物や家屋が描かれている。

次に『陶器の国の姫君』を見ておこう。この作品のモデルはギリシャ総領事の娘であるクリスティーン・スパルタリがつとめていて、前作同様に、日本の着物を着て、右手に団扇をかざしながら立っている。彼女は濃緑色で花の模様が描かれている着物を着て、朱色の帯を結び、それに重ねるように黄金色で艶やかな花模様が描かれている打掛をまとっている。彼女は青と白の中国製の絨毯の上に立っているが、これはガブリエル・ロセッティーから借り受けたものである。その奥には屏風が立て掛けられていて、その上方にもうひとつ団扇が飾られ、その下方には青白の陶磁器が置かれている。「陶器の国の姫君」は優美な曲線を見せながら立っているが、これは歌麿や豊国らの美人画を参考にして描かれたものだと言われている。

これまでの考察から明らかなように、これらは典型的なジャポネズリーの作品であって、ここからホイッスラーがこの時点で画家としてどのような状況に置かれていたのか、そして、どのような道を歩んできたのかを知ることができるだろう。彼は当時自分の進むべき道を模索していたのであり、そのような状況の中でたまたまパリ国際美術展で日本の美術にめぐり合うことになり、それが画家としてのホイッスラーに決定的な影響を及ぼすことになったのである。ここで先ず銘記すべきは、彼が外国人をモデルにして日本の着物をまとった女性を描いたことである。つまり、彼は時代の潮流を読み取って、ジャポネズリーを、あるいは、エキゾティズムを、先陣を切って具象化して提示したのである。彼はすでに一八六四年にこれらの作品を発表しているのであり、モネが『ラ・ジャポネーズ』を発表したのが一八七六年だったことを考慮すれば、彼が鋭い感性と先見の明を持ち合わせていたことがわかるだろう。次に注目すべきは、日本の美術の研究を通じて、彼が色彩を発見したことである。これら四つの作品を見てみればいい。そこでは色彩の爆発が起こっていて、そこに清新で、艶やかで、生気溢れる、白色を、赤色を、黄色を、青色を、緑色を認識することができるだろう。その後彼がこれほど色彩豊かな作品を描くことはなかったのであり、そういった意味で、これら四点の作品は彼の長い画歴の中で特別の位置を占めているのである。

3　進化するホイッスラー

ジャポニスムの導入

このようにホイッスラーは、一八六〇年代の前半には、日本の美術に、特にその独自な色彩に興味を持っていて、その結果、先に紹介した四点のオリエンタル・ペインティングと呼ばれる作品を発表した。だが彼はここで立ち止まることはなかった。ハートマンによれば、ホイッスラーはその後も日本の美術の研究を続けていって、このような「色彩感覚」はひとつの特徴にすぎないのであって、その本質は「暗示性」にあるという認識に達したのである。つまり、「日本の美術家は表現された事実によっては伝えられない感情を暗示して提示する」のである。ところでハートマンはすでに『日本の美術』（一九〇三年）の中でこの「暗示性」に関して言及して、そこで土佐派の『春の果樹園』という作品を例に挙げてそれがいかなるものであるかを説明していた。日本の絵師は「西洋の画家のように景色の全てを描かずに、可憐な花をつけた小枝と、その背後に朧月の優美な姿を配することによって、その景色を暗示する」だけなのだ。このように日本の絵師は「省略の技法」を活用しながら、自然の事物を「描写する」のではなくて

「暗示する」のであり、あとはすべてを「想像力」に委ねるのである。ホイッスラーはこのように日本の美術から「空間の特異な配置」を学び、「省略の技法」を習得して、それらの技法を駆使しながら「暗示性」に富んだ独自の美の世界を創造することになったのである。

かくしてホイッスラーは一八七〇年代から八〇年代にかけて彼の代表作となる多くの作品を、具体的に言えば、肖像画とノクターンを、発表することになったのである。

ホイッスラーの肖像画

初めに肖像画から見ていこう。彼は一八七〇年代に入るとフレデリック・レイランド(14)、フローレンス・レイランド、ミス・アレクサンダー、ローズ・コルダー、パブロ・サラサーテ、レディ・アーキボルド、画家の母親、トマス・カーライル(15)、テオドール・デュレらの肖像画を発表しているが、これらは現在ホイッスラーの代表作と評価されて位置づけられている。ところでこれらの作品には共通する特徴があるので確認しておこう。これらは一人の人物を描いた肖像画であり、黒色が基本色になっているが、同系色の灰色もよく使われていて、画面の細部は省略されており、平板な画面になっている。このような事実を前提にしてここでは具体的に二点の作品を取り上げて見ていくことにする。

先ずはフレデリック・レイランドの肖像画（一八七三年）から始めよう。彼は海運業で財をなした大富豪であり芸術にも並々ならぬ関心を示す大蒐集家だったので「リヴァプールのメディチ」と呼ばれていた。彼はリヴァプールだけではなくてロンドンにも大邸宅を構えていて、その室内装飾品としてルネサンス時代の絵画や中国の陶磁器などの美術工芸品を蒐集していた。さらにそれに止まらずに、彼は同時代の有望な画家たちを、たとえば、ラファエル前派の画家たちを選んで、芸術の庇護者として、彼らの作品を積極的に購入しながら支援していた。彼はその一人としてホイッスラーを選んだのであり、自分の肖像画だけではなくて、妻の肖像画も、さらには、子供たちの肖像画も発注することになったのである。

この『黒色のアレンジメント――レイランドの肖像』は一八七〇年に着手して一八七三年に完成したものであり、自信に満ち威厳を湛える実業家レイランドを画面いっぱいに描いた作品である。レイランドは黒の夜会服を着て、まるで黒の背景から抜け出てきたかのようにして直立している。それにしてもなぜそのように見えるのだろうか。ホイッスラーが顔や、腰に当てた手や、ワイシャツの襟や、靴のバックルに効果的に光を照射しながら描いているからである。さらに注目すべきは、彼がここで「省略の技法」を活用して画面から不必要なものをすべて削除していることである。彼はレイランドの服装からも、背後の壁からも、足元の床からも、すべての装飾品を削除して消去しており、その結果、簡素で平板ではあるが独特の緊張感がある世界を創造することになったのである。

ところで当初はホイッスラーとレイランドは非常に良好な関係にあったが、残念ながら、それは長くは続かなかった。先述したように、レイランドはロンドンのプリンセス・ゲイトに豪奢な大邸宅を構えていたが、様々な事情が重なって、ホイッスラーは一八七六年からその豪邸の食堂（＝ピーコック・ルーム）の装飾の仕事に参画することになったのである。だが二人はこの件に関して異なった意見を持っており、いつしか激しく対立するようになり、最後には、お互いに相手を中傷し罵倒し合うようになってしまった。このスキャンダラスな泥仕合に関してはこの後で詳しく紹介する。

次は『灰色と黒色のアレンジメント――芸術家の母の肖像』（一八七一年）である。これはホイッスラーが常に敬愛していた母親を描いた作品であり、現在はパリのオルセー美術館に収蔵されていて、ホイッスラーの代表作のひとつであると高く評価されている。二〇一四年に国立新美術館で「オルセー美術館展」が開催されたが、そこでこの作品を直接鑑賞することができた。

母親は横向きに椅子に座って真っ直ぐ前を見つめている。壁が背景になっていて、左手には長方形のカーテンが下がっている。その脇の壁には二点の画中画が飾られている。母親の背後には椅子の背が垂直に立ち、足元には四角の足台が設置されている。このようにホイッスラーは基本的には画面を水平線と垂直線と対角線を組み合わせながら構成していて、さらに、全体を黒色と灰色を基調にしたモノクロームの色調で描いているのであり、その結果として、この作品は独特の静謐感と安定感を持つことになった。そして、ハートマンによれば、ホイッスラーはこの作品において敬虔なキリスト教信者である母親に「最も高貴で、最も力強い感情」を、つまり、「崇拝の念」を賦与しているのであり、そういった意味で「この上なく簡素でしかも威厳のある作品」を後世に残すことになったのである。

ホイッスラーのノクターン

ホイッスラーの肖像画に関してはこの位にして、次に「ノクターン」と呼ばれる作品について検討しておこう。ホイッスラーは全部で十六点の「ノクターン」を描いているのだが、そもそもこの「ノクターン（＝夜想曲）」というタイトルを使うようになったのはいつだったのだろうか。彼は一八七一年に『ムーンライト』という作品を完成したが、あの信頼すべきパトロンであるレイランドがこの作品を見て「ノクターン」という名称に変えるようにと進言したのであり、それを受けてホイッスラーが『ノクターン：青色と銀色――チェルシー』というタイトルを冠することになったのである。

これから彼の「ノクターン」について考察を進めていくが、その前にひとつだけ確認しておきたい。彼は一八八八年に有名な「十時の講演」を行ったが、この中で次のように述べているのである。

　夕辺の霧が、ベールのように、詩で河畔を被って、みすぼらしい建物が暗闇のなかに吸い込まれ、高い煙突が鐘楼になり、倉庫が夜中に宮殿になり、町全体が空に宙吊りになって、妖精の国が目の前に出現する時、―（中略）―自然はそれまで調子を合わせて歌っていたが、今度は自分の息子であり自分の主人である画家だけのために妙なる美しい歌を歌うことになるのだ。それにしても、なぜ息子なのかと言えば、彼が自然を愛するからであり、なぜ主人であるかと言えば、彼が自然を認知しているからである。(16)

このように自然は画家だけのために「妙なる美しい歌」を捧げてくれるのであり、それに感動した画家がこの「妙なる美しい歌」を表現したのが「ノクターン」なのである。かくしてホイッスラーは一八七〇年代以降に次々と「ノクターン」の傑作を発表することになったが、ここではそれらの中から『ノクターン：青色と金色――オールド・バタシー・ブリッジ』（一八七二年）と『黒色と金色のノクターン――落下する花火』（一八七五年）を取り上げて考察することにする。

これまで見てきたように、ホイッスラーは当時ヨーロッパの芸術界を席捲していたジャポニスムに触れて大きな影響を受けることになった。先ず彼は浮世絵の研究によって絵画における色彩の意義を認識するようになったが、その成果が四点のオリエンタル・ペインティングと呼ばれる作品群であった。だがそれに止まらなかった。彼はさらに研究を進めていって「空間の特異な配置」や「省略の技法」を修得することになり、それらの技法を駆使しながら創作したのがこれら二つの「ノクターン」だったのである。

先ず『ノクターン：青色と金色――オールド・バタシー・ブリッジ』であるが、この作品は歌川広重の名所江戸百景のひとつである『京橋竹がし』をモデルにして描かれたものであり、そのような観点から、これはジャポニスムの典型的な作品であると考えられてきた。この作品は二〇一四年に京都国立近代美術館で開催された「ホイッスラー展」に出品されていたので鑑賞した人もいるだろう。

ここではホイッスラーの作品と広重の作品を比較しながら議論を進めていく。これら二つの作品を比較して見ればわかるように、これらの作品の構図は全体として類似したものになっているから、ホイッスラーが広重の作品を参考にしながらこの作品を描いたのは間違いないだろう。だがこれらの作品の間に差異があることも否定できないし、それはホイッスラーの独自性を証し立てるものでもあるのでこれを意識しながら検討していくことにする。

ここで注目すべきはこの作品における「空間の特異な配置」である。ホイッスラーはバタシー橋をT字形にデフォルメして画面全体にクローズアップして、その橋桁の下部に、小船と船頭を描き、さらにその奥にチェルシー側の河畔の街の風景を描いている。周知のように、広重のみならず、北斎たちもしばしば試みていることだが、ホイッスラーがこのような特異な画面構成に挑戦したのは大胆にして画期的なことであり、これなりに評価しておくべきだろう。

さらにホイッスラーはあの「省略の技法」を駆使して「細部を強調したり無視したり」しながらこの作品を完成させている。テムズ河に浮かぶ小船は長方形の大きな塊であるし、その船頭は素朴な影絵を思わせる。画面の右上に花火が打ち上げられているが、それらは無数の金色と赤色の大小の点で描かれていて、その橋の上で花火を見物している群衆はいろいろな形をした大小の塊で表現されている。さらにその奥に見える対岸の街の風景も大小の塊を組み合わせたものであり、そこに無造作に金色や赤色の点が打たれているが、これによって人々がその街で生活を営んでいるのを想像することができる。今目の前には「妖精の国」が出現しているのであり、私達はこの作品の前に立って「妙なる美しい歌」を聴いて感動するのだ。だが、残念なことに、それが永続することはない。落下する花火がシンボリックに示しているように、その「妙なる美しい歌」はほんの束の間のものであってすぐに儚く消え去ってしまうものなのである。

次は『黒色と金色のノクターン――落下する花火』である。この作品も広重の影響を受けて描かれたものだが、今回手本にしたのは同じく名所江戸百景のひとつの『両国花火』であった。これら二つの作品にも差異があるが、これこそがホイッスラーの独自性なのであり、ここでもそれを意識しながら見ていくことにする。

これはテムズ河沿いにあるクリモーン公園の人気のアトラクションである打ち上げ花火を描いたものである。ここでもホイッスラーは「省略の技法」を活用して「細部を強調したり無視したり」しながら描いている。青黒い夜。左手に木立がこんもりと茂っていて、その下部の明かりで照らされているところがクリモーン公園である。多くの花火の見物人たちがその周辺に詰めかけてきているが、暗闇の中では彼らの姿ははっきりとは見えずにただその存在が感じられるだけだ。次々と花火が夜空に打ち上げられては落下して消え去っていく。ホイッスラーはその花火を無数の赤色と金色の点を空中に散りばめることによって見事に表現している。それにしても私達はこの作品をどのように受け止めるべきなのだろうか。というのも前作と違ってこの作品からはあの「妙なる美しい歌」を聴取することができないからである。ハートマンがこの作品に関して彼の見解を表明していて、それは大いに参考になるものなので引用しておくことにする。

この作品の意義はもっと深いところにあるのだ。これは実際には新しい表現方法の誕生を、これまでの表現法と比較すれば、その雰囲気においても、その意図においても、全く異なる芸術の誕生を表しているのである。[17]

このようにホイッスラーはこの作品で新しい表現法を試みたのだが、それはいかなるものだったのだろうか。ここではこの作品を新たな文脈に置き換えてこの「新しい表現法」を解明したいと思う。

ホイッスラー対ラスキン論争

ホイッスラーは一八七五年にこの作品を完成していたが、それを公表したのは二年後の一八七七年であった。この年にあのグローヴナー・ギャラリーが開館して、それを記念して展覧会が開催されることになった。ホイッスラーはその展覧会に数点の作品を出展したが、その中のひとつが『黒色と金色のノクターン――落下する花火』であった。その際に、その理由は定かではないが、彼はこの作品だけに二〇〇ギニーの値段を付けて出展したのだが、これが引き金となって、あのホイッスラー対ラスキンの熾烈な論争が勃発することになったのである。

ジョン・ラスキン[18]は、一八七七年の七月に、ある雑誌に寄せた記事で、ホイッスラーの『黒色と金色のノクターン――落下する花火』を中傷して批判したのだが、それを受けて、ホイッスラーがラスキンを名誉毀損で訴えることになり、この熾烈な論争に突入することになったのである。

ホイッスラー氏自身のためにも、また絵の買い手を守るためにも、クウツ・リンゼイ卿はこの作品の展示を認めるべきではなかった。この画家の無教養な自惚れは意図的な詐欺行為に近い様相を呈しているからである。私はこれまでもロンドン子の厚顔無恥の行動を見聞きしてきた。しかしこの道化師が人々の顔面に絵具の壺を投げつけたような作品で二〇〇ギニーも請求するなどということは聞いたことはなかった。[19]

ここでラスキンは、詐欺行為、厚顔無恥、道化師などとかなり露骨な言葉で非難を浴びせているのであり、これを読めば、ホイッスラーがラスキンを名誉毀損で訴えることになったのは当然のことであった。かくして翌年の一八七八年に王立裁判所で名誉毀損訴訟の審理が始まり、二日間にわたって審理が行われた結果、ホイッスラーの勝訴という形で結審することになったのである。その賠償金は一〇〇〇ポンドを要求したが、実際に受け取ったのはなんと一ファージング（＝四分の一ペニー）であった。ホイッスラーは『紳士的な敵の作り方』（一八九〇年）の中でこの論争の顛末について詳しく解説しているので、これに沿ってこの論争がいかなるものであったかを確認しておこう。

ジョン・ウォルター・ハドルストン卿が裁判長を務め、被告側の証人として、画家のバーン・ジョーンズ[20]や、美術評論家のトム・テイラーらが出廷し、原告側の証人として、美術評論家のウイリアム・ロセッティーや、画家のアルバート・ムア[21]らが出廷した。この間に被告のラスキンは病に伏していて一度も証言台に立つことはなかった。これらの錚々たる証人たちを考慮すればわかるように、この裁判は人々の好奇心を煽り、センセーショナルな話題を提供することになったのである。

それにしても『黒色と金色のノクターン――落下する花火』をめぐる裁判はどのように進められたのだろうか。法廷では被告側の証人たちと原告側の証人たちが、この作品をどのように受け止めて理解していたかを証言しているので、先ずは彼らの意見陳述を聴くことにしよう。

被告側の陳述。先に述べたように、ラスキンは一度も証言台に立たなかったが、例の記事を読めば、彼がこの作品をどのように考えていたかは明白である。つまり、これは「人々の顔面に絵具の壺を投げつけたような作品」であって、そこにはいかなる意味も価値も見出すことのできない駄作にすぎないのである。元来ラスキンは自然で忠実な写実を主張し、倫理的精神的な主題を扱うことを要求していたので、彼がこの作品に対してこのような否定的な態度を示すだろうことは当然予想されることであって別に驚くにあたらないことであった。

さらに画家のバーン・ジョーンズや美術評論家のトム・テイラーらが証言台に立ったが、彼らの証言はほぼ同一のものであった。彼らは色彩の意義は認めたが、全体の構図と細部の処理に関しては批判的であり一斉に非難を浴びせることになった。彼らの証言を読めばわかるように、この時彼らは彼らなりにこの作品の本質を見抜いていたのだが、残念なことに、その歴史的な意味を理解できなかったために、それを批判して否定してしまったのである。つまり、彼らは一様にこれは未完成の作品なのであって、言わば、スケッチ、あるいは、デッサンにすぎないものだと誤った判断を下すことになったのである。

原告側の陳述。美術評論家のウイリアム・ロセッティーや、画家のアルバート・ムアらが証言台に立ったのだが、どうしたことか彼らの証言は公表されていないのである。そこでここではホイッスラーの証言だけを紹介していくことにする。この裁判の冒頭で、彼は「私がめざしたのは色彩の調和をもたらすことである」と語っているが、これが彼の画家としての芸術観なのであって、こうした立場に立って、この裁判は基本的には筆とペンの争いであると規定して、ラスキンとの論争に臨むことになったのである。つまり、彼によれば、そもそもラスキンがこの作品の本質を理解できるか否かが問題なのである。それではラスキンは理解できたのだろうか。彼はこの作品を「人々の顔面に絵具の壺を投げつけたような作品」と評していたわけで、こうした発言から判断すれば、彼がこの作品の本質を理解できなかったことは明らかであった。それではなぜ理解できなかったのだろうか。ラスキンはペンだけを手にしてきて、筆を手にしたことがなかったのであり、そうである限り、彼がこの作品の本質を理解できるはずはないのだ。そのような人物が学生たちに自分でも理解できないことを教えようとすること、これほど不当で皮肉な話はないだろう。そして彼は攻撃の手を緩めずに執拗に追い詰めていく。彼のような学者や批評家は「不必要な悪」なのであって、この世から早急に消え去るべき存在なのである。これがホイッスラーの主張であって、最終的には、この裁判で勝利を収めることになったのである。だが、その結末たるや悲喜劇そのものであった。ラスキンは敗訴してオックスフォード大学の教授の職を辞することになった。一方、ホイッスラーはどうかというと、彼は裁判に勝利したものの、受け取った賠償金はたったの一ファージング（＝四分の一ペニー）であり、裁判の経費が嵩んで多額の借金を背負うことになり、それが主たる原因となって、一年後の一八七九年には破産宣告を受けることになってしまったのである。

これまでの考察から、ホイッスラーの肖像画と「ノクターン」がどのような作品だったのか、それらが実際にどのように描かれたのか、そして、それらを描いたホイッスラーがどのような画家だったのかは明らかになったものと思う。

唯美主義の提唱

最後にこれまでの議論を簡単に総括しておこう。周知のように、ホイッスラーは一八六七年頃から自分の作品の表題として「シンフォニー」、「ハーモニー」、「ノクターン」、「アレンジメント」などの音楽用語を使い出して物議を醸していた。むろん彼には彼なりの根拠があったわけで、そうした立場から、そのような批判と非難に対して、一八七八年に、『赤い布切れ』というエッセイを発表して、その中で次のように反撃を加えることになったのである。

音楽が音の詩であるように、絵画は視覚の詩なのであって、主題というものは音のハーモニーや、色彩のハーモニーとはなんの関係も持たないのである。―（中略）―芸術はあらゆる戯言から独立しているべきであり、自立していなければならないし、目と耳の美的感覚に訴えなければならないのであり、これを全く関係のない感情、つまり、献身、憐憫、愛情、愛国心などと混同してはいけないのである。これらは芸術といかなる関係もないものであり、それゆえに、私は自分の作品を「アレンジメント」とか「ハーモニー」と呼ぶことを主張してきたのである。(22)

これを読めばわかるように、絵画は「視覚の詩」なのであり、「主題」は「色彩のハーモニー」とはなんの関係も持たないものなのである。つまり、ホイッスラーはここで美術のための美術を、言い換えれば、芸術至上主義的な唯美主義を提唱しているのである。そのような立場からすれば、画家は「主題」に、つまり、「献身、憐憫、愛情、愛国心」などに拘泥すべきではないのだ。というのも、それらは「芸術とはいかなる関係もない」からである。この点でホイッスラーとラスキンは決定的に違っていたのである。先にハートマンはホイッスラーが「新しい表現法」を開発したと述べていたが、この唯美主義こそがその「新しい表現法」だったのであり、その結果「全く異なる芸術」を創造することになったのである。

4　ピーコック・ルーム（孔雀の間）について

レイランドとの確執

これまで一八七七年に発生して一八七八年に決着したホイッスラー対ラスキンの論争を検討しながら、それを通じてホイッスラーの芸術の本質を解明してきた。そういった意味でこの期間はホイッスラーの人生において極めて重要な時期だったのだが、実はこれと相前後してもうひとつの重大な事件が進行していたのである。先に紹介したように、一八七〇年代の前半には、ホイッスラーはレイランドという大富豪で芸術に深い理解を持っているパトロンを得て、その寛大な庇護の下で精力的に画家活動を推進して数々の肖像画や風景画を創作してきた。そのような状況の中で、様々な経緯があって、彼は一八七六年にロンドンの大邸宅の食堂の装飾に携わることになったが、この作業が進むにつれて、彼ら二人は鋭く対立し、激しく敵対し、ついには決別することになったのである。これはとても遺憾な事態ではあったが、その結果として、あの「ピーコック・ルーム（孔雀の間）」が遺されることになり、現在でもワシントンのフリーア美術館[23]に行けば、この豪華絢爛な壁画を堪能することができるのであり、そう考えれば、ホイッスラーにとっても、レイランドにとっても、これはひとつの救いとなったに違いないのである。

レイランドは大実業家であって、地元のリヴァプールだけではなくて、ロンドンのプリンセス・ゲイトにも大邸宅を所有していた。彼は一八七六年に収蔵していた自慢の青白磁器等を展示するために、この邸宅の食堂の改装を思い立って、そのために建築家兼デザイナーであるトマス・ジェキルを雇ってその作業にあたらせることにした。ジェキルはレイランドの意を受けて早速仕事に取り掛かって、最初に食堂の壁にスペイン製のアンティークの赤い花模様の金色の皮革を張り詰めた。レイランドは蒐集した青白磁器を食堂に飾るために改装したのだが、壁に張られた皮革の赤い花模様と床に敷かれた豪華な絨毯の赤の縁取りが食堂全体の調和を損なってしまっていると考えた。そこでレイランドがホイッスラーに相談すると、同じ意見だったので、赤い花模様を黄色に塗り潰させて、赤い縁取りは切断させた。ところがホイッスラーはこれには承服できなかったのだ。なぜなら、食堂の北側の暖炉の上に彼の『陶器の国の姫君』が展示されることになっていて、この程度の改装では食堂全体の調和を確保できなかったからである。その後ジェキルは東側の三枚の鎧戸の処置に困ってホイッスラーに助言を求めてきた。それに応えてホイッスラーはレイランドに相談もせずに独断でそれらの鎧戸に四羽の豪奢な孔雀を、そして、壁の下部には一連の花模様を描いてしまったのである。それにしてもなぜ孔雀だったのだろうか。リンダ・メリルは日本の美術の影響を指摘している。彼が歌川広重の『孔雀と牡丹』や喜多川歌麿の『鳳凰を描く歌麿』などの作品を参考にして描いた可能性が大いにあるのだ。

ところがこの一件がホイッスラーとレイランドの関係を一変させることになるのである。ホイッスラーは創作欲に駆られて無断で三枚の鎧戸に四羽の孔雀を描いてしまったが、レイランドの立場からすれば、これは放縦無頼で決して容認できない暴挙なのであって、その結果、彼は怒り狂って、批判し、叱責して、挙句の果てに、孔雀が描かれている三枚の鎧戸を撤去するよう申し渡したのである。ホイッスラーに非があったことは否めないのだが、それでも彼はその命令に唯々諾々と従って三枚の鎧戸を撤去することはできなかった。というのも、それは自分の芸術を自ら否定することであり、ひいては芸術家としての自分の存在そのものを抹殺することであったからである。このようにホイッスラーは厳しい状況に追い詰められることになったが、彼は生来簡単に敗北を認めて戦いを放棄してしまうような人間ではなかった。彼はかつての庇護者であったレイランドに、この不遜で無礼な〝商売人〟に、復讐することを誓ったのである。

壁画に秘めた怨念

その後一八七七年の二月にホイッスラーは断固として行動に出てその復讐を敢行することになった。彼はあの食堂の南側の壁一面に二羽の対峙する孔雀を描いたが、この壁画にレイランドに対する復讐の念を密かに描き込んでいるのである。右側の孔雀はレイランドをモデルにして描いたものであり、首を真っ直ぐ伸ばし、足で踏ん張って、傲慢に居丈高に屹立して、相手に鋭い視線を注いでいる。強い怒りが身体に満ち溢れていて、左右の翼と尾羽根をまるで威嚇するかのように大きく広げているが、それらは小刻みに震えているかのように見える。それに対して、左側の孔雀はホイッスラーをモデルにして描いたものであり、背を向けて立って、首を捻って振り向くようにして相手の孔雀を見ている。だが、よく見れば、この孔雀はエメラルド色の眼で相手をしかと見据えているし、力強い足で踏み止まっていて、いつでも勇猛果敢に戦いに挑む決意を滲ませている。当時二人はこのような状況に置かれていたのだが、さらに仔細に観察すれば、ホイッスラーがこの壁画に込めた意思を、具体的に言えば、レイランドに対して敢行した復讐がいかなるものであったかを窺い知ることができるのである。

先ずは右側の孔雀の首の部分の銀色の羽根だが、これはレイランドが着ていたシャツの襞襟を表していて、これはすでに流行遅れになっていたので、そうすることで、彼が時代遅れの人物であることを揶揄しているのだ。さらに注目すべきは、この孔雀の胸と羽根には銀貨が散りばめられており、この孔雀の足元にも無数の銀貨がばら撒かれていることである。今さら説明するまでもないだろうが、ホイッスラーはここでレイランドという人物が決して真っ当な人間ではなくて、実は銀貨で造られている軽蔑すべき存在であることを暗示しているのだ。かくしてホイッスラーはレイランドに復讐を果たして怨念を晴らすことになったのである。

ところでハートマンもこの壁画について言及しているが、さすがに一九一〇年の時点ではこの作品に秘められている二人の確執を読み取ることはできなかったらしく、この作品が装飾芸術の代表的な作品であると称揚するに止まっている。

その後ホイッスラーとレイランドの関係はさらに悪化して危機的な様相を呈するようになった。ホイッスラーはピーコック・ルームの改装の仕事の報酬として二〇〇〇ポンドを請求した。だがレイランドはすぐに払わずに、ロセッティーに相談すると、一銭も払う必要はないと忠告されたが、これまでの経緯を考慮して半額の一〇〇〇ポンドだけを支払うことに決めた。というのも、これは彼が依頼した仕事ではなくて、ホイッスラーが勝手にやった仕事だったからである。その後レイランドは報酬として約束していた一〇〇〇ポンドを支払ったが、これがまた新たな問題を引き起こすことになった。当時芸術作品の取引においては、ポンドではなくてギニーを使うのが習慣だったのだが、レイランドはこの古き良き伝統を踏み躙ってポンドで支払ったのである。このように不幸な出来事が次々と重なって起こるうちに、二人の関係はますます紛糾してついに修復不能なものになってしまったのである。

最後に付言しておけば、この作品はその後ヨーロッパの美術界に、特に装飾美術に、大きな影響を及ぼすことになったが、その代表的な事例がオーブリー・ビアズリー(24)であった。彼はホイッスラーの『ピーコック・ルーム』を実際に見て深く感動して画家の道を歩もうと決心した。そして一八九四年に、オスカー・ワイルドの『サロメ』の装丁を担当することになり、あの斬新で衝撃的な挿絵を描くことになった。その中の一枚が『孔雀の裳裾』であったが、ビアズリーがこの作品をホイッスラーの『ピーコック・ルーム』を思い浮かべながら描いたのは間違いないだろう。

レイランド——『金の亡者』

これまでホイッスラーの『ピーコック・ルーム』を取り上げて、その裏で進行していた二人の確執について解説してきたが、これに関連してもうひとつの作品を紹介しておきたいと思う。ホイッスラーはその後一八七九年に『金の亡者』を描いたが、これを見れば、ホイッスラーがどのような人間であるのかを知ることができる。これまで検討してきたように、彼は一八七六年から七八年にかけて、レイランドとの確執やラスキンとの論争などの難題に巻き込まれて、極めて危機的な状況に追い込まれることになったが、その結果行き着いたのが一八七九年の破産宣告であった。そしてなぜこのような窮地に陥ってしまったのかを反省して、それを踏まえて描き上げたのがこの『金の亡者』であった。言うまでもなく、この作品ではレイランドがモデルになっているが、それにしてもこれほど悪意に満ちたグロテスクな作品は想像しがたいものである。彼はいま孔雀に変身してピアノを演奏している。彼の身体全体が、つまり、胴が、手が、足が、孔雀の形をとっていて、ピアノの上には楽譜が立て掛けられているが、そこには皮肉たっぷりに「金の亡者」という曲名が、そして、「爆発する悪銭」という副題が記されている。彼は椅子の代わりに家の上に座っているが、明らかにこれはホイッスラーの自宅であった「ホワイト・ハウス」である。二〇〇〇ポンドの画料を受け取れなかったために、この邸宅を手放さなければならなくなったのだ。ピアノの上にも下にも、多くの銀貨を詰めた袋がばら撒かれるように放置されている。これでわかるように、レイランドという〝商売人〟は唾棄すべき「金の亡者」であり、この世に存在していてはいけない悪の権化なのである。かくして、蝶は、すなわち、ホイッスラーは、あの針で急所を突いて「金の亡者」を抹殺しなければならないのだ。ホイッスラーという人間はここまで非道で残忍なことを敢行する〝偶像破壊者〟だったのである。

これまで見てきたように、ホイッスラーはパリとロンドンを拠点にして西洋の美術の世界で活動を開始したが、その間に当時ヨーロッパの美術界を席捲していたジャポニスムを通して日本の美術に出会って、それを積極的に取り込みながら独自な画家活動を推進してきた。その結果として、彼は西洋の美術と日本の美術を結びつけて斬新な美の世界を創造することになったのである。ハートマンはこの画期的な業績に関して次のように解説している。

> 彼は美術の歴史の中で東洋の絵画の美と西洋の絵画の原理を最初に結びつけた画家として生きていくことになるだろう。彼の多くの作品が持つ神秘的な雰囲気は日本の暗示性——対象を表現するのではなくてむしろ暗示するもの——の詩的な翻訳なのである。(25)

その後ハートマンはかなりのスペースを割いて、ホイッスラーのエッチングや、リトグラフや、パステル画や、水彩画を解説しながら、そして、周辺にいた友人や仲間たちの彼に関する意見や思い出を紹介しながら、ホイッスラーが多彩な活動を展開した画家だったことを総合的に紹介している。

アメリカの画家ホイッスラー

最後にハートマンがこれまでの議論を踏まえてホイッスラーについて語っているので確認しておこう。ホイッスラーは一八五五年に画家になる夢を実現するためにパリへ旅立った。その後主にパリとロンドンを拠点にして画家活動を展開し、その間にオランダや、ヴェニスや、さらにチリを訪問したりしたが、なぜか母国アメリカにはたった一度も帰ることはなかった。ハートマンによれば、「実際アメリカは彼のためになにもしなかったし、彼もアメリカのためになにもしなかった」のである。ところが一八九〇年代に入る頃からホイッスラーの作品は人気を博して高く評価されるようになった。するとアメリカは恥も外聞もなく彼はアメリカの画家であると主張しはじめたのである。なぜなら、ホイッスラーはアメリカでアメリカ人の両親から生まれたがゆえにアメリカ人だからである。これほど手前勝手な論理はないが、これが人生というものなのだろう。

ここでハートマンは改めて「彼の芸術はいかなる意味でアメリカ的なのか」と問いかけてそれをめぐって議論を進めていく。彼の作品を見れば明らかなように、彼の主題はヨーロッパ的なものであった。次に彼の美術観はいかなるものだったのだろうか。言うまでもなく、それは西洋的なものと東洋的なものを融合したものであり、それが彼の美術史上最大の功績であった。それではその底にある精神はどのようなものだったのだろうか。敢えて言えば、それはアメリカ的なものだったのである。たとえば、彼の機知や皮肉は独特でアメリカ的なものだったし、さらに彼の描く女性たちは自然な繊細さ、直接的な上品さ、優雅な儚さを備えているが、これらはアメリカ以外の国では決して見つけ出すことのできない属性なのである。そういった意味で、ホイッスラーは本質的には正真正銘のアメリカの画家だったのである。そしてハートマンはこれまでの議論を踏まえて次のように総括している。

彼の適応能力、現代の目的のための過去の文化の無視、技法上の狂信主義、大胆な趣味と理論、これらはすべてアメリカ的な相貌を呈しているのである。もし彼をアメリカ的なものにするものがあるとすれば、それは労働の素質と、自由な連想と、実際的な適応能力なのである。(26)

ホイッスラーはこのようにアメリカ人であり、「叛逆的」で「個性的」な「新しい精神」を持っており、この「新しい精神」が彼の作品に「新たな捻り」を与えて「新しい美を移植」することになり、その結果以前には存在しなかった「新しい芸術」を創造することになったのである。このようにしてホイッスラーは世界の美術の発展に大いに貢献することになったのであり、私達はこの事実をしっかりと認識しておかなければならないのである。

文化多元論の先駆け

このようにハートマンはホイッスラーの生涯を辿りながら、画家としての多彩な業績を取り上げて考察してきたが、ここで銘記すべきは、ハートマンがホイッスラーについて語りながら、その過程で彼自身について語っていたことである。それでは彼は具体的になにを語ったのだろうか。ハートマンはホイッスラーが西洋の美術と日本の美術を融合させて新しい美の世界を創造したことを論証したが、同時にホイッスラーを通して西洋の美術と日本の美術を融合させて新しい美の世界を創造していたのである。そしてそれは彼にとって存在の根源に関わる極めて重要で必須の作業であった。これまで述べてきたように、ハートマンは日独の血を引くアメリカ人であり、日本人の血を引いているがゆえに、ワスプ体制下では不当にも下位のアメリカ人に分類されてしまうのであり、その立場からすれば、日本人の血は拒否して排除すべきものであった。だがここで重要なのは、彼が日本人の血を引き継いでいたために、ヨーロッパの芸術界を席捲していたジャポニスムを発見することになり、それを習得して活用することによって、先駆的で独自な作家活動を展開することができたことである。その具体的な成果のひとつが『ホイッスラー・ブック』であった。そしてそれは彼に予想外の意義深い結果をもたらすことになったのである。彼はそれまで自分は一体何者なのかというアイデンティティーの問題を抱えて危機的な状況に追い込まれていたが、今この『ホイッスラー・ブック』を上梓することによって、新たなるアイデンティティーを発見して、アメリカ人として、そして、日本人として、生きていくことになったのである。

このようにハートマンは懸案のアイデンティティーの問題を彼なりに解決することになったが、ここで留意すべきはこれがハートマン一人の問題ではなくて、アメリカ全体の問題でもあったことである。これは次章で扱うが、一九一五年頃からアメリカでは新しい思想が台頭してきて、思想的にも社会的にも甚大な影響を与えることになった。つまり、ホレス・カレンやランドルフ・ボーンなどの優秀な思想家たちが出現してきて文化多元論を提唱して、厳しい状況の中で、それを基盤にして積極果敢に社会活動を展開したのである。このような文脈で考えてみれば、ハートマンは実質的にはカレンやボーンに先行するような形で文化多元論を主張して実践していたのであり、私達はこの事実をきちんと認識して評価しておかなければならないのである。

第九章　ジャポニスムの実践によるアイデンティティーの確立

1　ジャパノロジストとしてのハートマン

日本の詩歌論

前章で見たように、ハートマンは『ホイッスラー・ブック』（一九一〇年）においてアイデンティティーの追求を試みたが、『短歌と俳諧――日本の詩歌』（一九一四年）においても同じようにアイデンティティーの追求を試みているので検討しておこう。これはハートマンが英語で書いた一〇首の短歌と四句の俳諧と一篇の都々逸をまとめて出版した詩歌集である。これら一〇首の短歌のうちの五首はすでに詩集『海に漂う花』（一九〇四年）に収められて発表されていた。ハートマンは十九世紀の後半に欧米の芸術界を席捲していたジャポニスムを積極的に取り込みながら独自の芸術活動を推進してきたが、そのひとつの具体的な成果がこの『短歌と俳諧――日本の詩歌』であった。これを確認しておいて、これからこの詩歌集がいかなるものなのか、ハートマンにとってどのような意味を持つものだったのか、さらにできれば、ハートマンのこれらの一連の活動と成果が一九一〇年代から一九二〇年代にかけての新たな前衛的な文学シーンにおいてどのような役割を果たしたのかを考察したいと思っている。

先に述べたように、ハートマンはドイツ人の父親と日本人の母親の間に生まれた混血のアメリカ人であり、日本人の血を半分引き継いでいたために、日本の伝統的な芸術文化に強い関心を示してきたし、実際に『日本の美術』や

『ホイッスラー・ブック』などの日本の芸術文化に関する興味深く刺激的な著書を出版してきた。そこで注目すべきは彼がこれらの作品において一貫して「暗示性」を主張していることである。彼によれば、日本人の芸術家は対象を「描写する」よりは「暗示する」ことを好んでいるのだが、それに関して具体的に土佐派の作品『春の果樹園』を例に挙げて次のように解説している。

もし日本人の絵師が春の果樹園の印象を伝えたいと願うとすれば、彼は西洋の画家のようにその景色全体を描くことはせずに、淡い色の花を咲かせた小枝と、その背後に優美な姿をした朧月を配することによってそれを暗示するだけなのである。(1)

このように土佐派の絵師は暗示する簡潔な表現によって独自の絵画的な世界を創造してきたが、このような現象は美術の世界だけではなくて文学の世界においても起こっていたのであり、ハートマンはその具体例として短歌と俳諧を挙げている。さらに彼は一九〇四年に『リーダーズ・マガジーン』に「詩の日本的概念」という論文を発表しているので、これらを分析しながら、ハートマンが短歌と俳諧をどのように把握して位置づけていたのかを検証していくことにする。

ハートマンによれば、西洋の文学は簡潔な表現を志向しているが、そのような傾向を考える時に思い出されるのが、簡潔を原則としている日本の詩歌、つまり、短歌と俳諧である。短歌は五、七、五、七、七の三一音で、五行から成る短詩であり、さらに俳諧は五、七、五の十七音で、三行から成る短詩である。世界の文学の歴史を振り返ってみても、このような簡潔な短詩は類例のない独自な存在であって、明治時代以来、西洋の学者たちは、たとえば、イギリス人のバジル・ホール・チェンバレンらはこの短詩をエピグラム（Epigram）と呼んでいた。日本の学者たちはこの呼称を了承せずに抗議したが、このような事実に日本の短歌や俳諧の独自性を認めることができる。

ハートマンは具体的に次のような短歌を引用して解説している。

月はなく
花いずこ　春
過ぎ去りぬ
生は疎ましく
変わらぬは愛(2)

これは五、七、五、七、七の音節で書かれていて形式的には短歌としての要件を満たしている。女性歌人が失恋して、一年後、再び春がめぐってくると、かつて恋人と逢瀬を楽しんでいた場所に戻ってくる。一年前と同じように月と春が迎えてくれるが、彼女は恋を失って絶望に陥っているので、月の存在も春の存在も否定して、人生のすべてが疎遠になってしまったと嘆くだけだ。そのような苦境の中で、彼女の愛だけは一年経った今でも変わることなく続いているのであり、そのために彼女の絶望は一層深く耐え難いものになってくるのである。

この例からわかるように、短歌とは個人的で抒情的な感情を時にはリアルな、時には甘美なイメージで表現するものであり、原則的には教訓や道徳や戦争などを主題として取り上げるものではないのである。それでは歌人はこの個人的で抒情的な感情をどのように表現するのだろうか。多くの場合、歌人は自然を対象にして、そこから題材を選んで、想像力を駆使して多様なイメージを紡ぎ出すのである。つまり、歌人は自然のすべてに興味を懐くようになり、たとえば、月を、花を、春を、霞を、落葉の音を、富士の高嶺の雪等々を題材に選んで、それらを通して個人的で抒情的な感情を表現することになるのである。

このようにして短歌は八世紀以来日本の詩歌の主流を成してきたが、その後時代が下って十六世紀になると、より強力な競争相手が、つまり、より簡潔な詩歌が出現してきた。俳諧であり、原則的には、五、七、五の十七音で、三行から成る短詩である。現在は俳句と呼ばれているが、それ以前には発句とか俳諧と呼ばれていた。ちなみに、エズラ・パウンド(3)や野口米次郎(4)は発句と呼んでいたし、フランス人のポール・ルイ・クーシュ(5)やハートマンは俳諧と呼んでいた。ここではハートマンに従って俳諧という呼称を使うことにする。

松尾芭蕉の俳句

ところでハートマンは俳諧の典型的な作品として次の一句を引用している。

花の雲
鐘は上野か
浅草か(6)

断るまでもなく、これは松尾芭蕉(7)の人口に膾炙する代表的な作品であるが、これに関してハートマンは次のように説明している。江戸、四月。今桜が咲き誇って、上野や浅草の町をまるで雲のように蔽っている。するとその時鐘の音が聞こえてくる。それを聞きながら、人々はそれが上野の寛永寺の鐘なのか、あるいは、浅草の浅草寺の鐘なのかと思いを馳せるのである。この句は雲のような桜の花と、上野の鐘と、浅草の鐘の三つの要素から成っているが、ここで注目すべきは、ここではすべての余分なものを削ぎ落として、最も重要な三つの要素だけで表現しているのであり、なおかつこれら三つの要素がただ無造作に並べられて提示されていることである。その結果、これは暗示性を持った作品になるのである。ハートマンはこの後で同じく芭蕉の「枯枝に烏のとまりけり秋の暮」を取り上げて、ここでも芭蕉は枯枝と、烏と、秋の暮だけを並べて提示するだけで決して彼の「感情」を表白してはいないのであり、そうであるがゆえにこの句は優れたものになっているのだと説明している。それは言わば日本の絵師が絵筆をさっと揮うだけで飛翔する燕を表現したり、二本の線を交差させて、その間に半円を添えることによって、丘の上に登ってくる秋の月を描くようなものなのである。

このようにこの句は人間の本質に関わる重要なものを表現しているのだが、それは「描写」されずに「暗示」されているだけなので、それが何なのかを簡単に理解して受容することができないのである。とりわけ西洋人は十全な完成された表現を要求するものなので、このように「描写」せずに「暗示」するだけの作品はなかなか理解し難いものであるらしい。だが、日本人の場合には、読者は俳人と伝統文化を共有しているので、「暗示」さえあれば、詩的な想像力を発揮して、そこに表現されている感情を感受して、その意味を理解することができるのである。そういった意味で、日本の俳人は読者に全幅の信頼を寄せているのである。つまり、芭蕉はただ「花の雲鐘は上野か浅草か」と詠みさえすればいいのだ。そうすればそれを受けて読者が自ら想像力を発揮してこの句を解釈して受容してくれるからだ。つまり、今桜の花が咲き誇っているが、それらはいずれ色褪せて散っていくものであり、そのようにこの世のすべては無常で定めのないものなのだが、信仰心を持って悟りの境地に達することができるなら、そのような無常なる人生をごく自然に受け止めて心安らかに生きていけるはずなのである。このような議論を踏まえて、ハートマンは日本の詩歌の本質と魅力について次のように解説している。

それは精神的な観念であり、深遠な思索であり、美しい自然と人間の繊細な魂の結合である。そして、その起源は、伝統と、花や動物や木々や山などとの絶え間のない交流にあるのである。(8)

2　歌人、俳人としてのハートマン

英語で短歌と俳諧を詠む

ハートマンは「詩の日本的概念」（一九〇四年）において、このように短歌や俳諧を取り上げて解説していたのだが、ここで注目しなければならないのは、彼が同時に自ら英語で短歌や俳諧を詠んでいたことである。先に指摘したように、彼は詩集『海に漂う花』（一九〇四年）においてすでに五首の短歌を発表していたが、次いで『短歌と俳諧――日本の詩歌』（一九一四年）において、先の五首の短歌に加えて、新たに五首の短歌と、四句の俳諧と、一篇の都々逸を発表したのである。彼がこれらの作品を実際に何時詠んだのかはわからないが、これからこの詩歌集を考察しながら、ハートマンがこれを書くことによってなにを意図していたのか、そして、その結果一九一〇年代から一九二〇年代にかけての文学状況の中でどのような役割を果たすことになったのかを検証したいと思う。

ハートマンは一〇首の短歌を詠んでいるが、その中から一首を選んでおく。

愛は冷めても
森は花盛り
かつてのように
森の東屋で
昔を夢見よう(9)

ハートマンはここで伝統的な形式に従って、五、七、五、七、七の三一音節で、五行から成る短歌を詠んでいる。これは単純な失恋の歌である。今愛は冷めてしまったが、それでも森は花々で明るく照り映えている。だから、昔のように、二人で森の木陰の休息所に行って、一緒に過ぎ去った日々を夢見ようではないかと切々と訴えているのだ。先に紹介したように、ハートマンは多くの女性たちとの出会いと別離を経験してきたわけだから、彼がこの句においてそのような波乱万丈の恋愛経験を扱っていることは間違いないが、それにしても、彼がこのような素朴で純真な恋愛を歌い上げているのはいささか予想外のことだった。ハートマンもこのように優しく純朴な気持を持ち合わせていたのを知ってほっと安堵した。

荒木田守武との関係

次に、ハートマンが詠んだ四句の俳諧の中から一句を紹介しておく。

飛ぶ胡蝶
春枝に帰る
落花かな？(10)

今俳人の前を胡蝶が飛び回っている。それを見て、彼はその胡蝶に向かって、君たちは春になったので、あの枝に戻っていく花なのかと問いかけるのである。ここで胡蝶（＝生）は花びら（＝落花＝死）であり、古来胡蝶は不滅の霊魂の象徴であったから、この句は輪廻転生の思想を表現したものなのだろう。それにしても本来無関係な胡蝶と落花を大胆に並列させて詠んでいるところに独特の洒落た感覚を感じ取ることができる。だが歴史的に見れば、このような発想も特に独創的なものではないのである。たとえば、荒木田守武(11)の次のような有名な句がある。

落花枝に
帰ると見れば
胡蝶かな

この句の意味は、作者は散った花びらが元の枝に戻っていくのだと思った。だがそれは一羽の胡蝶だったというものであって、特に理解し難いものではないし、日本ではこれまでそれほど高く評価されてきたものでもなかった。だがこれはフランスやドイツやイギリスでは十九世紀末から広く人口に膾炙していた作品である。東京帝国大学教授であったカール・フローレンツが一八九四年にこの句をドイツ語に翻訳したが、その時のドイツ語訳は六行に及ぶ長いものであった。それに対して日本人の学者たち、たとえば、上田萬年などが短句としては長過ぎるドイツ語訳に抗議して、もっと工夫して「二行位」にすべきであると主張した。これを受けてフローレンツも反論したので、二人を中心にして激しい論争が行われた。その後アーサー・ロイドがこのフローレンツのドイツ語訳を英語に訳して『東洋からの詩の贈り物』（一八九六年）に収録して発表した。このようにしてこの句は徐々にヨーロッパ全土に広まっていったのである。そしてフランク・フリント[12]が一九〇八年にこの句を雑誌『ニュー・エイジ』で取り上げて称賛することになり、さらにその翌年には文学仲間であるエズラ・パウンドがこの句に興味を示して大きな影響を受けることになったのである。

このような状況の中で、ハートマンもジャポニスムに駆り立てられて、この句の存在を知っていたものと思われる。そしてそれを立証するための根拠がないわけでもない。彼は日独の血を引く混血児という出自ゆえに日本文化に関心があって、日本文化関係の文献を蒐集して、それらを参考にしながら多くの記事や論文を書き、何冊もの研究書を出版してきた。たとえば、先に取り上げた『日本の美術』では、実際にチェンバレンに言及していて、鎌倉の大仏の「威厳」と「仏教の悟り」と「知的な静謐」を称賛する言葉を引用している。それればかりではない。ハートマンは一九〇四年に「詩の日本的概念」という論文を発表したが、それを書く際にチェンバレンの『日本事物誌』（一八九〇年）を読んでいて、それを参考にしてこの論文を書いた気配がある。というのも、これら二つの論文を比較対照してみると、両者にはいくつか符合する事実が存在しているからである。そこで注目すべきは、チェンバレンが『日本事物誌』の「詩歌」の章で、「超小人国的な」詩歌である俳諧の例として、荒木田守武の「落花枝に帰ると見れば胡蝶かな」の句を紹介していることである。このような事情を考慮すれば、ハートマンが荒木田守武の句をすでに知っていて、この句を下敷きにして、彼自身の句を詠んだ可能性は大いにあるのだ。

これら二つの作品を比較してみれば、そこには大いなる類似性があることがわかるだろう。

落花枝に
帰ると見れば
胡蝶かな
——荒木田守武——

飛ぶ胡蝶
春枝に帰る
落花かな？
——サダキチ・ハートマン——

先に説明したように、荒木田の句は、私は散った花びらが元の枝に帰っていくのだと思ったが、それは一羽の胡蝶であったというものであり、ハートマンの句は、胡蝶が飛び回っているので、その胡蝶に向かって、君たちは、春にあの枝に帰っていく花々なのかと問いかけるのである。そして、先述したように、これらの句は共に輪廻転生の思想を表現したものであろう。ここでアール・マイナーに倣って言えば、荒木田の場合は「落花枝に帰ると見れば」が陳述で、「胡蝶かな」がイメージであり、それに対して、ハートマンの場合は「飛ぶ胡蝶」が陳述で、「春枝に帰る落花かな?」がイメージになっており、確かに順序は入れ違っているが、これら二つの句は同一の構造を持った作品であると考えていいだろう。このような事実を考慮すれば、ハートマンが荒木田の作品を念頭に置いて書いたのはほぼ間違いないと思う。これを模倣と呼ぶべきなのか、剽窃と呼ぶべきなのかは決めかねるので、ここでは日本流に本歌取りと呼んでおくことにしよう。(13)

アイデンティティーの問題に対するひとつの答

これまでハートマンの『短歌と俳諧——日本の詩歌』を取り上げて検討してきた。繰り返すことになるが、彼は一八六七年に長崎の出島でドイツ人の父親と日本人の母親の間に生まれた混血のアメリカ人であり、それゆえに、常に自分は何者なのかという深刻なアイデンティティーの問題を抱えて、それに翻弄されながら生きてきたのである。そのような背景を勘案すれば、日本人の血を半分引き継ぐハートマンが当時欧米で吹き荒れていたジャポニスムを介して日本の芸術文化に興味を持つようになり、日本に関する書物を読み漁り、その成果として、『日本の美術』や、『ホイッスラー・ブック』や、歌集『短歌と俳諧——日本の詩歌』などの著書を発表してきたのはごく自然なことだった。そしてその長期にわたる困難な作業を経て、彼は徐々に自己のアイデンティティーを確立してアメリカ人として自立していくことになったのである。このように考えれば、この『短歌と俳諧——日本の詩歌』がハートマンにとって彼の存在の根本に関わる重要な作品であったことがわかるだろう。

キーンの日本文化論

これまでハートマンが一九一〇年前後に発表した論文や著書を検討してきたが、それにしても、現代の視点から見て、このような彼の業績をどのように評価して位置づけるべきなのだろうか。そこで思い出されるのはドナルド・キーン(14)が一九九〇年前後に発表した一連の日本の文学や日本人の美意識に関する著書、たとえば、『古典の愉しみ』(一九八八年)や、『日本人の美意識』(一九九〇年)などである。彼はこの二つの作品において日本の文学や芸術についてほぼ同じようなことを書いているが、ここでは『日本人の美意識』を中心にして考察していく。

キーンは一九四〇年代からコロンビア大学を拠点として日本文化の研究を開始し、一九五三年には京都大学に留学してさらにその研究を推し進めることになったが、そのように日本との接触交流を重ねるにつれて、日本人の美的趣味が生活の中で重要な役割を果たしていることを発見する。彼は卑近な事例を列挙している。トイレの壁の花籠から優雅に垂れている花、百貨店の芸術的としか言いようのない包装、味覚的体験というより美学的体験というべき一流料理店のお座敷での日本料理。このように独特の美意識が日本人の生活には広く深く浸透しているのだが、彼はここでこの美意識を取り上げて、四つの概念を設定してそれに準じて考察しているが、それらは「暗示」(Suggestion)、「不規則性」(Irregularity)、「簡潔」(Simplicity)、「無常」(Perishability)である。

キーンは先ず「暗示」に関して、藤原公任や藤原定家の短歌や、松尾芭蕉の俳句などを例に挙げながら説明している。たとえば、芭蕉の「霧しぐれ富士をみぬ日ぞ面白き」を取り上げて、この句は富士の頂きが「見えなかった」日のことを歌っているのであって、そうすることによって、「実際に見える事実を飛び越えて、極限まで想像力を広げてゆく余地を許す」のであり、その理由を次のように述べている。

しかし日本の詩人や、芸術のすぐれた鑑賞家にとっては、暗示の悦びは、もうそれ自体が究極的な目的になり得るから、彼らは、読者や観客を納得させるための写実的な説明など、一切意を用いないのである。(15)

どの時代においても、そして、どの国においても、「暗示」は芸術の世界で重要な役割を果たしてきた。だが、キーンによれば、日本においては、「暗示の悦び」は、歌人にとっても、鑑賞者にとっても、それ自体が「究極的な目的」になっているのであり、ここにこそ日本の芸術の独自性が存在するのである。

次にキーンは「不規則性」を挙げている。これまで日本人は整合性や完璧性を嫌って、不規則性や不均整を好むと言われてきた。キーンは、その証として、兼好法師[16]の「すべて、何も皆、ことのととのほりたるはあしき事なり。しのこしたるを、さて打ち置きたるは、面白く、生き延ぶるわざなり」という言葉を引用している。つまり、「何事につけて、物事がきちんとしていないほうがよい」のである。このような観点からキーンは様々な事例を挙げているので、その中からいくつかを紹介しておく。短歌の五、七、五、七、七という詩形だが、この最後の七によって、不規則な形になるわけだが、これは世界でごく稀なる詩形なのである。真言宗総本山金剛峯寺においては、中国の均斉な寺院建築と違って、主な建物は南面しているが、勝手気ままな軸線の上に建てられている。さらに日本人はいびつな茶碗を好んで、完全な形の丸い茶碗を選ぶようなことはしない。なぜなら、それは無味乾燥であって、陶工の個性の痕跡が見えないからである。そして、京都の龍安寺の庭石は、形はいびつで、位置は不規則だが、そうであるがゆえに、この庭の創造に私達を参加させてくれて、その結果、私達をもっと感動させてくれるのである。これらの事例から、日本人にとって「不規則性」がいかなる意味を持つものであるかを理解できるであろう。

第三番目は「簡潔」である。身の周りを見回してみれば、私達は日常の生活の中に日本特有の「簡潔さへの嗜好」や、装飾や贅沢を排除する「控え目な表現」を見出すことができる。この簡潔性を具現化した代表的な例が龍安寺の石庭であるが、さらに、日本人はこの簡潔性に、自然の素材を生かす資質を結びつけることによって、多くの独自なものを創造してきた。たとえば、神社や仏教寺院などが代表例であるが、それらの建造物の多くは、白木のままで建てられているし、その内部も華やかに彩色されている建造物はほとんどないのだ。

キーンはさらに二つの例を挙げている。茶の湯と日本料理である。偉大なる宗匠である千利休[17]は「さび」を追求したが、これは「錆」や「寂び」に通じるものであり、その結果、茶室全体は茶色系の色で統一されていて、そこでは、色彩、花の香り、食べ物の味は抑えて用いられている。秀吉が自慢していた豪奢な純金のポータブルの茶室と比較対照してみれば、千利休が追求した茶の湯の本質を窺い知ることができるだろう。それでは日本料理はどうだろうか。言ってみれば、禅寺で提供される精進料理はこの簡潔性をとことん極めたものであろう。このように日本料理とは天然自然の素材を、つまり、新鮮な野菜と自然の魚介類などをふんだんに使いながら簡潔性を限りなく追求した独特な世界に冠たる料理なのである。

最後に「無常」について。キーンは日本人にとって最も独自な美的な理想として「無常」を挙げて、兼好法師の言葉を引用して説明している。

あだし野の露きゆる時なく、鳥部山の煙立ちさらでのみ住みはつる習ひならば、いかに、もののあはれもなからん。世はさだめなきこそ、いみじけれ。(18)(『徒然草』第7段)

人間がこのように「露きゆる」ことなくまた「煙立ちさる」こともなく生きていくものであれば、人生とは深い情趣のないものになってしまうのであり、むしろ逆にこの世が「無常」であるがゆえ、すばらしいものになるのである。たとえば、日本人は桜を好んでいるが、それはこの花の開花の期間が非常に短いからであり、この「ほろび易さ」が、つまり、「無常」が、美を生み出してくれるからなのである。さらに、キーンは金を使ってひびを修理した茶碗を挙げている。かつて青山二郎(19)がこのような金で補修した茶碗を珍重して使っていたが、それはこのような茶碗には独特の「ほろびの感覚」があって、それが「真の美」を生み出してくれるのだと、青山が考えていたからであったと思う。

これまでキーンの『日本人の美意識』を中心に、彼が日本の芸術と文化をどのように認識していたかを考察してきたが、これで明らかなように、ハートマンはそれよりも約七〇～八〇年前に日本の芸術と文化に関して、キーンとほぼ同じことを考えて論じていたのである。彼はこの時点で鋭く時代を先取りして、このように斬新で先駆的な仕事を成し遂げていたのであり、この事実を重く受けとめるべきなのである。

3　ハートマンとモダニズム

ハートマンとエズラ・パウンド

先にハートマンは一九一〇年代の前衛的な文学シーンの中で重要な役割を果たしたと述べたが、最後にそれがいかなるものだったかを考察しておくことにする。私達は前章で『ホイッスラー・ブック』（一九一〇年）を取り上げて、ハートマンがアメリカ人でありながらコスモポリタンとしてパリやロンドンで活躍した画家ホイッスラーの代表的な絵画作品を論じながら彼の画家としての全体像を描き出しているのを見てきたし、さらに本章で『短歌と俳諧――日本の詩歌』（一九一四年）を取り上げて、ハートマンがジャポニスムの流れに乗って英語で詠んだ短歌や俳諧を検討しながら、それが彼のアイデンティティーの問題を解決するために必須の作業であったことを確認してきた。ハートマンは一九一〇年代前後にこのような作家活動を展開していたのだが、この事実を念頭に置きながら、一九一〇年代の前衛的な文学シーンに目を凝らすと、そこにひとりの重要な人物が浮かび上がってくるはずである。エズラ・パウンドである。断るまでもなく、パウンドは二〇世紀前半の欧米の前衛的な文学の世界において重要な役割を演じたのであり、パウンドを抜きにしては、二〇世紀前半の文学と芸術を、特に現代詩を語ることはできないと言っても過言ではない。そしてここで銘記しなければならないのは、彼が前衛的なモダニズム運動を推進する際にその活動の基盤にしたのがホイッスラーであり、日本の発句だったことである。つまり、パウンドは一九一二年に『アメリカ人、ホイッスラーに寄せて』を『ポエトリー』誌に投稿して、一九一三年には発句のような作品『地下鉄の駅で』を発表しているのである。このような文脈において、ハートマンとパウンドの間に何らかの関係があったのかなかったのか、そしてそれが一九一〇年代の前衛的な文学シーンにおいてどのような役割を果たしたのかを検討していくことにする。

パウンドは一九〇七年にペンシルベニア大学の博士課程を満期退学して、インディアナ州のウォバッシュ・カレッジに就職して、フランス語、スペイン語などを教えていた。ところが、ある日嵐の中で困っている旅芸人の女性を部屋に泊めてやったのだが、この行為が原因となって大学を辞職せざるをえなくなった。パウンドはアメリカに失望して、翌年の一九〇八年に、ヴェニス経由で、ロンドンに移り住むことになった。そして一九〇九年からは当地の様々な文学のグループに出入りするようになり、そこで新たな前衛文学を志向して活動していたトマス・アーネスト・ヒューム[20]やフリントたちと知り合うことになった。パウンドは彼らの英詩の改革運動に参加して様々な経験を積んで、それを基盤にしてアメリカにおいても前衛的な現代詩の改革運動を推し進めようと決断した。その受け皿になったのが、ハリエット・モンロー[21]が一九一二年に創刊した雑誌『ポエトリー』であり、パウンドは先ずこの『ポエトリー』を拠点として、欧米を股にかけて、果敢に現代詩の改革運動を展開することになったのである。

このようにしてパウンドは一九一一年頃からイマジスム運動を推進することになったし、これに関してはすでに多くの英米のみならず日本の研究者たちが論じ尽くしてしまっているので、ここではアール・マイナーの『英米文学における日本の伝統』（一九五八年）を参考にしてその辺の事情を簡略に紹介しておきたいと思っているが、マイナーはパウンドと日本の関係について次のように述べている。

もちろん『詩篇』の広大な流れの中には、さらに多くの日本的な要素が吸収されている。サダキチ・ハートマンも手短に語られている。彼は日本の芸術の西洋の文学に対する影響を大いに力説した芸術史家であった。イェイツの劇において舞踊を演じて、パウンドも近づきになりたがった伊藤道郎も『詩篇』に出てくる数多くのあまり重要でない登場人物の一人だった。いろいろな形で日本の芸術が取り上げられている。ある詩篇では日本の歴史が詳細に語られている。また、日本の工業、名所、宗教なども随所で言及されて、それらがこの詩を飾っている。しかし、日本がパウンドの思想や作品において果たした主要な働きは、日本の芸術がホイッスラーを通じてパウンドの初期の作品に彩りを与えたことであり、さらに日本の詩や劇が彼の成熟期の詩全体に重要な意義を持つ形式を与えたことである。[22]

パウンド、ハートマンについて語る

ここでマイナーはパウンドが『詩篇』の中でハートマンに関して手短に語っていると書いているが、それが『詩篇八〇』の次の一節を指していることは今さら断るまでもないだろう。彼はハートマンについてこのように書いているのである。

我らが友人ハートマンの数々の奇行。
もしさらに奇行を増やしてくれたならば
サダキチはマンハッタンの生活を、そして、
多くの町や大都市の生活をもっと豊かにしてくれただろう。
彼が若い頃に書いた優れた記事や論文はおそらく
たった一夜で消滅してしまう雑誌と共に消失してしまった。(23)

現在これがハートマンとパウンドの関係を示す唯一の客観的な証拠であり、そういった意味で、これは極めて重要な資料なのである。このようにハートマンは波乱万丈の「奇行」で知られた人物であるが、実はその「奇行」によってニューヨークやそのほかの大都市の生活を豊かなものにしていたのである。さらに彼は膨大な量の記事や論文を発表してきたが、残念なことに、それらは雑誌の消滅と共に消失して今では読むこともできなくなってしまった。パウンドはこのように『詩篇』にハートマンを登場させて称揚しているのであり、私達はそれを受けて、なぜパウンドがハートマンの業績をこのように高く評価していたのかを解明したいと思うが、そのためにも先ずはパウンドがこの時期にどのような作家活動を展開していたのか、そして、どのような成果を上げていたのかを確認しておかなければならない。

パウンドとホイッスラー

マイナーは「日本の芸術がホイッスラーを通じてパウンドの初期の作品に彩りを与えた」と指摘していたが、先ずはこの辺から議論を進めていくことにしよう。ここで確認しておくべきはホイッスラーが一八三四年生まれの、ハートマンが一八六七年生まれの、そして、パウンドが一八八五年生まれの、アメリカ人であることである。ハートマンだけは結婚を機に一八九四年にアメリカの国籍を取得した。パウンドは自らをコスモポリタンの芸術家と考えていて、その立場からホイッスラーを最初の偉大なるコスモポリタンの芸術家と認知し称賛し敬意を払っていたのである。というのも、ホイッスラーは時代に先んじてパリやロンドンなどの芸術の先端都市に移り住んで、アメリカ人の芸術家の先陣を切って芸術活動を推進して、後続の若い芸術家たちのために新たな可能性に満ちた道を開拓してくれたからである。そのような事実を踏まえて書き上げたのが『アメリカ人、ホイッスラーに寄せて』であり、早速その作品をモンローが創刊した『ポエトリー』の第一巻（一九一二年十月）に投稿したのである。

あなたもまた、最初の偉大な芸術家であるのに、
すべての方法を試したのだ。
いろいろなやり方で、試して、詮索して、精励した、
それが僕に正々堂々とやろうという意気込みを与えてくれる。

……

あなたは追求して、不安だった、
でもそれは良いニュースなのだ――僕たちにとって。
アメリカの矢面に立って
衝動を捥ぎ取って芸術に注ぎ込むのだ。

……

愚かな大衆の中で、あなたとエイブ（＝リンカーン）だけが、
僕たちに少なくとも勝ち抜ける可能性があることを教えてくれる。(24)

確かにホイッスラーは後続の芸術家たちのために新たな道を切り開いてくれたが、その道程は決して平坦で安易なものではなかった。ホイッスラーは「いろいろなやり方で、試して、詮索して、精励した」。その過程で彼は深い不安に襲われて苦悩する。だが彼は妥協したり敗北を認めたりせずに、その不安に耐えながら、あるべき理想の芸術を執拗に追求していくのだ。このような真摯なる活動を通して、彼は若い芸術家たちに「正々堂々とやろうという意気込み」を与えてくれたし、「少なくとも勝ち抜ける可能性があること」を示してくれたのである。

これを読めばホイッスラーがパウンドらの若い世代の芸術家たちにとって非常に重要で大きな存在であったことが了解できるだろう。マイナーによれば、パウンドはホイッスラーを通じて日本芸術から大きな影響を受けることになったが、それでは一体なにを学んで継承したのだろうか。先に述べたように、パウンドはテイト美術館でホイッスラー展を観て、『アメリカ人、ホイッスラーに寄せて』を書いて、それを『ポエトリー』一九一二年十月号に発表したのである。ところでR・ビアズリーは『パウンドとモダニズムの視覚文化』の中でパウンドがすでに一九〇七年の時点でホイッスラーの存在を認識していて、彼に関する論文を書いていたと主張している。(25)前章で述べたように、ホイッスラーはラスキンとの論争を通じて、彼の絵画観を表明していた。彼によれば、絵画とは「視覚の詩」なのであって、「主題というものは色彩のハーモニーとはなんの関係も持たない」のである。つまり、パウンドは『紳士的な敵の作り方』（一八九〇年）を読んでいて、そこから線と色彩の「アレンジメント」を、「色彩のハーモニー」を、そして、芸術の「主題」からの自立を、つまり、社会的な役割の否定を、学び取っていたのである。そして七年後の一九一四年にパウンドは『フォートナイトリー・レビュー』紙で再びホイッスラーの「色彩のアレンジメント」に言及して、詩人としてそれをさらに進化させて「言葉のアレンジメント」あるいは、「言葉のハーモニー」という詩学に到達したのであり、それ以降はこの詩学に基づいて詩人として前衛的な創作活動を推進することになったのである。

パウンドと荒木田守武

それではパウンドはその後どのように作家活動を進めてどのような作品を創作したのであろうか。マイナーは先に引用した文章の中で「日本の詩や劇が彼の成熟期の詩全体に重要な意義を持つ形式を与えた」と述べていたが、それにしても、日本のどのような「詩」が彼の「詩全体」にどのような「形式」を与えたのであろうか。ここで思い出されるのは、パウンドがパリの地下鉄を降りた時の体験に基づいて一九一二年に詠んだ「発句」のような作品『地下鉄の駅で』である。

人混みのなかのさまざまな顔のまぼろし
濡れた黒い枝の花びら(26)

パウンドは二年後の一九一四年に『フォートナイトリー・レビュー』紙に寄稿した論文の中で、この「発句」のような作品である『地下鉄の駅で』の創作過程を自ら解説しているので確認しておこう。彼はここでヴォーティシズム(渦巻主義)(27)について解説しているのだが、その過程で日本のある「発句」を意識するようになって、それを応用することによって、あの『地下鉄の駅で』という作品を書くことになった顚末を語っている。

三年前(一九一一年)パリにいた頃、ラ・コンコルド駅で地下鉄を降りた時、突然、婦人の美しい顔が次々と見え、美しい子供の顔が見え、さらに、婦人の美しい顔が見えた。そして、私は一日中それがどのような意味を持っているのかを表現する言葉を探し求めた。さらに、その夜、我が家に向かってレイノアール通りを歩いていると、急にそれを表現する方法を見つけ出した。でもそれは言葉ではなくて、それに相当するもの、つまり、色の斑点となって現れてきたのだ。それは「文様」(パターン)だった。……でもそれは言葉であり、私にとっては、色彩の言葉の始まりだったのである。(28)

パウンドはラ・コンコルド駅で地下鉄を降りた時に婦人の美しい顔と美しい子供の顔を次々と見て、その意味を表現するための言葉を探し求めることになった。すると彼の目の前に「色の斑点」が、つまり、「文様」が現れてきた。だが改めてよく見てみると、それは「言葉」、それも「色彩の言葉」だったのである。彼はこのような「言葉」を発見して新たな詩の創作に取り組むことになったが、その際にパウンドに力を与えて一歩前に踏み出させてくれたのが日本の発句、つまり、荒木田守武の句「落花枝に帰ると見れば胡蝶かな」であった。

先述したように、この句は日本では高く評価されていたわけではないが、欧米ではなぜか評判が良くて広く人口に膾炙しているのである。それにしてもパウンドはこの句をどのように理解して、これを媒介にして、いかにして斬新で先駆的な現代詩を創作することになったのだろうか。彼はこの有名な「発句」に関して次のように書いている。

一つのイメージより成る発句という詩は、重置の形式（super-position）、つまり、一つの観念を他の観念の上に積み重ねるという形式を持っている。これが、私が地下鉄で感じた感情によって陥ってしまった表現上の袋小路から脱出するのに役立つと思ったのである。(29)

先に紹介したように、マイナーは日本の「詩や劇」がパウンドに「重要な意義を持つ形式を与えた」と指摘していたが、それがこの「重置の形式」であり、「一つの観念を他の観念の上に積み重ねるという形式」であった。パウンドはこれを発見することによって、「表現上の袋小路」から脱出することができたのである。かくしてパウンドはまず三〇行の詩を書いたが、それを破り捨てた。完成度の低い作品だったからだ。六か月後にそれを短縮して十五行の詩にして、さらに、一年後の一九一二年にあの発句のような二行から成る詩を書き上げたのである。それが『地下鉄の駅で』であった。パウンドはこの作品を書くことによって、詩人として確たる自信を獲得して、揺るがぬ覚悟をもって、大胆に現代詩の改革運動を推進することになったのである。

イマジスムとは何か？

パウンドは次いで一九一三年に『ポエトリー』三月号に、先ずフリントの名前でマニフェスト「イマジスム」を、次いで、自分自身の名前で「イマジスム――べからず集」を発表している。パウンドはこのイマジスムの三原則の立場から、自分たちが推進する現代詩の改革運動がなにをめざしているのかを明確に語っている。よく知られたものだが一応引用しておく。

1　主観・客観をとわず、「物」をじかに扱うこと。

2　表現に役立たない言葉を決して使わないこと。

3　リズムに関して。メトロノームによらないで、音楽の楽句にしたがって詩を書くこと。(30)

これはパウンドが最初から主張してきたものであって、これを読めば、彼がめざした現代詩がいかなるものであるかを窺い知ることができる。彼はその後で「べからず集」を書いて、この三原則を、具体的に、余分な形容詞を使うなとか、イメージを鈍らせる抽象名詞を使うなとか、飾りや装飾はたとえ洒落たものでも使うなとか、「べからず」的な形で解説している。彼によれば、これらの禁止事項を守って精進するならば、新時代に相応しい現代詩を創造することができるはずなのである。

これを確認しておいて、「べからず集」の冒頭のイメージ論を改めて見ておこう。

「イメージ」とは瞬間のうちに知的・情緒的複合を表現するものである。この「複合」という用語をバーナード・ハルトのような最新の心理学者たちが使っている専門的な意味で、私は使っている。私たちの用語の適用は必ずしも全面的に一致していないかもしれないが。

瞬間的にこのような「複合」を表現することが、不意の解放感を与えてくれるのだ。それは時間的制約とか空間的制約からの自由の意識である。そしてまた、それは最高の芸術作品に接したとき経験するあの不意の成長の意識でもある。(31)

パウンドはここで詩とはなにかを論じているので検討しておこう。彼によれば、「イメージ」とは「瞬間のうちに知的・情緒的複合」を表現するものであり、そうすることによって、「イメージ」は読者に「不意の解放感」、あるいは、「不意の成長の意識」を与えてくれるものなのである。ここでは具体的に彼の発句のような作品『地下鉄の駅で』を例にとって、マイナーの「不一致の一致」論を参考にしながら説明したいと思う。この作品は「人混みのなかのさまざまな顔のまぼろし」という「観念」＝「陳述」に、「濡れた黒い枝の花びら」という「観念」＝「イメージ」を積み重ねた「知的・情緒的複合」である。言い換えるなら、前半の「観念」＝「陳述」と後半の「観念」＝「イメージ」から成る「重置の形式」である。これを読んで読者がこの「重置の形式」の不一致の間隙を埋め合わせることができるか否かが問題なのだが、それができた場合には、つまり、この「知的・情緒的複合」から現代の荒地的な虚無の精神状況を読み取ることができれば、たとえそれ自体は悲劇的な認識であったとしても、その時には「不一致の一致」を実現することになって、その結果「不意の解放感」を、あるいは、「不意の成長の意識」を経験することになるはずなのである。

これまで一九〇九年から一九一四年にかけてパウンドが詩人としてどのような活動をしてきたのか、そして、どのような成果をもたらしたのかを考察してきた。これ以降彼は一段と精力的に多彩なる活動を継続していくことになるが、その基盤を成したのが、この時期に形成した詩学とそれに準じて創作した詩作品であったことを銘記しておかなければならない。最後に五、七、五の十七音節で詠まれたもので、彼の作品の中でも最も「発句」らしい作品を紹介しておく。

おお、白い絹の扇よ

草の葉におりた霜のように冴えて
おまえもやはり捨てられたのか(32)

これは漢の成帝の寵愛を受けた班婕妤の詩「怨詩一首」に基づくものであり、失恋した女性の未練と愚痴を表したものである。「白い絹の扇」は貴人に珍重されるかもしれないが、それも気分次第でぽいっと捨てられて忘れられてしまうものである。それは「草の葉におりた霜」が朝日を浴びて融けて儚く消滅していくのと同じことなのだ。そう考えるなら、私も「白い絹の扇」と同じようなものであり、いつ何時「除け者」にされてしまうかわからないのである。つまり、この作品は「発句」のように、簡潔に、そして、暗示的に、失恋した女性の哀切な未練と愚痴を表現した佳作なのである。

その後パウンドはモダニズムの旗手として欧米の文学の世界でめざましく活躍することになった。たとえば、彼は銀行員だったトマス・スターンズ・エリオット(33)を物心両面から支援し激励して、現代詩を代表する詩人として華々しく詩壇に登場させることになった。エリオットの『荒地』(一九二二年)は詩の新たな時代の到来を告げる作品であったが、パウンドはその舞台裏でエリオットの草稿に手を入れて全体を半分位まで削除して現在の形の『荒地』にしたのであり、このひとつの事例を考えただけでも、パウンドが二〇世紀の現代詩の発展に大いに貢献していたことがわかるだろう。

パウンドが育てたと言っていい作家がもう一人いる。アーネスト・ヘミングウェイ(34)である。死後に出版された『移動祝祭日』(一九六四年)の中で、彼は「エズラ・パウンドは、いつも良い友人だった。彼はしょっちゅう、ひとのために尽くしていた」と書いているが、エリオットに関わる逸話はまさにその典型的な事例である。ヘミングウェイはパリ時代にはパウンドと親しく交流していて、暇があればテニスをやったりボクシングを教えたりしながら交流を大いに楽しんでいた。同時に、彼は文学上の師匠であるパウンドについて「私が好み、かつ、批評家として最も信頼している人、適切な言葉――使うべき唯一の言葉――に信念を持つ人」と敬意を込めて語っている。ヘミングウェイはすでに新聞記者時代に「適切な言葉——使うべき唯一の言葉」の必要性を学んでいたが、パリでパウンドから改めてその意義を叩き込まれてその重要性を認識することになり、その結果、彼独自の文体を確立することになった。それがハードボイルド・リアリズムであり、それを駆使して短編集『われらの時代に』を発表して文壇に登場することになったのである。

モダニズムにおけるハートマンの意義

この数年間ハートマンに関する研究を進めてきたが、パウンドの『詩篇』の中にハートマンの名前を発見して以来、彼ら二人の間にどのような関係があったのだろうかと想像をめぐらせてきた。だが、残念なことに、それ以上の資料を見つけられなかったので、彼らの関係がどのようなものであったかを仔細に解明することはできなかった。だがこれまでの考察から明らかなように、実際にはハートマンとパウンドを結びつけるものが二つ存在していたのである。アメリカ人でコスモポリタンの画家ホイッスラーと、日本の詩と劇、つまり、発句＝俳諧と能である。繰り返すことになるが、ハートマンは早くからジャポニスムを取り込んで、一九〇四年に「詩の日本的概念」を、一九一〇年に『ホイッスラー・ブック』を、一九一四年には『短歌と俳諧——日本の詩歌』を発表しており、一方パウンドは一九〇八年にロンドンに渡り、一九〇九年に文学仲間であるフリントらに合流して現代詩の改革運動を推進することになり、その間にホイッスラーを通して「言葉のアレンジメント」を、あるいは、「言葉のハーモニー」を学び、日本の発句を通して「重置の形式」を発見して、これらを統合して活用することによって、一九一二年に『アメリカ人、ホイッスラーに寄せて』を、次いで一九一三年には発句のような作品『地下鉄の駅で』を発表したのである。このように二人は同じ時期に、相前後して、同じ問題に関わっていたのであり、ホイッスラーの芸術と日本の発句＝俳諧の研究を推し進めて、西洋の世界にその存在と意義を知らしめて普及させていたのである。つまりハートマンはパウンドと同様に二〇世紀の文学と美術の発展に大きく貢献していたのであり、この事実をしっかりと認識しておかなければならないのである。周知のように、パウンドはその後「イマジズム」運動や「ヴォーティシズム」運動を興して、二〇世紀前半の文学芸術におけるモダニズム運動の主導者として活躍して、その結果毀誉褒貶はあれ、文学的にも、文化的にも、それなりに認知されて評価されてきた。それに反して、ハートマンはアメリカにおいても日本においても不当に冷遇されてきて、彼の多彩で貴重な業績だけではなくて、彼の存在そのものが軽視されてきた、というよりも、むしろ無視されてきたのである。これはまさに不当で不幸な事態であって、このまま放置しておくわけにはいかない。このような状況を克服して、彼の研究を推し進めて、彼の業績を正当に評価して、彼を現代に復活させること、これが私達に課せられた義務なのである。今回ハートマンを一九一〇年代の前衛的な文学シーンに登場させて、パウンドと肩を並べて立たせることができたが、あとはこれがハートマンの再評価と復活のための第一歩になることを祈るのみである。

ハートマンの文化多元論

これまで第八章と本章でハートマンのアメリカ人としてのアイデンティティーの問題を考察してきたが、先に述べたように、これは彼個人の問題であるだけではなく、同時にアメリカ全体の問題でもあったのである。最後にこの問題について簡単に触れておくことにする。

ハートマンは日独の血を引くアメリカ人としてのアイデンティティーを追求したが、日本人の血が流れていたがゆえに、その目標を達成することはできなかった。そういった意味で、彼にとって日本人の血は忌まわしく否定すべきものであったが、その後まさにこの日本人の血のおかげでジャポニスムに接して、それを通して、日本的なるものを、あるいは、日本の文化的遺産を発見して継承することになったのである。これはハートマンにとって重大な意味を持つことになった。というのも、これを基盤にして、彼は多くの独自で画期的な仕事を成し遂げることになったし、その結果、彼なりにアイデンティティーを確立することができたからである。

私達はこれまでハートマンの事例を考察してきたが、ここで注目すべきは一九一〇年代にアメリカの思想界で同類の事例が生じていたことである。たとえば、ここでユダヤ系の学者であるホレス・カレン(35)の例を紹介しておく。彼は一九一五年に「民主主義対坩堝」という論文を発表したが、その中で次のように書いている。

彼ら（＝移民）がより豊かになってアメリカ化するにつれて、そして、彼らが「外国人」の汚名から解放されるにつれて、彼らは集団としての自尊心を持つようになるのだ。イタ公は誇り高いイタリア人になり、ハン公は愛国心の強いハンガリー人になるのである。彼らは民族の精神的な遺産を学ぶ、というか、思い出すのである。(36)

このように移民たちはアメリカニゼーションによって外国人であることを止めてアメリカ人になるのであり、その後で「民族の精神的な遺産」を思い出すことによって「集団としての自尊心」を持つことになるのである。それゆえに、カレンによれば、「移民の中で最も熱心なアメリカ人は同時に精神と文化において最も自立していて自意識を持つ人々なのである」。(37)これがカレンが主張した文化多元論であるが、それを継承してさらに発展させたのがランドルフ・ボーンであった。彼は一九一六年に「トランス・ナショナル・アメリカ」という論文を発表したが、その中でカレンとほぼ同じことを述べているので引用しておく。

アメリカは自由を意味していたのであり、ドイツやスカンジナビアの政治思想や社会的エネルギーは進化し拡大して新たな力となった。その過程は想像されていたようなドイツ人やスカンジナビア人の同化ではなかった。それはむしろ彼らによる我々アングロサクソン人の同化であった。多様な外国文化は溶解され、混ぜられ、変えられて同質のアメリカ文化になったのではなくて、異質のままであり続けながら、協同して、ドイツ人やスカンジナビア人だけでなく、すべてのアメリカ人の大いなる栄光と利益に資することになったのである。(38)

これでわかるように移民たちはアメリカに入国してアメリカ人になってからも「民族文化と民族的精神的特質」を持ち続けるのであり、「それらは異質であるがゆえにそれだけ価値がある」のである。そして、ボーンによれば、アメリカはこのような多様な移民たちによって構成されている国なのであり、それゆえに、文化の連合体であり、国際国家なのであり、さらに、それはトランス・ナショナルで、民族と国家を超えていくがゆえに、過去ではなくて未来に開かれた国家なのである。このような文脈で考えてみれば、ハートマンはカレンやボーンに先行するような形で文化多元論を提唱して展開していたのであり、私達はその文脈に彼を位置づけて彼の思想的な意義を認めて正当に評価しなければならないのである。

第十章　ハリウッドのハートマン

1　新天地を求めて

西海岸への移住

ハートマンの七七年の人生を振り返ってみると、彼にとって重要な転換点がいくつかあったが、一九一六年はそのような人生の分岐点になる転機の年となった。この年に彼は先ず単身でカリフォルニアに移住して、その後愛人のリリアン・ボーナムと二人の間に生まれた子供たちを呼び寄せて、最初はサンフランシスコに住み着いたが、徐々に南下して、一九一七年にはモンタラに移り、一九一八年にはサンマテオに移って、その後はロサンゼルスを拠点にして多様な活動を展開することになった。一九二二年に一時ニューヨークに帰還したが、そこにはもう自分の居場所がないことを思い知らされて、すぐにロサンゼルスに舞い戻ってきて、それ以降は主にロサンゼルスに、そして最後はバニングに居を定めて、これまで通りに執筆活動に従事し、機会があれば講演会や朗読会を開催しながら、アメリカや日本の芸術文化の紹介と普及に献身した。

このように彼は一九二二年から没年にあたる一九四四年にかけて、主にロサンゼルスを根拠にして、精力的に芸術活動を推し進めて、多くの画期的な成果を収めることになった。最初に彼は当時登場してきて一般大衆の間で人気を博して話題になっていた映画に注目した。彼はすでに一九一二年の時点で先駆的で斬新な映画論を発表しているが、その後も様々な経験を踏まえて、映画に関する多数の論文や記事を発表しているのだ。だがそればかりではなかった。彼は一九二四年にはダグラス・フェアバンクスが主演製作した話題の映画『バグダッドの盗賊』に自ら出演しているのである。彼はこの時の体験に関して報告書を書いているが、それについては後で詳しく紹介する。

次に注目すべきは彼がこれまで通りに多彩なる執筆活動を持続していたことである。たとえば、一九二〇年には長編小説『キリストの最後の三〇日』を出版し、ついで一九二七年には「不滅の霊魂へのパスポート」という論文を、そして、一九三一年には四〇年にわたる喘息との戦いを描いた「我が磔刑」という七〇ページを超える大論文を発表している。これから晩年のハートマンを考察していく予定だが、その際にはこれらの作品や論文を参考にすることになるだろう。さらに見落とせないのは未完の大著『美的真実』(Esthetic Verities)である。これは一九二七年から一九三二年にかけてこつこつと書き続けた一〇〇〇ページ近い美学書であるが、残念ながら完成させることはできなかった。今私達はカリフォルニア大学のリバーサイド校の図書館でこの未完成で未整理の原稿を手に取って見ることができる。ハートマンは還暦を迎えて決然たる意気込みで執筆に取り掛かったのだが、結局はこの野心的な美学書を完成することができずに、未完のままで放棄せざるをえなかったのである。私はこれを手にする度に彼の慙愧の念に想いを馳せては深い悲しみにとらわれてしまうのである。

このようにハートマンは一九一六年にサンフランシスコに移住して、その後一九二二年以降はロサンゼルスを拠点として彼なりの多彩な芸術活動を推進していたのであり、そのようにして七七年に及ぶ長い波乱万丈の人生を締め括って決着をつけようとしていたのである。これから彼の最晩年の人生を考察していくが、その前にどうしても解明しておかなければならない問題がある。彼はなぜ一九一六年にサンフランシスコに移住することになったのだろうか。先ずはこの辺から議論に入っていくことにする。

振り返ってみれば、一年前の一九一五年には、彼の周辺でいろいろなことが起こっていた。特に銘記すべきは、彼がグリニッチ・ヴィレッジの広告塔と呼ばれていたグイド・ブルーノと親しく交流するようになったことである。ブルーノ自身がボヘミア生まれのボヘミアンであり、一九〇九年にアメリカに移民として入国し、デトロイト、シカゴを経て、一九一三年にニューヨークに住み着くことになった。彼はすぐにワシントン・スクェア・サウス通りとトンプソン通りの角にあったアイスクリーム店の二階の三部屋を借りて、そこを「ブルーノの屋根裏部屋」と名付けて多彩な芸術活動を開始した。彼はここを拠点として数種の雑誌を発行し、一番広い部屋を開放して、講演会や、朗読会や、絵の展覧会などを開催したのだ。ハートマンもここでエドガー・アラン・ポーの朗読会を催したことがあった。

ハートマン――ボヘミアンの王

ブルーノはハートマンを最初に「ボヘミアンの王」と呼んだ人物であったが、彼はハートマンの人柄に惚れ込み、彼の業績を高く評価し、多くの貴重な機会を提供することになった。彼は『グリニッチ・ヴィレッジ』という雑誌を発行していたが、その一九一五年の十一月号で、ハートマン特集を組んで、それまで無視されてきた彼の業績を取り上げて包括的に紹介してくれたのである。ブルーノはこの特集号に寄稿した「今日のサダキチ」という記事の中でハートマンについて次のように書いている。

　彼の作品は―彼が何年も前に書いたものであるが―すばらしい。それらは力強くて、説得力がある。彼はしばしばポーと同等であると考えられてきた。アメリカ人は文学における独創性を考える時にはポーを思い出すのだ。なぜなら、ポーは七五年前と同じく現在においても、唯一の個性的で独創的なアメリカの詩人として傑出しているからである。サダキチも独自のスタイルを備えていて、彼の特徴は独創性なのである。(1)

ブルーノはこのようにハートマンの「独創性」を称賛した後で、後世の人間は「彼を理解し、尊敬し、崇拝すべきである」と主張しているのである。

ハートマンもこの特集号に執筆者として名を連ねている。彼は冒頭で三首の英語の短歌を提供しているし、また「なぜ私は自分の著書を出版するのか」という記事を寄せて、なぜ自費出版をするのか、その理由を説明している。

ここで彼は「私が書くのは、書かなければならないからだ。それは木が芽を出して実をつけるようなものだ」と述べている。つまり、彼は書きたいことを書きたい時に書きたいように書くだけなのであって、そこに金銭とか名誉といった猥雑なものが入り込んでくる余地はないのであり、その結果、彼はどうしても「自分の出版者」にならざるをえないのである。これが彼の人生なのだ。

ハートマン自叙伝を書く

さらに注目すべきは、彼がここに掲載している「サダキチの自叙伝」である。これは四ページからなる簡略なるものにすぎないが、このように包括的な形で自叙伝を公表したのはおそらく初めてのことだったのであり、そういった意味で、これは非常に貴重なものである。彼はこの自叙伝を、年代記的に、一八六七年の長崎での出生から、一八八二年のアメリカへの移民としての入国、それ以降の芸術家、評論家としての多彩なる活動、そして、現時点である一九一五年に発表した反戦論「永遠の平和――それは夢なのか」までの履歴を比較的忠実に記述して紹介している。これによって私達はハートマンがどのような人物であるのか、どのような活動をしてきたのか、そしてどのような業績を上げてきたのかを知ることができる。ここで興味をそそられるのは、彼が一八九四年にパステル画の個展を開催していることと、一九〇二年に「芳香コンサート」を開催していることである。これらの事実から彼が現代風の大胆なヴェンチャー企業家でもあったことがわかる。そして、彼はこれ以降の未来の人生についても書いている。これから七冊の本を出版すること、そして、自叙伝を書くことを予告している。そして、最後に、彼は「気晴らしに哲学の研究をしている」と報告しているが、言うまでもなく、その成果があの未完のままで放棄されることになった大著『美的真実』であった。

ここでハートマンがなぜこの時点でこの自叙伝を書いたのか、その意図について一言述べておく。このように四八年にわたる波乱万丈の人生を振り返ってみることによって、彼はそれまでの自分の人生がいかなるものであったかを認識することになり、それを肯定して受容することによって、それまでの人生に終止符を打って区切りをつけようとしていたに違いないのである。言い換えれば、彼は密かに新たなる世界に飛び立つための準備をしていたのである。

「永遠の平和――それは夢なのか」がもたらしたもの

このようにグイド・ブルーノは様々な機会を提供してくれたが、ここで思い出さねばならないのは、彼がもうひとつ『ブルーノ・チャップ・ブックス』という雑誌を発行していて、その一九一五年の十月号に、ハートマンの「永遠の平和――それは夢なのか」という論文を掲載していることである。すでに第七章でこの論文に関して詳しく説明しているのでここでは簡単に復習しておくことにする。第一次世界大戦は一九一四年に勃発していたが、この論文はその一年後の一九一五年に書かれた平和論であり反戦論である。彼はここで国際的な平和機構の設置、軍備撤廃、国民投票案などを提唱していて、これはこれで正当で説得力のある提案だったと考えていいだろう。だが、翌年の一九一六年頃から、アメリカは、政治的にも、経済的にも、さらに思想的にも、大きく変化することになる。つまり、この頃からウイルソン大統領は大きく舵を切って、第一次世界大戦への参戦の道を選択して、そのために戦時体制の構築に取り組むことになり、その行き着いた先が一九一七年四月のアメリカの第一次世界大戦への参戦であった。そして彼はその前後に次々と反動的な政策を打ち出して、反米的な思想家や運動家たちを徹底的に弾圧し、時には国外に追放することになった。このような危機的な状況の中で、ハートマンは徐々に不安に駆られ、危機感にとらわれるようになっていたに違いなかった。というのも、先述したように、彼は以前にエマ・ゴールドマンらのアナーキストたちと連携して行動を共にしてきたし、一九一五年には「永遠の平和――それは夢なのか」という反戦論を公表していたからである。彼はリアルに身の危険を感じるようになっていたのであり、おそらくそれがひとつの遠因となって、ハートマンはニューヨークでの生活を清算して、カリフォルニアに移り住むことになったのである。

これまでハートマンのカリフォルニア移住に関して、二つの理由を挙げて説明してきた。

第一の理由は彼が一九一五年にそれまでの波乱に満ちた人生を振り返り、その意義を確認することによって、それまでの人生に区切りをつけることになったのであり、それは同時に新たな人生を志向することでもあった。第二の理由は彼のアナーキスト的な思想と行動に関わるものである。彼はアナーキストたちと連帯して反米的な運動に参加してきたし、「永遠の平和――それは夢なのか」という体制批判的な反戦論を発表してきた。だが一九一六年頃から彼を取り巻く状況は大きく変化しつつあった。ウイルソン大統領は第一次世界大戦への参戦を決意して、次々と反動的な政策を打ち出して、革新的で反体制的な思想家や運動家たちの弾圧に踏み切った。そうした厳しい雰囲気の中で、彼が危機意識にとらわれ、不安に苛まれて、その状況からの脱出を企てることになったのは、極めて自然な成り行きだったと言ってよい。

2　映画の世界への憧れ

映画の発明

だがこれだけではなかったのだ。彼がカリフォルニアへの移住を決心した裏には、もう一つの積極的な理由があったのである。ハートマンは世紀の転換期に登場してきた映画にいち早く注目して、その映画に芸術としての大きな可能性を見出していたのだ。

それではハートマンは映画を実際にどのように考えていたのであろうか。先ず最初に指摘しておくが、彼にとって映画はとても身近なものであり、大いなる可能性を秘めた存在であった。第六章で紹介したように、ハートマンはスティーグリッツに要請されて近代写真の成立に深く関わってきた。二〇世紀の初頭に、写真はピクトリアル・フォトグラフィーからストレート・フォトグラフィーへと転換していくことになったが、その過程で彼の「ストレート・フォトグラフィーのための提言」が重要な役割を果たしたのであった。そういった意味では、彼は近代写真の創始者の一人だったのだ。そのような事実を考慮すればわかるように、彼は一八七〇年代から欧米の科学者たちが取り組んでいた「動く絵」の制作に大きな関心を懐いていたに違いないのである。当時、フランスの科学者ジュール・マレー(2)とアメリカの写真家エドワード・マイブリッジ(3)が「動く絵」の制作において先陣争いを演じていたが、ここではマイブリッジについて紹介しておこう。

彼はカリフォルニア州のパロアルトで写真家として活動していたが、早くから写真を動かすことを試みていた。彼は一八七二年にリーランド・スタンフォード(4)に雇われて、改めて写真を動かす仕事に携わることになった。彼は元カリフォルニア州知事で、スタンフォード大学の創立者であるが、以前から馬が疾走している時に四本の脚すべてが地面から離れているか否かという難題を抱え込んでいて、それを科学的に検証するために、マイブリッジを雇ったのである。だがこの時に撮影した写真ではスタンフォードの課題を解決することはできなかった。その五年後、彼は再びスタンフォードに雇われて実験に取り組むことになった。一八七七年には十二台の写真機を使い、さらに翌年には二十四台の写真機を使って馬の走行を撮影して、ついに馬の走行中に四本の脚が地面から浮いて離れていることを立証したのである。かくしてスタンフォードはめでたく年来の持説を実証することができたわけだが、ここで重要なのはマイブリッジが原初的な形であれ馬が走る姿の撮影に成功したことであり、これが映画の誕生に繋がっていくことになるのである。

ここで登場してくるのがトーマス・エジソン(5)である。彼は有能な発明家であるが、同時に抜け目のない企業家でもあって、一八八八年にはマイブリッジをウエスト・オレンジに招いて、「観客の前で、目に見える動作と耳に聞こえる言葉を結びつけて同時に再生する」ことについて意見を交わして、映画産業への参入を決断することになった。そして彼は様々な試行錯誤を繰り返しながら、次々と撮影機や映写機を発明して改良して、それらを総動員して、一八九三年にはキネトスコープを、そして、一八九五年にはバイタスコープを製作して、映画の現場に投入した。その後映画が労働者階級や下層階級の人々の支持を得て急速に発展していったことは周知の通りである。このように、基本的には映画とは写真を動かして運動を再現するものであり、その結果、圧倒的多数の人々の支持を受けて、二〇世紀の初頭に主要な娯楽として定着することになったが、そういった状況の中で、ハートマンが写真の理論家として、その延長上に派生してきて大衆に広く支持されている映画に関心を寄せるようになったのは自然な成り行きだった。

彼は一九一二年に『カメラ・ワーク』に「映画の美的意義」という論文を発表しているが、それにしても映画は一九一二年前後にはどのような状況にあったのだろうか。先にも書いたように、当時都市の庶民階級の間では、ニッケルオデオン、つまり、五セント映画館が大繁盛して隆盛をきわめていたが、このニッケルオデオンの繁栄が逆に映画の製作者と興行師に大きな影響を及ぼすことになったのだ。このような事実を見て、映画監督とその関係者たちは改めて映画の意義を認識して映画の質的な向上をめざして製作に取り組むことになり、その結果、映画を進化させて芸術のレベルに高めることになって、近代映画の創始者として映画史に名を残すことになったのである。

先ずはエドウィン・ポーター(6)の名前を挙げなくてはならない。彼はエジソン社で映写技師、巡回の興行師として働いていたが、そうするうちに自分も映画を制作してみたいと願うようになって、その後『アメリカの消防士の生活』（一九〇二年）、『アンクル・トムの小屋』（一九〇三年）、『大列車強盗』（一九〇三年）などの作品を制作した。たとえば、『大列車強盗』は保安官と強盗団との追跡劇を描いた作品である。保安官は駅舎で強盗を働いた悪党たちを、車内から車外へ、さらに山中へと追跡するが、その間に強盗と格闘したり銃撃戦を演じたりする。ここで重要なのは、この作品において、彼らの行動が、つまり、すべての運動がリアルに描写されて独特の臨場感を生み出していたことである。そして観客はそれを観てハラハラドキドキしながら映画独自の快楽を味わっていたに違いないのである。

グリフィスの登場

このポーターを追って監督としての道を選択した人物がいる。「映画の父」デーヴィド・ウォーク・グリフィス(7)である。彼はそれまで詩人、劇作家、舞台俳優として活動していたが、鳴かず飛ばずの状態でどうしても成功することができなかった。ある時彼はたまたまポーターに出会って、それがきっかけとなって一九〇八年にバイオグラフ社に入社して、映画監督の道を歩み出すことになったが、ここで埋もれていた才能を開花させて、多くの傑作を生み出して大成功を収めることになったのである。

彼は一九〇八年から一九一三年までバイオグラフ社に在籍していたが、その間に五〇〇本近くの映画を制作した。これらの膨大な作品群の中で、特に注目すべきなのは『淋しい山荘』（一九〇九年）である。これは強盗に襲われたブルジョワ一家の危機と救出を描いたものだが、ここでグリフィスは夫人と犯人の電話での交渉の場面では「クロス・カッティング」の手法を用い、その他の場面でも「ロング・ショット」、や「ミディアム・ショット」や「クローズ・アップ」などの手法を駆使しながら、登場人物の内面の心の動きを効果的に描出しているのである。このように五〇〇本近くの作品を制作する過程で、グリフィスはのちに「映画の文法」と呼ばれることになる映画独自の撮影法を開発して確立することになったのである。これまでポーターとグリフィスを選んで紹介してきたが、彼らの監督としてのこのような活躍が映画の社会的地位を高めることになり、ひいては映画界全体に繁栄をもたらすことになったのである。

さらにここで思い出さなければならないのは有能な興行師たちの映画界への参入と活躍である。彼らの多くはニッケルオデオンの経営者たちだったが、映画が大いなる可能性を秘めたビジネスであることを見抜いて、その環境を整備するために積極的に投資して、寄席演芸場などを買収して改築したり、常設の映画館を建設したりした。それだけではない。彼らは映画の上映や興行に止まらずに、さらに映画の製作にまで進出することになり、ついには芸術性豊かな長編映画を製作することになるのである。ここで代表的な人物を挙げておく。ユニヴァーサル映画のカール・レムリ、(8)パラマウント映画のアドルフ・ズーカー、(9)MGMのサミュエル・ゴールドイン、(10)そのほかにも、ウイリアム・フォックス、(11)ルイス・メイヤー、(12)ルイス・セルズニック(13)などの名前を挙げることができる。彼らは徐々に興行師として実力をつけて、総合プロデューサーとして映画の製作に関わるようになり、ついには映画界を支配して主導することになるのである。

映画の街ハリウッドの台頭

一九一二年前後の時点で映画がどのような状況にあったのかはわかっただろうが、その後映画は着実に発展して華々しい展開を示すことになった。先ず指摘しなければならないのは映画の都ハリウッドの台頭である。先に紹介した独立系の映画製作者たちは活動の拠点として未開の地であったカリフォルニアのハリウッドを選定することになった。それにしてもなぜハリウッドだったのだろうか。第一はハリウッドの気候が良かったことで、そこではほぼ一年中撮影をすることができた。第二は労働者の賃金がニューヨークと比べればはるかに安かった。第三にワスプの支配階級の権力がまだこの地までは浸透していなかったことである。これらの理由から彼らはこの西部の僻村であったハリウッドに進出して映画村を建設することになったのである。

このような潮流の中で、一九一一年にはネスター社がハリウッドの中心地に撮影所を建て、次いで一九一二年にはカール・レムリがほぼ同じ場所にユニヴァーサル映画のスタジオを建てた。さらに一九一三年にはセシル・デミル監督[14]が自分の撮影所を建設したが、これが後にパラマウント・スタジオになるのである。

チャップリンの活躍

このような状況の中で特筆すべきはチャールズ・チャップリン[15]の登場である。彼は一九一四年にマック・セネット[16]監督に見出されて映画界にデビューしたが、喜劇役者として一気に才能を開花させて、機知と風刺を武器にして富める者と権力を嘲笑し攻撃したが、その結果、彼は労働者階級の人々から強く支持されて映画界を牽引する風雲児として活躍することになった。彼は一九一〇年代には主演俳優、監督として多くの短編の喜劇映画を製作するが、すばらしい作品ばかりで、一〇〇年を経た現在でも、見飽きることもなく心から享受できる。たとえば、『成功争い』、『拳闘』、『消防夫』、『番頭』、『移民』、『冒険』などがその代表的な作品である。

もうひとつ注目すべきは、この数年間に、多くの才能豊かな監督たちが同時に登場してきて、のちに映画史を飾ることになる優れた長編映画を制作して発表したことである。その具体例として、セシル・デミル監督の『チート』（一九一五年）、グリフィス監督の『国民の創生』（一九一五年）と『イントレランス』（一九一六年）などの作品を挙げることができる。

グリフィスの作品の問題点

たとえば、グリフィスは一九一五年に『国民の創生』を公開したが、これは様々な問題を提起することになった話題作である。この作品は、南部出身のグリフィスが南北戦争を題材にして、その戦乱の中で二つの家族が引き裂かれていく悲劇を描いたメロドラマである。ここで注目されるのは、グリフィスがこの作品でそれまでに開発して進化させてきた様々な手法を駆使して撮影していることである。彼は「ロング・ショット」、「クローズ・アップ」、「クロス・カッティング」、「フェイドイン」、「フェイドアウト」などの手法を効果的に使いこなしながら、登場人物たちの心理を、喜怒哀楽を見事に表現しているし、クー・クラックス・クラン[17]の騎馬隊がキャメロン一家の救助のために丘の斜面を疾駆する最後の場面は迫力満点で感動的なものに仕上がっている。そういった意味で、この映画はアメリカ映画史に一時代を画する偉大で画期的な作品だったのである。さらに些細ながら注目すべき点もいくつかあるので書き添えておく。先ずこの映画の上映時間は約二時間半であって、入場料は当時としては破格の二ドルであった。さらに信じがたいことだが、オーケストラが加わってワーグナーの『ワルキューレ』などのクラシックの名曲を伴奏曲として生で演奏したのである。

だが、よく指摘されるように、この映画は深刻な問題を内包していたのである。グリフィスは最後の場面でクー・クラックス・クランを登場させているが、どう見てもここでこの白人至上主義の団体を肯定的に描いているのであり、これが人種差別主義だとして、リベラルの白人やマイノリティの黒人から不信と反感を招くことになった。グリフィスは南部人であり、その立場から、クー・クラックス・クランを導入したが、それは歴史の潮流に逆行し背馳するものであり、偉大なる映画監督グリフィスが抱えていた致命的なジレンマだったのである。

その後彼は大作『イントレランス』の制作に取り組むことになって、その撮影のためにハリウッドのサンセット大通り沿いにバビロンの都市を建設した。ところで、この都市は実に壮大なもので、その規模は一・六マイル四方もあり、その城壁の高さは九〇メートルもあって、その上を馬車が通れるほどに頑丈なものだった。当然ながら、人々はこの壮大なるセットに驚嘆したが、同時に映画に対する関心と興味を煽り立てられることになった。

この映画は人間の不寛容を主題にしたものであり、そういった意味では注目すべき問題作であったが、一般的にはこれは映画作品としては失敗作であると考えられてきている。そしてその最大の原因はグリフィスの作品の編集にあったというのが通説である。彼はこの作品を約八時間の長編映画として制作したが、上映時間八時間というのは前代未聞であり、当然ながら、このような超大作映画を引き受けてくれる興行師などはいなかった。そのような事実を前にして、グリフィスは改めて編集し直して約二時間半の作品に縮小したが、これがまた違った深刻な問題を引き起こすことになった。周知のように、この作品は四つのエピソードから成っているが、その編集の過程でこれら四つのエピソードのバランスが崩され、そのために作品全体の統一性が完全に失われてしまったのである。グリフィスは言わば自らの手でこの作品を否定して破壊してしまったのである。とはいえ、人々はハリウッドに出現したこの豪華な撮影用の建造物に驚嘆し、一九一六年の公開の際にはこの映画の問題に関して真摯に議論を戦わせることになったのである。そういった意味で、映画は、そして、ハリウッドは、燦然と輝く夢の世界だったのである。

先に述べたように、ハートマンは一九一六年にカリフォルニアに移住することになったが、これまでの考察からなぜそうしたのか、その理由は明らかになっただろう。当時ハートマンはそれまでの五〇年の人生を総括して新たな人生を模索していたし、ウイルソン政権下で保守化する状況の中で、それまでの反米的な言動から迫りくる危機を鋭く感知していたし、一方映画の都ハリウッドは大いなる可能性を秘めた夢の世界として目前に燦然と屹立していたのである。さらに、もう一点だけ付言しておく。彼は若い頃から喘息に病み苦しめられてきた。時には激しい発作と痙攣のために、何日もの間横にもなれずに座ったままで過ごすことさえあったらしい。そのために彼は転地療養を兼ねてカリフォルニアへの移住を決断したのだ。このようにして彼はこの可能性を秘めたカリフォルニアで新たなる冒険に満ちた人生を歩み始めることになったのである。

3　『バグダッドの盗賊』に出演する

ハートマンの映画論

これまで一八八〇年代から一九一〇年代に至るアメリカの映画の歴史を辿りながら解説してきたが、これからはこの歴史を考慮しながら、ハートマンがどのように映画と関わっていたのか考察していきたいと思う。先に述べたように、彼は一九一二年という早い時点で先見的な「映画の美的意義」という映画論を発表していたが、その後一九二〇年代に入るとハリウッドに出没するようになり、いつのことかは不明だが、ドン・キホーテを主人公にした映画用の脚本を書いて持ち込んだこともあったらしいのである。そして一九二四年には、ダグラス・フェアバンクスに請われて話題の映画『バグダッドの盗賊』に出演することになった。その際に新たに様々な経験をすることになったが、それによってさらに映画に関する考えを進化させて、一九二四年には「私のフェアバンクス・スタジオでの経験」という報告書を発表した。その後も映画に関心を持ち続けて、一九二〇年代後半にはイギリスの映画雑誌『カーテン』に何篇かのエッセイを投稿しているが、特にチャップリンを扱ったものは興味深いものになっている。そして、一九三二年まで書き続けたものの未完に終わった『美的真実』の第十七章では再び映画を取り上げて論じているのである。これからこれらのエッセイや論文を検討しながら、ハートマンが映画をどのように捉えて位置づけていたのかを明らかにしたい。

先に述べたように、ハートマンは一九一二年に「映画の美的意義」という映画論を発表しているが、先ずはこれを取り上げて彼が映画をどのように考えていたのかを見ておこう。彼は一九一二年の時点で映画は多くの娯楽の中で最も広く人々に支持されていると述べて、その理由は「映画が安価で、すべての人が容易に見ることができるからだ」と述べて、さらに次のように映画について書いているのである。

しかし映画の人気を否定することはできない。それは大衆に訴える要素を備えているのだ。そして、映画館が立見席まで満員になっているのを見る度に、時代の鼓動に触れるものを、多くの人々を楽しませてくれるものを、ある意味で大衆の未熟な美的な趣味を反映するものを、自分は今目の前にしているということを意識することになった。(18)

映画の本質――運動

このように、ハートマンにとって映画とは時代の申し子であり、大衆を楽しませてくれるものであり、大衆の美的な趣味を反映するメディアなのである。彼は一九一二年の時点でこのように映画を把握して位置づけていたのであり、それはそれなりに先進的で画期的なことだったと言っていい。だがこれだけでは映画とはなにかを理解できるわけではない。それでは映画を映画たらしめているのは何なのだろうか。換言すれば、映画の本質とは、その独自性とはいかなるものなのだろうか。

勿論、一般論として、私にとって興味深いのは、物語ではなくて、様々な出来事の表現、つまり、山道を疾走する騎士とか、髪とスカートを風にはためかす美しい女性とか、一気に流れ落ちる川の流れとか、薄明りの中で必死に争う二人の男たちの表現である。そして、私達はどうしても認めるのを躊躇ってしまうのだが、これらの生活の断片、あるいは、風景の断片は、活発な運動の精神を主たる魅力にしているので、純粋で美的な快楽の要素をすべて具備していることになるのである。(19)

ここでハートマンは一九一〇年の前後に誕生したばかりの映画を対象にして語っている。このように映画とは「生活の断片」を、「風景の断片」を表現するものであり、それは「運動の精神」を特徴としているのであり、そうであるがゆえに観客は「純粋で美的な快楽」を享受することができるのである。つまり、「運動の精神」こそが映画の本質であり独自性なのであって、それこそが映画を映画たらしめるものなのである。彼はこのような観点から映画を二〇世紀の新生の芸術と考えるようになり、これ以降も映画と関わり続けて、それを独自な芸術として自立させて定着させることをめざすことになったのである。ハートマンは一九一二年の時点でこのように映画を把握していたのであり、私達は彼の鋭敏な先見性を素直に認めて評価しておくべきなのである。

ハートマンはこの映画の問題を絵画と比較しながら再度論じているので彼の映画観を確認するために紹介しておく。彼によれば、絵画は人気を博すことを避けているが、そこには様々な理由があった。絵画は高価であり一般大衆は購入できない。絵画の研究は知的な活動でありかなりの苦役である。美術館では歩き回りながら作品を鑑賞しなければならないし、さらにどの作品を観るべきかを自分で決めなければならない。このように絵画の問題点を列挙した後で、絵画と映画の違いについて次のように述べているのである。

私が主張したいのは、すべての絵画は派手な要素を持つべきであるということ、換言すれば、絵画がどれほど精巧に、魅力的に、完璧に仕上げられていても、それは、一般大衆がわかるような、ごく普通で、容易に理解できる、関心をそそるものを提供しなければならないのであって、それがあってはじめて、本当の人気を得ることができるのである。現代の絵画はこの要素を欠いているのであり、それに対して、映画はこの要素を十分過ぎる程に備えているのである。というのも、映画は大衆が求める絵画的な映像だけではなくて、それに加えて運動を備えているからである。(20)

これを読めばわかるように、映画にとって映像は重要なものだが、それ以上に重要なのは運動なのであって、この運動こそが映画の本質であり、独自性なのである。つまり、映画とは動画（Motion Picture）なのである。さらにあの未完の『美的真実』において、彼は未来の芸術である映画の特徴として二つの要素を挙げているが、そのひとつが運動の原理であった。このような考えは現在では常識的なもので決して目新しいものではないかもしれない。だが、彼は一〇五年前の一九一二年に、映画が運動の原理に基づくものだと指摘していたのであり、この先見の明はしっかりと認識しておかなければならないのである。ところで、ハートマンの映画論は簡潔で正鵠を得るものであったが、ロバート・スクラーがそれを敷衍して補完してくれているので理解を深めるために紹介しておこう。彼は一九七五年に『アメリカ映画の文化史』を出版したが、その中で一九一〇年代の映画について次のように解説しているのである。

映画の芸術的な可能性が一般に注目されるようになるずっと以前から、新しい世代の思想家と芸術家たちは、映画の原理と、哲学、科学、絵画、文学における自分たちの革新との類似に目を向けはじめていた。二十世紀初頭のこれらのモダニストたちの興味を引いたものは、運動と、空間および時間の相対性と多次元性だった。運動を映像で記録し、再現するカメラと映写機の発明は、モダニズムの発展と軌を一にしており、それを育てた場合もあったと言える。(21)

このように二〇世紀初頭には、新しい世代の思想家と芸術家たちは、それぞれが異なった立場から、「運動と、空間および時間の相対性と多次元性」という問題に取り組んでいたのであり、スクラーによれば、それゆえに、映画はモダニズムの発展と軌を一にしていただけでなく、そのモダニズムを「育てた」ことさえあったのである。ここで想起しなければならないのは、ハートマンがすでに一九一二年に映画の本質は「運動」であり、それは「未来の芸術表現の特徴」であると主張していたことである。つまり、彼は二〇世紀初頭のモダニズムの世界の中心部に生きていてその息吹をたっぷりと吸い込んでいたのであり、だからこそ一九一二年の時点であのように先端的で斬新な映画論を展開することができたのである。

ハートマンは次に映画は芸術なのか否かという問題を提起している。これまで見てきたように、映画の本質は運動であり、それが映画の独自性なのである。それは認めるにしても、それにしても映画は芸術なのだろうか、映画は芸術だと断言できるのだろうか。彼は確かに映画の中に「芸術の萌芽」を見出しているが、同時に、多くの映画が不完全で不満足な映像しか提供していないことも認めざるをえなかった。そのために彼は極めて困難な状況に追い込まれることになったが、それでもなお映画への期待を込めて次のように提言しているのである。

映画はより芸術的な表現によってこそより芸術的になるのだ。だから、ヘンリー・アーヴィングや、ゴードン・クレイグや、スタイケンなどの天才たちが映画の製作現場に侵入してきて、映画の美的な可能性を表現してはいけないという理由はないのだ。劇的な行動や、物語や、出来事の記録が主たる目標である限りは、映画は演劇の単なる模倣であり続けるだろう。詩的で芸術的な表現が第一の目標になる時、その時こそ映画は美的な路線を歩み始めるのである。(22)

先に述べたように、映画は原則的には映像と運動という二つの要素で構成されるものであり、その結果、映画は二〇世紀の新興の独自な芸術になることができたのである。だが彼によれば、この時点で映画は深刻な問題を、つまり、劣悪な映像しか提供できないという問題を抱え込んでいたのである。ハートマンはそれを憂慮してその対応策を提案することになった。つまり、有能な写真家であるスタイケンらを引っ張り出して「詩的で芸術的な表現」を実現すべきなのであり、その時こそ映画は娯楽から昇格して芸術の地位を確保できるはずなのである。

4　映画は芸術なのか？

『バグダッドの盗賊』論

それにしても、彼が期待していたように、その後映画は芸術になることができたのだろうか。先に紹介したように、彼は一九二四年にダグラス・フェアバンクスが主演製作した大作『バグダッドの盗賊』に出演したが、この時彼自身が映画の現場に飛び込んで多くの貴重な経験をすることになり、それが彼の映画に関する考え方に大きな影響を及ぼすることになった。そういった意味で、ハートマンにとっても、そして、私達にとっても、『バグダッドの盗賊』という映画は非常に意義深い作品だったのである。

ところでハートマンは一九二四年の二月にある雑誌に「私のフェアバンクス・スタジオでの経験」という記事を投稿しているので、これを参考にしながら、映画に関わる様々な問題を、特に映画は芸術なのか否かという問題を考えていくことにしたい。

話は一九二三年に遡る。その年の初夏のある日、フェアバンクスの秘書から突然電話があってスタジオを訪れることになった。すると予想外のことだったが、フェアバンクスの新作の映画に出演してくれと要請されたのである。その後スタジオに連れて行かれて、言われるがままにカメラの前で、インド人の服を着て、左右に歩いたり、四方八方を見回したり、次には、クローズ・アップのために、目を半ば閉じたり、上下左右を見たり、笑ったり、微笑んだり、しかめっ面をしたりした。そして、その二日後、フェアバンクスから電話があったので出向いてみると、彼自身がオフィスで待っていて、チャップリンからの強い推薦もあったので、次の新作映画で準主役のモンゴルの王子の役を提供するから受諾してくれと申し入れてきたのである。大作での準主役の役と、素人にとっては想像を絶するような多額の契約金。ハートマンが直ちに「運命の贈り物」を拝受することを決断したのは言うまでもないだろう。ただし彼は後にその間の事情を次のように説明している。「それが気に入ったのはそれが新しい経験だったからだ。全く期待もしていなかったような変化だけが人生を楽しいものにしてくれるのだ」。これは誠にハートマンらしい筋の通った弁明である。

このようにして大作『バグダッドの盗賊』に出演することになったが、それでは彼はその撮影現場に入ってどのような経験をしたのだろうか。それらの経験を詳細に報告しているので順番に検証しておこう。

これまで見てきたように、ハートマンはボヘミアンの芸術家であって、サラリーマン的な規則正しい生活をしたことはなかった。それゆえ、毎日朝九時に出向して午後五時に帰宅するような生活はとても過酷なものであった。さらに撮影中には、監督の声が掛かるまで、ある時は甲冑を着けたままで、またある時は裸体の状態のままで、延々と何時間も待機していなければならないこともあって、これが苦痛の種だった。

撮影の合間には多くの打ち合わせや会議が開かれたが、監督と脚本家と役者全員が出席する会議は一度も開かれたことはなかった。撮影現場では監督が紐を握って勝手気儘に操作していて、役者は単なるマリオネット（操り人形）にすぎないのである。その結果、役者は自分が出演している映画の筋書きを知らないこともあるし、自分がそこでどのような役を演じているのかを認識していないこともあった。

さらに撮影自体にも様々な問題があった。同一のシーンを何度も繰り返して撮影するので、そのために演技からは新鮮な自発性が消失してしまうことになる。それにしてもなぜこのような乱暴な撮影が可能なのだろうか。それは監督が役者は感情を持たない存在だと思い込んでいるからである。かくして撮影現場で役者に要求されるのは演技力ではなくてむしろ忍耐力なのである。

ハートマンはこの映画で準主役のモンゴルの王子を演じたが、その衣装がとても酷いものだった。これは彩色された油布製であり空気を通さないものだったので、暑い日には複数の穴を空けて熱気を外に逃がさなければならなかった。さらにその衣装の重さは四〇ポンドを超えるものであり、そのために演技の際に身体を自由に動かすこともできなかった。

ある日床屋がやってきて髪を切って坊主頭にすると言った。予め自分の頭のサイズが七の八分の三であることを伝えてあったのに、彼の被り物をそれよりも小さく作ってしまったために、彼らは剃髪することによってその手違いをチャラにしようとしたのである。

彼はモンゴルの王子として特殊な靴を履くことになった。高さは約三〇センチもあるもので歩きにくいだけでなく、そもそも足の幅がとても狭かったので履くことさえできなかった。彼は修繕してもらうために靴屋に返したが、その度に修理をしないままで送り返されてきた。ところが、監督がその靴を見ると、それが気に食わなかったらしく、結局はその靴を履かないことになったのである。これまで撮影現場の様々な事例を検証してきたが、これを見れば、映画界が実際には多くの愚劣で非合理的な問題が山積する世界であることが了解できるだろう。

映画は娯楽である

ここでハートマンは改めて映画は芸術なのかと問い直すことになるが、これまでの撮影現場からの報告から判断すればその答えは容易に想像できるだろう。彼はそのような問いそのものが不必要で無益であると言い、さらに次のように問いかけているのである。

地方の定期市は芸術なのであろうか? バッファロー・ビル・ショー(23)、サーカス、曲馬団、パレードやレヴュー、寄席演芸場の見世物、百周年記念式典、果たしてこれらは芸術なのであろうか? いやそんなことはないだろう。確かに芸術的な要素を随所に見つけ出すことはできるが、でもやはりこれらは大衆のための娯楽なのである(24)。

一九一二年の時点では彼は映画とは芸術であると主張していたが、その後一九二三年に『バグダッドの盗賊』に出演して撮影現場で様々な理不尽な経験を積むことになり、その影響もあって一九二四年には映画は芸術ではなくて娯楽にすぎないと主張することになったのである。

次いで彼はこの『バグダッドの盗賊』を取り上げてなぜこの映画が芸術ではないのかを立証することになった。この作品はアメリカ映画史上最も豪勢で華麗な映画のひとつであると考えられているが、ハートマンはそうした一般的な評価を否定して、これは「壮観なる挿話の集合体」でしかなくて決して芸術ではないと断じることになった。

この作品の終盤で、モンゴルの王子は孤島に住んでいる調剤師から魔法の「金のリンゴ」を受け取って宮殿に戻っていくのだが、ハートマンはこの場面を選んで分析して、この作品が芸術ではないことを論証しようとするのだ。

彼によれば、この作品には完全な脚本はなく、物語の輪郭だけが提供されているだけであり、実際には監督が現場でストーリーを提示し、役者がそれを即興的に演じるという形で撮影は進められたのである。ハートマンはモンゴルの王子と調剤師の対峙の場面から四つの問題のシーンを取り出して提示している。

第一のシーン。モンゴルの王子は船でワク島に到着する。彼はまるで征服者のように船首に立って乗り込んでいくつもりだった。だが、彼らはカメラを船の後部に設置していたので、彼は船首ではなくて船尾で演技することになってしまった。さらに、下船する時にもまるで彼が最初に船から脱出しようとしているかのように撮られていたが、これはモンゴルの王子にとっては不適切で遺憾なる演出であった。

第二のシーン。町への入場。人々は群れを成して街路に集まり、窓やドア越しに立って怪訝な表情を浮かべながら看視していて、その前をモンゴルの王子は邪悪な意図を感じさせながら「金のリンゴ」がある仙窟に入って行こうと考えていたが、残念ながら、その時の演出では予想していたような場面にならなかったのである。

第三のシーン。この仙窟の中で、モンゴルの王子は「金のリンゴ」の持ち主である調剤師を脅して奪おうとするが、彼は怯えて部下が構えていた短剣に倒れ込んでいって死んでしまう。モンゴルの王子は直ちに隣の部屋に飛び込んでいって「金のリンゴ」を枝から捥ぎり取ろうとするのだが、引っ張ってもびくともしないこともあれば、逆に、まだ手も触れていないのにぽろっと落ちてきたりした。このシーンの撮影のために三日以上も費やすことになったが、この例からわかるように、撮影現場とは実際には愚劣極まりない無駄のオンパレードなのである。

第四のシーン。モンゴルの王子は「金のリンゴ」を手に入れると町を抜けて船に戻ることになるが、その時、彼はまるで大学生の運動選手のように、飛んだり、跳ねたり、身体を曲げたり、捻ったりしながら、疾走することを強制されることになった。だが彼は予めそのような激しい演技を免除するという契約を結んでいたので、この演出は明らかにフェアバンクスとの契約を踏み躙る違法行為であった。

その後スタジオの視聴室でこの場面が公開されることになったが、予想に反して、フェアバンクスとチャップリンはそれを観て彼のこの時の演技を絶賛したのである。これまで説明してきたように、ハートマンはこの場面は美的にも、劇的にも、映像的にも、「腐っている」と考えていたので、ついに鬱積していた怒りを爆発させることになったのである。彼らはこれまで彼の最高の努力を無視してきたし、最も効果的な演技を否定してきた。それだけではない。彼らはクローズ・アップとか、視点の転換によって、演技の連続性を損なってきたのだ。そして彼は次のように問い質すことになる。「もしスクリーンで映写しないのなら、表現の個性を保持して、それを大いに発揮したとしても、それにどんな意味があるというのか？」だが残念なことに、彼が彼らから納得のいく解答を得ることはなかったのである。このように一九二三年に『バグダッドの盗賊』に出演して撮影現場で様々な経験を積むことになったが、その結果、彼は映画は芸術ではなく娯楽であると主張することになったのである。これまでの経緯を考慮すれば、彼がなぜこのような主張をしたのかを理解することはできる。だがここで銘記すべきは、彼は確かに映画は芸術ではないと断じているが、だからといって、彼が映画そのものに絶望してしまったのではないことである。ハートマンはこの記事の最後でこれまで通りに映画への期待を込めて特に演技について次のように書いているのである。

いつの日にか演技力は撮影の質と同等に重要なものになるだろう。俳優たちは心の深い休止から覚めて、身体全体と拍子を合わせられるようになり、その結果、演技は説明なしでもそれ自体で意味を持つようになり、同時に真に映画的な美を伝達するようになるのである。(25)

このようにハートマンは一九二四年の時点で根本的には映画は独自な芸術であると認識しており、映画が二〇世紀の新興の芸術として確立することを真摯に願っていたのであり、私達はこの事実をしっかりと脳裏に刻んでおかなければならないのである。

上山草人、ハートマンを語る

ところでこの『バグダッドの盗賊』には興味深い裏話があって、それはこの作品の理解に大いに資するものでもあるので紹介しておこう。

現在『バグダッドの盗賊』を見ればわかることだが、この映画でモンゴルの王子を演じているのはハートマンではなくて、日本人俳優である上山草人である。一体これはどうしたことなのだろうか。なぜハートマンと上山草人が入れ替わってしまったのだろうか。ここでは上山草人の立場からこの問題を検討していくことにする。彼は帰国後に

『素顔のハリウッド』（一九三〇年）という回想録を出版しているが、その中でこの間の経緯について記しているので、それを参考にしながら解説していくことにする。

上山草人は渡米してから数年間はアメリカ全土を放浪していたが、一九二二年にロサンゼルスに辿り着いて暫時滞在することになった。するとダグラス・フェアバンクスが新作映画のために東洋系の俳優を探しているという情報を得たので、早速そのオーディションに参加してみると、思いがけなく合格してしまってその話題作に出演することになったのである。この時フェアバンクスは「ハートマンが悠然と構えるから君はキビキビやってくれたまえ」と指示したとのことだが、これをきっかけにしてハートマンと上山草人の間に奇妙な関係が生まれてくることになるのである。フェアバンクスの発言からわかるように、すでにこの時点でハートマンが準主役のモンゴルの王子の役を演じることは決まっていて、上山草人に割り当てられたのは孤島に住む調剤師の役であった。彼は起死回生の魔力を持つ「金のリンゴ」を栽培していて、これは物語の本筋に深く絡んでくるので、そういった観点からすれば、これはなかなか重要な役であった。このように最初はハートマンがモンゴルの王子を、上山草人が調剤師を演じながら撮影は進んでいたのであり、ハートマンが「腐っている」と批判していたあの場面はハートマンと上山草人が共演して撮ったものであった。ハートマンはなぜか上山草人に関して一言も語っていないが、上山草人はハートマンについていろいろ語っており、これは当時としては貴重な資料なので引用しておくことにする。

彼の姓名はサダキチ・ハートマンで独逸人を父とし、母を日本人に持った混血児で、もう四十五六にもなろうか、日本語は一語も話さず永くここに住む変り者の詩人だ。すべて後から解ったことだが、この時は既に此のハートマン君が悪王の見立てに決まっていたのだ。何でもチャップリン君の親友で、彼等一味の推薦で納まったとの事だ。彼等の中にハートマンのあることは、丁度東都の芸壇に坂本紅蓮洞氏の在るが如きもので、威大な風采から、酒癖、ややロレツの廻らぬ所、何故ともなく人気のある所、これ程似よりの對も亦とあるまい。(26)

これを読めば当時の二人をめぐる事情がわかってくる。ハートマンはドイツ人の父親と日本人の母親の間に生まれた混血児であり、五六歳（四十五六ではない）になる「変り者の詩人」である。彼が悪王であるモンゴルの王子を演じることは決まっていたが、それはフェアバンクスのみならず、チャップリンの推薦があったからだったことがわかる。上山草人はハートマンについて「威大な風采、酒癖、ややロレツの廻らぬ所、何故ともなく人気のある所」と述べているが、これを読めばハートマンが実際にどんな人物であったかを想像することができる。彼はさらに理解を促すために坂本紅蓮洞を引き合いに出している。坂本紅蓮洞とは明治大正期に活躍した文学者であり、その飄逸、我執、孤独の性行によって名を成したが、生涯住所を定めず、妻子係累もなく、飄々として友人知己の間を廻り、「べらんめえ」に終始し、奇骨をもって聞こえた人物であった。

一九二三年の夏撮影は順調に進んでいたが、ある日突然ハートマンが解雇されたというニュースが飛び込んできた。それにしてもなぜ途中で辞めさせられたのだろうか。これまでいくつかの説がその理由として挙げられてきた。そのひとつは、ハートマンが撮影所では安くて不味い酒しか提供されないが、それはフェアバンクスがケチな奴だからと非難したのであり、それがフェアバンクスの怒りを誘ったというものであった。さらにもうひとつの有力な説は、ハートマンが撮影中に無断で職場を放棄してサンフランシスコに逃亡して行方不明になってしまって、結果的にはフェアバンクスに三〇万ドルもの損害を被らせることになったというものである。しかしながら、これまでの議論を思い出してみれば、ハートマンがこのような手前勝手で傍迷惑な失態を犯すだろうことは予測できないことではなかった。彼は撮影中に多くの愚劣で屈辱的な経験をさせられてきたのであり、それゆえに映画を批判して、監督や俳優や製作者に抗議してきたのである。それを考慮すれば、彼が無断で職場を放棄してサンフランシスコへ逃亡してしまうという暴挙は起こるべくして起こったことなのである。そして、ハートマンを知る者にとっては、これは面目躍如の壮挙だったとさえ思えてくるのである。この件に関して上山草人は彼なりの立場から次のように述べているが、これは妥当な解釈だと思われる。

> 此事を私に批評させれば、元来俳優としての訓練のない人物を、タイプがよいとて、茶気満々にも二百萬弗以上も投ずる、大事業の大黒柱に引張り出した所に無理がある。
> 貧乏詩人が急に高給を懐にしたので、酒は意の如く買込む、画家とか文士とか似たり寄ったりのデカダンスが「それ祝え」とばかり押掛け、天井一面紅い提灯などを吊り廻して、毎夜飲み更かすのだから、彼の楽屋入りは毎日正午近くになり、それもトロンゲンとした顔付でやって来る。
> 其の上いざ本式にと演らせて見るとドットしない。又なまなかな智識もあるところから、監督の言うことにタテを突く。それやこれやで、會社も大英断をやったのだろう。(27)

かくして再びオーディションが行われたが、上山草人はすでに調剤師として出演していて様々な事情を弁えていたこともあって、最終的には彼がモンゴルの王子の役を演じることになり、ハートマンは準主役を外されて端役である魔術師を演ずることになったのである。このようにして完成したのが現在私達が観る『バグダッドの盗賊』という作品なのである。それにしてもなぜハートマンはこの映画に留まることができたのだろうか。この職場放棄という事件が起こった時、チャップリンはハートマンを厳しく非難して映画界から放逐するように主張したが、それに対して、フェアバンクスはハートマンの俳優としての才能を高く評価していたので、この不祥事にも拘わらず、寛大に対応してそのまま出演することを許したのである。

これまでハートマンが一九二四年に書いた「私のフェアバンクス・スタジオでの経験」という報告書を読みながら、彼がその映画という新しい世界に飛び込んでいったこと、そこで彼が映画についてなにを学んだのか、そして、それを踏まえて映画についてなにを語ったのかを考察してきた。ここで彼の映画論を総括しておこう。ハートマンは一九一〇年代には映画を新興の芸術として高く評価していたが、一九二〇年代に入って、自ら映画界に身を投じて様々な経験をするにつれて映画に関して厳しい考えを持つようになって、ついには映画とは芸術ではなくて娯楽であると断じるに至った。ただここで注意しなければならないのは、たとえ映画に絶望したとしても、彼が映画を否定して見捨てしまうことはなかったことである。それは一九二〇年代の後半にイギリスの映画雑誌である『カーテン』に何篇かの映画に関するエッセイを投稿していることからも明らかである。つまり、彼は映画が多くの深刻な問題を抱え込んでいることを了解していたが、それでもなお映画を見限ることはなくその未来に大きな希望を託していたのであって、私達はこの事実をしっかりと銘記しておかなければならないのである。そして、彼が予測していたように、一九二〇年代から三〇年代にかけて、映画は、そして、ハリウッドは、黄金時代を迎えることになったのである。

終　章　演技する道化の最期

1　最晩年のハートマン

なぜ『キリストの最後の三〇日』を書いたのか

ハートマンは一九二〇年代以降も相変わらず多彩な作家活動を展開していたが、そのような作業を進めながら人生の晩年を迎えてなにを考えていたのか、そして、どのように生きていこうとしていたのかを考察していくことにする。彼はこの間に『キリストの最後の三〇日』（一九二〇年）、「不滅の霊魂へのパスポート」（一九二七年）、「我が磔刑」（一九三一年）、未完に終わった『美的真実』（一九二七年から一九三一年にかけて執筆）、『芸術の織物の織糸とほつれ糸』（一九四〇年）を出版している。さらにジーン・ファウラーが『最後の集いの時』（一九五四年）を出版しているが、これは彼がハートマンに直接取材して話し合って書き上げたものであり、実質的には共著と言っていいものである。ここではこれらの作品の中から主に『キリストの最後の三〇日』とファウラーの『最後の集いの時』を取り上げて検討しながら、最晩年のハートマンの真の姿を描き出したいと思っている。

さてハートマンは一九二〇年に唯一の長編小説『キリストの最後の三〇日』（今の基準からすれば中編小説と呼ぶべきかもしれない）を発表した。私はこの作品を初めて読んだ時どのように理解すべきなのかわからずにとても混乱して当惑したことを記憶している。題名から推察できるように、これはキリストのガリラヤ湖畔での説教から、十字架刑による苦難と、その三日後の死までの最後の三〇日間を描いたものである。この十字架刑の七時間後にイエスは生きている状態で引き取られて、三日後にエマオで十二使徒たちに見守られて死んだという点を除けば、これは格別に新奇で特異な作品ではない。というのも、文学史を振り返って見れば明らかなように、このような作品はそれまでに多くの作家によって様々な形で書かれてきたからである。それにしても、一九二〇年という時点で、ハートマンはなぜこのような作品を書いたのだろうか、その意図はどこにあったのだろうか。私はしばしの間そのような問いを呪文のように唱えていたが、一九二〇年という時期、この作品の独特な構成などについて考えをめぐらすうちに、そのような疑念が晴れてきて、その先に進むべき道が見えてきたのである。

ハートマンはこの作品を一九二〇年に出版したのだが、実際には一九一七年に執筆を開始して一九一八年にはほぼ書き上げていたのである。ここで思い出さなければならないのは、彼が以前からアナーキズム的な思想を信奉していて反米的な活動に参加していたことであり、一九一五年には「永遠の平和――それは夢なのか」という反戦論を発表していたことであり、一九一六年にニューヨークを中心とする東部での生活に見切りをつけて、愛人のリリアン・ボーナムと子供たちを帯同してサンフランシスコに移住したことであり、その行動の背後にはこのような切迫する政治的な問題が介在していたことである。

繰り返すことになるが、ここで当時の政治的な状況を確認しておこう。ウイルソン大統領は初めは中立主義を標榜していたが、一九一六年頃から方針を変えて戦時体制の構築に取り掛かり、ついに一九一七年の四月にはドイツに宣戦布告して第一次世界大戦に参戦することになった。それを受けて、リベラルな知識人や、社会主義者や、共産主義者や、アナーキストたちは激しく抗議して反対闘争を展開することになった。するとウイルソン大統領はそれに対抗して強硬路線を採択して彼らを厳しく弾圧することになった。具体的には、一九一七年五月に選抜徴兵法を、翌六月には防諜法を、そして、一九一八年五月には煽動罪法を成立させて堅固な戦時体制を構築して、弾圧を強化しながら、民主主義という大義のために、第一次世界大戦に積極的に参入していくことになったのである。

ハートマンがこの『キリストの最後の三〇日』を書いたのはこのような危機的な状況においてだったのであり、これを考慮すれば、彼がなぜこの作品を書いたのか、というより、なぜ書かなければならなかったのか、その理由を理解することができるだろう。逆に言えば、この作品を読む時に私達はそのような危機的な状況を意識しておかなければならないのだ。

作品の奇妙な構成

もうひとつ確認しておかなければならないのはこの作品の独特な構成である。この作品は作者であるハートマンの「前書き」と、語り手であるレバイの「序文」と、本文である「レバイの日記」で構成されている。

先ず「前書き」で、ハートマンはこの作品の由来について簡単に説明している。彼はミュンヘン時代にハインリッヒ・ゾルゲンロッホ教授の家に招かれて様々な問題について意見を交換したことがあった。彼は遠い親戚で、イスラエルの言語に通暁した文献学の教授であり、彼の叔父から助成金を受けて、ローマ帝国の支配下にあったティベリヤの商業の歴史に関する本を執筆していた。彼は知的で好奇心が旺盛なハートマンをとても気に入ったらしく、死ぬ間際に「レバイの日記」の原稿を遺贈してくれたのである。

ところがこの原稿はぼろぼろの状態で興味をそそるようなものではなかった。それは走り書きされたもので多くの書き込みと訂正があり、原稿には番号がふられずに、サイズも不揃いであり、あちこちに油の染みやハエの糞の跡があり、四隅はネズミに食いちぎられていた。教授はヘブライ語か、ギリシャ語か、アラム語か、いずれかの言語からドイツ語に翻訳していたが、この原稿の原典が本物なのか、それともほんの最近書かれた贋物なのか、それさえも判別することができなかった。だが、それは十分な観察力と表現力を備えていて、キリストを病気や欠点に苦しめられる普通の人間として描いていて、キリスト教の思想家であるエルネスト・ルナン(1)らの原型となった可能性もあるように思われたので英語に翻訳して出版することになった。これが今私達が手にしている「レバイの日記」なのである。

次に六ページの「序文」が続いている。ここではレバイが父親の反対を押し切ってイエスの弟子となる経緯が書かれている。レバイはガリラヤ湖畔の町カペナウムで父親と漁業に携わりながら生計を立てていた。ある日彼はその漁業を辞めてイエスの弟子になるつもりだと告げる。それは「信仰治療師」や「奇蹟を行う人」になるためではなくて、「イエスの近くにいたい」からであり、そうすることによって「イエスがどのようにして人々の心を捕えているのかを知ることができる」からであった。父親はバステスマのヨハネの悲劇を知っているので、それは不安で危険なことだと言って息子を説得して思い止まらせようとした。たとえば、イエスは萎えた足を治癒するという奇蹟を行ったことになっているが、それに対して父親はイエスが科学的な方法を習得していて、接骨医のように、擦ったり、揉んだり、叩いたりすることによって、なえた足を治療したのであって、決して奇蹟を行ったのではないと説明したが、結局翻意させることはできなかった。このように父親と息子は人生に関して真摯に議論していたが、その時多くの人々が行列してこちらに向かってくるのが見えてきた。二人の男が先導していて、その後を白装束で長い黒髪と口髭をたくわえた男が堂々と行進してきた。レバイは「あの方だ」と叫ぶと、父親に別れを告げて、その人物の方へ走り去ってしまったのである。父親はなす術もなく「いつでもいいから帰ってきなさい。歓迎するからね」と呟いただけだった。

これでやっと本文に入るのだが、レバイは先ず自己紹介をして、この「レバイの日記」を書くことになった事情を説明している。彼がイエスの下に駆けつけて弟子になったのは三二歳の時であり、そのままイエスに従って旅を続けた。そして、彼が危惧していたように、イエスはエルサレムで逮捕されて、十字架刑に処せられて、その三日後に死去したのである。その後レバイはショックを受けていかに生きるべきなのかがわからなくなったので、一旦帰郷して再び漁師として生活をしていたが、父親の死後、一念発起してイエスや仲間の使徒たちに倣ってペルシャへ渡って説教したり洗礼を施したりした。かくして彼は数年間布教活動に挺身したが、その過程で仲間の使徒たちのように殉教者にはなりえないことを思い知らされて、再び帰郷した。そして、それから約三〇年が経過して、今はティベリヤの町に住んでいる。レバイはすでに六〇代に入っていて、足腰の痛みに悩まされていたが、三〇年前にイエスと共にした生活を回想しては「人生の中で最もすばらしい日々だった」と感慨に耽っていた。ある日のこと彼はその当時書き記していたノートを発見したので、それを編集して読んで楽しめる形にまとめたのである。ローマ皇帝ネロの治世七年目だったと記してあるので、西暦六一年だったことになる。これがこの作品の原典であり、それをゾルゲンロッホ教授がドイツ語に翻訳して、それをハートマンが英語に翻訳したのがこの「レバイの日記」であり、さらに、それに「前書き」と「序文」を添えて出版したのが『キリストの最後の三〇日』という作品なのである。それにしてもハートマンはなぜこのような複雑な構成を持つ作品を書いたのであろうか。そこにはなんらかの意図があったに違いないので簡単に検討しておこう。

このように『キリストの最後の三〇日』という作品の中枢部を形成しているのは「レバイの日記」であるが、これについて確認しておくべき事実がある。この作品の冒頭で書かれているように、このレバイはタダイと同一人物である。それではこのタダイという人物は何者なのだろうか。彼は以前からヤコブの知人であり、同じ船で一緒に漁をしたこともあって、そのヤコブの勧めもあったので、彼は父親を捨ててイエスの弟子に加わることになったのである。彼は最初多くの使徒たちの末席にいて、イエスの側近である使徒たちを憧れの眼差しで見守っていた。彼は二日目にそれらの先輩の使徒たちの名前を列挙して紹介している。ペテロ、アンデレ、ヤコブ、ヨハネ、ピリポ、バルトロマイ、トマス、マタイ、アルファイの子ヤコブ、シモン、イスカリオテのユダの十一名である。その後タダイが昇格してこれらの先輩の使徒たちの一員になったので、その結果、イエスの主要な弟子は全部で十二名になった。つまり、十二使徒である。これでわかるように、レバイがこの日記の作者であるが、そのレバイは十二使徒の中の一人であるタダイなのである。つまり、「レバイの日記」とは「タダイの日記」なのである。だが、私達は新約聖書の中に「レバイの日記」、あるいは、「タダイの日記」を見つけることはできないのであり、その結果次のような問題が生じてくることになる。この「レバイの日記」、あるいは、「タダイの日記」は本当に存在するものなのだろうか。

ハートマンはこの件に関して一九一七年に書いた「前書き」の中で興味深い発言をしている。彼はゾルゲンロッホ教授からこの原稿を遺贈されたが、これが本物なのか、贋物なのか、判別することができなかった。もしこれが本物で西暦六一年に書かれたものだとすれば、何世紀も前に出版されているべきだったが、今出版するのもそれなりに意味があるだろう。だが、贋物だとしたら、つまり、最近書かれたものだとしたらどうなるのだろうか。彼によれば、それは小説作品と同じ運命を辿ることになる。「それは登場して、想像的な属性によって、生き延びることもあれば、死に絶えることもある」のである。もしそうだとすれば、ハートマンが認めているように、私達はこれを普通の小説作品として、それもイエスが好んでいた寓話として受け止めて読んでいけばいいことになるのだろう。

2 『キリストの最後の三〇日』を読み解く

新しきキリスト像

先述したように、ハートマンはドイツ語のテキストを英語に翻訳したが、なぜそうしたのかと言えば、ここでイエスが病気に悩まされ欠点を持ち合わせたごく普通の人間として描かれていたからであった。まさにこれがこの作品のひとつの特徴でもあるので、このような観点から議論を進めていくことにする。レバイは弟子として合流して初日に身近で観察したイエスについて次のように書いている。

私はイエスの容姿に魅せられた。まるで疲れを知らぬげな大股の歩み。並外れて背が高くて、筋肉質の身体。それも努力して得られたのではなくて、ただ見事に発達して均整のとれたものであった。皮膚は象牙のように薄茶色で、胸にも、腕にも、体毛は生えずにすべすべだった。白い服をゆったりと着こなしていて、山羊革の赤いベルトで腰の辺りをギュッと絞っていた。だから、道を歩いていても、風に靡くようなことはなかった。袖はたっぷりしていて、胸元が開いていた。口髭は手入れされていて、髪には紐が巻かれていていてカールしながら肩まで下がっていた。(3)

ここには私達があまり見たことがないような恰好の良いイエスがいる。ともすれば、イエスというと痩せ衰えて脆弱なイメージを思い浮かべるものだが、それに対して、このイエスはなんと壮健で、力強く、堂々としていることか。

これがハートマンが言うところの人間的ということなのだろう。イエスはまた食事に関しても貪欲な人であった。

イエスは大いに食べ、大いに飲んだ。そのために、大食漢とか、大酒飲みと呼ばれて批判された。なぜなら、そのような食習慣は預言者には相応しいものではなかったからである。(4)

このようにイエスは大食漢で、大酒飲みであり、そのために断食を避けて行わなかったので、祭司たちから非難を浴びせられることになったが、おそらくそれはハートマンにとっては計算通りの事態だったのであろう。

イエスはこのようにごく普通の人間だったのであり、それは必然的に聖書の奇蹟物語に様々な影響を及ぼすことになる。彼はガリラヤ湖畔の町を巡回しながら宣教の旅を続けていたが、人々は彼を聖なる救い主と考えていたので、説教を聞くために、そして、身体的な病を、精神的な苦悩を癒してもらうために大挙して押し寄せてきた。そこには盲者が、足なえの身障者が、ハンセン病患者が、マラリア患者が、収税人が、娼婦がいた。彼らはすべて社会で軽蔑され、嘲弄され、見捨てられた人々だった。だが、イエスは違っていた。彼は彼らを拒むことなく寛大に受け入れて、彼らのために最善を尽くしてくれた。ここで彼が具体的にどのような活動をしたのかを見ておこう。

イエスは多くの怪我人や病人を治療したが、それは科学的で合理的な方法によるものだった。たとえば、彼は軟膏や丸薬や塗布剤などを常備していて、それらを状況に応じて適宜使用して怪我人や病人を治療した。あるいは、咽喉痛に苦しむ人には温かい湿布を与え、手足が不自由な人には温泉浴を勧めた。さらにレバイの父親が「序文」で語っていたように、足なえの患者にはまるで現代の接骨医のように科学的な療法を施して、擦ったり、揉んだり、叩いたりすることによって完治させることもあった。だが、ここで注目しなければならないのは彼の基本的な思想である。彼は患者にエネルギーと自信を注入するのであり、それが彼の治療法の原理なのである。

イエスが「私が治せると信じますか」と尋ねて、患者が「はい」と答える時、彼はその瞬間に患者に自信を、治癒力を授けるのだ。患者は彼を信じて、病気が治ることを望むようになるが、自分は治るのだという自信ほど患者を効果的に慰めて癒してくれるものはないのである。(5)

つまり、イエスはこの時点で医療とはどうあるべきかを理解していたのであり、これは現代の医療にも通じる方法なのである。

さらに彼が宣教中にガリラヤ湖畔で五個のパンと二匹の魚で五〇〇〇人を賄ったという奇蹟物語がある。ある時イエスは五〇〇〇人の群衆にパンと魚と鶏肉と果物を食べさせてやりなさいと命じた。ペテロとヤコブは五個のパンと二匹の魚しかないのだからそれは不可能ですと答えた。するとイエスは何もないよりはましだから、それらを小さく切って増やして食べさせなさいと言った。これが奇蹟を起こすのである。実際には多くの群衆は自分たちの食料を持参していて、彼らが善意から惜しげもなく食料を提供してくれた結果、五〇〇〇人の群衆を賄うことができたのである。これが五個のパンと二匹の魚で五〇〇〇人を賄ったという奇蹟物語の実態だったのである。

もうひとつ奇蹟物語を紹介しておく。イエスがヨルダン河を歩いて渡ったという奇蹟物語である。ある日イエスの一行はヨルダン河を渡ることになった。河の流れは急で荒れていて、河底は泥状だったので、彼らはこの河を渡るのに難儀を強いられた。そのために若い弟子たちがイエスを担いで渡ることになった。ところがイエスは彼らが苦闘しているのを見ると、岸に戻らせて、今度はサンダルに厚板を結びつけると、水面を走り始めたのである。彼は非常に速く走ったので水中に沈むことはなかった。これほど人を食った話はないが、これなりに一貫していて、ハートマンの面目躍如といったところである。

ハートマンはこの作品においてイエスを普通の人間として描くことによって、壮健で合理的で斬新なイエス像を提示しているのであり、これはこれで正当に評価しておくべきである。その後イエスと使徒たちは宣教の旅を続けてジェリコを経てエルサレムへ入場することになり、あの十字架刑による苦難と、三日後のエマオでの死という悲劇的な結末を迎えることになるのである。ここで思い出すべきは、ハートマンがこの受難物語を寓話として書いている可能性があることであり、私達はそれを意識して読んでいかねばならないのである。

イエス、エルサレムへ乗り込む

ここでイエスが入場していったエルサレムがどのような状況にあったのかを確認しておこう。当時ローマ帝国がパレスチナを支配していて、エルサレムはその首都であった。そこでは、政治的には、ガリラヤの領主のヘロデ[6]と、総督のピラト[7]が統治しており、宗教的には、彼らの庇護の下で、ユダヤ人の大祭司であるカヤパ[8]と祭司たちと律法学者たちが統治していた。このようにヘロデと、ピラトと、カヤパが、パレスチナを、政治的に、宗教的に、支配していたのであり、イエスはそのような複雑で混迷する状況に敢えて乗り込んで行って主のために体制打破の戦いを挑むことになったのである。

イエスはエルサレムに入ってすぐに神殿に参拝したが、数日後には過越祭が迫っていて、これがイエスの行動に大きな影響を与えることになる。ユダヤ人は昔から過越祭にはメシヤが来臨すると信じていて、この日には民族感情に駆られて、パレスチナからの征服者の追放を、つまり、パレスチナのローマからの独立と再興を主張することになるからである。そのような状況において、イエスはヘロデやピラトやカヤパらの体制維持派にとってこの上なく危険な人物だったのである。

イエスは二日目に二回説教をしたが、それは力強く激しいものだったので、その場のあらゆるものを焼き焦がすようで、多くの聴衆たちは忘我の状態でイエスの説教に聞き入った。彼は大祭司と祭司たちと律法学者たちを激しく批判し、彼らに支配されているエルサレムの崩壊を予言した。さらに彼らの手先として活動しているパリサイ派の人々を、毒蛇、蠍《さそり》と呼んで厳しく非難した。

先に述べたように、総督のピラトと大祭司のカヤパは現状維持者であり、事なかれ主義者であったので、過越祭に反ローマの暴動が起こることを極度に恐れていた。彼らはそれを阻止するために、その引き金になりかねないイエスを早急に捕縛して処刑してしまうべきだと考えて、祭司や律法学者やパリサイ派などを動員して、イエスを逮捕するための準備を整えていたのである。

イエス——政治的なメシア

一方十二使徒たちはこのような切迫する事態をどのように捉えて、どのように対応しようとしていたのであろうか。彼らはこれが宗教的な問題なのか政治的な問題なのかを決めかねていたが、敢えて言うなら、多数の使徒たちはこの時点では政治的な問題と考えていたようであり、その代表者がイスカリオテのユダであった。彼はイエスが「ユダヤ人の支配者になり、パレスチナの王になること」を望み、そのために決起することを真摯に期待していたのである。

次ぐ日もイエスはエルサレムの町に入ったが、この日には説教をすることはなく、人々と議論しただけだった。だが、その中には大祭司カヤパの手下たちが紛れ込んでいて、イエスに政治や宗教に関して冒瀆的な暴言を吐かせようとしたが、イエスは慎重に対応して彼らに付け入る隙を与えることはなかった。かくしてその日は安穏に過ぎたが、多くの使徒たちはイエスがユダヤ人のために決起しなかったことに失望し幻滅することになった。特にユダはイエスの期待外れの行動に大いに落胆したが、それでも彼は諦めることなく、パレスチナの独立と再興のために、いかなる手段を使ってでもイエスを決起させようと決意を新たにしたのであった。

その日イエスと十二使徒たちはエルサレムの支持者の家で最後の晩餐をとることになった。イエスはその席で聖体の秘儀を行い、自分の受難と死と、ペテロの裏切りを予告するが、その間にユダはカヤパの官邸に行って、イエスの所在を教え、裁判で異端的な発言の証人になることを約束して、その報酬として銀貨三〇枚を受け取った。イエスたちは最後の晩餐のあと、オリーブ山の麓の野営地に戻った。イエスは弟子たちをそこに残して、一人で山を登って行ったが、いつになく塞ぎ込んでいる様子だった。彼はこれから起こるであろうことを予知して、死の不安と闘っていたのである。

ユダの裏切りの真意

その夜、大祭司カヤパが遣わした武装した警備隊が寝静まった野営地を急襲して、ユダの接吻を合図にして、ついに危険分子であるイエスを逮捕した。このように不当に逮捕されても、イエスはここでも全く抵抗も、抗議もしなかった。ペテロだけが激しく抗議したが、残りの使徒たちは四散して逃亡してしまった。その後使徒たちは現場に戻ってきて、カヤパの官邸に行って交渉して、ペテロだけが裁判を傍聴することになった。カヤパはイエスにお前は来るべきメシヤであり神の子なのかと問いかけると、イエスはその通りだと答えた。するとカヤパはこれは神に対する冒瀆であり、国家に対する反逆であると判断して、イエスに死刑を宣告したのである。その後総督のピラトと大祭司のカヤパの間で死刑の実施に関して意見が食い違ったりして混乱はあったが、最終的には十字架刑に決まって、その日の正午に執行されることになった。レバイはこの事態にショックを受け、意気消沈して、呆然として歩き回っていて、たまたま一軒の居酒屋に立ち寄ったが、そこであのイエスを裏切ったユダに再会することになった。彼はなぜあのようなことをしたのだと問い詰めた。するとユダは自分がなぜイエスを裏切ることになったのか、その理由を語り出したのである。

金なんてどうでもいいんだ。僕は君が考えるような罪人ではないよ。ただ事態に決着をつけたかったんだ。僕は彼を奮い立たせて行動させたかったし、彼が神殿から物売りたちを追い出した時のように崇高な存在になってもらいたかったし、彼がもう一度説教をして全国民を燃え上がらせてもらいたかったし、民衆が彼のために武装してもらいたかったし、彼が敵をまるで葦のように打倒してくれることを願っていたんだ。(9)

これを読めばわかるように、ユダは政治的な民族主義者であって、パレスチナがローマから独立することを望んでいたのであり、そのための戦術として、イエスを政治的なメシヤとして決起させたかったのである。先述したように、イエスはエルサレム入場後二日目に演説をして、カヤパとその部下の祭司や律法学者を厳しく批判し、パリサイ派の人々を毒蛇、蠍と呼んで非難した。これを聞いた時ユダの期待は大きく膨らんだに違いなかった。だが三日目にはイエスは予想に反して説教をせずに人々と議論しただけで、ユダヤ人のために決起することはなく、ユダの期待を裏切ることになった。彼は確かに失望し落胆したが、彼の夢を、つまり、パレスチナの独立と再興という希望を放棄することなく、心密かに最後の手段に訴えることを決断したのである。レバイはイエスの所在は誰もが知っていたのだから、ユダが所在を教えても裏切ったことにはならないと弁護してやると、それに対してユダは次のように答えたのである。

いや、違うんだよ。僕がわざわざ彼らの所へ行ったんだ。その時僕の頭には一つの考えしかなかった。主に行動させること。そのために主は僕を必要としているのだと感じていたんだ。(10)

このようにユダはイエスがパレスチナの独立と再興のために立ち上がることを願っていたが、イエスはその期待を裏切ることになったのである。そこでユダはついに最後の手段に訴えることになった。カヤパに内通してイエスを逮捕させること。そこまで追い込めばイエスはユダヤ人のために決起するに違いない。ユダは「主に行動させること」ができると確信していた。ユダはイエスに接吻する。警備隊員たちが詰め寄る。だが、次の瞬間、ユダの夢は無惨にも砕かれることになる。イエスは全く抵抗も抗議もせずに逮捕されてしまったのである。かくしてユダの夢は潰えることになった。彼はあの銀貨三〇枚をカヤパの官邸の庭に投げ捨てて、城外に出て首を括って自死したのである。

イエスの無意味な死

それにしてもイエスはなぜ抵抗も抗議もせずに逮捕されてしまったのだろうか。これは誰もが懐く疑問である。だがレバイは答えてくれない。それどころか、彼はイエスの受難の物語も書いてくれないのである。レバイは翌朝ゴルゴタの丘の処刑場に行った。そこには三つの十字架が立っていたが、中央の十字架からイエスの姿が消えてなくなっていた。するとそこにひとりの若者がいてイエスの受難の様子を語ってくれて、さらに、アリマタヤのヨセフという男がピラトから許可を得て、約七時間後に身体を運び去ったと教えてくれた。とすれば、十字架から降ろした時、イエスはまだ生きていたかもしれないし、あるいは、今も生きていてどこかに隠れている可能性もあった。レバイは必死にイエスを探し求めたが、その過程でイエスがエマオにいるという情報を得て、エマオに向かった。そこには支持者がいてイエスを受け入れて匿ってくれていたのである。レバイと使徒たちはすぐにその家を訪ねていって、三日ぶりにその庭でイエスと再会することになったのである。

主は上半身を起こすような姿勢で座っていたが、白い布で覆われていたので、傷ついた手や足は見えなかった。包帯を巻いた手は白い布の下で膝の所に置かれていた。髪はぼさぼさで乱れていて、顔は紫色で全体が陥没していた。目を閉じて、口の脇には血の塊がついたままで、彼は微笑みかけたが、それは溺死した人のようだった。苦痛が顔全体を変形させていたが、それは目や耳や鼻や口が火山の噴火中の岩のように投げ散らされ、意志の力によって耐えがたい物理的苦痛に耐え抜いて落ち着いてきたものの、以前の均整のとれた調和を取り戻すことができなかったかのような様子であった。(11)

私達はこれ程までにリアルに残酷に処刑後のイエスを描出したものをあまり見たことも読んだこともない。顔は「紫色」で「陥没」しており、口の脇には「血の塊」が残っていて、白い布で被われた「手や足」には釘で打ち抜かれた傷口が開いているはずなのだ。断るまでもなく、ハートマンは意図してこのように露骨に残酷に描出しているのであり、そこにこの作品の現代的な意義があることをしっかりと認識しておかなければならない。

するとイエスは目を開いて食べ物をくれと言ったので、使徒たちは蜜とミルクと乾燥した蝗《いなご》と茹でた鯉を出した。だがイエスは何ひとつ食することもなく、使徒たちを眺め回して「哀れな羊たちよ、哀れな驢馬（愚か者）たちよ」と呟くように言うと、頭を胸に落として息絶えたのである。このようにイエスは抵抗も抗議もせずに、逮捕され、罵倒され、嘲笑され、殴打され、唾を吐きかけられながら、ゴルゴタの丘で十字架に架けられ、そこでも奇蹟を起こすことなく、無惨で無意味な死を遂げることになったのである。この事実をどのように理解すべきなのだろうか。多くの解釈があるが、ここで一例としてキリスト教作家である遠藤周作の説を紹介しておく。

だが我々は知っている。このイエスの何もできないこと、無能力であるという点に本当のキリスト教の秘儀が隠されていることを。そしてやがて触れねばならぬ「復活」の意味もこの「何もできぬこと」「無力であること」をぬきにしては考えられぬことを。そしてキリスト者になるということはこの地上で「無力であること」に自分を賭けることから始まるのであるということを。[12]

イエスはこのように「無力」で「何もできなかった」のであり、その結果、悲惨な死を遂げることになったが、それがこの上なく悲惨な死であったがゆえに、その死の間際の愛の言葉は使徒たちに「根本的な価値転換」をもたらすことになったのである。これを前提にすれば、次のようなレバイの最後の発言の真意も理解することができるはずである。

彼は復活しなかった。しかし、彼は私達の心の中にいたし、私達が生きている限りは一緒にいてくれるであろうし、さらに、彼を見たことはないが信じている多くの民衆の心の中にも居つづけるだろう。そしてその民衆の数はガリラヤ湖の岸に住む小さな貝と同じく数えきれないほどだが、その数はさらに増えていくであろう。[13]

ハートマンによれば、イエスは処刑の三日後にレバイや使徒たちの前で息を引き取って復活することはなかった。だがイエスは確かに彼らの「心の中にいた」のであり、この無惨な死の間際の慈愛の言葉を聞いた時、彼らの内部では「根本的な価値転換」が起こっていたのである。換言すれば、イエスは彼らの「心の中」で「復活」したのであり、それを認識して受け止めることによって、彼らは真のキリスト者として生きていくことになったのである。

本作品の政治的な意義

これまでハートマンが一九二〇年に発表した『キリストの最後の三〇日』を検討してきたがここで簡単に総括しておこう。先ず注目すべきはハートマンがイエスを人間的な存在として提示したことである。それはイエスの容貌や行動に現れていた。背が高くて、筋肉質の身体。力強い大股の歩み。大食漢で、大酒飲み。このようなイエスはあまり見たことも聞いたこともなかった。そして数々の奇蹟物語の新解釈。これも人間的な立場からの解釈であって、特にイエスがサンダルに厚板を縛り付けて河を渡ったという場面はいかにも人を食った話で大いに楽しめる。そしてこれと通底しているのだが、十字架から降ろされた後のイエスの無惨な姿。紫色に変色して陥没した顔。口元にこびりついている血の塊。手足は白い布で被われているが、鉄釘を打ち込まれていたので大きな傷口が開いていたはずだ。確かにこれは悲惨で残酷で悍ましい光景であるが、そうであるがゆえにこれは現代にも通ずる真摯で斬新な表現だと言える。さらにハートマンはイエスが十字架上で死んで三日後に復活したのではなくて、十字架刑での苦難の後に生きている状態で降ろされて三日後にエマオで死んだと書いている。このようにこれは人間キリストに焦点を当てて新局面を切り開いた画期的なキリスト教文学なのであって、そういった意味で、ハートマンはこの作品によってアメリカ文学に大きく貢献することになったのである。

最後にあの寓話の問題を考えておこう。ハートマンはこの作品を「前書き」と「序文」と「レバイの日記」の三部で構成しているが、この第三部の「レバイの日記」に関しては、これが本物なのか贋物なのかを判断できないことを認めていて、もし贋物だったとすれば、これを普通の小説作品として、あるいは、イエスが好んでいた寓話として読むべきだと言っているので、ここではこれを寓話として読んでみたい。

これまで見てきたように、これはパレスチナにおけるイエスと使徒たちの試練と苦悩と復活を主題とする物語である。当時パレスチナはローマ帝国の支配下にあったが、ユダヤの民はこのようなローマの支配から脱して、ユダヤの国家を再興することを願っていたのである。そのためには英雄の出現が必須であり、その英雄を先頭にして反ローマの闘争を推進してユダヤ王国の再興を実現すべきなのである。民衆はイエスをその政治的な指導者と見込んで独立運動を指導することを望んだ。特にユダはイエスを指導者として決起させて、自分とユダヤの民の夢を実現しようとした。そのためにユダは最後の手段としてイエスを裏切りさえした。だが、イエスは民衆のために立ち上がって戦ってくれなかった。なぜならイエスはより崇高な目標をめざしていたからであった。使徒たちはそれが理解できなかったのであり、そのためにはイエスの受難が、悲惨な死が必要だったのである。かくして使徒たちはイエスの崇高な遺志を受け継いで真のキリスト者として自立することになったのである。

ここで注目すべきはハートマンがユダを政治闘争に挺身する過激な活動家として登場させていることである。ユダは強固な支配体制と対決して戦いを挑んでパレスチナの独立と再興を実現しようとしているのであり、そのためには彼は敢えてイエスを裏切って、逮捕させて、ギリギリの状況に追い込んで、決起させようとしたのである。ここで思い出さなければならないのはハートマンがこの作品を実際には一九一七年から一九一八年にかけて執筆していることである。繰り返すことになるが、ハートマンは一九一〇年代の前半にはアナーキズムに近い反米思想を信奉していて、一九一一年にはエマ・ゴールドマンと共闘して大逆事件への抗議運動に参加しているし、一九一五年には「永遠の平和――それは夢なのか」という反戦論を発表している。さらに、彼は一九一八年に、サンマテオで、煽動罪に問われて逮捕されて投獄されているのである。あるクラブで飲んでいた時に、陸軍の将校がドイツ人兵士のベルギーでの残虐行為を非難したのだが、それに対して彼はドイツ人兵士だけではなくて、すべての兵士が残虐行為に走るのであって、アメリカ人兵士も例外ではないと反論したのである。その結果彼はそのクラブから叩き出されて、数日後に逮捕されることになったのである。これらの事実から察せられるように、ハートマンは一九一〇年代後半にはこのように危険な状況に置かれていたのであり、その時点では真正面から政治闘争を書くことはできなかったのである。それではどうすればいいのだろうか。そこで導入したのが寓話であった。彼はユダを主人公にしてパレスチナでの政治闘争を書いているが、実際にはここで自らの戦時体制との政治闘争を書いていたのである。このようにハートマンは『キリストの最後の三〇日』という寓話を通して一九一〇年代後半のアメリカの危機的な政治情勢を描いていたのである。

3　未完に終わったライフワーク

『美的真実』の執筆

本章の冒頭で書いたように、ハートマンは一九二〇年に『キリストの最後の三〇日』を出版したが、その後も執筆活動を持続して、一九二七年には「不滅の霊魂へのパスポート」を、一九三一年には「我が磔刑」を出版して、さらに一九二七年から一九三二年にかけて畢生の美学書『美的真実』を書き続けたが、残念ながら、これは未完成で未整理のままで放棄せざるをえなかった。そして一九四〇年に『芸術の織物の織糸とほつれ糸』という美術に関する小冊子を出版したが、これが彼の最後の作品になった。その後一九四四年にハートマンはフロリダに住む長女のドロシアを訪問してその直後に急死することになったが、さらにその十年後の一九五四年にジーン・ファウラーが出版したのが『最後の集いの時』であった。これはファウラーが一九三九年からハートマンに直接取材して書いた半自伝であり、ハートマンのハリウッドでの放縦無頼な生活を描き出した作品なのであって、そういった意味で、これはハートマンの研究を進めていくためには不可欠の貴重な作品なのである。そのような観点から、これからはこの『最後の集いの時』を中心にして、最晩年に彼がなにを考えていたのか、そして、それに基づいてどのように生きていたのかを考察していきたいと思う。

これからその議論を進めていくが、その前にさらにいくつかの事実を取り上げておかなければならない。というのも、それらを踏まえておけばこれからの議論をより深く理解できるようになるに違いないからである。

先ず触れておかなければならないのはこれまで何度も言及してきた美学書『美的真実』である。彼はこれをライフワークと位置づけて一九二七年から一九三二年にかけてこつこつと書き続けたものの完成することができなかった。これは一〇〇〇ページ近い膨大なる美学書であるが、未完成で、未整理で、出版されずに、放棄されてしまって、現在はカリフォルニア大学リバーサイド校の図書館に保管されている。それにしても、ハートマンはなぜ五年もかけてこの大著『美的真実』の執筆に取り組んだのであろうか。先に述べたように、これは書きっぱなしできちんと整理もしていない未完の作品なので読み通すことさえ容易ではないのだが、これが実際にいかなる美学書だったかを理解してもらうためにここで目次だけを紹介しておく。

第一章　序文
第二章　芸術の起源
第三章　ソクラテスからプロクロス(14)へ
第四章　キンメリオス人(15)の闇
第五章　感覚認識の言語習得
第六章　哲学の構築者たち―デカルトからショーペンハウアーへ
第七章　形式の美学
第八章　古典主義論争
第九章　醜悪について
第十章　現代の哲学
第十一章　大小の星々
第十二章　美術批評家よ！
第十三章　色
第十四章　音楽
第十五章　反射と反応
第十六章　少数者による少数者のための芸術

第十七章　現代芸術における運動原理

これを見ればわかるように、ハートマンは歴史的展望に立って芸術全般を哲学的に考察しようとしていたのであり、そういった意味で、彼は包括的で野心的な仕事に挑戦したのであり、それを完成することができなかったのは、彼にとってのみならず、私達にとっても、極めて残念で悔やまれる結果であった。だが、私達はこれまでハートマンの多彩なる芸術家としての経歴を辿ってきたわけで、そのような立場からすれば、彼がこの時点でなぜこの『美的真実』を執筆したのか、その意図を理解することはできるはずである。これまで見てきたように、彼は多方面にわたって包括的な活動を展開してきて、多くの独自な意義深い成果を残してきたのであり、おそらく還暦を迎えて、詩人、小説家、脚本家、俳優、美術評論家、ジャポニスム研究家、前衛思想家としての多彩なる活動を総括して確認したかったのである。今回は様々な理由からこの作品を取り上げて考察することはできなかったが、これをこのまま放置しておくことは許されないので、また機会を見つけて再び挑戦したいと思っている。ここで付言すれば、前章の「ハリウッドのハートマン」において映画論を紹介したが、それは第十七章「現代芸術における運動原理」の一部を構成するものであった。

自叙伝の執筆

さらにもうひとつ指摘しておかなければならないのはハートマンが何度か自叙伝を書こうと試みてきたことである。前章で紹介したように、彼はすでに一九一五年に自叙伝を発表していた。グイド・ブルーノが雑誌『グリニッチ・ヴィレッジ』でハートマン特集を企画したが、その時ハートマンはその一環として四ページという簡略なものだったが自叙伝を発表したのである。ここで一八六七年の長崎の出島での出生から、一八八二年のアメリカへの移住、グリニッチ・ヴィレッジで「ボヘミアンの王」として君臨していた一九一五年までの人生を年代記的に書いているが、彼がこのように自ら人生を書いたのは初めてのことであり、そういった意味でこの自叙伝はハートマン研究にとって非常に貴重なものであった。

もうひとつハートマンの自叙伝が残されている。これは記者だったハリー・ロートンが一九五四年にバニングの掘立小屋に置いてあった灰色のトランクから発見したもので、先の一九一五年の自叙伝に追加するような形で一九三九年までの人生を年代記的に書き記したものである。これまで考察してきた、一九二〇年の『キリストの最後の三〇日』、一九二四年の『バグダッドの盗賊』、一九二七年から一九三二年にかけて書き続けたものの完成することのできなかった『美的真実』などが記述されている。ただし『美的真実』に関して彼は一九三五年に完成してその原稿をフィラデルフィアのリッジウェイ図書館に寄付したと書いている。フィラデルフィアの図書館に完成原稿が存在するのか否かは不明だが、リバーサイド大学の図書館に保存されている原稿が未完成で未整理であることは間違いのない事実である。

ここで注意を引くことが二つある。ひとつは、この約二五年の間に、彼が全米を渡り歩きながら講演会を開催していることである。様々な新聞や雑誌に記事を投稿し、全米各地で講演会を開催しながら、ハートマンは逼迫する一家の生活を支えていたのである。もうひとつは、彼がしばしば病気に罹って、その療養のために本来の仕事を休止していることである。

最後に彼は自分が七二歳になったことを記し、さらに数冊の本を出版することと自叙伝を書くことを宣言しているが、この執念にはただただ圧倒されるだけである。

このようにハートマンはこれまでに四ページの自叙伝と、それを拡大した七ページの自叙伝を書いていたが、さらに、彼は自ら本格的な自叙伝を書こうとしていたのであり、これも完結させることはできなかったが、その草稿が保存されていて読むことができる。彼はこの未完の自叙伝において、生誕から二一歳までの人生を描いて、様々な情報を提供してくれており、ハートマン研究にとって極めて貴重な資料となっている。私も序章と第一章を書く際に大いに参考にさせてもらった。これがどのようなものであるかを知ってもらうために目次だけを紹介しておく。

序文

オサダ
我が畏怖すべき父親
少年時代
学校生活
子供の躾について
旅行
キール
海軍士官学校
フィラデルフィアでの三年
飢え
ミュンヘンへの三等船室での旅
ミュンヘンの日々
休暇旅行
パウル・ハイゼ
クララ（注：ホイットマンにも紹介した恋人）
一八八六年　パリ
一八八〇年代後半のボストン
第一期のボストン　若きライオンは吠える
オランダとロンドンの日々
第二期のボストン

終　章　演技する道化の最期

真実のボヘミアンの生活
ベベ（注：ハートマンが書いた芝居『マドモアゼル・ベベ』の主人公）
アディロンダック山脈への旅
ジェネヴィーヴ（注：ハートマンが惚れ込んだ十六歳の女優志願の女子）
病院でのロマンス

この最後の項目について一言説明しておく。ハートマンは芝居の発声法を教えていたジェネヴィーヴに惚れ込んだが、両親の反対にあって失恋してしまって、絶望の余りにガラス瓶のカケラで手首を切って自殺を図ることになった。実際には自殺未遂に終わったのだが、その後その傷口が化膿してしまったので病院に駆け込むことになった。そこで彼は親切で知的な看護婦と出会って、様々な困難を乗り越えて、一八九一年に結婚することになった。この相手が本妻のエリザベス・ブランシュ・ウォルシュ、通称ベティーである。それゆえ、この自叙伝は一八九一年以前の彼の人生を書いたものであり、自叙伝としては未完だったということになる。

このようにハートマンは晩年を迎えて、何度も自叙伝の執筆を試みてきたが、そのような作業を通して、それまでの破天荒で波乱万丈の人生を客観的に総括して確認しようとしたのである。

ファウラーのハートマン伝『最後の集いの時』

この延長線上にあるのがジーン・ファウラーが一九五四年に出版した『最後の集いの時』である。それにしてもなぜファウラーはこの作品を書くことになったのであろうか。彼によれば、一九三九年のある日アメリカを代表する俳優であるジョン・バリモア(16)と歓談していた時に、バリモアが「いい機会だからメフィストフェレスが蝶々夫人に産ませた生ける怪物を記録しておくべきだ」と勧めたのである。ファウラーはその提案を受け入れて早速交渉して、この「怪物」ハートマンの伝記の執筆に取り掛かったのであり、その後一九五四年に出版したのが『最後の集いの時』であり、それはハートマンの死後一〇年後のことであった。

ファウラーはハートマンと何度も会って話し合い、十分な資料や情報を入手して執筆を進めていったが、その過程で予想もしなかった多くの問題や障害が生じてきて苦闘を強いられることになった。というのも、彼が選んだ相手は稀代の奇人変人の「怪物」だったからである。

かくして遊び心が生みだしたサダキチの探求が始まった。だがこのゲームを進めるうちに、ますます関心が高まっていった。私は次々と三人の秘書を雇って癇癪持ちの批評家の言葉を書き取らせた。ホテル代を払った。オーバーコートを与えたが、本当に暑い日でも着ていた。何ギャロンものブランディーと喘息用の薬を提供した。このように尽力したものの、私が受け取ったのは文字と口頭による罵倒だけだった。しかし、私には確たる理由があって、この年老いた悪童が私のお金に対してだけではなく、私自身に対しても、密かな愛情を懐いていると信じていたのである。(17)

この一節を読むだけで、彼にはこのように寛大な理解者がいるのであり、ただそれだけで救われているのではないかとさえ思えてくる。不本意なことに、ファウラーはこの「怪物」に「罵倒」されるだけだったが、でも彼が「お金への愛情」だけでなく「私への愛情」を懐いていると信じて書き続けて、十五年を経て出版したのがこの『最後の集いの時』（一九五四年）であった。

断るまでもないが、ファウラーはここで一九三九年までのハートマンの人生も紹介している。それは第一章から第十一章にかけて様々な形で書いてきているので確認してもらいたい。だが今重要なのはハートマンの最晩年の人生なのであり、これからファウラーの半自伝的な作品を取り上げて、ハートマンが人生の終わりにハリウッドでどのように生きていたのかを検証していこう。

ここでファウラーはハートマンがバンディー・ドライヴ・ボーイズ（The Bundy Drive Boys）の一員としてハリ

ウッドでどのような生活を送っていたのかを描いている。それにしてもこのバンディー・ドライヴ・ボーイズとは何者なのであろうか。ジョン・デッカーは著名な画家であり、ハートマンの良き理解者であったが、彼は一九四〇年にハリウッドのバンディー・ドライヴ四一九番地にあった英国チューダー王朝風の屋敷を購入して暮らし始めた。彼は先ず玄関の扉にJ・D・という自分の名前の頭文字を書き、その両脇に一角獣を描き、その下に無用（Useless）、無意味（Insignificant）、詩的（Poetic）という言葉を書き加えたのである。これを見れば、デッカーがどのような人物なのか、そして、この屋敷をどのようなものにしようとしていたのかを想像することができる。すると、デッカーが予測していたような各界の有名人や名士たちが毎夜のようにその屋敷に集結するようになり、時には近隣の住人たちの顰蹙を招くような破廉恥で迷惑千万な乱痴気騒ぎに興じることになったのである。彼らこそがバンディー・ドライヴ・ボーイズなのであるが、具体的に代表的な人物の名前を挙げておこう。この屋敷の主人であるデッカー、俳優のジョン・バリモア、エロル・フリン[18]、アンソニー・クイン[19]、喜劇役者のウイリアム・クロード・フィールズ[20]、作家兼脚本家であるファウラーや、ベン・ヘクト[21]、そして、ハートマンなどの一癖も二癖もある人物たちである。ファウラーはこれらのバンディー・ドライヴ・ボーイズたちの酒と女と狂気に彩られた生活の実態を描いているが、注目すべきは、ファウラーがハートマンをこのグループの中心的人物として位置づけて書いていることである。この作品を参考にしながら、ハートマンがなぜバンディー・ドライヴ・ボーイズの一員になったのか、そして、そこで彼がどのように行動していたのかを見届けて、彼の最晩年の真の姿を描き出すこと、これが私達の最終の目標である。

4　バンディー・ドライヴ・ボーイズたちとの交流

バンディー・ドライヴ・ボーイズとは何者なのか

先に述べたように、ハリウッドのバンディー・ドライヴ四一九番地のデッカーの屋敷には多くの有名人や名士たちが集結していたが、その中心を構成していたのはこの屋敷の主人であり画家であるデッカー、著名なる実力派の俳優であるバリモア、個性的な喜劇役者であるフィールズ、作家兼脚本家であるファウラー、そして、奇人変人の「怪物」ハートマンの五人であった。彼らはそれぞれに稀有な才能を持ち、個性的で、放縦無頼で、破滅的であり、それゆえに、極めて興味深い人物たちであった。先ずはデッカーを紹介しておかなければならない。というのも、彼はこの屋敷を入手して、多くの人々に「悪徳の巣」あるいは「安息の港」を提供してくれたからである。

デッカーは自らサンフランシスコ生まれのアメリカ人だと公言していたが、実はドイツ人であって、本名はレオポルド・ヴォルフガング・デッケンであり、父親は教養ある男爵であり、母親はオペラ歌手であった。デッケン一家はイギリスに渡ってロンドンで優雅に暮らしていたが、彼が十三歳の時に母親が家を捨てて帰国してしまい、おそらくその影響もあって、その後父親も何の説明もなしに失踪してしまったのである。つまり、デッカーは突然孤児に転落してしまったのであり、その結果、彼は貧しく厳しい生活を強いられることになったのである。

だが彼は絵の才能に恵まれており、それが彼を過酷な状況から救い出してくれることになった。彼はある日有名な贋作者に出会ったが、それがきっかけとなって、ゴッホやゴーギャンの贋作を次々と描いては売り捌いた。そのおかげで生活も安定してきたのだが、その矢先に今度はドイツのスパイとして逮捕されてしまったのである。彼はまずロンドン塔に収容され、その後マン島に移されて二年間を過ごすことになった。そこで筆舌に尽くし難いような残忍で悲惨な経験をすることになり、それがトラウマとなって死ぬまで苦しめられることになったのである。

第一次世界大戦が終結すると、彼は釈放されて、ドイツ、イタリア、フランスを放浪することになったが、その間にモディリアーニと出会って友人になった。(22) その後、彼はアメリカへの移住を決意して、一九二一年に密航者としてニューヨークに上陸して、そのまま住み着くことになったのである。最初彼は舞台俳優をめざして舞台に立ったのだが、その際に舞台から落下して負傷してしまったので舞台俳優になる夢を捨てることになった。その後彼は画家の道を選択することになったが、不本意ながら、生計を立てるために贋作を描かざるをえなかった。彼は特にゴッホやゴーギャンやモディリアーニの贋作を描いたが、それらは高値で売れたので生活を大いに潤してくれた。

最後に痛快な逸話を紹介しておく。実はデッカーとハートマンはすでに一九二二年か二三年にニューヨークで出会っていたのであり、この二人はいかにも彼らにふさわしいスキャンダラスな事件を起こしていたのである。ある日ワシントン・スクェア近くのアトリエで新進の女流彫刻家の新作発表のパーティーが開かれていた。多くの美術批評家や支援者たちが詰めかけてきてグラスを片手に歓談していた。デッカーとハートマンは席を外して二階のスタジオに行くと、そこにベールで被われた彫刻作品が置いてあった。それは粘土製の大きな手であった。するとデッカーは粘土を見つけて巨大なペニスを作って、それを掌の上に載せて、ハートマンがそれにベールをかけて、二人は一階に戻った。しばらくすると、女流彫刻家は客たちを二階に案内して、この作品を霊感に駆られて創作しましたと言いながらベールをとった。その瞬間客たちがどっと笑い出した。彼女が振り向いて「友情の手」の上に置かれている大きなペニスを見た時には今にも失神して卒倒する寸前の状態だった。彼ら二人がその現場からさっさと逃走して姿を消してしまったのは言うまでもない。

これまでの論考でデッカーがどのような人物であるかがわかったであろう。その後彼はロサンゼルスに拠点を移して画家として活動するようになり、一九四〇年にチューダー王朝風の屋敷を購入して「悪徳の巣」あるいは「安息の港」を提供することになり、その結果、玄関の扉に掲げられていたモットー通りに「無用」で「無意味」で「詩的」な乱痴気騒ぎが行われることになったのである。屋敷は一晩中煌々と光り輝いていて、そこへ毎晩のように多くのハリウッドスターたちや各界の名士たちが押し掛けてきては、何ケースもの酒を飲んで、酔っ払い、議論し、口論し、朗読し、朗々と歌って、どんちゃん騒ぎに興じていたのである。ファウラーはそれを回想して「その家は本当にそれ独自の人格とエネルギーと駆動力を備えているように思われた」と書いている。

ハリウッドでの最後の日々

このようにハートマンは一九四〇年から一九四四年までの最後の五年間をこれらのバンディー・ドライヴ・ボーイズの一員として過ごしたが、先ずは彼らと交流しながら実際にどのようなことを行っていたのかを見ておこう。

ところでハートマンはどうしてバンディー・ドライヴ・ボーイズの中心的人物になれたのだろうか。彼らはごく自然に彼に敬意を払って丁重に待遇していた。たとえば細かいことだが、デッカーの家では食堂のテーブルの上座が彼の定席になっていて彼は当然のように上座に座ったし、彼らもまた当然のように彼に上座を譲っていた。なぜこのようなことが可能だったのだろうか。それはバンディー・ドライヴ・ボーイズ全員が彼のそれまでの多彩なる業績を高く評価して、それを成就した人物として尊敬していたからであった。これはとても重要なことなのできちんと銘記しておくべきである。

だが、これまで見てきたように、ハートマンは決して品行方正で賞賛に値するような人間ではなかった。彼は度々借金を踏み倒したし、多くの人々に多大の迷惑をかけてきたし、女性関係も派手で乱れていて人々の顰蹙を買っていた。彼は自ら生涯に十三人の子供をもうけたと言っているが、その中の五人は本妻との間に生まれたが、残りの八人は二人の愛人たちとの間に生まれた子供たちだったのである。おそらくこれは彼の本性だったのであり、晩年になっても変わることはなかったようだ。彼はまるで当たり前のようにファウラーに執筆料を、ホテル代を、酒代を、薬代を、旅費を、タクシー代を払わせていた。さらにデッカーの屋敷でも自分勝手に振舞って人々に多大の迷惑をかけていたので常に批判され叱責されていた。たとえば、彼はいつも不快な異臭を漂わせていたのである。彼は薄汚れたぼろぼろの服を着ていたし、汚れたパイプで悪臭を放つたばこを吸っていたし、生のにんにくを噛んでいたし、時には人前でズボンをはいたままでおしっこを漏らすことさえあった。これはまさに傍迷惑な失態であり、特に女性たちには非難を浴びせられて忌み嫌われることになった。

だが、彼はいつもこんな馬鹿なことをやって迷惑をかけていたわけではなかった。ここで二つだけいかにもハートマンらしい楽しいエピソードを紹介しておく。

『マクベス』を上演する

ある日の夜、バンディー・ドライヴ・ボーイズの主要なメンバーたちが、つまり、デッカー、バリモア、フィールズ、ファウラー、ハートマンが、デッカーの屋敷に集結していつものように談論風発を楽しんでいた。すると、デッカーが高校生用の『マクベス』のテキストを持ち出してきて、これからこの偉大なる悲劇を上演しようと言い出したのである。皆が賛同したので、次に誰がどの役を演ずるのかを決めることになった。それぞれが曲者で自分の考えを主張したので紛糾したが、しばしの話し合いの後に何とか決着をつけることができた。ハートマンがマクベスを、バリモアがマクダフとフリーアンスを、ローランド・ヤングがバンコウとダンカンと三人の魔女を、そして、デッカーがマクベス夫人を演じることに決定した。ところが手元にはテキストが一部しかなくて、それでは足りなかったので、できるだけ多くのテキストを調達することになって、バリモアの付け人がその大役を担わされて探しに出かけた。

その間にデッカーが時間潰しに何人かの人物の物真似を演じた。最初は奴隷を解放するリンカーンの物真似を、そして、ハートマンの物真似を演じたが、なかなかの出来栄えであって、観客たちを大いに楽しませた。

しばらくしてバリモアの付け人が二冊の『マクベス』のテキストを入手して戻ってきた。デッカーはハートマンに一八〇三年に出版された由緒ある全集のテキストを渡したが、それは重すぎて演技の妨げになると言って返してきた。それをバリモアに渡すと「俺にとって重すぎるものなんかありゃしないさ、結婚生活だけは別だけど」と言いながら嬉しそう受け取った。ここにはバリモアの深い人生観が出ていて大いに興味をそそられるところである。かくしてハートマンが高校生用のテキストを、バリモアが全集版のテキストを、デッカーとヤングがもうひとつ別のテキストを使って上演することになった。デッカーは十九ページを指定してそこから始めることにしたが、それは第六場のマクベス夫人の入場の場面で、ダンカンの「おう、おう！　奥方が見えられた！」という科白で始まっていた。ところが、バリモアのテキストの十九ページは第七場のマクベスが「やってしまえば、それですむというなら、早くやってしまうに越したことはない」と独白する場面であり、ハートマンのテキストの十九ページは第四場のマクベスがダンカンに向かって「忠勤をはげみますのが私の本分、それを致しますことが、とりもなおさずご恩賞をいただくことになります」と述べる場面であった。それではこの歴史的な『マクベス』の上演はどうなったのであろうか。ここに登場する俳優たちはそれぞれが自信満々で頑固な連中だったので、彼らはそれぞれのテキストの十九ページを自分勝手に大声で読み始めたのである。ファウラーは劇評を書いていないのだが、おそらく大混乱の末に滅茶苦茶で無残な

『マクベス』になったものと思われる。今さら断るまでもないが、バリモアは一九二〇年代から一九三〇年代にかけて、『リチャード三世』や『ハムレット』に出演して迫真の演技で一世を風靡した舞台俳優であり、さらに『ジキル博士とハイド氏』や『グランド・ホテル』などの話題の映画に出演して映画俳優としても一時代を築いたアメリカを代表する演劇人なのである。それにヤングとデッカーとハートマンが参加していたのであり、そういった意味では、これほど豪華絢爛な『マクベス』はないのであり、もし可能ならば是非とも観劇したかったと願うのは私一人ではないだろう。

最も美しい言葉はサダキチ・ハートマン

もうひとつのエピソードを紹介しておこう。夏の夜のバンディー・ドライヴの屋敷。バリモアと、ファウラーと、デッカー夫妻がディナーの席に着いて食事を始めようとしていた。するとその時ハートマンが予告もなしに訪ねてきて、当然の如くに、テーブルの定席について料理を食べ始めたのである。彼は肉をうまく切り分けられずに苦労していたが、するとそのナイフに向かって「鈍なやつだ。ここにいる連中とまったく同じだ」と毒舌を浴びせたのである。

彼は夕食後にドイツ哲学の罪悪について講義をし、さらに、アメリカではロシア音楽だけでなくてドイツ音楽も放送すべきではないと主張した後で、彼は「そうすればアメリカにはニグロ・スピリチュアル(23)とジャズが残ることになる」と述べ、さらに「これら二つの音楽はすばらしいものだが、愚かな連中にとっては何の意味もないものなんだろう」と皮肉を込めて付け加えたのである。これを読むとハートマンが音楽に関しても造詣が深かったことがわかるだろう。周知のように、一九四〇年代の後半から五〇年代にかけてついにアメリカ独自の音楽が生まれてくるのだが、それがニグロ・スピリチュアルを起源とするジャズであった。そういった観点からすれば、彼はこの時点でそのようなアメリカ音楽の未来を予告していたのであり、それは正当に評価しておかねばならない。しかしこれでは終わらなかった。彼は改めて「君たちは愚かな奴らだからこの音楽の神髄は理解できないだろう」と嘲弄するのだ。

このように彼はドイツ哲学について、そして、アメリカの音楽について講義を進めていったが、終盤に近づくにつれてドイツ語で話すようになり、最後はフランス語でこの講義を締め括ったのである。ファウラーがドイツ語が解るのはデッカーだけで、フランス語が解るのはバリモアだけだと言うと、ハートマンは「君たちは英語だって理解できないんだから、大した違いはないだろう」と言い返した。まさにハートマンの独壇場といったところである。

次いでバリモアが英語の中で最も美しい言葉はなにかと尋ねた。すると、彼は二つあるが正確には英語ではないと断ってから「私にとっての二つの美しい言葉はサダキチ・ハートマンである。決して聞き飽きることはない」と応じたのである。いかにもハートマンらしい人を食った見事な答えである。それを聞いてデッカーが割って入って、ダグラス・フェアバンクスが彼のことを「知識が一杯詰まった痰壺だ」と呼んでいたと告げると、ハートマンはすぐに「君がそんなことを蒸し返すのは、私が君の仕事を認めないからだろう」と切って返した。ここでハートマンはデッカーを厳しく批判しているが、実際にはデッカーの画家としての才能を高く評価していたのであり、デッカーもそれを十分に理解していたはずである。

最後にハートマンはその場に居並ぶ酔っ払いのお歴々に次のように忠告している。酒を飲みたければ飲めばいい。仕事や健康よりも酒の方が大切なら、絶対酒を飲むべきだ。でも飲み過ぎたといって言い訳はするな。そのために療養所に入るようなことはするな。ただ飲んで、死んで、あとは天使に任せるべきなのだ。断るまでもなく、ここでハートマンは自ら飲んだくれの自分を厳しく戒めているのである。

演技する道化

これまでハートマンがバンディー・ドライヴ・ボーイズの一員としてどのように生きてきたのかを見てきたが、それによって彼がどのような人物だったかがわかったものと思う。彼は常々奇人、変人、気取り屋、皮肉屋、詐欺師などと否定的で悪役的なイメージで語られてきたし、確かにそれを全面的に否定することはできないのだが、同時に忘れてはならないのは、彼が類稀なる才能の持ち主であり、芸術のあらゆる分野で優れた業績を残してきたことである。そしてこの実績があったからこそ、彼はあの錚々たる芸術家たちの中で中心的人物として堂々としかも軽妙洒脱に行動することができたのである。ファウラーはバンディー・ドライヴ・ボーイズについて次のように書いているが、当然ながら、それはハートマンにも当て嵌まるものであるので紹介しておくことにする。

彼らは実際には今世紀（二〇世紀）には属していなかった。というのも、彼らは皆二〇世紀になる前に生まれていたからである。たとえ名声を得ていても、彼らはミスフィット（不適格者）であったし、良し悪しはともかく、科学が台頭して、芸術が没落して、組織化され、規格化された時代には適応できなかったのだ。このグループのメンバーたちは悲劇と苦悩を認識していたが、世間の人々が賞賛しなくても見てくれることを願って、喜劇の仮面をつけることを選択したのである。(24)

このようにバンディー・ドライヴ・ボーイズのメンバーたちは二〇世紀という時代からの落伍者であり、ミスフィット（不適格者）であった。そのために彼らはこの世の「悲劇」と「苦悩」を認識していたが、それを直接表出することなくぐっと抑えて隠しながら「喜劇」の仮面をつけて演技していたのである。それゆえ、私達は彼らが演じる「喜劇」を観る時に、その仮面の裏には「悲劇」と「苦悩」が隠されていることを意識していなければならないのであり、そうしてやっと彼らの「悲劇」と「苦悩」にまみれた生の実態を感受することができるのである。

ここで最後にハートマンについてまとめておきたい。ファウラーが述べているように、彼はこれまで「喜劇」の仮面をつけて演技してきたが、実はその仮面の裏に「悲劇」と「苦悩」を抑え込んで隠していたのである。それではこの「悲劇」と「苦悩」はどこから生じてきたものなのだろうか。ここで思い出さねばならないのはハートマンがドイツ人と日本人の血を引くアメリカ人であったことである。これが彼の存在の基本形なのであって、その結果、彼はドイツ人であり、日本人であり、アメリカ人であったが、言い換えれば、彼はドイツ人ではなく、日本人ではなく、アメリカ人でもなかった。つまり、彼はこのような深刻なアイデンティティーの問題を抱え込んでいたのである。彼は幼少の頃からこの問題を突き付けられ解決を迫られていたのであり、それが彼を多彩なる活動へと駆り立てていたのであり、その成果として、今私達の手元には多くの貴重な業績が残されることになったのだ。だが私達にとって重要なのは、彼が終生「喜劇」の仮面をつけて演技し続けたこと、つまり、彼は本質的に道化なのであり、信念に則ってその道化を一貫して演じ続けたことである。それでは道化とはいかなる存在なのだろうか。我が偉大な先達である高橋康也は『道化の文学』（一九七七年）において、ソクラテスは道化であったと述べてその後で次のように書いている。

もちろん、道化を「殉教者」と呼ぶのは大げさであって、文化人類学的な「犠牲羊」という呼称がよりふさわしいだろう。侏儒やせむしといった肉体的異形者である道化は、一方では「厄除け」のまじないとして神聖視されると同時に、悪態をつくことによって、共同体の罪を一身に背負い、追放されるのだ。（中略）異形の姿をもって出現して、市民たちの日常感覚を脅かし、機知と悪態と笑いによって「賢」と「愚」の価値基準をくつがえし、共同体の慣習と秩序を攪乱し活性化したあげくに、やがて「法」によって追放される——道化がしばしば示すこのパターンをソクラテスにも見出すことは、あながち牽強付会ではあるまい。[25]

私達はこれまでハートマンの七七年にわたる生涯を辿り、彼の人生がトラブルとスキャンダルの連続であったことを、そして、彼が決してボヘミアンの「王」ではなくてむしろ「道化」であったことを論証してきた。彼は日独の血を引く「異形」の者であり、数々の無節操で破廉恥な行動で「日常感覚」を脅かし、まさに「機知と悪態と笑い」によって「共同体の慣習と秩序」を攪乱してきたのだ。そして、その当然の報いとして、彼は「法」によって追放されることになった。換言すれば、彼の存在そのものが、つまり、彼のジャンル横断的な多彩なる作品群が、無視され、否定され、破壊され、放棄されることになったのである。

くどいようだが、ハートマンは多くの領域を横断しながら多彩で貴重な業績を残してきたのである。一九〇一年にアメリカで最初の包括的な『アメリカ美術史』を出版し、一九〇三年にはフェノロサや岡倉天心に先んじて『日本の美術』を出版して八〇年後のジャポニスム研究を先取りし、一九〇四年にはストレート・フォトグラフィーを提案して近代写真の成立に大きく貢献し、一九一〇年に『ホイッスラー・ブック』を、一九一四年に『短歌と俳諧――日本の詩歌』を出版して、パウンドたちが推進した現代詩の運動の地均しをし、一九一二年に「映画の美的意義」を発表して映画の本質は運動であると主張し、さらに一九一五年前後にアメリカにおけるジャポニスムを論じながら実質的に文化多元論を提起していたのである。彼はこれだけの画期的な仕事を成就してきたのである。だが彼は決してそれで満足して安住することなく、それを未練もなしに放棄して再び新たなる分野へ踏み込んでいってしまうのである。ハートマンとはこのように「例外的な」才能ゆえに「革命家」になって「反逆」せざるをえないボヘミアンの道化だったのである。

ハートマンはある時体調を崩して出血したことがあるが、ファウラーはその時の二人の真剣なやり取りを紹介している。

再び病院に入院するか、バニングの彼の家に男の看護師を置くことを許すか、どちらかを選ぶようにと私は勧めた。すると彼はお人好しのサマリア人と言って非難した。「君は私から、これを、つまり、演技する最後のチャンスを奪うつもりなのか。私を病院に隠しておきたいのか。それとも、私をコヨーテや、トカゲや、がらがら蛇や、ネズミなどの観客しかいないような砂漠に閉じ込めておきたいのか。そんなのはお断りだ。私は偉大なる人間や大衆の敵にふさわしく、公共の場で死にたいんだ。」(26)

ハートマンは今出血しているのであり、それを見てファウラーは入院するか、あるいは、看護師を置くことを勧めているのだ。だがハートマンはその提案を一蹴してファウラーを難詰するのだ。というのも、彼はこれまで「喜劇」の仮面をつけて演技してきたし、これからも演技を続けていって、公共の場で死のうと決意していたからである。そういった意味で、ハートマンは生粋の演技する道化だったのである。そして彼はそれ以降も予告通りに「喜劇」の仮面をつけて頑なに「演技」し続けたのであり、そして一九四四年にフロリダのセント・ピーターズバーグで本妻の娘であるドロシアに看取られて静かに七七年の生涯を閉じたのである。

四分の三は天才で、四分の一は悪魔

最後に彼の正式な妻であるベティーについて一言述べておく。ファウラーは『最後の集いの時』の中で一九四六年にニューヨークに住むベティーを訪問した時のことを思い出しながら次のように書いている。その時ベティーはすでに七八歳になっていて、東八〇番通りのアパートで質素に暮らしていたが、彼女はハートマンとの生活を回想しながら彼について次のように淡々と語ったのである。

私は今でも彼を愛しています。彼は四分の三は天才で、四分の一は悪魔でした。私はそれらすべてを愛していました。あなたも女になってみればそれを理解することができるでしょう(27)。

このようにハートマンは四分の三は天才であり、四分の一は悪魔だったのであり、ベティーは妻としてそれらすべてを愛していたのである。だが愛していたのはベティーだけではなかった。おそらく、デッカーも、バリモアも、ファウラーも、つまり、すべての人々が彼を愛していたのであり、最後になったが私も彼を愛していることを告白しておく。

注

序章

（1）スティーグリッツ、アルフレッド（一八六四～一九四六）。アメリカの写真家。近代写真を芸術として確立させた。写真誌『カメラ・ワーク』を発行し、画廊「二九一」を開設して、写真のみならずいち早くマチスやピカソなどを導入して前衛芸術の普及に貢献した。
（2）スタイケン、エドワード（一八七九～一九七三）。アメリカの写真家。スティーグリッツと協同してピクトリアル・フォトグラフィー運動を進めた。一九四七年にはニューヨーク近代美術館の写真部長になって多くの展覧会を手掛けたが、なかでも一九五四年の「人間の家族」展は有名である。
（3）ゴールドマン、エマ（一八六九～一九四〇）。リトアニア生まれの女性アナーキスト。一八八六年にアメリカに渡りアナーキズム運動を盛り立てた。精力的に著作、講演活動を展開して、自由恋愛、産児制限、労働問題について論陣を張った。
（4）ホイットマン、ウォルト（一八一九～一八九二）。十九世紀のアメリカ文学を代表する詩人。主著は詩集『草の葉』であるが、長編評論『民主主義的展望』も出版している。ハートマンは一八八四年、十七歳の時に、ホイットマンを訪問したが、その後文学的にも、思想的にも、大きな影響を受けることになった。
（5）ハイゼ、パウル（一八三〇～一九一四）。ドイツの小説家、劇作家。伝統的な教養主義の枠内で作家活動を展開した。一九一〇年にはドイツ人として最初のノーベル文学賞を受賞した。
（6）マラルメ、ステファヌ（一八四二～一八九八）。フランスの詩人、文芸思想家。象徴派の代表的な詩人。『骰子の一擲』はマラルメの詩的・思想的総決算とも言うべき作品である。
（7）ヴェルレーヌ、ポール（一八四四～一八九六）。フランスの詩人。早熟の文学少年であると同時に十八歳頃から飲酒と放逸の性向を示すようになった。その極みがランボーとの同性愛であった。代表作は詩集『言葉なき恋歌』と『知恵』である。

(8) ホイッスラー、ジェームズ・マクニール(一八三四〜一九〇三)。アメリカの画家。パリやロンドンを拠点にして活躍した。ジャポニスムを取り込みながら画家活動を推し進めて現代美術の新たな領域を開拓した。

(9) ロセッティー兄弟。兄のダンテ・ガブリエル・ロセッティーはイギリスを代表する画家であり詩人である。ラファエル前派の結成に参加してそのリーダーとして活躍した。『聖告』、『ベアタ・ベアトリクス』等が代表作である。弟のウイリアム・ロセッティーは文芸批評家であった。

(10) ローウェル、ジェイムズ・ラッセル(一八一九〜一八九一)。アメリカの詩人、批評家。詩人として旺盛な活躍をして、『ビグロー・ペーパーズ第一集』や『ローンファル公の夢』などの詩集を発表している。

(11) ホイッティア、ジョン(一八〇七〜一八九二)。アメリカの詩人。彼は政治意識の強い詩人であり、『奴隷廃止運動の詩』とか『自由の声』などの詩集を発表している。その多くは感傷的で、教訓的なものであった。

(12) ホームズ、オリヴァー・ウェンデル(一八〇九〜一八九四)。アメリカの詩人、小説家、随筆家。ハーバード大学では長年にわたって解剖学と生理学の教授を務めた。その間に詩を書き続けて『朝の食卓の独裁者』や『朝の食卓の詩人』などの詩集を発表した。

(13) デルサルト式体操。フランスの音楽・舞踏教師であるフランソワ・デルサルトが考案した身振り表現方法。イサドラ・ダンカンなどの舞踏家たちに影響を与えた。

(14) フェアバンクス、ダグラス(一八八三〜一九三九)。アメリカの映画俳優。アメリカ的な楽天主義のシンボルと言われた人気の活劇スター。『三銃士』、『ロビン・フッド』、『バグダッドの盗賊』などが代表作である。

(15) Hartmann, Sadakichi, *White Chrysanthemums*. Herder and Herder, 1971. p. 32.

(16) ファウラー、ジーン(一八九〇〜一九六〇)。デンバー出身のアメリカのジャーナリスト、小説家、脚本家。ハートマンの伝記『最後の集いの時』の作者である。

(17) エマソン、ラルフ・ウォルドー(一八〇三〜一八八二)。アメリカの詩人、思想家。アメリカン・ルネサンス期の中心的な文学者。彼が一八三六年に出版した『自然論』は彼の思想だけではなく、同時に、このグループの立場を表明するものであった。

(18) ストッダード、リチャード・ヘンリー(一八二五〜一九〇三)。アメリカの詩人、批評家、編集者。詩集『王の鈴』、『アブラハム・リンカーン―ホラティウス風のオード』などを発表しているが、晩年はむしろ批評家として幅広く活躍した。
(19) ステッドマン、エドマンド・クラレンス（一八三三～一九〇八）。アメリカのジャーナリスト、詩人、評論家。
(20) ピクトリアル・フォトグラフィー。絵画的写真。そのためには修整を認めた。スタイケンが代表的な写真家であった。それに対してストレート・フォトグラフィーは修整を認めない写真である。
(21) デッカー、ジョン（一八九五～一九四七）。ドイツ出身のアメリカの画家。一九二八年にハリウッドに移住して、ジョン・バリモアやアンソニー・クインやエロル・フリンやチャールズ・チャップリンやグレタ・ガルボやジョン・ウエインなどのスターたちの肖像画を描いて名を馳せた。
(22) 上山草人（一八八四～一九五四）。俳優。大正時代の新劇運動の重鎮。大正十二年に渡米して『バグダッドの盗賊』や『支那の鸚鵡』などのハリウッド映画に重要な役割で出演した。
(23) クロアカ・マキシマ。古代ローマの下水道システム。
(24) *The Whitman–Hartmann Controversy*. edited by G. Knox and H. Lawton, Herbert Lang, 1976. p. 12.

第一章

(1) ロティ、ピエール（一八五〇～一九二三）。フランスの小説家。海軍士官として世界各地を歴訪し、その経験をもとにして異国趣味溢れる小説、紀行を発表した。日本には一八八五年に滞在して、その経験をもとにして『お菊さん』を執筆した。
(2) 『蝶々夫人』。プッチーニが一九〇四年に発表したオペラ作品。アメリカの作家ロングが長崎を舞台にして書いた小説『蝶々夫人』を、ベラスコが戯曲化したものに基づいている。イギリスの商人トーマス・グラバーの夫人であるツルをモデルにしていると言われている。
(3) Hartmann, Sadakichi. *Early Poems*. Manuscript Edition, 1891. p. 1.
(4) レールモントフ、ミハイル（一八一四～一八四一）。ロシアの詩人、小説家。ロマン主義期の代表的な文学者。主著は詩集『商人カラーシニコフの歌』、戯曲『仮面舞踏会』、小説『現代の英雄』などである。
(5) ゴーゴリ、ニコライ・ワシリエヴィチ（一八〇九～一八五二）。ロシアの作家。短編集『アラベスキ』、喜劇『検察官』、小説『外套』と『死せる魂』などが代表作である。

(6) ツルゲーネフ、イワン・セルゲーヴィチ(一八一八～一八八三)。ロシアの作家。『猟人日記』、『初恋』、『父と子』などが代表的な作品だが、特に『父と子』は古い貴族的文化と若い民主的文化の対立を描いたもので、その後のロシア文学に大きな影響を与えることになった。

(7) 周布政之助(一八二三～一八六四)。幕末の長州藩士。藩政に関わり富国強兵を進めながら、下級武士である木戸孝允や高杉晋作らを抜擢して登用した。一八六四年の蛤御門の変や四国連合艦隊による下関攻撃に憔悴感を深めて自刃した。

(8) 坂本龍馬『坂本龍馬全集・海援隊商事秘記』光風社、一九八八年、五二六頁。

(9) 司馬遼太郎『竜馬がゆく(八)』文春文庫、一九九八年、二六〇～二六一頁。

(10) Hartmann, Sadakichi. *My Venerable Father*. pp. 5-6.

第二章

(1) 亀井俊介『近代文学におけるホイットマンの運命』研究社、一九七〇年、五六～五七頁。

(2) Hartmann, Sadakichi. *Conversations with Walt Whitman*. E.P. Coby & Co. 1895. p. 6.

(3) ホイットマン『草の葉 中』岩波文庫、杉木喬・鍋島能弘・酒本雅之訳、一九七〇年、一六六頁。

(4) Hartmann, Sadakichi. *Conversations with Walt Whitman*. p. 8.

(5) ホイットマン『草の葉 中』岩波文庫、六三～六四頁。

(6) デューラー、アルブレヒト(一四七一～一五二八)。ドイツの画家、版画家、美術理論家。多彩な作家活動をしたが、三大銅版画『騎士と死と悪魔』、『書斎の聖ヒエロニムス』、『メランコリア』などが代表的な作品である。

(7) ブライアント、ウイリアム・カレン(一七九四～一八七八)。アメリカの詩人、批評家。ピューリタンの死生観とロマン派の自然崇拝を合わせたような詩風で、『詩集』、『泉』、『森の賛歌』、『歳月の流れ』などの詩集を出版している。

(8) トウェイン、マーク(一八三五～一九一〇)。アメリカの小説家。十九世紀のアメリカ・リアリズム文学を代表する作家として高い評価を受けている。『トム・ソーヤの冒険』や『ハックルベリー・フィンの冒険』などが代表作だが、特に後者の作品は二〇世紀のアメリカ文学に決定的な影響を与えた。

(9) Hartmann, Sadakichi. *Conversations with Walt Whitman*. p. 23.

(10) ラニアー、シドニー（一八四二〜一八八一）。アメリカの詩人。代表作は『シンフォニー』、『チャタフーチの歌』、『グリンの沼地』などであるが、彼の実験に満ちた調べはホイットマンを連想させるものである。
(11) ホーソーン、ナサニエル（一八〇四〜一八六四）。アメリカ・ルネサンス期を代表する小説家。彼は小説とロマンスを区別して、自分の長編作品をロマンスと定義した。その代表的な作品が傑作『緋文字』であった。
(12) スコット、ウォルター（一七七一〜一八三二）。スコットランドの詩人、小説家。最初は詩や戯曲を書いていたが、次第に小説を書くようになり、『ウェイヴァリー』や『アイヴァンホー』などの傑作を書いて、歴史小説の新しい地平を切り拓いた。
(13) ユーゴー、ヴィクトル（一八〇二〜一八八五）。フランスの詩人、作家、画家。フランス・ロマン主義文学を代表する文学者。詩、戯曲、小説、政治と多彩な活動をしたが、日本では長編の社会小説『レ・ミゼラブル』の作者として知られている。
(14) バイロン、ジョージ・ゴードン（一七八八〜一八二四）。イギリスの詩人。公私ともに波乱万丈の人生を送った。詩劇『マンフレッド』、大風刺叙事詩『ドン・ジュアン』が代表作である。
(15) ルソー、ジャン・ジャック（一七一二〜一七七八）。スイス出身で、フランスで活躍した作家、思想家。代表作は『人間不平等起源論』、『社会契約論』、『新エロイーズ』などであるが、これらの作品において、自然と社会、都市と田舎、宗教などの問題を取り上げて後世に大きな影響を与えた。
(16) ヴォルテール（フランソワ・マリー・アルエ）（一六九四〜一七七八）。十八世紀フランスの啓蒙的合理主義の代表的な文学者であり思想家。幅広い活動を展開したが、特に有名なのは風刺小説『カンディード、または楽天主義』である。
(17) ヴェルディ、ジュゼッペ（一八一三〜一九〇一）。イタリアの作曲家。才能溢れる作曲家で多くの傑作を残した。『マクベス』、『リゴレット』、『椿姫』、『仮面舞踏会』、『運命の力』、『ドン・カルロス』、『アイーダ』などの作品は今でも世界中で上演されている。
(18) メンデルスゾーン、フェリックス（一八〇九〜一八四七）。ドイツの作曲家、ピアノ奏者、オルガン奏者、指揮者。多才な作曲家で、オペラ、歌曲、宗教音楽、管弦楽曲、室内楽を作曲したが、中でも「ヴァイオリン協奏曲ホ短調」は傑作であり日本の演奏会でもよく取り上げられている。
(19) ワーグナー、リヒャルト（一八一三〜一八八三）。ドイツの作曲家。バイエルンの若き国王ルートヴィヒ二世の庇護の下で数々のオペラ作品を創作した。『さまよえるオランダ人』、『タンホイザー』、『ローエングリーン』、『ニーベルングの指輪』、『トリスタンとイゾルデ』、『ニュルンベルクのマイスタージンガー』、『パルジファル』などが代表作だが、これらの作品は現在でも日本のみならず世界中で上演されている。

(20) ロングフェロー、ヘンリー・ワッズワス（一八〇七〜一八八二）。アメリカの詩人、教育者。十九世紀の上品な伝統の代弁者と言われている。『エヴァンジェリン』、『マイルズ・スタンディッシュの求婚』などが代表作である。

(21) 亀井俊介『近代文学におけるホイットマンの運命』一一三〜一一四頁。

(22) ホイットマン『草の葉　上』岩波文庫、一九七〇年、一四七頁。

(23) 同前、二四〇〜二四一頁。

(24) 同前、三〇四頁。

(25) Traubel, Horace. *With Walt Whitman in Camden*. vol. 4, 1906. p. 457.

(26) Ibid. vol. 2. p. 321.

(27) Hartmann, Sadakichi. *To Walt Whitman*. Some Whitman Imitations, 1887. p. 104.

第三章

(1) グリーグ、エドヴァルド（一八四三〜一九〇七）。ノルウェーの作曲家、ピアノ奏者。多彩な音楽活動を通じて祖国ノルウェーの国民音楽の基礎を確立した。管弦楽のための『ペール・ギュント組曲』やピアノ曲『ユモレスク集』などが人々に親しまれている。

(2) Hartmann, Sadakichi. *An Appeal to All Art Lovers*. The Art Critic, 1893. p. 1.

(3) Ibid. *A Lecture on American Art*. The Art Critic, 1894. p. 42.

(4) Ibid. p. 44.

(5) レンブラント・ファン・レイン（一六〇六〜一六六九）。オランダの画家、版画家。肖像画家の第一人者。光の画家、光の魔術師の異名を持つ。代表作は『夜警』、『ユダヤ人の花嫁』、『放蕩息子の帰宅』などである。

(6) Hartmann, Sadakichi. *A Lecture on American Art*. p.45.

（7）Ibid. p. 45.

（8）イプセン、ヘンリック（一八二八〜一九〇六）。ノルウェーの劇作家。近代演劇の父と呼ばれている。一八六四年にローマに向かい、それ以降二七年間外国生活を続けた。『人形の家』、『幽霊』、『ペール・ギュント』、『ヘッダ・ガブラー』などが代表作である。

（9）Hartmann, Sadakichi, *Christ*. Author's Edition, 1893. pp. 29–30.

（10）Ibid. p. 38.

（11）Ibid. p. 44.

（12）Ibid. p. 49

（13）Ibid. p. 55.

（14）Ibid. p. 78.

（15）Hartmann, Sadakichi, *The Art Critic*. 1894. p. 53.

（16）高村光雲（一八五二〜一九三四）。彫刻家。明治二三年に岡倉天心の勧めで東京美術学校木彫科の教授になった。代表作は『老猿』、『楠公像』、『西郷隆盛像』など。

（17）鈴木長吉（一八四八〜一九一九）。鋳金家。ニュルンベルク万国金工博覧会で最高賞を受けて有名になる。代表作はシカゴ万国博に出品した『十二の鷹』である。

（18）橋本雅邦（一八三五〜一九〇八）。狩野雅信に学ぶ。フェノロサ、岡倉天心の鑑画会に参加し、明治二三年に東京美術学校の教授になる。狩野派に洋画風の表現を取り入れた新日本画の確立に努め、多くの優秀な画家を育てた。

（19）Okakura Kakudzo, *The HO-O-DEN* (Phoenix Hall). K. Ogawa Publisher, 1893. pp. 9–10.

（20）Ibid. pp. 24–29.

（21）狩野友信（一八四三〜一九一二）。幕末から明治時代にかけて活躍した狩野派の日本画家。フェノロサと知り合って、日本美術研究の良き協力者となった。その後東京美術学校で助教授として教鞭を執って多くの学生たちを育成した。

（22）川端玉章（一八四二〜一九一三）。日本画家。岡倉天心に認められ、東京美術学校創設に際し、円山派系写生画を担当、のちに教授になった。花鳥画、山水画に秀でていた。

(23) ライト、フランク・ロイド（一八六七～一九五九）。アメリカの建築家、浮世絵蒐集家。ライトは独自の有機的建築を主張したが、その代表的な建築物が東京の帝国ホテルとニューヨークのグッゲンハイム美術館である。

(24) Hartmann, Sadakichi, *The Art Critic*. 1894. p. 22.

(25) Ibid. *Japanese Art*. L. C. Page & Company. 1903. pp. 266-267.

(26) 熊谷直彦（一八二九～一九一三）。幕末から明治時代にかけて活躍した四条派の日本画家。特に山水画や人物画に秀でていて、パリ万国博やシカゴ万国博などに出品している。

(27) 尾形月耕（一八五九～一九二〇）。明治時代から大正時代にかけて活躍した浮世絵師、日本画家。挿絵画家としても二葉亭四迷の『浮雲』を担当して人気を博した。

(28) 岸竹堂（一八二六～一八九七）。日本画家。洋画の陰影、遠近法を用いて鋭い写生の技術を開拓し、風景画や鳥獣、特に虎を得意として、岸駒と並び称された。

(29) フェノロサ、アーネスト（一八五三～一九〇八）。アメリカの美術研究家。東京帝国大学で政治学、哲学などを講じる。明治十五年に岡倉天心らと鑑画会を興し、狩野芳崖、橋本雅邦を見出して、新日本画の創造に尽力した。明治二三年に帰国して、ボストン美術館東洋部主管となり、日本や中国の芸術文化の普及に貢献した。

(30) Hartmann, Sadakichi. *White Chrysanthemums*. Herder and Herderr. 1971. pp. 106-107.

(31) フェノロサ、アーネスト『シカゴ万国博日本人関係者のための講話』アーネスト・フェノロサ文書集成、村形明子訳、一二三頁。

(32) 同前、一二九～一三〇頁。

第四章

(1) Hartmann, Sadakichi. *A History of American Art*. vol. 2. p. 329.

(2) Ibid. p. 354.

(3) Ibid. p. 283.

(4) ゲーンズバラ、トマス（一七二七～一七八八）。十八世紀イギリスの代表的な画家。作風は優雅で自然味があり、次代の風景画家に大きな影響を与えた。
(5) ターナー、ジョゼフ・ウイリアム(一七七五〜一八五一)。イギリスの風景画家。ロマン主義を代表する巨匠。客観的描写と主観的表現が調和した多くの風景画を描いて、印象派の画家たちに多大な影響を与えた。『難破船』、『ノラム城、日の出』、『平和—水葬』、『戦争—流刑者とあお貝』などの作品がある。
(6) コンスタブル、ジョン(一七七六〜一八三七)。イギリスの画家。自然を率直に表現して、フランスのロマン派の色彩や外光派の光の描写に影響を与えた。
(7) ミレー、ジャン・フランソワ(一八一四〜一八七五)。フランスの画家。一八四九年にバルビゾンに移住し、農民生活にロマンティックな理想を託した多くの作品を描いた。代表作は『落穂拾い』、『晩鐘』などである。
(8) コロー、ジャン・バティスト・カミーユ(一七九六〜一八七五)。フランスの画家。その後の印象主義を予告するような明確な造形性を持つ風景画を描いて、風景画家として高い評価を受けている。
(9) ルソー、テオドール(一八一二〜一八六七)。フランスの画家。最も早い外光派の一人で、印象主義の先駆者でもある。『フォンテーヌブローの森』、『アプルモンの樫の木』などの作品がある。
(10) Hartmann, Sadakichi, *A History of American Art*. vol. 1. p. 79.
(11) Ibid. pp. 96-97.
(12) マネ、エドゥアール(一八三二〜一八八三)。フランスの画家。『草上の昼食』や『オランピア』などの衝撃的な作品で非難を浴びたが、その革新的な表現が若い画家たちを引きつけて、カフェ・ゲルボワの会に発展し、そこから印象派運動が起こることになった。
(13) モネ、クロード(一八四〇〜一九二六)。フランスの印象派の代表的な画家。一八七四年の第一回印象派展に『印象——日の出』を出品したが、これがこのグループの名前のもとになった。『積みわら』、『ポプラ並木』、『ルーアン大聖堂』などが代表作である。
(14) ルノワール、オーギュスト(一八四一〜一九一九)。フランスの画家。モネとともに印象主義の技法を採用して、裸婦や花などを甘美な色彩で描いて、豊満な量感を創り出した。
(15) シスレー、アルフレッド(一八三九〜一八九九)。フランスで活躍したイギリス人画家。印象派の風景画家の一人。自然に対する誠実で素朴な感情を特徴とする作品を描いた。
(16) ピサロ、カミーユ(一八三〇~一九〇三)。フランスの画家。モネやシスレーと同様に風景画に重点を置き、田園の詩情の誠実な表現をめざした。印象主義とセザンヌやゴーギャンを繋ぐ役割を果たした。
(17) ハッサム、チャイルド(一八五九~一九三五)。アメリカの印象派の画家。『ワシントン広場の凱旋門』、『吹雪のマジソン広場』、『雨の中の街路』などが代表的な作品である。
(18) Hartmann, Sadakichi, *A History of American Art*. vol. 1. p. 125.
(19) モールス、サミュエル(一七九一~一八七二)。アメリカの画家、技術者。歴史画、肖像画を描く。「ナショナル・アカデミー・オブ・デザイン」の設立に尽力、会長を務める。その後電気とダゲレオタイプの研究を進めて、一八三七年に電信機とモールス信号を発明し、一八三九年にアメリカ最初のダゲレオタイプによる肖像撮影を試みた。
(20) Hartmann, Sadakichi, *A History of American Art*. vol. 1. pp. 198-199.
(21) Ibid. p. 272.
(22) マックス、ガブリエル(一八四〇~一九一五)。ドイツの画家。ロマン主義風の歴史画を描いた。一八七九年から八三年までミュンヘンの美術学校で教授を務めて後進の育成に携わった。
(23) レンバッハ、フランツ・フォン(一八三六~一九〇四)。ドイツの画家。肖像画家として令名があり、暗色をバックに明るく顔の浮き出た独特の画風で、ヴィルヘルム一世やビスマルクなどの知名人たちを描いた。
(24) Hartmann, Sadakichi, *A History of American Art*. vol. 2. p. 220.
(25) Ibid. pp. 280-281.
(26) 総合主義。十九世紀末のフランスの絵画運動または様式のひとつ。ゴーギャンやベルナールなどが主張した手法と理論であり、象徴主義的な主題の選択、形を平たい色面でとらえ単純化された太い輪郭線で取り囲むクロワゾニスムの方法を主体とする。一八八九年、パリのカフェ・ヴォルピニで「印象主義および総合主義」の展覧会をゴーギャンらが開催したが、これがこの運動の出発点になった。
(27) ゴーギャン、ポール(一八四八~一九〇三)。フランスの画家。一八八八年頃から印象主義から総合主義へと画風を展開させた。奥行きを軽視した構図、単純化された形態、平塗の色彩、素朴で地方的な題材などが特徴的である。代表作は『説教のあとの幻想』、『われらいずこより来るや、われら何なるや、われらいずこに行くや』など。
(28) ベルナール、エミール(一八六八〜一九四一)。フランスの画家。最初は印象主義に影響され、のちに革新的な方向に転じて、ゴーギャンとともにクロワゾニスムの創始に貢献した。
(29) Hartmann, Sadakichi, *A History of American Art*. vol. 2. pp. 297-298.

第五章

(1) 林忠正(一八五三〜一九〇六)。美術商。明治十七年パリ万国博の通訳を志願して渡仏。そのままパリにとどまり美術商として独立し、東洋美術、特に浮世絵の紹介と輸出に辣腕を揮った。一九〇〇年のパリ万国博では日本部事務官長を務めた。
(2) ゴンス、ルイ(一八四一〜一九二六)。フランスのジャポニスム研究家。一八八三年に全二巻からなる『日本美術』を出版したが、これは総合的、体系的な日本美術の研究書として高い評価を受けている。
(3) デュレ、テオドール(一八三八〜一九二七)。フランスの美術評論家。一八六五年からマネと親交を結び、印象派の擁護者になった。『日本美術』という著書もある。
(4) ビング、サミュエル(一八三八〜一九〇五)。ユダヤ系ドイツ人だが、のちにフランスに帰化して、パリで美術商を営んで、日本の美術、芸術を欧米諸国に広く紹介して、さらにアール・ヌーヴォの発展にも大いに寄与した。
(5) アンダソン、ウイリアム(一八四二〜一九〇〇)。イギリスの医師。一八七三年に日本海軍の招きで来日し、海軍軍医教育に従事した。この間に膨大な日本美術を蒐集して、それをもとにして『日本の絵画芸術』を出版した。
(6) ゴンクール兄弟。フランスの作家、美術蒐集家。兄エドモン(一八二二〜一八九六)と弟ジュール(一八三〇〜一八七〇)。彼らの日本の浮世絵版画の研究と紹介は、印象派と後期印象派における絵画の装飾性や様式化に大きな影響を与えた。
(7) テーヌ、イポリット(一八二八〜一八九三)。フランスの哲学者、歴史家、批評家。文学、歴史の心理学的、哲学的研究から、芸術哲学に進み、実証主義的美学を確立した。
(8) ブラックモン、フェリクス(一八三三〜一九一四)。フランスの版画家。印象派グループの一人で、陶磁器の包み紙として使われていた『北斎漫画』を発見して、その後江戸美術、特に浮世絵に注目して普及させることになった。
(9) チェンバレン、バジル・ホール(一八五〇〜一九三五)。イギリスの日本研究家。東京帝国大学の外国人教師。俳句を英訳したり、『日本事物誌』など多くの著書を出版して、日本の芸術文化を欧米諸国に紹介した。

(10) モース、エドワード・シルヴェスター（一八三八～一九二五）。アメリカの生物学者、日本美術蒐集家。一八七七年に来日して、東京帝国大学で生物学を教えた。日本にダーウィンの進化論を紹介し、大森貝塚を発見して報告した。同時に、膨大な数の陶器を蒐集したが、それはモース・コレクションとしてボストン美術館に収蔵されている。

(11) ハーン、ラフカディオ（一八五〇～一九〇四）。イギリス出身の作家、日本研究家。日本に帰化して小泉八雲と名のる。一八九〇年に来日して、松江、熊本で教職につき、一八九六年から一九〇三年までは東京帝国大学で英文学を講じた。執筆活動も旺盛に進めて多くの名作を残した。『日本瞥見記』、『骨董』、『怪談』などが代表作である。

(12) オールコック、ラザフォード（一八〇九～一八九七）。イギリスの外交官、医師。一八五九年に初代駐日総領事として来日した。主著は開国後の幕末の日本を紹介した『大君の都』であるが、他にも日本の芸術文化を論述した『日本の美術と工藝』を出版している。

(13) Hartmann, Sadakichi, *Japanese Art*. L. C. Page & Company, 1903. p. vii.

(14) Ibid. p. 16.

(15) 曼荼羅。本来円板・円輪の意味の言葉で、密教の修法の本尊として描かれた図式的な諸尊集会の図。

(16) 祖師。仏教における一宗一派の開祖またはその正系を伝える高僧。祖師の画像・影像は祖師の個性、ことに面貌に主眼を置き写実的に表わす肖像として傑作が多い。また想像による理想像も少なくない。

(17) Hartmann, Sadakichi, *Japanese Art*. p. 46.

(18) Jarves, J. J., *A Glimpse at the Art of Japan*. 1876. p. 112.

(19) 狩野永徳（一五四三～一五九〇）。桃山時代の絵師。上洛した信長に認められて『洛中洛外図』を描き、安土城の壁画制作に抜擢された。信長急死のあと、豊臣秀吉に起用されて、大阪城、聚楽第などの障壁画を制作した。かくして狩野派の繁栄の基礎を築くことになった。

(20) Hartmann, Sadakichi, *Japanese Art*. pp. 152-153.

(21) ピュヴィス・ド・シャヴァンヌ、ピエール（一八二四～一八九八）。フランスの画家。文学的、象徴的、神話的な主題による格調の高い画風によって、パリのパンテオンとソルボンヌ大学の装飾壁画や、『貧しき漁夫』などの油絵作品を残している。

(22) 馬淵明子『ジャポニスム――幻想の日本』ブリュッケ、一九九七年、一〇頁。

(23) ドレッサー、クリストファー(一八三四~一九〇四)。スコットランド出身のデザイナー。一八七六年に来日し、その時の印象をまとめて出版したのが『日本、建築、芸術、芸術産業』(一八八二年)であった。

(24) Hartmann, Sadakichi, *Japanese Art*. pp. 213-214.

(25) フォンタネージ、アントーニオ(一八一八~一八八二)。イタリアの画家で、十九世紀イタリア風景画家の代表者の一人となる。一八七六年に工部美術学校が開設されると、画学教師として来日し、浅井忠、小山正太郎などを育てた。

(26) 浅井忠(一八五六~一九〇七)。洋画家。一八七六年に工部美術学校に入学してフォンタネージの指導を受けた。一八八九年に明治美術会を創立して中心的な画家として活躍した。黒田清輝と並ぶ明治期の巨匠である。

(27) 小山正太郎(一八五七~一九一六)。洋画家。工部美術学校でフォンタネージに学び、明治美術会の創立に参加し、その主要画家として活躍した。

(28) 山本芳翠(一八五〇~一九〇六)。洋画家。一時工部美術学校に在学したが、一八七八年にパリに留学して、レオン・ジェロームの指導を受けた。帰国後、明治美術会を結成し、さらに白馬会の創立会員になった。

(29) コラン、ラファエル(一八五〇~一九一六)。フランスの画家。一九〇二年にエコール・デ・ボザール教授となって、黒田清輝、岡田三郎助を指導して、近代日本の洋画にも影響を与えた。

(30) 渡辺省亭(一八五二~一九一八)。日本画家。菊池容斎に師事。花鳥画に才筆をふるい、『花鳥画譜』は名高い。

(31) 石川光明(一八五二~一九一三)。象牙彫師、彫刻家。明治初期に流行した象牙彫をになう作家として有名で、一八九一年には東京美術学校の教授となって後進を育成した。

(32) 岡崎雪声(一八五四~一九二一)。鋳金家。内国勧業博覧会で入賞して世に認められて、東京美術学校の教授となった。『楠正成像』などを鋳造した。

(33) 白山福松(一八五三~一九二三)。明治、大正時代の漆芸家。東京美術学校教授。伝統様式を踏襲した精細な蒔絵を得意とした。

(34) アダムズ、ヘンリー(一八三八~一九一八)。アメリカの歴史家、思想家、文学者。名門の出で、多方面にわたって活躍した。一八九〇年に、ラ・ファージと一年半にわたる世界一周旅行に出たが、その途次に日本に立ち寄って各地を訪れている。主著は『モン・サン・ミシェルとシャルトル』と『ヘンリー・アダムズの教育』である。

（35） Hartmann, Sadakichi. *Japanese Art.* pp. 274-275.

第六章

（1） ホイットマン『草の葉　中』岩波文庫、一九七〇年、六三〜六四頁。

（2） Hartmann, Sadakichi. *Naked Ghosts.* 1892. p. 1.

（3） Ibid. *Early Peoms.* 1891. p. 3.

（4） Ibid. *Naked Ghosts.* 1892. p. 2.

（5） Ibid. *Drifting Flowers of the Sea and Other Poems.* 1904. p. 7.

（6） Ibid. *Schopenhaur in the Air.* Author's Edition, 1899. p. 4.

（7） Ibid. *Searchlight Vista.* Mother Earth, 1908. 5.

（8） Ibid. *The Little Wayside Station,* Mother Earth, 1906. 9.

（9） ダゲレオタイプ。ダゲールは写真術の先駆者で、科学者のニエプスと写真術の研究改良を始めて協力者の死後に完成した。それはダゲレオタイプ（銀板写真）と命名されて一八三九年に公開された。

（10） Stieglitz, Alfred. *Stieglitz on Photography.* Aperture, 2000. p. 97.

（11） Ibid. *The Photo-Secession.* Bausch and Lomb, 1904.

（12） ホワイト、クラレンス（一八七一〜一九二五）。アメリカの写真家、写真教育家。写真家として活躍しながら、コロンビア大学やニューヨークの写真学校などで写真を教えて多くの写真家たちを養成した。

（13） ユージーン、フランク（一八六五〜一九三六）。アメリカの写真家。ピクトリアル・フォトグラフィーの代表的な写真家である。

（14） Hartmann, Sadakichi. *A Plea for Straight Photography.* American Amateur Photography, 1904.

（15） エヴァンズ、フレデリック（一八五三〜一九四三）。イギリスの写真家で、特に建築写真家として有名である。ストレート・フォトグラフィーの代表的な写真家である。

（16）ドマシー、ロベール（一八五九〜一九三六）。フランスの写真家。ピクトリアル・フォトグラフィーの代表的な写真家であり、絵具や薬品などを活用して、写真の絵画的な美を追求した。

（17）Hartmann, Sadakichi. *What Remains?*. Camera Work, 1911.

（18）ストランド、ポール（一八九〇〜一九七六）。アメリカの写真家。スティーグリッツに見出されて、ストレート・フォトグラフィーを支持して、トリックや暗室内での操作にたよらず、カメラやレンズの特性を生かして緊張したヴィジョンを追求した。

第七章

（1）クレヴクール、ヘクター（一七三五〜一八一三）。フランス出身のアメリカの作家。アメリカでの経験をもとにして一七八二年に出版したのが『アメリカ農夫の手紙』であり、これはその後のアメリカ論、アメリカ人論のひとつの原型になった。

（2）Crevecour, Hector. *Letters from an American Farmer.* Everyman's Library, 1782. p. 43.

（3）Hartmann, Sadakichi. *White Chrysanthemums.* Herder and Herder, 1971. p. 119.

（4）有賀夏紀『アメリカの二〇世紀（上）』中公新書、二〇〇二年、六八頁。

（5）同前、七八頁。

（6）ステフェンズ、リンカーン（一八六六〜一九三六）。アメリカの新聞記者、ジャーナリスト。マクレーカーの代表的な存在。主著は『諸都市の恥』であり、諸都市の政治の腐敗を厳しく告発し抗議した。

（7）ターベル、アイダ（一八五七〜一九四四）。アメリカの作家、ジャーナリスト。有能なマクレーカーとして活躍した。主著はロックフェラーとスタンダード・オイルを告発し批判した『スタンダード石油会社の歴史』である。

（8）フリン、ガーリー（一八九〇〜一九六四）。アメリカの女性労働運動家。彼女は一九〇七年に世界産業労働組合の幹部となって、アメリカ各地で果敢に労働紛争を指導した。そのひとつがパターソンでのストライキであった。

（9）ヘイウッド、ビル（一八八九〜一九二八）。一九〇五年に結成された世界産業労働組合の指導者。ヘイウッドは直接行動派で、ストライキやボイコットなどの直接行動で資本家と闘うべきだと主張した。

(10) ドッジ、メイベル（一八七九～一九六二）。アメリカの裕福な芸術の庇護者。過激な思想の持ち主で、一九一三年のアーモリーショーやパターソン・ページェントに積極的に関わって重要な役割を演じた。

(11) リード、ジョン（一八八七～一九二〇）。アメリカのジャーナリスト。社会問題に興味を抱き、左翼雑誌『マッセズ』の編集に関わった。その後ロシア革命を目撃して、それを記述して報告したのが『世界を揺るがした十日間』（一九一九年）である。

(12) アダムズ、ジェーン（一八六〇～一九三五）。アメリカのソーシャルワークの先駆者。一八八九年にシカゴにセツルメント「ハルハウス」を開設して、多岐にわたる慈善事業に携わった。その功績で一九三一年にはノーベル平和賞を受賞した。

(13) 文化多元論。諸民族が単純に同化・融合をめざすのではなくて、それぞれの民族性や文化・特性を保持しつつ共存していこうとする立場・主張。

(14) Hartmann, Sadakichi, *White Chrysanthemums*. p. 3.

(15) フェルメール、ヤン（一六三二～一六七五）。オランダの画家。その明るく深い色彩と静謐な構図の画面によって世界的な画家とみなされるようになった。代表作は『真珠の耳飾りの少女』、『牛乳を注ぐ女』などである。

(16) Hartmann, Sadakichi, *Picturesque Features of the Ghetto*. Mother Earth, 1910. 8.

(17) *Anarchy! An Anthology of Emma Goldman's Mother Earth*. Counterpoint, 2001. pp. 5-6.

(18) 幸徳秋水（一八七一～一九一一）。明治期の社会主義者。一九〇三年に社会主義と非戦論を主張する平民社を結成した。一九〇五年に筆禍事件で投獄されたが、獄中で無政府主義に傾倒して、直接行動論を提唱した。一九一〇年に大逆事件で天皇暗殺計画の首謀者に仕立てられて、翌年に刑死した。

(19) 管野須賀子（一八八一～一九一一）。明治期の革命家。木下尚江や堺利彦らと交流しながら社会主義に接近し、さらに一九〇九年にアナーキズムに引かれて幸徳秋水に傾倒した。一九一〇年に大逆事件で検挙されて翌年に幸徳らと共に処刑された。

(20) ゴールドマン、エマ『エマ・ゴールドマン自伝（上）』小田光雄・透訳、ぱる出版、七〇三頁。

(21) トルストイ、レフ・ニコラエヴィチ（一八二八～一九一〇）。ロシアの作家、思想家。主著は『戦争と平和』、『アンナ・カレーニナ』、『復活』などであるが、思想的にも政治や社会に大きな影響を与えた。非暴力主義者としても知られている。

(22) クロポトキン、ピョートル（一八四二～一九二一）。ロシアの革命家、アナーキスト、地理学者。革命運動で逮捕され、脱獄して西欧に亡命、一九一七年のロシアへの帰国まで各国において革命宣伝を行った。主著は『ある革命家の手記』、『相互扶助論』などである。

(23) バクーニン、ミハイル(一八一四〜一八七六)。ロシアのアナーキスト。一八七〇年にリヨンで蜂起したが失敗。その後第一インターナショナルにあっては、アナーキストのリーダーとしてマルクスと敵対し、一八七二年のハーグ大会で投票によって除名された。

(24) 片山潜(一八五九〜一九三三)。日本の社会・労働運動の先駆的な指導者。一八九八年に社会主義研究会を組織し、一九〇一年には社会民主党を結成して、黎明期の社会・労働運動において指導的役割を果たした。一九一四年に渡米し、一九二一年に革命後のソ連に渡り、モスクワで客死した。

(25) 山泉進・荻野富士夫編『「大逆事件」関係外務省往復文書』不二出版、一九九三年、五三頁。

(26) ハプグッド、ハッチンス(一八六九〜一九四四)。アメリカのジャーナリスト、作家、アナーキスト。師匠はリンカーン・ステフェンズであった。主著は『ゲットーの精神』、『ある泥棒の自叙伝』などである。

(27) アボット、レオナルド(一八七八〜一九五三)。イギリス生まれのアメリカの進歩的な思想家。終生社会主義者として、あるいは、アナーキストとして、表現の自由と平和主義のために闘った。

(28) バークマン、アレクサンダー(一八七〇〜一九三六)。リトアニア出身。一八八八年にニューヨークに移住して、無政府主義運動に挺身した。アナーキストのエマ・ゴールドマンの恋人であり、終生の友であった。過激な活動に参加して、何度も逮捕、監禁されて、一九一九年にロシアに永久追放された。

(29) 山泉進・荻野富士夫編『「大逆事件」関係外務省往復文書』五頁。

(30) 同前、五二頁。

(31) ハヴェル、ヒポリト(一八七一〜一九五〇)。チェコ出身のアメリカのアナーキスト。かつてはエマ・ゴールドマンの恋人の一人であった。さらにオニールの友人であり『氷人来る』の登場人物カルマー・ヒューゴーのモデルだと言われている。

(32) Havel, Hippolyte, *Long Live Anarchy*. Anarchy, Counterpoint. p. 53.

(33) Hartmann, Sadakichi, *Permanent Peace : Is it a Dream?*. Bruno Chap Books, 1915. p. 55.

第八章

(1) ベラスケス、ディエーゴ（一五九九～一六六〇）。スペインの画家。国王フェリーペ四世の宮廷画家であり、十七世紀スペイン絵画の最大の巨匠である。『ラス・メニナス』、『マルガリータ王女』などが代表作である。

(2) ミュルジェール、アンリ（一八二二～一八六一）。フランスの小説家。一八五一年にパリのボヘミアンたちの生態を描いた『ボヘミアン生活の情景』で文壇に地位を確立した。プッチーニがこれを題材にして創作したオペラが名作『ラ・ボエーム』である。

(3) ファンタン・ラトゥール、アンリ（一八三六～一九〇四）。フランスの画家。ホイッスラーやマネや印象派の画家たちとの交友を通じて、印象派風の光の効果を追求した。代表作は『ドラクロア礼讃』などである。

(4) ルグロ、アルフォンス（一八三七～一九一一）。フランスの画家、彫刻家、銅版画家。一八六三年にホイッスラーの招きでロンドンに赴き、一八七六年に美術学校の教授に迎えられ、美術教育に尽力した。

(5) ドガ、エドガー（一八三四～一九一七）。フランスの画家。一八六五年以降は競馬、洗濯女、帽子店、踊り子、浴女などの日常的な題材を対象にして描いた。その斬新な構図には浮世絵版画の影響も窺える。『三人の踊り子』、『二人の洗濯女』などが代表作である。

(6) ボードレール、シャルル（一八二一～一八六七）。フランスの詩人、美術批評家。主著は『悪の華』、『パリの憂鬱』などであるが、同時に美術批評家として、フランス絵画のロマン主義─レアリスム─印象主義の流れを先取的に主張した。

(7) クールベ、ギュスターヴ（一八一九～一八七七）。フランスの画家。彼は写実主義運動のリーダーで、裸婦、動物、英仏海峡や故郷の風景を重厚な筆致で描いた。代表作は『オルナンの埋葬』、『画家のアトリエ』などである。

(8) スウィンバーン、アルジャーノン・チャールズ（一八三七～一九〇九）。イギリスの詩人、評論家。世紀末耽美派の代表的な存在。主著は『詩とバラッド』であるが、その多くは愛欲を官能的に歌い上げた作品である。

(9) ワイルド、オスカー（一八五四～一九〇〇）。イギリスの詩人、小説家。唯美主義の使徒と呼ばれた。小説『ドリアン・グレイの肖像』、戯曲『サロメ』などが代表的な作品である。

(10) コリンズ、ウイルキー（一八二四～一八八九）。イギリスの小説家。ディケンズが彼の人物と才能を見抜いて引き立ててくれた。『白衣の女』が代表作だが、『月長石』は最初で、最長編で、最高作の探偵小説として知られている。

(11) Hartmann, Sadakichi. *The Whistler Book*. L. C. Page 1910. p. 45.
(12) 馬淵明子『ジャポニスム――幻想の日本』ブリュッケ、一九九七年、一〇頁。
(13) シノワズリー。西洋において極東特に中国(シナ)の文物に発想あるいは表現の源泉を求めた文芸・芸術上の一傾向、およびそれに基づく作品。
(14) レイランド、フレデリック。イギリスの大富豪。海運業で成功した。同時に芸術の理解者であり、パトロンであって、ホイッスラーやラファエル前派の画家たちを様々な形で擁護し支援した。
(15) カーライル、トマス(一七九五~一八八一)。イギリスの批評家、歴史家。『衣装哲学』、『フランス革命』、『過去と現在』など多彩な作品を発表した。
(16) Whistler, J.M. *The Gentle Art of Making Enemies*. Dover Publication, 1967. p. 144.
(17) Hartmann, Sadakichi. *The Whistler Book*. p. 59.
(18) ラスキン、ジョン(一八一九~一九〇〇)。イギリスの美術批評家、社会思想家。彼はターナーを自然の真実を詩的に描いた最大の風景画家として賛美したが、その結実が『近代絵画論』であった。その後はラファエル前派の画家たちをイギリス絵画史上に新機軸を画したとして称揚して、経済的にも援助した。晩年には競争原理と利潤追求に狂騒する資本主義に代わって、中世的なキリスト教社会の復活への夢を説き続けた。
(19) Whistler. J.M. *The Gentle Art of Making Enemies*. p. 1.
(20) ジョーンズ、エドワード・バーン(一八三三~一八九八)。イギリスの美術家。ラファエル前派の中心的な画家。唯美主義を推進した。
(21) ムア、アルバート(一八四一~一八九三)。イギリスの画家、装飾家。建築装飾家として活躍して、貴族の邸宅の壁画を描いた。画家としては官能的な裸婦像で知られ『夢』が代表作である。
(22) Whistler, J.M. *The Gentle Art of Making Enemies*. pp. 127-128.
(23) フリーア美術館。ワシントンDCにあるスミソニアン協会付属の東洋美術館。実業家フリーアの寄付により一九二三年に開館。同館の「孔雀の間」を装飾したホイッスラーをはじめとするアメリカ絵画のコレクションも優れたものである。
(24) ビアズリー、オーブリー(一八七二~一八九八)。イギリスの画家、文筆家。倒錯したエロティシズムと怪奇趣味、強烈な天邪鬼精神に溢れる作風は、世紀末の「恐るべき子供たち」を代表するものである。ワイルドの『サロメ』、ポープの『髪の略奪』、アリストパネスの『女の平和』などの挿画が有名である。

（25）Hartmann, Sadakichi, *The Whistler Book*. p. 142.

（26）Ibid. p. 238.

第九章

（1）Hartmann, Sadakichi, *Japanese Art*. L. C. Page, 1903. p. 53.

（2）Ibid. *The Japanese Conception of Poetry*. The Reader Magazine, 1904. 1. p. 186.

Moonshine! There is none:
Springtime! Where are its flowers!
Spring seems to be gone:
All life is estranged, my love
Alone has remained unchanged.

（3）パウンド、エズラ（一八八五〜一九七二）。アメリカの詩人。一九〇八年にロンドンに移住して、前衛的な現代詩の運動に参加して、イマジズム運動やヴォーティシズム運動を推進した。一九二〇年代の後半になると畢生の大作『詩篇』の完成をめざした。これは断片的なイメージや挿話のつぎはぎによって古今東西の文化の一大パノラマを築いた現代の叙事詩であり、その手法はエリオットやウイリアムズやオルソンらに計り知れない影響を与えた。

（4）野口米次郎（一八七五〜一九四七）。一八九四年に渡米して苦学を続けて、詩集『Seen and Unseen』（一八九六年）、『The Voice of the Valley』（一八九七年）、『From the Eastern Sea』（一九〇三年）を発表して国際的に注目された。一九〇六年からは母校慶応義塾大学英文科教授となって長きにわたって教育に携わった。その後日本語の詩を書くようになって『二重国籍者の詩』、『沈黙の血汐』など多くの詩集を発表した。

（5）クーシュ、ポール・ルイ（一八七九〜一九五九）。フランスの哲学者、詩人。一九〇三年に来日し、一九〇五年にその時の経験を生かして初めてフランス語で俳句を詠んだ。その後も二度日本を訪れて一九二〇年には『日本の印象』を出版した。

（6）Hartmann, Sadakichi, *The Japanese Conception of Poetry*. p. 188.

A cloud of (cherry) flowers!
Is it Uyeno's bell
Or Asakusa's?

（7）松尾芭蕉（一六四四～一六九四）。江戸時代前期の俳諧師。芸術性の高い句風を確立して、俳聖として世界的に知られている。主著は『奥の細道』であるが、これは弟子の曾良と、江戸を発ち東北、北陸を廻り岐阜の大垣まで旅した時の紀行文である。

（8）Hartmann, Sadakichi, *The Japanese Conception of Poetry*. p. 189.

（9）Ibid. *Tanka and Haikai–Japanese Rhythms*. Script Edition, Tank 5.

Though love has grown old
The woods are bright with flowers,
Why not as of old
Go to the wildwood bowers
And dream of bygone hours!

（10）Ibid. Haikai 2.

Butterflies a-wing–
Are you flowers returning
To your branch in Spring?

（11）荒木田守武（一四七三～一五四九）。連歌、俳諧作者。主著は『守武随筆』、『守武千句』などである。

（12）フリント、フランク（一八八五～一九六〇）。イギリスの詩人、翻訳家。イマジズム運動の主唱者の一人で『律動』や『異なる世界』などの詩集を発表した。

（13）マイナー、アール（一九二七～二〇〇四）。アメリカの英文学者、日本文学、比較文学研究者。プリンストン大学教授。『日本の宮廷和歌』などの著書がある。

（14）キーン、ドナルド（一九二二～）。アメリカ出身の日本文学者・日本学者。日本文学と日本文化研究の第一人者であり多くの優れた著書がある。二〇一二年に日本国籍を取得した。

（15）ドナルド・キーン『日本人の美意識』中央公論社、金関寿夫訳、一九九〇年、一八頁。

（16）兼好法師（一二八三～一三五二）。鎌倉時代末・南北朝時代の歌人。宮廷に出仕して従五位下に進んだが、後二条帝没後、官を辞して出家遁世した。『徒然草』の著者として知られている。

（17）千利休（一五二二～一五九一）。戦国時代から安土桃山時代にかけての商人、茶人。わび茶の完成者として茶聖と称せられる。秀吉との確執の末に切腹を命じられたが、その理由に関しては様々な説が取り沙汰されている。

（18）ドナルド・キーン『日本人の美意識』三一頁。

（19）青山二郎（一九〇一～一九七九）。骨董蒐集鑑定家、美術評論家、装幀家。若い時から陶器、骨董品に接して天才的な鑑識眼を発揮した。柳宗悦らの民芸運動に関わった後に、いわゆる「青山学院」を開校して、小林秀雄、河上徹太郎、大岡昇平、中原中也、白洲正子などの錚々たる文筆家たちを育て上げた。

（20）ヒューム、トマス・アーネスト（一八八三～一九一七）イギリスの批評家。一九〇九年にパウンドやフリントなどとイマジズム運動を興した。第一次世界大戦勃発と同時にイギリス砲兵隊に志願して、フランスのニューポール付近で戦死した。主著は『思索集』。

（21）モンロー、ハリエット（一八六〇～一九三六）。アメリカの詩人、編集者。一九一二年に『ポエトリー』誌を創刊して、前衛的な詩人たち、たとえば、サンドバーグ、リンゼイ、パウンドなどを文壇に登場させて、現代詩の運動を推進した。

（22）Miner, Earl, *The Japanese Tradition in British and American Literature*. Princeton U. P. 1958. p. 166.

（23）Pound, Ezra, *The Cantos*. Faber and Faber, 1975. p. 495.

（24）Ibid. *Poetry*. 1912. 10.

（25）テイト美術館。テムズ川畔、ミルバンク地区にある国立美術館。一五〇〇年代のチューダー朝美術以降、現代に至るまでの絵画を中心としたイギリス美術を時代順に展示している。

（26）Pound, Ezra, *Lustra of Ezra Pound*. E. Mathews, 1916.（新倉俊一訳、小沢書店、一九九三年）

The apparition of these faces in the crowd;

Petals on a wet, black bough.

（27）ヴォーティシズム。一九一〇年代中期に、キュビスムや未来派の影響を受けてイギリスに興った美術および詩に関する運動およびグループ。渦巻き派と呼ばれる。

（28）Pound, Ezra. *The Fortnightly Review*. 1914. 9, p. 4.

（29）Ibid. p. 5.

（30）Ibid. *Imagisme*. Poetry, 1913. 3. p. 199.（新倉俊一訳）

（31）Ibid. p. 200.

（32）Ibid. *Lustra of Ezra Pound*. 1916.

O fan of white silk,
Clear as the frost on the grass-blade,
You also are laid aside.

（33）エリオット、トマス・スターンズ（一八八八〜一九六五）。アメリカ生まれの詩人、批評家、劇作家。一九二七年にイギリスに帰化して、イギリス国教会に改宗した。現代詩の先駆者であり、長詩『荒地』、連作詩『四つの四重奏』、詩劇『寺院の殺人』、『一族再会』、『カクテル・パーティー』、評論集『聖なる森』などが代表作である。

（34）ヘミングウェイ、アーネスト（一八九九〜一九六一）。二〇世紀アメリカの代表的な作家。第一次大戦で負傷。一九二一年にパリに赴き、パウンドやジョイスやスタインらと交流して、モダニズム文学の洗礼を受けて、ハードボイルドの文体を作り上げた。代表作は『日はまた昇る』、『武器よさらば』、『誰がために鐘は鳴る』、『老人と海』などである。

（35）カレン、ホレス（一八八二〜一九七四）。ドイツ出身のユダヤ系のアメリカの哲学者。文化多元論者として文化の多様性と民族的な誇りを主張した。主著は一九一五年に発表した『民主主義対坩堝』である。

（36）Kallen, Horace. *Culture and Democracy in the United States*. Arno Press, 1970. p. 79.

（37）ボーン、ランドルフ（一八八六〜一九一八）。アメリカの進歩的知識人、思想家。一九一六年に発表した「トランス・ナショナル・アメリカ」において文化多元論を提唱した。一九一〇年代の後半に『国家論』を書いてウイルソン政権と対峙し厳しく批判した。

(38) Bourne, Randolph. *The Radical Will*. University of California Press. 1992. p. 259.

第十章

(1) Bruno, Guido. *Sadakichi of Today*. Greenwich Village, 1915. p. 18.

(2) マレー、ジュール(一八三〇～一九〇四)。フランスの生理学者、医師。一八八二年に写真銃を発明して、鳥の飛翔や人物の動きの連続写真を撮ったが、これが映画の原型になったのである。

(3) マイブリッジ、エドワード(一八三〇～一九〇四)。イギリス出身のアメリカの写真家。一八七八年に疾走する馬の連続撮影に成功して、馬がギャロップする時四本の脚が地面から離れていることを立証した。エジソンはこの連続写真を見て触発されて、その後映写機キネトスコープを発明することになり、その結果、映画が誕生することになったのである。

(4) スタンフォード、リーランド(一八二四～一八九三)。アメリカの実業家、政治家。セントラル・パシフィック鉄道を設立し、カリフォルニア州知事を務めた。さらに早逝した息子の名前を残すために一八九一年にスタンフォード大学を創設した。

(5) エジソン、トーマス・アルバ(一八四七～一九三一)。アメリカの発明家、企業家。努力の人であり、不屈の人である。生涯におよそ一三〇〇もの発明をしたが、中でも蓄音機、白熱電球、活動写真などは画期的で重要な発明であった。

(6) ポーター、エドウィン(一八七〇～一九四一)。アメリカの映画監督。アメリカ映画の基礎をつくった監督の一人で、代表作『大列車強盗』はアメリカ映画として最初のストーリーを持つ映画であり、西部劇の元祖と呼ばれている。

(7) グリフィス、デーヴィド・ウォーク(一八七五～一九四八)。アメリカの映画監督、俳優、脚本家、映画製作者。モンタージュ、カットバック、クローズ・アップなどの映画技術を確立して、映画を芸術的なレベルに高め映画の父と呼ばれている。『国民の創生』や『イントレランス』が代表作である。

(8) レムリ、カール(一八六七～一九三九)。ドイツ出身のユダヤ系のアメリカの映画製作者。一九一二年にユニヴァーサル映画を設立した。

(9) ズーカー、アドルフ(一八七三～一九七六)。ハンガリー出身のアメリカの映画製作者。一九一二年に「フェイマス・プレーヤーズ」を設立したが、一九二七年に「パラマウント」に改称した。ズーカーは製作と配給を掌握して、スターシステムと豪華主義で映画界をリードした。

（10）ゴールドイン、サミュエル（一八七九～一九七四）。ポーランド出身のユダヤ系のアメリカの映画製作者。「ゴールドイン・ピクチャーズ」の創始者。
（11）フォックス、ウイリアム（一八七九～一九五二）。ハンガリー出身のユダヤ系のアメリカの映画製作者。一九一五年に「フォックス・フィルム・コーポレイション」を設立した。
（12）メイヤー、ルイス（一八八四～一九五七）。ロシア出身のユダヤ系のアメリカの映画製作者。一九二四年に発足した「メトロ・ゴールドイン・メイヤー」の共同創始者の一人。その経営手腕とカリスマ性によって映画の黄金時代を築いた。
（13）セルズニック、ルイス（一九〇二～一九六五）。アメリカの映画製作者。スターシステムと大作主義で最もハリウッド映画らしい作品を製作した。代表作は『風と共に去りぬ』である。
（14）デミル、セシル（一八八一～一九五九）。アメリカの映画監督。映画の創成期に活躍した。『チート』、『大平原』、『サムソンとデリラ』などが代表作だが、一九五二年には『地上最大のショー』でアカデミー賞を受賞した。
（15）チャップリン、チャールズ（一八八九～一九七七）。イギリス出身の映画俳優、映画監督、コメディアン、脚本家、映画プロデューサー、作曲家である。一九一四年に『成功争い』で映画デビュー。『キッド』、『黄金狂時代』、『街の灯』、『モダン・タイムズ』、『独裁者』などの名作を残した。
（16）セネット、マック（一八八〇～一九六〇）。アメリカの映画監督、プロデューサー、脚本家、俳優である。チャールズ・チャップリンの才能を見抜いて最初に映画に登場させたプロデューサーとして知られている。
（17）クー・クラックス・クラン。アメリカの秘密結社、白人至上主義団体である。南北戦争終結後にテネシー州で設立された。白装束で頭部全体を覆う三角白頭巾を被ってデモ活動を行う集団として知られている。
（18）Hartmann, Sadakichi. *The Valiant Knights of Daguerre.* University of California Press, 1978. p. 154.
（19）Ibid. p. 156.
（20）Ibid. p. 155.
（21）ロバート・スクラー『アメリカ映画の文化史（上）』講談社学術文庫、鈴木主税訳、一九九五年、一一三頁。
（22）Hartmann, Sadakichi. *The Valiant Knights of Daguerre.* p. 156.
（23）バッファロー・ビル（一八四六～一九一七）。アメリカ西部開拓時代のガンマンであり興行師でもある。一八八〇年頃から拳銃捌きや駅馬車襲撃などを実演してショー化した「ワイルド・ウエスト・ショー」を立ち上げて、米国内やヨーロッパを巡業し人気を集めて興行は大成功を収めた。

(24) Hartmann. Sadakichi. *My Experience at the Fairbanks Studio*. 1924. 2. p. 17.

(25) Ibid. p. 18.

(26) 上山草人『素顔のハリウッド』実業之日本社、一九三〇年、一四〇頁。

(27) 同前、一四八〜一四九頁。

終 章

(1) ルナン、エルネスト(一八二三〜一八九二)。フランスの宗教史家、思想家。近代合理主義的な観点から書かれたイエス・キリストの伝記『イエスの生涯』(一八六三年)の著者。

(2) イスカリオテのユダ。イエスの十二使徒の一人。「イスカリオテ」とは「カリオテの人」を意味し、カリオテとはユダヤの地方の村の名前である。イエスを裏切ったことから、ユダは裏切り者の代名詞として使われることが多い。

(3) Hartmann, Sadakichi. *The Last Thirty Days of Christ*. Privately Printed. 1920. p. 8.

(4) Ibid. pp. 18-19.

(5) Ibid. p. 24.

(6) ヘロデ、アンティパス。新約聖書時代の人物で、イエスが宣教を始めたガリラヤの領主であった。在任期間は紀元前四年〜紀元三九年までであった。

(7) ピラト、ポンティウス。ローマ帝国の第五代ユダヤ属州総督。在任期間は紀元二六年から三六年まで。イエスの処刑に総督として関与した。

(8) カヤパあるいはカイアファ。イエス時代のユダヤの大祭司。在任期間は紀元一八年から三六年まで。イエスの裁判はエルサレム南西部にあったカヤパの屋敷で行われた。

(9) Hartmann. Sadakichi. *The Last Thirty Days of Christ*. pp. 95-96.

(10) Ibid. p. 97.

（11）Ibid. pp. 107-108.
（12）遠藤周作『イエスの生涯』新潮社、一九七三年、二〇七頁。
（13）Hartmann. Sadakichi. *The Last Thirty Days of Christ.* pp. 108-109.
（14）プロクロス（四一二〜四八五）。ギリシャの哲学者。新プラトン主義を体系化した。主著は『摂理、運命と自由について』、『悪の存立論』などである。
（15）キンメリオス人。ホメロスの詩の中で、世界の西の果ての永遠の闇の国に住むと歌われている種族。
（16）バリモア、ジョン（一八八二〜一九四二）。アメリカの俳優。一九二〇年代から三〇年代にかけて舞台と映画で第一線で活躍した。舞台では『ハムレット』や『リチャード三世』で成功を収め、映画では『ジキル博士とハイド氏』や『悪魔スヴェンガリ』や『グランド・ホテル』などに出演して人気を博した。私生活では四度の結婚に失敗して、失意と貧困のうちに六〇歳で亡くなった。
（17）Fowler, Gene, *Minutes of the Last Meeting*. The Viking Press, 1954. p. 12.
（18）フリン、エロル（一九〇九〜一九五九）。オーストラリア出身のアメリカのアクション・スター。アルコール依存症で、多くの性的な問題を起こした。『ドン・ファンの冒険』、『すべての旗に背いて』などの作品に出演している。
（19）クイン、アンソニー（一九一五〜二〇〇一）。メキシコ出身のアメリカの俳優。舞台と映画で活躍した。映画では『炎の人ゴッホ』、『アラビアのロレンス』、『老人と海』などの作品に出演している。
（20）フィールズ、ウイリアム・クロード（一八八〇〜一九四六）。アメリカの喜劇役者、俳優。長年にわたってブロードウェイの舞台やハリウッド映画で活躍した。
（21）ヘクト、ベン（一八九四〜一九六四）。アメリカの脚本家、劇作家、小説家、映画プロデューサー。アカデミー賞では六回のノミネートで二回の受賞を果たしている。受賞作は『暗黒街』と『生きているモレア』である。
（22）モディリアーニ、アメデオ（一八八四〜一九二〇）。イタリアの画家。芸術家の集うモンパルナスで活躍し、エコール・ド・パリの画家の一人に数えられている。作品の多くは油彩の肖像画と裸婦像である。『赤い裸婦』、『座る裸婦』などが代表作である。
（23）ニグロ・スピリチュアル。スピリチュアルとは聖なる神を感じた時に歌う信仰の歌であるが、黒人奴隷たちが奴隷制の苦しみの中から生み出して歌うスピリチュアルを、特にニグロ・スピリチュアルと呼ぶ。

(24) Fowler, Gene, *Minutes of the Last Meeting.* pp. 45-46.

(25) 高橋康也『道化の文学』中公新書、一九七七年、一一～一二頁。

(26) Fowler, Gene, *Minutes of the Last Meeting.* p. 92.

(27) Ibid. p. 256.

サダキチ・ハートマンの著作

著書

① *Early Poems*（=『初期詩篇』）, Manuscript Edition, 1891.
② *Naked Ghosts*（=『裸の幽霊』）, Manuscript Edition, 1892.
③ *Christ*（=『キリスト』）, Author's Edition, 1893.
④ *Conversations with Walt Whitman*（=『ウォルト・ホイットマンとの会話』）, E.P. Coby & Co. Publishers, 1895.
⑤ *Buddha*（=『仏陀』）, Author's Edition, 1897.
⑥ *Schopenhauer in the Air*（=『空中のショーペンハウアー』）, Author's Edition, 1899.
⑦ *A History of American Art*（=『アメリカ美術史』）, L.C. Page & Company, 1901.
⑧ *Shakespeare in Art*（=『美術に見るシェイクスピア』）, L.C. Page & Company, 1901.
⑨ *Japanese Art*（=『日本の美術』）, L.C. Page & Company, 1903.
⑩ *Drifting Flowers of the Sea and Other Poems*（=『海に漂う花』）, Manuscript Edition, 1904.
⑪ *Composition in Portraiture*（=『肖像画の構図』）, 1907.
⑫ *Landscape and Figure Composition*（=『風景画と人物画の構図』）, The Baker and Taylor Company, 1910.
⑬ *The Whistler Book*（=『ホイッスラー・ブック』）, L.C. Page & Company, 1910.
⑭ *My Rubaiyat*（=『私のルバイヤート』）, 1913.
⑮ *Tanka and Haikai–Japanese Rhythms*（=『短歌と俳諧――日本の詩歌』）, Script Edition, 1914.

⑯ *The Last Thirty Days of Christ*（=『キリストの最後の三〇日』）, Privately Printed, 1920.
⑰ *Confucius*（=『孔子』）, 1923.
⑱ *Esthetic Verities*（=『美的真実』）, unfinished, 1932.
⑲ *Moses*（=『モーゼ』）, 1934.
⑳ *Strands and Ravelings of the Art Fabric*（=『芸術の織物の織糸とほつれ糸』）, Author's Edition, 1940.
㉑ *White Chrysanthemums–Literary Fragments and Pronouncements*. Edited by George Knox and Harry Lawton, Herder and Herder, 1971.
㉒ *The Valiant Knights of Daguerre–Selected Critical Essays on Photography and Profiles of Photographic Pioneers*. Edited by Harry Lawton and George Knox with the Collaboration of Wistaria Hartmann Linton, University of California Press, 1978.
㉓ *Sadakichi Hartmann–Critical Modernist*. Edited by Jane Calhoun Weaver, University of California Press, 1991.

主要論文

① *A Plea for Straight Photography*（=「ストレート・フォトグラフィーのための提言」）, 1904.
② *The Inquisitorial System*（=「大審問官制度」）, 1904.
③ *The Japanese Conception of Poetry*（=「詩の日本的概念」）, 1904.
④ *My Theory of Soul-Atoms*（=「霊魂―原子理論」）, 1910.
⑤ *Picturesque Features of the Ghetto*（=「ゲットーの絵画的特徴」）, 1910.
⑥ *What Remains?*（=「何が残るのか」）, 1910.
⑦ *The Esthetic Significance of the Motion Picture*（=「映画の美的意義」）, 1912.
⑧ *Permanent Peace : Is it a Dream?*（=「永遠の平和――それは夢なのか」）, 1915.
⑨ *My Experience at the Fairbanks Studio*（=「私のフェアバンクス・スタジオでの経験」）, 1924.
⑩ *Passport to Immortality*（=「不滅の霊魂へのパスポート」）, 1927.

参考文献

有賀夏紀『アメリカの二〇世紀（上）』中公新書、二〇〇二年。

稲賀繁美『絵画の東方――オリエンタリズムからジャポニスムへ』名古屋大学出版会、一九九九年。

井上勝生『幕末・維新』岩波新書、二〇〇六年。

――『開国と幕末変革』講談社、二〇〇二年。

岩崎昶『チャーリー・チャップリン』講談社現代新書、一九七三年。

遠藤周作『イエスの生涯』新潮社、一九七三年。

遠藤泰生編『浸透するアメリカ、拒まれるアメリカ』東京大学出版会、二〇〇三年。

大久保純一『北斎』岩波新書、二〇一二年。

太田三郎『叛逆の芸術家』東京美術、一九七二年。

岡倉天心『日本美術史』平凡社ライブラリー、二〇〇一年。

越智道雄『サダキチ・ハートマン伝』三省堂、一九九八～二〇〇〇年。

小野文子『美の交流』技報堂出版、二〇〇八年。

加藤幹郎『映画とは何か』みすず書房、二〇〇一年。

上山草人『素顔のハリウッド』実業之日本社、一九三〇年。

亀井俊介『近代文学におけるホイットマンの運命』研究社、一九七〇年。

木々康子『林忠正』ミネルヴァ書房、二〇〇九年。

北野圭介『ハリウッド一〇〇年史講義』平凡社新書、二〇〇一年。

木下長宏『岡倉天心』ミネルヴァ書房、二〇〇五年。

キーン、ドナルド『日本人の美意識』中央公論社、一九九〇年。

児玉実英『アメリカのジャポニズム』中公新書、一九九五年。

ゴールドマン、エマ『エマ・ゴールドマン自伝』ぱる出版、小田光雄・透訳、二〇〇五年。

坂本龍馬『坂本龍馬全集・海援隊商事秘記』光風社、一九八八年。

司馬遼太郎『竜馬がゆく（八）』文春文庫、一九九八年。

スクラー、ロバート『アメリカ映画の文化史』上・下、講談社学術文庫、鈴木主税訳、一九九五年。

瀬戸内晴美『遠い声』新潮現代文学（五九）、一九八〇年。

高橋康也『道化の文学』中公文庫、一九七七年。

多木浩二『死の鏡』青土社、二〇〇四年。

谷田博幸『唯美主義とジャパニズム』名古屋大学出版会、二〇〇四年。

田野勲『祝祭都市ニューヨーク』彩流社、二〇〇九年。

チャップリン、チャールズ『チャップリン自伝』新潮文庫、中野好夫訳、一九八一年。

辻惟雄『日本美術の歴史』東京大学出版会、二〇〇五年。

土岐恒二・児玉実英監修『記憶の宿る場所』思潮社、二〇〇五年。

トラクテンバーグ、アラン『アメリカ写真を読む』白水社、生井英考・石井康史訳、一九九六年。

フェノロサ、アーネスト『フェノロサ文書集成』京都大学学術出版会、村形明子編訳、二〇〇〇年。

『ホイッスラー展図録』二〇一四年。

ホイットマン、ウォルト『草の葉』上・中・下、岩波文庫、鍋島能弘・酒本雅之訳、一九六九〜一九七一年。

松木寛『狩野家の血と力』講談社選書メチエ、一九九四年。

馬淵明子『ジャポニスム――幻想の日本』ブリュッケ、一九九七年。

村上由見子『イエロー・フェイス』朝日選書、一九九三年。

山泉進『大逆事件の言説空間』明治大学人文科学研究所叢書、二〇〇七年。
ラ・ファージ、ジョン『画家東遊録』中央公論美術出版、久富貢訳、一九八一年。

Bourne, Randolph, *Youth and Life*. The Atlantic Monthly Company, 1913.
Ibid. *The History of a Literary Radical and other Essays*. B. W. Huebsch, 1920.
Ibid. *The Radical Will*. University of California Press, 1992.
Crevecour, Hector, *Letters from an American Farmer*. Everyman's Library, 1782.
Fowler, Gene, *Minutes of the Last Meeting*. Viking Press, 1954.
Hapgood, Hutchins. *A Victorian in the Modern World*. Brace and Company, 1939.
Hughes, Robert, *American Visions*. Alfred A. Knopf, 1997.
Kallen, Horace, *Culture and Democracy in the United States*. Arno Press, 1970.
Miner, Earl, *The Japanese Tradition in British and American Literature*. Princeton University Press, 1958.
Pound, Ezra, *The Cantos*. Faber and Faber, 1975.
Spalding, Frances, *Whistler*. Phaidon, 1994.
Stieglitz, Alfred, *Stieglitz on Photography*. Aperture, 2000.
Traubel, Horace, *With Walt Whitman in Camden*. Vol. 4., 1906.
Walker, John, *J. A. M. Whistler*. Harry N. Abramas, 1987.
Whistler, J. M. *The Gentle Way of Making Enemies*. Dover Publication, 1967.

あとがき

「序章」で書いたように、私が最初にサダキチ・ハートマンに出会ったのは今から三十年位前で写真誌『カメラ・ワーク』においてであった。当時私は写真論を執筆することになっていて、その準備のためにスティーグリッツが編集発行していた『カメラ・ワーク』に当たって資料を収集していたのである。ところがページを追って調べていると、あちこちでサダキチ・ハートマンという名前に出会うことになったのである。彼は頻繁に登場してきては、スティーグリッツやスタイケンらに混じって、写真について、そして、美術について、精力的に堂々と論陣を張っていたのだ。サダキチ・ハートマンとは一体何者なのだろうか。私は大いに興味をそそられることになった。

その後私は一九八九年から一九九〇年まで在外研究員としてハーバード大学に滞在することになった。私は主にワイドナー・ライブラリーで仕事をしていたが、図書カードで検索してみると、ここにはハートマンの多くの著書が収蔵されていることが判明したのである。日本では当時ハートマンの作品を手にすることはほとんど不可能だったので、私にとってこれはまさに僥倖そのものであった。私はカードでチェックしてはワイドナー・ライブラリーの膨大な蔵書の中に分け入って、埃を被ったハートマンの著書を次々と見つけ出してはそれらの作品のコピーを取った。かくして私はハートマンのほぼすべての作品のコピーを携えて帰国したのであった。だがどうしたことか一気にハートマン研究に邁進することはなかったのである。

それからさらに十年を経た一九九九年に私は初めてカリフォルニア大学のリバーサイド校の図書館に詣でることになった。そこに収集され所蔵されている「ハートマン文書」を検証し確認するためであった。「ハートマン文書」は分類されてボックスに収蔵されて保管されていたが、その頃はまだ自由にそのボックスを持ち出してコピーを取ることができたので、この時にはハートマン研究を進めるために必要不可欠な論文や資料を持ち帰ることができた。こうしてテキストだけでなく基本的な文献を入手することはできたのだが、今回もなぜか自由気儘にテキストや文献を読むだけで直ちにハートマン研究に専心することはなかったのである。

その後私は二〇〇四年頃から懸案だった一九一〇年代のアメリカ文化の研究に集中的に取り組むことになって、予想以上に時間はかかってしまったが、二〇〇九年に『祝祭都市ニューヨーク』を上梓することができた。そしてそれ以降は言わば凪の状況にあって無為に日々を送っていたのだが、そんな時に大学の公開講座で講演することになったのである。私は何をテーマにして話すべきなのか思い悩んでいたが、そこで偶々思い付いたのがハートマンであった。私はその場凌ぎに「ボヘミアンの王サダキチ・ハートマンが遺したもの」という論題で講演を行った。これ自体は聴衆にとっておそらくお粗末で退屈なものだったに違いない。だが私にとってこれは重大な転機をもたらすことになったのである。私はこれを機会にこれまでになく真摯にハートマン研究に取り組むことになったのであり、その成果として、『愛知文教大学論叢』に、二〇一〇年には「サダキチ・ハートマンとは何者なのか」を、二〇一一年には「芸術家サダキチ・ハートマンの誕生」を、二〇一二年には「サダキチ・ハートマンの日本美術論」を、そして、二〇一三年には「ハートマン、アメリカ人になる?」を発表した。そしてこのように論文を書き続けているうちに、いつしかハートマンに関する研究を総括して本の形にまとめてみようと決断することになったのである。その後すぐにそのための準備体制を整えて、ハートマンの作品を改めて一つひとつ精読して、分析して、評価する作業を続けて、二〇一四年の十一月から清書に取り掛かって、二〇一五年の六月に書き上げることになったのである。

このような経緯を経て本書は出版されることになったが、「序章」でも紹介したように、ハートマンは自由自在に芸術のあらゆる分野を横断しながら多彩な作家活動を展開していたのであり、そのためにハートマンの全体像を描き出すのは至難の業なのである。私自身もそれが実現できているのか否かはわからないというのが実情である。それぞれの専門の立場からすれば誤解や間違いがあるのではないかと危惧している。

さらに申し添えておかなければならないのは本書でハートマンのすべての作品を取り上げて論じ尽くしているわけ

ではないことである。たとえば『美術に見るシェイクスピア』、『肖像画の構図』、『私のルバイヤート』、『孔子』などはそれぞれ重要な作品であるが今回は一切触れていないし、あの大著『美的真実』に関してもこれが未完成で未整理であったためにここでは詳しく検討することはなかった。ただしこれは極めて意義深い作品であるのでしかるべき時にこれを取り上げて論じなくてはならないと考えている。ここではこうした事情をお伝えしておいて、本書が正当なものになっているのか否かは読者の判断に委ねたいと思う。

この度本書を出版することになったが、それを実現できたのは多くの図書館やその関係者の支援があったからであった。先ずは貴重な情報や資料を快く提供してくれた国立国会図書館、名古屋大学図書館、東京大学図書館、愛知文教大学図書館、春日井市図書館、ハーバード大学図書館、カリフォルニア大学リバーサイド校図書館とそのスタッフの方々に感謝しなければならない。これらの情報や資料がなければ今回の仕事を成就することはできなかったからである。

多くの研究者や専門家の方々にも感謝しなければならない。まずは名古屋大学名誉教授の岩崎宗治氏を挙げなければならない。岩崎氏は日本を代表するイギリス文学研究者であり、特にシェイクスピアや現代詩や現代批評の分野で多くの優れた業績を残してきているのは断るまでもないだろう。だが特筆すべきは岩崎氏が現在でもなお活発に研究活動を推し進めて次々とその成果を発表し続けていることであり、これが私達若輩の者たちにとって大いなる指針となっていることである。そればかりではない。岩崎氏は「ハートマン、アメリカ人になる?」の草稿を読んでくれて添削までしてくれているのである。次に挙げなくてはならないのは長畑明利氏である。彼は現在名古屋大学の教授であり、エズラ・パウンドの専門家であるが、彼は「アイデンティティーの追求――ジャポニスム」の草稿を読んでくれて、パウンドに関してのみならず、その他の様々な問題に関しても適切な意見を寄せてくれたし貴重な資料を提供してくれて支援してくれた。馬場駿吉氏は名古屋ボストン美術館の館長であるが、彼は俳人の立場からパウンドと俳諧に関して適切な助言を与えてくれたし、同じく名古屋ボストン美術館のスタッフである井口智子氏と井上瞳氏は「サダキチ・ハートマンの日本美術論」の草稿を読んでくれて様々な問題を指摘して訂正してくれたし、さらに基本的な専門用語について親切に教授してくれた。その他にも多くの研究者や専門家たちが様々な機会に様々な意見や批判を寄せてくれたが、このような多くの人たちからの叱咤激励があったからこそ、私は本書をなんとか書き上げて出版することができたのである。

本書の出版に関しても一言述べておかなくてはならない。この本の原稿を書き終えた時実は出版社が決定していたわけではなかったのである。そこで当時名古屋大学国際言語文化研究科長を務めていた福田眞人氏に相談したのだが、すると彼は二つ返事で以前から知合いの編集者であるミネルヴァ書房の堀川健太郎氏を紹介してくれたのである。その後堀川氏から原稿を読んでみたいので送ってくれとの連絡があったので、すぐに原稿を送ると、しばらくして堀川氏からこれを本として出版したいとの返事があって、その結果本書は出版されることになったのである。そういった意味で福田眞人氏は言わば生みの親なのであり、彼なしには本書が世に出ることはなかったのである。衷心より感謝します。

そして福田氏の要請を受けて原稿を読んで本書の出版を決断してくれたのが堀川健太郎氏であった。その後私は堀川氏と何度か直接お会いしてこの原稿に関して意見を交換したが、彼はそれを十分に考慮しながら厄介な編集の作業を着実に推し進めてくれて、ついにこのような形で出版してくれたのである。私にとって堀川氏との共同作業は知的にも技術的にも極めて刺激的で有意義なものであった。そのような事情から堀川健太郎氏にも衷心より感謝したいと思います。

さらに巻末の年譜と索引であるが、これらは勉強会の仲間たちが、つまり、川喜多桂子さん、見田秀子さん、小川和枝さん、後藤克己さんが、絶妙なチームワークを発揮して手際よく迅速に作成してくれたものである。本当にご苦労様でした。

最後になったがワイフの正子に感謝しなければならない。彼女はどんな時でも生活のペースを乱すことなく堅持してくれて、そのおかげで私は執筆活動だけに専念して本書を書き上げることができたのである。

二〇一七年六月吉日

田野　勲

サダキチ・ハートマン略年譜

西暦	年齢	関連事項	一般事項
一八五八			日米修好通商条約調印。その後オランダ、ロシア、イギリス、フランスとも修好通商条約を結ぶ。
一八六〇			新見正興、日米修好通商条約批准書交換のために渡米。
一八六一			南北戦争勃発。
一八六二		オスカー・ハルトマン、上海経由で、長崎に来航。	薩摩藩による生麦事件。 ロンドン万国博開催。
一八六三			リンカーン奴隷解放宣言。 長州藩によるアメリカ船ペンブローグ号砲撃事件。 薩英戦争。
一八六四			七月第一次幕長戦争。 四国連合艦隊下関砲撃。
一八六五		兄タルー大阪で生まれる。	南北戦争終結。
一八六六		レーマン＝ハルトマン商会設立。	一月薩長同盟結ばれる。 六月第二次幕長戦争。
一八六七	0	オスカー四月に和歌山藩と会津藩に四三〇〇挺のツュントナーデル銃を売り付ける。	十月慶喜大政奉還。 十一月坂本龍馬暗殺される。

		蘭商ハットマン九月に坂本龍馬に一三〇〇挺の銃を売付ける。サダキチ十一月八日に長崎の出島で生まれる。父親は Carl Herman Oscar Hartmann。母親は日本女性オサダ。（父親ハルトマンは、一八四〇年にハンブルグで生まれ、一九二九年にイタリアのネルヴィで没する。）	十二月王政復古の大号令。日本、パリ万国博に参加。
一八六八	1	母親オサダ死亡。その後一八七一年までのいずれかの時点でサダキチはハンブルグへ移住。父親の兄エルンストが引き取り、父方の祖母ドロテアが養育する。	一月戊辰戦争勃発。明治新政府、五箇条の誓文を発表。江戸城無血開城。
一八六九	2		初の大陸横断鉄道開通。
一八七一	4	サダキチがハンブルグの聖ゲオルグ教会で洗礼を受ける。	ホイットマン『民主主義的展望』を出版。
一八七三	6	父親オスカーがヘレーネ・W・マイヤーと再婚する。	マーク・トウェイン『金ピカ時代』を出版。
一八七六	9		フィラデルフィア万国博開催。ジャーヴェス『日本美術瞥見』を出版。
一八七七	10		西南戦争。エジソン、蓄音機を発明。
一八七八	11		ホイッスラー対ラスキン論争。オールコック『日本の美術と工藝』を出版。フェノロサ来日。
一八八二	15	サダキチ海軍士官学校に入校するが三か月で脱走してパリへ逃走。オスカーはこれに激怒して、六月に、十四歳のサダキチをフィラデルフィアの叔父カールの許に追い遣る。	スタンダード石油会社がトラストを結成。
一八八三	16	叔父の死後、自活して、多様な仕事に従事しながら、図書館に連日通って勉学に専念する。	ブルックリン・ブリッジ完成。

年	年齢	事項	関連事項
一八八四	17	ホイットマンが三月にキャムデンのミクル通りに住む。	第一回鑑画会開催。
一八八五	18	サダキチが十一月にホイットマン宅を訪問する。二月に一回目の訪欧。主にハンブルグ、ベルリンに滞在。ミュンヘンの王立劇場で演劇の研究実習。この間に小説家のハイゼに会い、イプセンを見掛けるが会話はできなかった。	イーストマン、写真フィルム完成。ルイ・ゴンス『日本美術』を出版。
一八八六	19	一月に帰国。その後フィラデルフィアの女性と恋愛。十月に二回目の渡欧。	アメリカ労働総同盟結成。
一八八七	20	六月に帰国してボストンに居住。文筆で名を売る。ホイットマン協会の設立を企画するが失敗する。	ゴッホがカフェ・タンブランで浮世絵展を開催。ゴッホ『タンギー親爺の肖像』を制作。東京美術学校を設立。岡倉天心が初代校長に選任される。
一八八八	21	四月に三回目の訪欧。パリ、オランダを訪問して、その後ロンドンに渡るが三か月間の窮乏生活を強いられる。ロセッティー兄弟やW・モリスらに会う。欧州で執筆したエッセイがボストンの新聞に掲載される。十月に帰国してボストンに滞在する。イプセンの芝居の上演を企てるが失敗する。	ビングが『芸術の日本』誌を創刊。
一八八九	22	『マドモアゼル・ベベ』を執筆。ボストンを去って、ニューヨークのワシントン・スクェアに転居。ボヘミアンとして放浪生活。	ジェーン・アダムズ、シカゴで「ハルハウス」開設。大日本帝国憲法を発布し翌年に施行。浅井忠ら明治美術会を創立。フェノロサ、ボストン美術館の東洋部に勤務。
一八九〇	23	ニューヨークで父親のオスカーと最後の面会。	アメリカ連邦政府、フロンティアの消滅を発表。

一八九一	24	女優志願の十六歳のジェネヴィーヴと恋愛。失恋して自殺未遂。 看護婦のウォルシュ（Elizabeth Blanche Walsh）、通称ベティーと結婚してニューヨークに住む。 ベティーを連れてホイットマン宅を訪問する。	チェンバレン『日本事物誌』を出版。 ゴンクール『歌麿』を出版。
一八九二	25	四回目の訪欧。マックラー・シンジゲートの特派員としてパリに滞在。 ベティーも同行する。マラルメやホイッスラーらに会う。 帰国後ボストンに転居。 詩集『初期詩篇』を出版。 詩集『裸の幽霊』を出版。 十一月に一晩で戯曲『キリスト』を書き上げる。	フェノロサ、ボストン美術館で『北斎とその流派』展を開催。 カーネギー鉄鋼会社の工場でストライキ。 ホイットマン死去。
一八九三	26	シカゴ万国博を見学取材する。 十一月にボストンで美術雑誌『アート・クリティック』を単独編集。 最初の戯曲『キリスト』を出版。その結果猥褻罪で逮捕されて投獄される。	シカゴ万国博開催。 日本政府会場内に「鳳凰殿」を建設。 フェノロサ『東と西、アメリカの発見、および短詩』を出版。 エジソン、キネトスコープを発明。
一八九四	27	アメリカ国籍を取得。 パステル画展を開催。 美術雑誌『アート・クリティック』三号で廃刊。 再びニューヨークに転居。	プルマン・ストライキ始まる。 日清戦争。
一八九五	28	『ウォルト・ホイットマンとの会話』を出版。	エジソン、バイタスコープを発明。
一八九六	29	『ニューヨークのアパートで起こった悲劇』を出版。	スティーグリッツ『カメラ・ノーツ』の編集者になる。 フォード、最初の自動車を完成。

一八九七	30	『アート・ニューズ』誌を編集。象徴主義的な戯曲『仏陀』を出版。ニューヨークでクロポトキンに会う。	フェノロサ再来日。黒田清輝、東京美術学校の西洋画科の講師に就任。
一八九八	31	ジェイムズ・ハネカーの要請で Musical America に寄稿して好評を博す。アルフレッド・スティーグリッツと会って、初めて写真論を執筆する。New Yorker Staats-Zeitung のコラムニストとなり、ニューヨークの生活を題材に多数のコラムを書く。愛人のマーサ（Anne Throop）が男児を出産。	岡倉天心が東京美術学校長を辞職。アメリカ、スペインに宣戦布告（米西戦争）。アメリカ、海外に進出する。フィリピンとグアム領有、ハワイ併合、カリブ海へ侵攻。
一八九九	32	写真への傾倒を深め、スティーグリッツの誘いで『カメラ・ノーツ』誌の編集に加わる。短編集『空中のショーペンハウアー――七つの短編』を出版。	アメリカ・フィリピン戦争。
一九〇〇	33	アラン画廊で絵画展。	パリ万国博開催。林忠正『日本美術史』を刊行。
一九〇一	34	『美術に見るシェイクスピア』を出版。『アメリカ美術史』を出版。ブロンクスへ転居。	フェノロサ『浮世絵史概説』を出版。マッキンリー大統領暗殺される。
一九〇二	35	ニューヨークで「芳香コンサート」を開催。日本の音楽演奏、二人の芸者が参加して舞う。シドニー・アランのペンネームで文筆活動を始める。	フォード自動車会社を設立。
一九〇三	36	スティーグリッツの勧めで写真誌『カメラ・ワーク』に寄稿する。『日本の美術』を出版。	岡倉天心『東洋の理想』を出版。ポーター『大列車強盗』を公開。幸徳秋水・堺利彦ら、平民社を設立。スティーグリッツ『カメラ・ワー

一九〇四	37	セントルイス万国博を批判。 「ストレート・フォトグラフィーのための提言」を発表。 詩集『海に漂う花』を出版。 「大審問官制度」を発表。 「詩の日本的概念」を発表。	ク』を創刊。 ライト兄弟飛行機での初飛行に成功。 セントルイス万国博開催。 日露戦争。 岡倉天心、ボストン美術館勤務。 ステフェンズ『諸都市の恥』を出版。 ターベル『スタンダード石油会社の歴史』を出版。
一九〇五	38	全米写真家協会で記念講演を行い、それを皮切りに全米で講演会を開催する。	ポーツマスで日露講和条約調印。 ニューヨークで大観春草観山展を開催。 スティーグリッツ画廊「二九一」を開設。
一九〇六	39	カーネギー協会から依頼され、収蔵すべきアメリカ絵画の選定にあたる。 『母なる大地』（五月号、六月号、九月号、十一月号）に短編小説を寄稿する。	岡倉天心『茶の本』を出版。 片山潜ら日本社会党結成（翌年解散）。 西海岸で日本人移民排斥問題が起こる。
一九〇七	40	『母なる大地』（三月号）に短編小説を寄稿する。 『肖像画の構図』を出版。 七月にニューヨーク州イースト・オーロラにあるライクロフト館で講演会。この時に女流画家リリアン・ボーナムに会う。	
一九〇八	41	『母なる大地』（二月号、五月号）に短編小説を寄稿する。 増補版『空中のショーペンハウアー――十二の短編』を出版。 スティーグリッツと和解して『カメラ・ワーク』への寄稿を再開する。	マクベス画廊で The Eight 展。 スティーグリッツ「二九一」で最初のロダン展とマチス展を開催。 パウンド、ロンドンへ移住。 フェノロサ、ロンドンで客死。

一九〇九	42	美術雑誌『The Stylus』を創刊したがこれも短命に終わる。	グリフィス『淋しい山荘』を公開。
一九一〇	43	『ホイッスラー・ブック』を出版。 『風景画と人物画の構図』を出版。 『霊魂―原子理論』を発表。 「なにが残るのか」を『カメラ・ワーク』に寄稿。 ミルウォーキー、バッファロー、フィラデルフィアで戯曲の朗読会。 「ゲットーの絵画的特徴」を発表。	大逆事件で幸徳秋水らが逮捕される。 ハートマンが抗議の声明文を起草する。
一九一一	44	ベティーと五人の子供たちと別れて、リリアン・ボーナムとイースト・オーロラで同棲生活を始める。	スティーグリッツ「二九一」で最初のピカソ展を開催。 幸徳秋水ら十二名に死刑執行。
一九一二	45	「映画の美的意義」を『カメラ・ワーク』に発表。	モンロー『ポエトリー』誌を創刊。 フェノロサの『東洋美術史綱』出版。 大統領選挙でウイルソンが当選。
一九一三	46	『私のルバイヤート』を出版。	「アーモリー・ショー」開催。デュシャンの『階段を降りる裸体』が話題となる。 パウンド『地下鉄の駅で』を発表。 カリフォルニア州議会、排日土地法を可決。 ストラヴィンスキー『春の祭典』を初演。 岡倉天心死去。
一九一四	47	『短歌と俳諧――日本の詩歌』を出版。	第一次世界大戦始まる。日本、参戦してドイツに宣戦布告。 マン・レイ『戦争』と『マドンナ』を発表。 チャップリン第一作『成功争い』に

一九一五	48	「サダキチの自叙伝」を発表。 「永遠の平和――それは夢なのか」を発表。
一九一六	49	サンフランシスコへ移住。リリアン・ボーナムとその子供たちを呼び寄せる。 在留日本人クラブで日本文学に関する講演会を開催する。
一九一七	50	一月地元紙に「桑港市演劇倶楽部の日本劇」なる記事が掲載される。 二月地元紙に「ハートマン氏の小劇場設立計画」なる記事が掲載される。 イプセンの『幽霊』を上演。火事の場面で実際に火を使ってハンフォード邸を炎上させる。
一九一八	51	
一九一九	52	サンフランシスコとロサンゼルスで「芳香コンサート」を開催。
一九二〇	53	三月にポール・エルダー館で七日間の連続講演。四月にチャップリン・スタジオで「結婚は愛の治療なのか」と題して講演会。 アッシェンブプレーデル・ホールでポー、イプセン、ホイットマンにつ

出演。
カレン『民主主義対坩堝』を発表。
デミル『チート』を公開。
グリフィス『国民の創生』を公開。
カフカ『変身』を出版。
ボーン『トランス・ナショナル・アメリカ』を発表。
グリフィス『イントレランス』を公開。
ウイルソン大統領選挙で再選される。
ウイルソン大統領、ドイツに宣戦布告。第一次世界大戦に参戦。
防諜法成立。
ロシア革命。
デュシャン『泉』を独立美術家展に出展。
煽動罪法成立。
ウィルソン大統領平和構想十四ヵ条を発表。
第一次世界大戦が終わる。
ヴェルサイユ講和条約調印。
禁酒法制定。
アンダーソン『ワインズバーグ・オハイオ』を出版。
アメリカで女性参政権が発効。
司法長官パーマーの〝赤狩り〟。
サッコ・バンゼッティ事件。

一九二一	54	いて四日間の連続講演。 長編小説『キリストの最後の三〇日』を出版。 五月三一日にニューヨークのヤーゲンドルフ・スタジオでホイットマン生誕一〇二年記念講演会。	カリフォルニア州議会、第二次排日土地法を可決。 チャップリン『キッド』を公開。
一九二二	55	グリニッチ・ヴィレッジに戻る。 ジョン・デッカーに会う。	エリオット『荒地』を発表。 岡倉天心の『日本美術史』出版。
一九二三	56	三月にロサンゼルスへ帰還。 チャップリンと親交。チャップリンがハートマンをダグラス・フェアバンクスに紹介し、『バグダッドの盗賊』への出演を依頼される。 カリフォルニアのボーモントに移住。 戯曲『孔子』を出版。	関東大震災発生。
一九二四	57	フェアバンクス主演製作の『バグダッドの盗賊』に魔術師として出演。 「私のフェアバンクス・スタジオでの経験」を発表。	連邦議会、新移民法（排日移民法）を可決。 ガーシュイン『ラプソディー・イン・ブルー』を作曲。
一九二五	58		チャップリンの『黄金狂時代』大ヒット。 フィッツジェラルド『偉大なるギャツビー』を出版。
一九二六	59		ヘミングウェイ『日はまた昇る』を出版。
一九二七	60	「不滅の霊魂へのパスポート」を発表。 美学書『美的真実』の執筆開始。	リンドバーグ大西洋単独無着陸飛行。 サッコ・バンゼッティ処刑される。
一九二八	61		ガーシュイン『パリのアメリカ人』を作曲。
一九二九	62		ニューヨーク株式市場大暴落（暗黒の木曜日）。

一九三〇	63		ニューヨーク近代美術館創設。 ロンドン海軍軍縮会議。 上山草人『素顔のハリウッド』を出版。
一九三一	64	「我が磔刑」を発表。	満州事変勃発。 チャップリン『街の灯』を公開。 フォークナー『怒りと響き』を出版。
一九三二	65	『美的真実』未完成のままで執筆断念。 『アメリカ美術史』の増補版を出版。	
一九三三	66	十一月デトロイトで「今日の芸術と芸術家」について講演。	ローズベルト、ニューディール政策を実施。 ヒトラー、首相に就任して組閣する。
一九三四	67	ニューヨーク訪問。「元ボヘミアンの王は今なお意気軒昂なり」という記事が載る。 戯曲『モーゼ』を出版。	
一九三六	68		スペイン内乱勃発。 チャップリン『モダン・タイムズ』を公開。
一九三七	70	ニューヨーク訪問。「元ボヘミアンの王は再び睥睨する」という記事が載る。	日華事変。
一九三八	71	三月「ロサンゼルス新報」に美術論を投稿。	
一九三九	72	二月「ロサンゼルス新報」に現代芸術論を投稿。 リリアン・ボーナムとの間に生まれた長女ウイステリアの住居の近くに掘立小屋を建てて、思索と執筆の日々を送る。	スタインベック『怒りの葡萄』を出版。 ドイツ、ポーランドに侵攻。 第二次世界大戦始まる。
一九四〇	73	最後の著書『芸術の織物の織糸とほつれ糸』を出版。 バンディー・ドライヴ・ボーイズたちとの交流。	日独伊三国軍事同盟調印。 チャップリン『独裁者』を公開。

一九四一	74	デトロイトに短期滞在。 フロリダ州セント・ピーターズバーグで「アメリカおよび日本の芸術」に関して講演。	日本海軍、ハワイ真珠湾の米軍基地を奇襲。 アメリカ、日独伊に宣戦布告して、第二次世界大戦に参戦。
一九四二	75		西海岸で日系人の収容所への強制移住始まる。 ジョン・バリモア死去。
一九四三	76		イタリア降伏。
一九四四	77	フロリダ州セント・ピーターズバーグに住むベティーとの間に生まれた長女ドロシア宅を訪問するが、そこで急逝する。享年七七歳。	連合軍、ノルマンディー上陸。
一九四五			米英ソ首脳がヤルタで会談。 トルーマンが大統領に就任。 ドイツ降伏。 広島・長崎に原子爆弾投下。 日本降伏。第二次世界大戦終結。

人名索引

あ 行

か 行

さ　行

た　行

な　行

は　行

ま 行

や・ら・わ行

事項索引

た 行

な 行

は 行

ま・や行

ら・わ行

作品索引

あ 行

か 行

さ 行

た 行

や・ら・わ行

《著者紹介》

田野　勲（たの・いさお）

1942年　生まれ。
1968年　東京大学人文科学研究科修士課程修了。
　　　　専門は，アメリカ文学，文化専攻。
現　在　名古屋大学名誉教授。
主　著　『祝祭都市ニューヨーク――1910年代アメリカ文化論』彩流社，2009年。

シリーズ・人と文化の探究⑭
演技する道化 サダキチ・ハートマン伝
――東と西の精神誌――

2018年1月30日　初版第1刷発行　〈検印省略〉

定価はカバーに
表示しています

著　者　田　野　　勲
発行者　杉　田　啓　三
印刷者　坂　本　喜　杏

発行所　株式会社　ミネルヴァ書房
607-8494　京都市山科区日ノ岡堤谷町1
電話代表（075）581-5191
振替口座　01020-0-8076

冨山房インターナショナル・新生製本

ISBN 978-4-623-08105-9
Printed in Japan